Steuerliche Gewinnermittlung in Spanien und Deutschland

Schriften der Deutsch-Spanischen Juristenvereinigung

Band 26

PETER LANG
Frankfurt am Main · Berlin · Bern · Bruxelles · New York · Oxford · Wien

Thomas Kaiser

Steuerliche Gewinnermittlung in Spanien und Deutschland

PETER LANG
Internationaler Verlag der Wissenschaften

Bibliografische Information der Deutschen Nationalbibliothek
Die Deutsche Nationalbibliothek verzeichnet diese Publikation in der Deutschen Nationalbibliografie; detaillierte bibliografische Daten sind im Internet über <http://www.d-nb.de> abrufbar.

Erster Berichterstatter: Prof. Dr. Torsten Ehmcke
Zweiter Berichterstatter: Prof. Dr. Heinrich Weber-Grellet
Dekan: Prof. Dr. Reiner Schulze
Tag der mündlichen Prüfung: 4. Dezember 2007

Zugl.: Münster (Westfalen), Univ.,
Diss. der Rechtswissenschaftlichen Fakultät, 2007

Umschlagabbildung:
Logo der Deutsch-Spanischen Juristenvereinigung e.V.
Abdruck mit freundlicher Genehmigung der
Deutsch-Spanischen Juristenvereinigung e.V.

D 6
ISSN 1433-884X
ISBN 978-3-631-58074-5

www.peterlang.de

Meinen Eltern

Vorwort

Diese Arbeit wurde von der Rechtswissenschaftlichen Fakultät der Westfälischen Wilhelms-Universität Münster im Wintersemester 2007/2008 als Dissertation angenommen.

Ich möchte mich zunächst bei Herrn Prof. Dr. Torsten Ehmcke, Präsident des Finanzgerichts Münster, bedanken, der das Thema dieser Arbeit mit großem Interesse anregte und seine Umsetzung mit wertvollen Ratschlägen begleitete. Zudem waren seine Kontakte zum Institut für Steuerrecht von Catedrático Juan Zornoza Pérez an der Universidad Carlos III in Madrid für die Recherche der spanischen Fachliteratur sehr hilfreich. Hier möchte ich mich insbesondere bei Profesor Dr. Titular Diego Marín-Barnuevo Fabo und Profesor Dr. Ayudante Andrés Báez Moreno dafür bedanken, dass sie mir während meiner Forschungsaufenthalte in Madrid jegliche Unterstützung gewährten.

Bei Prof. Dr. Heinrich Weber-Grellet, Vorsitzender Richter am Bundesfinanzhof, bedanke ich mich für die zügige Erstellung des Zweitgutachtens.

Frau Mine Elfi Reimnitz danke ich insbesondere für ihre vielfältige Unterstützung während der berufsbegleitenden Fertigstellung der Arbeit. Meinen Eltern, die Studium und Promotion durch ihren uneingeschränkten Rückhalt erst ermöglicht haben, gilt mein besonderer Dank. Diese Arbeit ist ihnen gewidmet.

Düsseldorf, den 24. März 2008

Thomas Kaiser

Inhaltsübersicht

Inhaltsverzeichnis

A. Einleitender Teil

I. Grundlegendes

Ein Vergleich des Steuerrechts zweier Mitgliedstaaten der Europäischen Union hat regelmäßig drei Zielrichtungen: Zunächst dient er der Information für die von beiden Rechtsmaterien betroffenen Rechtsanwender. Darüber hinaus soll er Anregungen geben für die Lösung von Problemen, die sich in der eigenen Steuerrechtsordnung stellen. Insbesondere besteht jedoch der Wunsch nach einer fortschreitenden Harmonisierung, nach einer sich weiterentwickelnden Angleichung der verschiedenen Steuersysteme. Für eine Darstellung des derzeitigen Stands der steuerlichen Harmonisierung in Europa sind indirekte und direkte Steuern zu unterscheiden.

Die Harmonisierung der indirekten Steuern fällt gemäß Art. 93 EGV[1] in den Zuständigkeitsbereich der EG und ist seit der Einführung der (Allphasen-) Netto-Umsatzsteuer mit Vorsteuerabzug (Mehrwertsteuer) in den Mitgliedstaaten in den sechziger und siebziger Jahren bereits weit entwickelt. Gründe dafür sind die Gewährleistung des freien Waren- und Dienstleistungsverkehrs sowie die Finanzierung des EU-Haushalts mit Mehrwertsteuer-Eigenmitteln.

Hinsichtlich der direkten Steuern eröffnet Art. 94 EGV den Institutionen der EG eine nur sehr beschränkte Kompetenz für den Fall, dass die Harmonisierung für das Funktionieren des gemeinsamen Marktes notwendig ist, sog. Grundsatz der Subsidiarität und Erforderlichkeit i.S.d. Art. 5 EGV. An verschiedenen Harmonisierungsvorschlägen und -maßnahmen der Europäischen Kommission sind allerdings die Bemühungen erkennbar, die unterschiedlichen Systeme direkter Steuern in den EU-Mitgliedstaaten einander anzugleichen:

Ein Expertenausschuss unter dem Vorsitz des ehemaligen niederländischen Finanzministers Onno Ruding – der sog. Ruding-Ausschuss – legte 1992 seinen Bericht zur Harmonisierung der Steuern in Europa vor.[2] Darin kam der Ausschuss zu dem Ergebnis, dass die Steuerunterschiede zwischen den Mitgliedstaaten zu Wettbewerbsverzerrungen führen und sich auf die Standortwahl multinationaler Unternehmen auswirken. Unter Beachtung des Subsidiaritätsprinzips schlug der Ruding-Ausschuss u.a. vor, in drei Zeitphasen die Körperschaftsteuersätze und Gewinnermittlungsvorschriften in den Mitgliedstaaten anzugleichen

---

1 Vertrag zur Gründung der Europäischen Gemeinschaft vom 25.03.1957, BGBl. II 1957, 753, 1678, zuletzt insbesondere geändert durch den Vertrag von Amsterdam vom 2.10.1997 und den Vertrag von Nizza vom 16.02.2001.

2 Die Schlussfolgerungen und Empfehlungen des Ruding-Ausschusses, DB 1992, Beilage Nr. 5/92; *Laule*, IStR 2001, 297, 303; *Saß*, DB 1993, 113 ff.

und die Steueranreize transparenter zu gestalten.[3] Diese Vorschläge wurden allerdings bisher nicht umgesetzt.

Zur punktuellen Harmonisierung der direkten Steuern wurden 1990 drei Richtlinien verabschiedet, nämlich die Mutter-Tochter-Richtlinie zur Vermeidung der Doppelbesteuerung von Gewinnen, die von einer europäischen Tochtergesellschaft an ihre ebenfalls in der EU ansässige Muttergesellschaft ausgeschüttet werden, die Fusionsrichtlinie zur Vermeidung der Aufdeckung und Versteuerung stiller Reserven bei der Umstrukturierung grenzüberschreitend tätiger Unternehmen sowie die Schiedsverfahrenskonvention zur Etablierung eines Schlichtungsverfahrens bei Konflikten zwischen den nationalen Finanzverwaltungen in Europa.[4] Hinzu kam die Zinsrichtlinie von 2003,[5] die einen gegenseitigen Austausch von Kontrollmitteilungen über Zinserträge ab dem 01.01.2005 zur Sicherstellung der Besteuerung im Wohnsitzstaat bzw. eine diesbezügliche Quellensteuer in Belgien, Luxemburg und Österreich sowie dem Nicht-EU-Mitglied Schweiz vorsieht. Aktuell ist insbesondere das Bestreben der Kommission, eine gemeinsame konsolidierte Körperschaftsteuerbemessungsgrundlage für grenzüberschreitende Unternehmenstätigkeiten zu schaffen.[6] In diesem Modell soll der Gewinn des Unternehmens zunächst durch ein einheitliches Steuerbilanzrecht ermittelt werden, um anschließend die Gewinne der einzelnen Gesellschaften einer Unternehmensgruppe (dem Konsolidierungskreis, der sich auf verschiedene Mitgliedsstaaten erstreckt) zu konsolidieren, d.h. zu einem einheitlichen steuerlichen Gewinn zusammenzufassen. Schließlich soll das konsolidierte Ergebnis nach einem Aufteilungsschlüssel den einzelnen Mitgliedsstaaten zugerechnet werden, um eine nationale Besteuerung des jeweils zugerechneten Anteils mit dem jeweils geltenden nationalen Körperschaftsteuersatz zu ermöglichen. Nur noch der nationale Körperschaftsteuersatz würde sich unterscheiden, was zu einer transparenten Körperschaftsteuerbelastung in den einzelnen Mit-

3 *Förster*, in: Birk, Europäisches Steuer- und Abgabenrecht, § 29 Rn. 25, 28 ff.

4 Fusionsrichtlinie (90/434/EWG) und Mutter-Tochter-Richtlinie (90/435/EWG) v. 23.07.1990, ABl. EG Nr. L 225/1 ff., Schiedsübereinkommen v. 23.07.1990, ABl. EG Nr. L 225/10 ff.; *Laule*, IStR 2001, 297, 302.

5 EU-Zinsrichtlinie (2003/48/EG) v. 3.06.2003, ABl. EG L 157.

6 Mitteilung der Kommission an den Rat, das Europäische Parlament und den Wirtschafts- und Sozialausschuss: Steuerpolitik in der Europäischen Union – Prioritäten für die nächsten Jahre, KOM (2001) 260; Mitteilung der Kommission an den Rat, das Europäische Parlament und den Wirtschafts- und Sozialausschuss: Ein Binnenmarkt ohne steuerliche Hindernisse – Strategie zur Schaffung einer konsolidierten Bemessungsgrundlage für die grenzüberschreitende Unternehmenstätigkeit in der EU, KOM (2001) 582; Mitteilung der Kommission an den Rat, das Europäische Parlament und den Europäischen Wirtschafts- und Sozialausschuss: Ein Binnenmarkt ohne unternehmenssteuerliche Hindernisse – Ergebnisse, Initiativen, Herausforderungen, KOM (2003) 726 vom 24.11.2003.

gliedsstaaten, zu einer Erleichterung konzerninterner Transaktionen sowie zu einer Beseitigung des Problems der grenzüberschreitenden Verlustberücksichtigung führen soll.[7]

Neben der direkten Steuerharmonisierung existieren jedoch auch Formen der indirekten Harmonisierung. So zielt die Rechtsprechung des EuGH auf die Einhaltung der europarechtlichen Diskriminierungsverbote, die sich aus den Grundfreiheiten des Warenverkehrs, der Dienstleistungen, des Personenverkehrs und des Kapitalverkehrs ableiten und macht dabei auch vor den nationalen Steuerrechtsordnungen nicht Halt.[8] Daneben droht die fortschreitende Harmonisierung der handelsrechtlichen Bilanzierungsnormen[9] das Steuerrecht jedenfalls derjenigen Mitgliedstaaten zu beeinflussen, in denen das Handelsrecht maßgeblich für das Steuerrecht ist. Höhepunkt der Harmonisierung der Rechnungslegung war bisher der Erlass einheitlicher Regelungen für die Konzernabschlüsse kapitalmarktorientierter Unternehmen durch die sog. IFRS-Verordnung des Jahres 2002.[10] Schließlich stehen die Steuersysteme der Mitgliedstaaten miteinander im Wettbewerb, insbesondere auf Steuerentlastungen anderer Mitgliedstaaten wird reagiert. Dies führte und führt zu Absenkungen der Steuertarife und zu Veränderungen der Bemessungsgrundlagen, die teilweise zu einer Angleichung der verschiedenen Steuersysteme beitragen.[11]

Ein zentraler Bereich aller Harmonisierungsbemühungen sind die jeweiligen Vorschriften über die Gewinnermittlung.[12] So soll ein Wettbewerb der Steuersysteme durch unterschiedliche Möglichkeiten der Aktivierung, Abschreibungen, Rückstellungen und Rücklagen auf europäischer Ebene entschärft werden.

7 *Czakert*, IStR 2006, 561 ff.; *Wehrheim/Marquardt*, IStR 2003, 14, 17 ff.

8 *Lang*, in: Tipke/Lang, Steuerrecht, § 2 Rn. 49.

9 So wurden durch das Bilanzrichtlinien-Gesetz vom 19.12.1985, BGBl. I 1985, 2355 ff. in deutsches Recht transformiert die Vierte EU-Richtlinie (78/660/EWG) zur Koordinierung der einzelstaatlichen Vorschriften über Form und Inhalt des Jahresabschlusses und des Lageberichts von AG, KGaA und GmbH vom 25.07.1978, ABl. EG L 222 v. 14.08.1978, 11 (Vierte Bilanzrichtlinie), die Siebte EU-Richtlinie (83/349/EWG) zur Koordinierung der einzelstaatlichen Vorschriften über die Konzernrechnungslegung von AG, KGaA und GmbH vom 13.06.1983, ABl. EG L 193 v. 18.07.1983, 1 ff. (Konzernbilanzrichtlinie) sowie die Achte EU-Richtlinie (84/253/EWG) zur Koordinierung der einzelstaatlichen Vorschriften über die Zulassung der mit der Pflichtprüfung der Rechnungsunterlagen beauftragten Personen vom 10.04.1984, ABl. EG L 126 v. 12.05.1984, 20 (Prüferrichtlinie).

10 IFRS-Verordnung (EG 1606/2002) v. 19.07.2002, ABl. EG L 243 v. 11.09.2002, 1; die Ausübung der Mitgliedstaatenwahlrechte erfolgte in Deutschland durch das Gesetz zur Einführung internationaler Rechnungslegungsstandards und zur Sicherung der Qualität der Abschlussprüfung (Bilanzrechtsreformgesetz) v. 4.12.2004, BGBl. I 2004, 3166 ff.

11 *Laule*, IStR 2001, 297, 298.

12 *Lang*, DStJG 1994, 295, 307.

Trotz des Nebeneffekts der Angleichung der Steuersysteme kann es aus Sicht der Mitgliedstaaten nicht wünschenswert sein, wegen der Flexibilität europaweit agierender Unternehmen ständig Steuervergünstigungen der jeweils anderen Mitgliedstaaten mit ähnlichen Maßnahmen beantworten zu müssen.

Die Gewinnermittlungsvorschriften unterscheiden sich innerhalb der EU-Staaten erheblich. Differenzen bestehen insbesondere bei der Anknüpfung der Steuerbilanz an die Handelsbilanz, bei den Leitprinzipien der Bilanzierung und den Bilanzzwecken, bei der Bildung von Rückstellungen, bei den Abschreibungsbedingungen und -methoden, bei der Wertherabsetzung und Wertaufholung, beim Verlustrück- und -vortrag, bei der Übertragung stiller Reserven auf Ersatzwirtschaftsgüter sowie bei den Steuerbegünstigungen für Veräußerungsgewinne.[13]

Die besondere Schwierigkeit der Harmonisierung der Gewinnermittlungsvorschriften und damit der direkten Steuern in Europa liegt darin begründet, dass diese nicht wie die indirekten Steuern Waren und Dienstleistungen geradezu unabhängig von nationalen Strukturen belasten, sondern einen Eingriff ganz anderer Qualität in die jeweilige nationale Rechtsordnung bedeuten: Direkte Steuern wie die Einkommensteuer und die Körperschaftsteuer werden von den jeweiligen nationalen Besonderheiten hinsichtlich der existierenden Rechtsformen, der wirtschaftlichen Verhältnisse natürlicher wie juristischer Personen und der Vorstellungen von Steuergerechtigkeit beeinflusst. Eine Harmonisierung der direkten Steuern in Europa ist folglich nicht möglich, ohne dass man sich ein genaues Bild von den einzelnen Rechtsordnungen und Besteuerungssystemen macht. Aus diesem Prozess lassen sich auch Rückschlüsse ziehen für die Frage, wie Deutschland sein Steuersystem selbst verbessern kann, indem Ideen und Anregungen aus anderen Steuerrechtsordnungen verwertet werden. Zu diesen Zielen soll die vorliegende Arbeit ihren Beitrag leisten.

Die nachfolgende Untersuchung der Gewinnermittlung der beiden Vergleichsländer schließt eine Erörterung der jeweiligen verfassungsrechtlichen Besteuerungsprinzipien sowie des jeweiligen Steuertatbestands von Einkommen- und Körperschaftsteuer ein, da diese das Fundament der Gewinnermittlungsvorschriften und deshalb zu deren Verständnis unerlässlich sind. Im Rahmen eines Exkurses folgt abschließend eine kurze Darstellung der jeweiligen Steuertarife und Veranlagungsverfahren, um das Bild der Einkommen- und Körperschaftsteuersysteme abzurunden.

Damit der Rahmen dieser Arbeit nicht gesprengt wird, liegt ihr Schwerpunkt auf der spanischen Systematik. Auf das deutsche Recht wird deswegen zwar in der

13 Vgl. zu einigen dieser Punkte die Übersicht bei *Kellersmann/Treisch*, Europäische Unternehmensbesteuerung, 274.

Regel zuerst zum Zwecke der Bildung eines Vergleichsmaßstabs eingegangen, allerdings nur dort in detaillierter Form, wo erhebliche Unterschiede zum spanischen Recht bestehen.

II. Verfassungsrechtliche Besteuerungsprinzipien

Für ein besseres Verständnis des spanischen Steuersystems und nicht zuletzt für die Möglichkeit einer Beurteilung der Vorschriften über die Gewinnermittlung sollen zunächst kurz die für die Besteuerung in Spanien maßgeblichen Prinzipien der Verfassung von 1978[14] umrissen werden. Wegen einiger Gemeinsamkeiten mit deutschen Verfassungsgrundsätzen trifft die diesbezügliche Rechtsprechung des deutschen Bundesverfassungsgerichts teilweise auf große Aufmerksamkeit in der spanischen Literatur[15] und Verfassungsrechtsprechung,[16] doch im Wesen wie in der Umsetzung der Verfassungsprinzipien bestehen auch einige Unterschiede.

Gemäß Art. 9.1 CE ist die öffentliche Gewalt wie die Bürger an die Verfassung und an die restliche Rechtsordnung gebunden. Die für das Steuerrecht bedeutenden Prinzipien finden sich in Art. 31 CE[17] und werden in Art. 3 LGT[18] noch einmal wiederholt; genannt werden die sog. Allgemeinheit der Besteuerung (*generalidad*), die Gleichheit der Besteuerung (*igualdad*), die Besteuerung nach der Leistungsfähigkeit (*capacidad económica*), die Progressivität der Besteuerung und das Verbot der konfiskatorischen Steuer (*progresividad y la no confiscación*) sowie der Gesetzesvorbehalt (*reserva de ley*). Von besonderer Bedeutung für das Steuerrecht sind schließlich das Prinzip der Rechtssicherheit (*seguridad jurídica*) sowie das Rückwirkungsverbot (*irretroactividad*) des Art. 9.3 CE. Schon daran lässt sich erkennen, dass die spanische Verfassung in der Regelung verfassungsrechtlicher Besteuerungsprinzipien weniger zurückhaltend ist als das deutsche Grundgesetz.

---

14 *Constitución Española (CE), de 27 de diciembre de 1978 (BOE 29 diciembre 1978, núm. 311).*

15 Vgl. nur für das Leistungsfähigkeitsprinzip *Herrera Molina*, Capacidad económica mit Vorwort von Klaus Tipke.

16 So ist es bezeichnend, dass die Präsidentin des BVerfG die Kooperation der beiden Verfassungsgerichte erwähnt, während der Präsident des TC wegen der vergleichsweise jungen spanischen Verfassung von 1978 das BVerfG sogar als „großen Bruder" des TC bezeichnet, vgl. das Vorwort in *Garay/Rothe*, Rechtswörterbuch.

17 Art. 31 CE: *1. Todos contribuirán al sostenimiento de los gastos públicos de acuerdo con su capacidad económica mediante un sistema tributario justo inspirado en los principios de igualdad y progresividad que, en ningún caso, tendrá alcance confiscatorio. 2. El gasto público realizará una asignación equitativa de los recursos públicos y su programación y ejecución responderán a los criterios de eficiencia y economía. 3. Sólo podrán establecerse prestaciones personales o patrimoniales de carácter público con arreglo a la ley.*

18 *Ley 58/2003, de 17 de diciembre, General Tributaria (BOE 18 de diciembre)*, entspricht der deutschen Abgabenordnung.

1. Der steuerrechtliche Gleichheitssatz – *principio de igualdad*

Der Grundsatz der Steuergerechtigkeit wird in Deutschland dem allgemeinen Gleichheitssatz des Art. 3 Abs. 1 GG entnommen.[19] Danach ist Gleiches gleich, Ungleiches seiner Eigenart entsprechend ungleich zu behandeln. Nach dem Willkürverbot darf die Ungleichbehandlung von Gleichem bzw. die Gleichbehandlung von Ungleichem nicht willkürlich sein, sondern muss einen sachlich einleuchtenden Grund haben.[20] Diese Rechtsprechung des Bundesverfassungsgerichts wurde insbesondere in den letzten Jahren leicht abgewandelt in die sog. neue Formel: Danach liegt ein Verstoß gegen den Gleichheitssatz vor, wenn zwei Gruppen von Normadressaten unterschiedlich behandelt werden, obwohl zwischen beiden Gruppen keine Unterschiede von solcher Art und solchem Gewicht bestehen, dass sie die Ungleichbehandlung rechtfertigen könnten.[21]

In Spanien ist der Gleichheitssatz allgemein in den Art. 1.1, 14 CE verankert sowie speziell für das Steuerrecht in Art. 31.1 CE. Danach müssen gleiche Sachverhalte gleich behandelt werden, wenn eine Ungleichbehandlung nicht objektiv gerechtfertigt oder unverhältnismäßig ist;[22] dies gilt wie für die Rechtsetzung im gleichen Maße wie für die Rechtsanwendung. Gleiche Sachverhalte liegen dann vor, wenn die Einführung eines Unterscheidungskriteriums willkürlich oder ohne rationale Begründung wäre.[23] Zwar wird der steuerrechtliche Gleichheitssatz häufig mit dem Leistungsfähigkeitsprinzip assoziiert, seine Bedeutung erschöpft sich allerdings nicht in Letzterem. So reicht bereits jeder durch die Rechtsordnung geschützter Grund aus, um einen willkürlichen Verstoß gegen den Gleichheitssatz zu verneinen, soweit die Differenzierung verhältnismäßig zu besagtem Grund ist,[24] sog. Willkürverbot (*teoría de la interdicción de la arbitrariedad*)[25]. Generell ist der steuerrechtliche Gleichheitssatz i.S.d. Art. 31.1 CE im engen Zusammenhang mit den anderen speziell für das Steuerrecht genannten Verfassungsprinzipien zu interpretieren, und zwar neben dem Leistungsfähigkeitsprinzip auch mit dem steuerrechtlichen Prinzip der Progressivität,

---

19 BVerfGE 6, 55, 70; 9, 3, 9; 9, 137, 146; 9, 237, 244 (st. Rspr.); *Tipke*, Steuerrechtsordnung I, 298.

20 BVerfGE 1, 14, 52; 12, 341, 348; 14, 142,150 (st. Rspr.).

21 BVerfGE 87, 234, 255; 88, 87, 96 f.; 89, 15, 22 f.; *Tipke*, Steuerrechtsordnung I, 295 ff.

22 Ständige Rechtsprechung des spanischen Verfassungsgerichts, vgl. *SSTC 1/2001, de 15 de enero, FJ 3°*, 1, 15 und *47/2001, de 15 de febrero, FJ 6°*, 584, 612 (die Seitenangaben dieser und der folgenden Urteile des TC beziehen sich auf die Urteilsammlung *Boletín Oficial del Estado*.

23 *STC 76/1990, de 26 de abril, FJ 9°*, 1003, 1050.

24 Ständige Rspr., *SSTC 209/1988, de 10 de noviembre, FJ 6°, 498, 508* und *47/2001, de 15 de febrero, FJ 6°*, 584, 612.

25 *STC 159/1997, de 2 de octubre, FJ 3°, 219, 229*; *Herrera Molina*, Capacidad económica, Vorwort.

welches eine gewisse Ungleichbehandlung der Steuerpflichtigen voraussetzt. Er ist deswegen nicht gleichzusetzen mit dem allgemeinen Gleichheitssatz der Art. 1.1, 14 CE.[26]

Schließlich ist der steuerrechtliche Gleichheitssatz immer im Zusammenhang mit den öffentlichen Ausgaben (*gasto público*) des Art. 31.2 CE zu sehen. Dies geht so weit, dass eine erhöhte Steuerlast auf einem bestimmten Berufssektor oder in einem bestimmten Gebiet durch erhöhte öffentliche Investitionen in selbigem gerechtfertigt werden kann.[27]

2. Das Leistungsfähigkeitsprinzip – *principio de capacidad contributiva*

Das Leistungsfähigkeitsprinzip war in Deutschland zuletzt in Art. 134 der Weimarer Reichsverfassung von 1919 verankert.[28] Ungeachtet des diesbezüglichen Schweigens des Grundgesetzes von 1949 ist das Leistungsfähigkeitsprinzip auch heute noch als Fundamentalprinzip der Besteuerung anerkannt. Es liefert den Vergleichsmaßstab für die Anwendung des Gleichheitssatzes und ist damit dessen spezifische Ausprägung im Steuerrecht.[29] Das Leistungsfähigkeitsprinzip ist zwar unbestimmt, es wird aber konkretisiert insbesondere durch das objektive und subjektive Nettoprinzip[30] des Einkommensteuergesetzes,[31] wobei die verfassungsrechtliche Gebotenheit des objektiven Nettoprinzips vom Bundesverfassungericht bisher offen gelassen worden ist.[32]

Das spanische Leistungsfähigkeitsprinzip[33] wird im Gegensatz zum deutschen Grundgesetz in Art. 31.1 CE ausdrücklich erwähnt.

Die Prinzipien des allgemeinen Gleichheitssatzes und des Leistungsfähigkeitsprinzips, welches den steuerrechtlichen Gleichheitssatz konkretisiert, werden von der spanischen Rechtsprechung in der Weise unterschieden, dass subjektive Differenzierungen unter den allgemeinen Gleichheitssatz des Art. 14 CE fallen,

26 *SSTC 134/1996, de 22 de julio, FJ 6°,* 788, 800 und *46/2000, de 17 de febrero, FJ 4°,* 564, 572 f.

27 *Martín Queralt/Lozano Serrano/Casado Ollero/Tejerizo López*, Der. Fin. y Trib., 115.

28 Art. 134 WRV: Alle Staatsbürger ohne Unterschied tragen im Verhältnis ihrer Mittel zu allen öffentlichen Lasten nach Maßgabe der Gesetze bei.

29 BVerfGE 55, 274, 302 (st. Rspr.); *Tipke*, Steuerrechtsordnung I, 322.

30 St. Rspr., vgl. nur BVerfGE 93, 121, 135.

31 *Tipke*, Steuerrechtsordnung I, 503 ff.

32 BVerfGE 101, 297, 310; *Ratschow*, in: Blümich, EStG, § 2 Rn. 6.

33 Neben dem bereits genannten Begriff *principio de capacidad económica* wird es auch als *principio de capacidad contributiva*" bezeichnet, vgl. STC *221/1992, de 11 de diciembre,* Leitsatz 2, 1115, 1116; *Casado Ollero*, in: Orón Moratal, IRPF, Art. 6, 51; allgemein auch *Palao Taboada*, HPE 9/1976, 35, 37 ff.; *Agulló*, REDF 37/1983, 23, 49 ff.; *Alarcón García*, StuW 1997, 333 ff.

objektive Differenzierungen dagegen unter den steuerrechtlichen Gleichheitssatz des Art. 31.1 CE und damit unter das ihn konkretisierende Leistungsfähigkeitsprinzip.[34] Das spanische Verfassungsgericht stützt sich dabei auf die Begründung, dass die in Art. 31.1 CE neben Leistungsfähigkeit und Progressivität genannte Gleichheit eng mit den ersteren beiden Prinzipien verbunden sei und deshalb einen anderen Anwendungsbereich als der allgemeine Gleichheitssatz des Art. 14 CE habe.[35] Diese bemerkenswerte Unterscheidung hat in Spanien erhebliche praktische Auswirkungen, denn das Leistungsfähigkeitsprinzip des Art. 31.1 CE kann kein Gegenstand einer Verfassungsbeschwerde (*recurso de amparo*) i.S.d. Art. 53.2 CE sein; diese kann lediglich auf Art. 14 CE sowie auf die Grundrechte der Art. 15-29 CE gestützt werden. Auf diese Weise soll eine große Zahl von Verfassungsbeschwerden im konfliktreichen Bereich des Steuerrechts vermieden werden.[36] Die Konsequenz ist, dass die ausdrückliche Verankerung des Leistungsfähigkeitsprinzips in der spanischen Verfassung dieses seiner prozessualen Effektivität und Durchsetzungsfähigkeit beraubt. Dagegen kann es in Deutschland wegen des diesbezüglichen Schweigens des Grundgesetzes als Ausprägung des Gleichheitssatzes Gegenstand einer Verfassungsbeschwerde sein. In Spanien bleibt dem Steuerpflichtigen somit nur der indirekte Weg der konkreten Normenkontrolle (*cuestión de inconstitucionalidad*) des Art. 161.1 a) CE. Ähnlich wie in Deutschland stellt sich dann allerdings innerhalb der Zulässigkeit das Problem der Entscheidungserheblichkeit der Verfassungsmäßigkeit der Norm, da eine erhöhte Besteuerung der bisher privilegierten Steuerpflichtigen dem klagenden Steuerpflichtigen keinen Vorteil bringt.[37]

Vor diesem Hintergrund ist es auch verständlich, dass das Leistungsfähigkeitsprinzip in der spanischen Rechtsprechung und Literatur bisher nicht ansatzweise die Bedeutung erlangt hat wie in Deutschland. So hat sich das spanische Verfassungsgericht selten direkt mit dem Leistungsfähigkeitsprinzip beschäftigt. Am Rande einiger Entscheidungen zu anderen Verfassungsprinzipien wird betont, das Leistungsfähigkeitsprinzip setze dem Gesetzgeber zwar Grenzen, ihm seien aber keine präzisen und richtigen Steuerkonzepte durch bloße logische Deduktion zu entnehmen.[38] In der spanischen Literatur sind Ansätze erkennbar, dem

34 *SSTC 159/1997, de 2 de octubre, FJ 4°*, 219, 230; *183/1997, de 28 de octubre, FJ 3°*, 522, 534; *55/1998, de 16 de marzo, FJ 3*, 792, 794; *71/1998, de 30 de marzo, FJ 4*, 1028, 1039; *200/1999, de 8 de noviembre, FJ 3*, 645, 656 und *46/2000, de 17 de febrero, FJ 4°*, 564, 572 f.; *Martín Queralt/Lozano Serrano/Casado Ollero/Tejerizo López*, Der. Fin. y Trib., 115.

35 *STC 54/1993, de 15 de febrero, FJ 1°*, 526, 529.

36 *Herrera Molina*, Capacidad económica, 187.

37 *Herrera Molina*, Capacidad económica, 188.

38 *STC 221/1992, de 11 de diciembre, FJ 5°*, 1115, 1130; *Palao Taboada*, in: FS Tipke, 583, 593 f.

Leistungsfähigkeitsprinzip eine größere Bedeutung als bisher beizumessen. Dies geschieht unter anderem aufgrund rechtsvergleichender Arbeiten aus spanischer Sicht über die Ausprägungen des Leistungsfähigkeitsprinzips in Italien und Deutschland.[39] Und tatsächlich scheint dies angesichts der ähnlichen verfassungsrechtlichen Systematik eines der wenigen Gebiete zu sein, in welchen das deutsche Recht als Orientierung dienen kann.[40] In der sich mit dem Leistungsfähigkeitsprinzip beschäftigenden spanischen Literatur finden sich denn auch inhaltlich kaum Unterschiede zu seinem Pendant in Deutschland: Durch das Leistungsfähigkeitsprinzip wird der Gleichheitssatz für den Bereich des Steuerrechts dahingehend konkretisiert, dass wirtschaftlich gleiche Situationen gleich behandelt werden müssen. So werden in der spanischen Literatur auf der Grundlage des Leistungsfähigkeitsprinzips nach deutscher Prägung auch für Spanien zwei fundamentale, im jeweiligen Einzelfall gesetzlich zu konkretisierende Ableitungen anerkannt: Dazu gehören das objektive Nettoprinzip (*principio del neto objetivo*) mit der Möglichkeit des Abzugs der erwerbssichernden Aufwendungen und das subjektive Nettoprinzip (*principio del neto subjetivo*) mit seiner Ermittlung des verfügbaren Einkommens und dem Abzug der existenzsichernden Aufwendungen.[41] Abzuwarten bleibt, ob sich diese Entwicklung durchsetzt, deutsche Rechtsgrundsätze für das spanische Verfassungsrecht zu übernehmen.

3. Die sog. Allgemeinheit der Besteuerung – *principio de generalidad*

Allgemeinheit der Besteuerung als Ausprägung des Gleichheitssatzes bedeutet, dass ohne sachliche Rechtfertigung niemand von der Steuerpflicht befreit wird. Dieser Grundsatz wurde vor dem Hintergrund der Steuerbefreiungen von Adeligen und Geistlichen entwickelt.[42]

Dementsprechend hat in Spanien das Prinzip der allgemeinen Steuer[43] den Inhalt, dass alle – also spanische und ausländische Bürger unabhängig von ihrer Religion und ihrem sozialen Status sowie juristische Personen – die Steuerlast zu tragen haben; für diese Frage sollen nur wirtschaftliche Kriterien ausschlaggebend sein.[44]

Ursprünglich sollten durch die Einführung dieses Prinzips Privilegien und willkürliche persönliche Steuerbefreiungen bekämpft werden. Diese sind allerdings

---

39 Ein Vorreiter in dieser Hinsicht ist *Palao Taboada*, in: FS Federico de Castro, 375 ff., vgl. auch *Herrera Molina*, Noticias de la Unión Europea 1997, 37 ff.

40 *Ehmcke*, StuW 1999, 89.

41 *Herrera Molina*, Capacidad económica, 143.

42 *Tipke*, Steuerrechtsordnung I, 285 f., 290, 316.

43 Dieses *principio de generalidad* wird im Wortlaut des Art. 31.1 CE vom Begriff „*todos*“ hergeleitet.

44 *Gallego Peragón*, Principios materiales, 204 f.

im Rechtsstaat schon wegen des Gleichheitssatzes unzulässig, das Prinzip der Allgemeinheit hat deshalb heute vor allem Bedeutung bei der Bekämpfung ungerechtfertigter Steuervergünstigungen in Form von (auch sachlichen) Ausnahmen vom gesetzlich definierten Steuertatbestand. Insbesondere ist ein Grundsatz der erworbenen Rechte (*derechos adquiridos*) im Zusammenhang mit Steuervergünstigungen mit den Prinzipien der Gleichheit und der Allgemeinheit der Besteuerung nicht vereinbar.[45]

Lenkungssteuern verstoßen dann nicht gegen das Prinzip der Allgemeinheit der Besteuerung, wenn sie einem verfassungsrechtlich gedeckten Zweck dienen und diesen innerhalb der Grenzen der Verhältnismäßigkeit umsetzen.[46] Das Prinzip der Allgemeinheit der Besteuerung ist also als eine spezielle Ausprägung des Gleichheitssatzes und des Leistungsfähigkeitsprinzips zu verstehen.

4. Der Gesetzesvorbehalt – *reserva de ley*

Der Grundsatz der Gesetzmäßigkeit der Besteuerung ist in der deutschen Verfassung nicht ausdrücklich geregelt, lässt sich aber wie der allgemeine Gesetzesvorbehalt aus dem Rechtsstaatsprinzip bzw. aus Art. 2 Abs. 1, 20 Abs. 3 GG herleiten. Nach dem Vorbehalt des Gesetzes setzt die Auferlegung von Steuerlasten eine entsprechende gesetzliche Anordnung und die Erfüllung des gesetzlichen Tatbestandes voraus. Subjekt, Objekt, Bemessungsgrundlage und Satz einer Steuer müssen in einem formellen Gesetz enthalten sein. Auch Steuerbefreiungen, -ermäßigungen und -vergünstigungen müssen gesetzlich geregelt sein.[47]

Der Gesetzesvorbehalt ist für das spanische Steuerrecht in Art. 31.3 CE ausdrücklich vorgesehen, mit einer Ergänzung in Art. 133.1 und .3 CE für Steuervergünstigungen. Dagegen ist die Vorschrift des Art. 8 a) LGT wegen ihres niedrigeren Ranges nicht als Gesetzesvorbehalt zu verstehen, sondern lediglich als Gesetzesvorrang (*preferencia de ley*).[48] Durch den Gesetzesvorbehalt soll sichergestellt werden, dass die Bürger nur die von ihren Vertretern im Parlament festgelegten Steuern zahlen und auf eine gewisse Eigentumsgarantie vertrauen können. Schließlich hat das formelle Prinzip des Gesetzesvorbehalts die Funktion, dem materiellen Prinzip der Gleichheit in der Praxis Geltung zu verschaf-

---

45 *Rodríguez Bereijo*, REDF 100/1998, 593, 613.

46 *Rodríguez Bereijo*, REDF 100/1998, 593, 613; *Martín Queralt/Lozano Serrano/Casado Ollero/Tejerizo López*, Der. Fin. y Trib., 109 ff.

47 *Tipke*, Steuerrechtsordnung I, 120, 125 f., 128 f.

48 *STS de 19 de septiembre 1986, RJ 1986\5085, FJ 4°*, 4989, 4990 (die Angaben zu diesem und den folgenden Urteilen des TS beziehen sich auf die Urteilsammlung *Aranzadi*); anders *Schnieder*, Span. KSt., 132.

fen.[49] Im Steuerrecht hat der Gesetzesvorbehalt keinen absoluten, sondern relativen Charakter. Nicht jede steuerrechtliche Vorschrift muss in Gesetzesform erlassen werden, sondern lediglich die Schaffung (*establecimiento*) von Steuern sowie die Gewährung von Steuervergünstigungen. Über den Wortlaut der Verfassung hinaus muss neben der Schaffung der Steuern auch deren inhaltliche Ausgestaltung gesetzlich festgelegt werden, zu der insbesondere die Identitätsmerkmale wie Steuersubjekt, Steuertatbestand sowie ein Minimum der Elemente der Bemessungsgrundlage gehören. Die Schaffung einer Steuer ohne Definition dieser grundlegenden Bestandteile wäre unvollständig, ein darauf beschränkter Verfassungsauftrag deswegen sinnlos.[50]

Die Gestaltung und Definition der wesentlichen Elemente einer Steuer ist also den Gesetzen vorbehalten.[51] In der genauen Bestimmung dieser wesentlichen Elemente einer Steuer und dem Mindestumfang ihrer *gesetzlichen* Regelung liegt dabei die größte Schwierigkeit. Nimmt man Art. 8 a) LGT als Anhaltspunkt für eine Konkretisierung des verfassungsrechtlichen Gesetzesvorbehalts, so müssen der Steuertatbestand samt Steuersubjekt und Ausnahmen von der Besteuerung, die Bemessungsgrundlage, der Steuertarif, der Veranlagungszeitraum und alle übrigen Elemente, die direkt zur Bestimmung der Höhe der Steuer beitragen, gesetzlich festgelegt werden. Dabei sind die Anforderungen nicht für alle genannten Elemente gleich, der Gesetzesvorbehalt wird steuerrechtlich vielmehr flexibel interpretiert. So gilt der Gesetzesvorbehalt am strengsten für den Steuertatbestand und die Ausnahmen von der Besteuerung, während er für die Ermittlung der Höhe der Steuer und damit für die Bemessungsgrundlage sowie für den Tarif relativiert wird.[52] Begründet wird dies mit der Eigenschaft des Steuerrechts als Massenfallrecht und mit der daraus resultierenden Notwendigkeit, technisch komplexe Vorgänge nicht im Gesetz, sondern in einer Durchführungsverordnung zu regeln.[53] Allerdings darf es sich dabei nicht um eine sog. „Blankoverweisung" auf die Durchführungsverordnung (*remisión en blanco al correspondiente Reglamento*) handeln, sondern in der gesetzlichen Verweisungsnorm müssen Voraussetzungen und Grenzen einer untergesetzlichen Regelung umris-

49 *SSTC 19/1987, de 17 de febrero,* FJ 4°, 167, 180 und *233/1999, de 16 de diciembre, FJ 10°*, 983, 1089.

50 *SSTC 6/1983, de 4 de febrero, FJ 5°*, 69, 79 und *179/1985, de 19 de diciembre, FJ 3°*, 572, 590 f.; *Martín Queralt/Lozano Serrano/Casado Ollero/Tejerizo López*, Der. Fin. y Trib., 127 f.; *García Moreno*, Base imponible, 156 f.

51 *SSTC 6/1983, de 4 de febrero, FJ 5°, 69, 79* und *185/1995, de 14 de diciembre, FJ 6°*, 614, 639.

52 *STS de 22 de enero, RJ 2000\2992, FJ 3°*, 4669, 4670 f.; *García Moreno*, Base imponible, 158.

53 *STC 221/1992, de 11 de diciembre, FJ 7°, 1115, 1133 f.*

sen sein,[54] die Verweisungsnorm muss also bestimmt genug sein, um den Gesetzesvorbehalt nicht vollständig zu entkräften.[55] In welchem Umfang bei einem Verweis auf eine Durchführungsverordnung Regelungen dem Gesetz vorbehalten werden müssen, ist für jeden Einzelfall gesondert zu prüfen.[56] Im spanischen Gewinnermittlungsrecht wird der Gesetzesvorbehalt insbesondere im Rahmen des Maßgeblichkeitsprinzips und der objektiven Ermittlungsmethode erörtert.[57]

5. Die Progressivität der Besteuerung und das Übermaßverbot – *progresividad y la no confiscación*

Die Progressivität der Besteuerung – also das Ansteigen des Steuertarifs mit der höheren wirtschaftlichen Leistungsfähigkeit – wird vom deutschen Grundgesetz nicht ausdrücklich vorgesehen, kann jedoch aus dem Sozialstaatsprinzip des Art. 20 Abs. 1 GG[58] oder als Ausfluss sozialer Gerechtigkeit aus dem Gleichheitssatz des Art. 3 Abs. 1 GG[59] hergeleitet werden. Auf dieser Grundlage ist eine progressive Besteuerung möglich, jedoch nicht zwingend vorgeschrieben: So lässt sich auch eine proportionale Besteuerung mit dem Gleichheitssatz vereinbaren.[60]

Ausdruck des allgemeinen Übermaßverbots ist das aus den Art. 12 Abs. 1, 14 Abs. 1 und 2 GG hergeleitete Verbot einer konfiskatorischen Steuer. Das Bundesverfassungsgericht legte in seinem sog. Vermögensteuer-Beschluss[61] fest, dass die steuerliche Gesamtbelastung der möglichen Erträge (Sollerträge) im Rahmen einer Vermögens- bzw. Substanzbesteuerung als Folge des Hinzutretens einer Vermögensteuer zu den Ertragsteuern nur ungefähr 50 % betragen darf (Halbteilungsgrundsatz). Dabei handelt es sich um eine verfassungsrechtlich nicht genau zu präzisierende Obergrenze für die Besteuerung, die ohne weiteres auch anders beziffert werden könnte.[62] Nach der jüngeren Rechtsprechung des Bundesverfassungsgerichts[63] lässt sich aus dem Halbteilungsgrundsatz jedoch keine absolute Belastungsobergrenze für die Einkunftsteuer und die Gewerbesteuer ableiten. Eine bezifferbare Obergrenze für die Ertragsteuerbelas-

---

54 *Garcia Moreno*, Base imponible, 150 f.
55 *STC 19/1987, de 17 de febrero, FJ 5°*, 167, 183.
56 *STC 221/1996, de 11 de diciembre, FJ 7°*, 1115, 1134.
57 Siehe zur Problematik des Gesetzesvorbehalts im Detail bzgl. des Maßgeblichkeitsprinzips unten ab S. 76, bzgl. der objektiven Ermittlungsmethode unten ab S. 237.
58 *Tipke*, Steuerrechtsordnung I, 403 f.
59 BVerfGE 8, 51, 68 f.
60 *Becker*, in: FS Klein, 379, 386 f.
61 BVerfGE 93, 121, 137 f.
62 *Tipke*, Steuerrechtsordnung I, 449 ff.
63 BVerfGE 115, 97, Rn. 27 ff., 41 ff.

tung ist daher nach der Rechtsprechung des Bundesverfassungsgerichts nicht gegeben.[64]

Die durch Art. 31.1 CE vorgeschriebene Progressivität der Besteuerung hat den Inhalt, dass Steuerpflichtige mit höherem Einkommen ihre Steuern nicht nur proportional, sondern progressiv ansteigend zahlen müssen. Sie wird durch das im Anschluss geregelte Verbot der konfiskatorischen Besteuerung sowie durch das Leistungsfähigkeitsprinzip begrenzt. So soll verhindert werden, dass durch die progressive Besteuerung in ihrer Gesamtheit der steuerbare Reichtum der Steuerpflichtigen erschöpft wird. Letzteres soll beispielsweise dann der Fall sein, wenn der progressive Tarif der Einkommensteuer einen Durchschnittssatz (*tipo medio de gravamen*) von 100 % erreicht.[65] Abgesehen von dieser wenig hilfreichen Grenze hat das Verfassungsgericht noch keine brauchbaren Kriterien für die Grenze von einer progressiven zur konfiskatorischen Steuer gefunden.[66] Jedenfalls wird daran deutlich, dass der aus Deutschland bekannte Halbteilungsgrundsatz in vergleichbaren Steuersystemen, in denen weit höhere Gesamtsteuerbelastungen als verfassungsrechtlich zulässig erachtet werden,[67] nicht existiert. Bemerkenswert ist auch, dass das Verbot der konfiskatorischen Steuer in Spanien im Zusammenhang mit der Progressivität geregelt ist.

6. Die Rechtssicherheit und das Rückwirkungsverbot – *seguridad jurídica* und *irretroactividad*

Im Gegensatz zum strafrechtlichen Rückwirkungsverbot des Art. 103 Abs. 2 GG ist dieser Grundsatz für das Steuerrecht nicht verfassungsrechtlich geregelt, wird aber als Ausprägung der Rechtssicherheit dem Rechtsstaatsprinzip des Art. 20 Abs. 3 GG entnommen.[68] Nur ausnahmsweise zulässig ist die echte Rückwirkung bzw. Rückbewirkung von Rechtsfolgen, bei der sich ein belastendes Gesetz auf bereits in der Vergangenheit abgeschlossene Sachverhalte auswirkt; hier überwiegt in der Regel der Vertrauensschutz.[69] Demgegenüber ist die unechte Rückwirkung bzw. tatbestandliche Rückanknüpfung grundsätzlich zulässig und nur ausnahmsweise aus Gründen des Vertrauensschutzes einzuschränken.[70] Wegen der steuerrechtlichen Besonderheit, dass der Steueranspruch bei periodischen Steuern erst am Ende des entsprechenden Kalenderjahres entsteht, kommt

64 *Wernsmann*, NJW 2006, 1169, 1174.
65 *STC 150/1990, de 4 de octubre, FJ 9°*, 129, 161.
66 *Gallego Peragón*, Principios materiales, 194.
67 Vgl. für einen Überblick über andere europäische Länder *Tipke*, Steuerrechtsordnung I, 454.
68 BVerfGE 22, 241, 248; 63, 152, 175.
69 BVerfGE 72, 200, 241 f.
70 BVerfGE 30, 392, 402 f.; 43, 242, 286.

eine echte Rückwirkung nach der Rechtsprechung des Bundesverfassungsgerichts nur dann in Betracht, wenn die Rückwirkung erst nach Ablauf des Jahres beschlossen wird.[71] Es bleibt abzuwarten, ob die Kritik an dieser Rechtsprechung, eine mögliche Änderung von Steuergesetzen zum Jahresende mit Wirkung für die gesamte Steuerperiode führe zu einer nicht hinnehmbaren Rechtsunsicherheit für den Steuerbürger,[72] zu einer Änderung der Rechtsprechung des Bundesverfassungsgerichts führt. Immerhin hat das Bundesverfassungsgericht in jüngeren Entscheidungen[73] einen verstärkten Vertrauensschutz angenommen, wenn Lenkungs- und Subventionsnormen aufgehoben werden sollen, wenn also eine vorherige Disposition des Steuerbürgers durch einen staatlichen Förderungsanreiz angeregt wurde.[74]

Der Verfassungsgrundsatz der Rechtssicherheit ist auch im spanischen Steuerrecht nicht so stark ausgeprägt wie etwa im Strafrecht, aber auch dort verlangt er die Vorhersehbarkeit der steuerlichen Belastung sowie die Verständlichkeit der gesetzlichen Normen.[75] Diese verfassungsrechtlichen Gebote geraten in Gefahr, wenn ein Steuergesetz Rückwirkung entfaltet. Zwar gilt das Rückwirkungsgebot nach dem Wortlaut des Art. 9.3 CE[76] nicht unmittelbar für das Steuerrecht,[77] ein solches Gebot kann aber aus dem Prinzip der Rechtssicherheit abgeleitet werden.[78] Dabei wird ein sog. Grundsatz der erworbenen Rechte (*derechos adquiridos*) im Zusammenhang mit Steuervergünstigungen vom Verfassungsgericht verneint,[79] dagegen der Schutz des Vertrauens des Steuerpflichtigen auf die gegenwärtige Rechtslage sowie der Schutz vor vernünftigerweise nicht vorhersehbaren Änderungen derselben mit Wirkung für die Vergangenheit anerkannt. Ähnlich wie in der Rechtsprechung des deutschen Verfassungsgerichts wird zwischen der nur im Ausnahmefall des Allgemeinwohlinteresses zulässigen echten oder maximalen Rückwirkung (*retroactividad auténtica o de grado máximo*) und der unechten bzw. mittleren Rückwirkung (*retroactividad impropia o de*

---

71 BVerfGE 11, 139, 145 f.; 13, 274, 278 (st. Rspr.); *Tipke*, Steuerrechtsordnung I, 150 ff.

72 *Steinberger* BVerfGE 72, 276 ff.; *Ratschow*, in: Blümich, EStG, § 2 Rn. 18; *Spindler*, DStR 1998, 953, 958.

73 BVerfGE 97, 67, 78 ff.; BVerfGE 105, 17, 36 ff.

74 *Ratschow*, in: Blümich, EStG, § 2 Rn. 20.

75 *STC 150/1990, de 4 de octubre, FJ 8°*, 129, 158.

76 Art. 9.3 CE: *La Constitución garantiza [...] la irretroactividad de las disposiciones sancionadoras no favorables o restrictivas de derechos individuales [...].*

77 *STC 182/1997, de 28 de octubre, FJ 11°*, 465, 504.

78 *Rodríguez Bereijo*, REDF 100/1998, 593, 609.

79 *STC 6/1983, de 4 de febrero, FJ 2°*, 69, 77.

grado medio) mit einer durchzuführenden Verhältnismäßigkeitsprüfung unterschieden.[80]

80 *SSTC 126/1987, de 16 de julio, FJ 11°,* 716, 744 f. (mit Bezugnahme auf das deutsche Bundesverfassungsgericht); *197/1992, de 19 de noviembre, FJ 4°,* 857, 872; *173/1996, de 31 de octubre, FJ 3°,* 402, 417 f.

III. Der Steuertatbestand: Die relevanten Einkunftsarten

1. Allgemeines

Das Entstehen der Steuerschuld setzt in Deutschland gemäß § 38 AO die Erfüllung des Steuertatbestands voraus. Letzterer enthält also diejenigen Tatbestandsmerkmale, die das Entstehen des Steueranspruchs begründen. Dazu gehören insbesondere mit dem Steuersubjekt derjenige, der eine Steuer schuldet, und mit dem Steuerobjekt der Gegenstand, welcher der Besteuerung unterliegt.[81]

In Spanien wird der Steuertatbestand (*hecho imponible*) generell für alle Steuergesetze in Art. 20.1 LGT als juristischer oder wirtschaftlicher Tatbestand definiert, der gesetzlich festgelegt ist, durch den die jeweilige Steuer gestaltet wird und bei dessen Erfüllung die Steuerschuld entsteht.[82] Diese Definition unter Einbeziehung des *wirtschaftlichen* Tatbestands ist ungenau, da eine Steuerschuld stets durch die Erfüllung *gesetzlicher* Voraussetzungen entsteht. An einen wirtschaftlichen Tatbestand kann dabei durch das jeweilige Gesetz angeknüpft werden, entscheidend ist jedoch allein, ob die Voraussetzungen des juristischen Tatbestandes vorliegen; die Aufnahme des wirtschaftlichen Tatbestandes in die Definition des Art. 20.1 LGT ist daher missverständlich und deswegen ohne Bedeutung.[83]

Der juristische Steuertatbestand enthält schließlich ein objektives und ein subjektives Element; beide Elemente müssen gegeben sein, um den Steuertatbestand zu erfüllen. Dabei ist das objektive Element eine Handlung, eine Tatsache oder eine Situation einer Person oder deren Güter, die nach unterschiedlichsten Kriterien betrachtet werden kann, etwa nach räumlichen oder zeitlichen Kriterien. Das subjektive Element beschreibt das Verhältnis, in dem das Steuersubjekt zu dem objektivem Element stehen muss, damit die Steuerschuld entstehen kann.[84] Als Bindeglied dieser beiden Elemente fungiert in der spanischen Einkommensteuer wie Körperschaftsteuer das Merkmal der Erzielung (*obtención*) der Einkünfte durch das Steuersubjekt, vgl. Art. 6.1 LIRPF und Art. 4.1

---

81 *Lang*, in: Tipke/Lang, Steuerrecht, § 7 Rn. 17 ff.

82 Art. 28.1 LGT: *El hecho imponible es el presupuesto de naturaleza jurídica o económica fijado por la Ley para configurar cada tributo y cuya realización origina el nacimiento de la obligación tributaria.*

83 *Durán-Sindreu Buxadé*, in: Arrieta Martínez de Pisón/Cayón Galiardo, Imposición directa, 443, 448 f.

84 *Durán-Sindreu Buxadé*, in: Arrieta Martínez de Pisón/Cayón Galiardo, Imposición directa, 443, 450 ff.

TRLIS.[85] Erzielt sind die Einkünfte grundsätzlich,[86] wenn sie Gegenstand der Aneignung i.S.d. Art. 354 CC sein können. Das Konzept der Erzielung der Einkünfte hat auch eine zeitliche Komponente in Gestalt der Zuordnung der Einnahmen und Ausgaben zu den jeweiligen Veranlagungszeiträumen.[87]

---

85 Im Jahre 2004 hat sich eine Besonderheit der spanischen Gesetzestechnik gezeigt, die zur Vermeidung von Missverständnissen zu erläutern ist: In Spanien kann ein sog. Ordnungsgesetz (*texto refundido*) erlassen werden, welches die rein formale Neuordnung eines bereits bestehenden Gesetzes ermöglicht. Materielle Veränderungen des Gesetzesinhalts sind damit nicht verbunden. Von dieser Möglichkeit hat der spanische Steuergesetzgeber für die Einkommensteuer Gebrauch gemacht (Das LIRPF von 1998 (*Ley 40/1998, de 9 de diciembre, del IRPF, BOE 10 diciembre 1998, núm. 295, 40730*) hieß deswegen zwischenzeitlich TRLIRPF (*Real Decreto Legislativo 3/2004, de 5 de marzo, por el que se aprueba el texto refundido de la LIRPF, BOE 10 marzo 2004*), trägt jedoch seit der Einkommensteuerreform von 2006 (*Ley 35/2006, de 28 de noviembre, del IRPF y de modificación parcial de las leyes de los Impuestos sobre Sociedades, sobre la Renta de No Residentes y sobre el Patrimonio, BOE 29 noviembre 2006, núm. 285, 41734*) wieder die Bezeichnung LIRPF. Das RIRPF von 1999 (*Real Decreto 214/1999, de 5 de febrero, por el que se aprueba el RIRPF, BOE 9 febrero 1999*) wurde entsprechend neu geordnet unter Einarbeitung kleinerer Neuerungen (*Real Decreto 1775/2004, de 30 de julio, por el que se aprueba el RIRPF, 4 agosto 2004*)). Ebenso für die Körperschaftsteuer: Das LIS von 1995 (*Ley 43/1995, de 27 de diciembre, del IS, BOE 28 diciembre 1995*) trägt jetzt die Bezeichnung TRLIS (*Real Decreto Legislativo 4/2004, de 5 de marzo, por el que se aprueba el texto refundido de la LIS, BOE 11 marzo 2004).* Das RIS von 1997 (*Real Decreto 537/1997, de 14 de abril, por el que se aprueba el RIS, BOE 24 abril 1997*) wurde umgeordnet und mit kleineren Neuerungen neu aufgelegt (*Real Decreto 1777/2004, de 30 de julio, por el que se aprueba el RIS, BOE 6 agosto 2004*). Diese Normen werden deswegen auch in ihrer neuen Fassung angegeben. Obwohl die zitierte Steuerrechtsliteratur regelmäßig noch die alte Gesetzesfassung enthält (Die einzelnen Werke der spanischen Steuerrechtsliteratur werden längst nicht so regelmäßig aktualisiert, wie man es von der deutschen Steuerrechtsliteratur gewohnt ist: I.d.R. erscheinen Neuauflagen nur nach grundlegenden Steuerreformen. Teilweise werden kleinere Reformen lediglich in einem eigenen Band dargestellt, vgl. etwa für die Teilreform des LIRPF von 2002 *Cazorla Prieto/Peña Alonso*, Reforma 2002.), treffen die dortigen Ausführungen bis auf die Benennung der Normen also auch noch heute zu. Die erwähnte Einkommensteuerreform von 2006 hatte, neben einer leicht geänderten Sortierung der Vorschriften, nur marginale Auswirkungen auf den Themenbereich dieser Arbeit, an entsprechender Stelle wird dies jeweils aufgezeigt. Die grundlegenden Neuerungen dieser Reform – insbesondere Verlustausgleich, Steuertarif und Steuererhebung der sog. Spareinkünfte (*renta del ahorro*) gemäß Art. 44, 46, 49, 50, 66, 76 LIRPF betreffen nicht die Gewinnermittlung. Siehe zu diesen Neuerungen *Cordón Ezquerro*, EF 2006, 3, 17 ff.

86 Zu den Ausnahmen von dieser Anknüpfung an das Eigentum siehe unten ab S. 138.

87 *Malvárez Pascual/Martín Zamora*, IS, 61.

2. Einzelunternehmer

In Deutschland wird das Steuerobjekt in § 2 Abs. 1 S. 1 EStG als die aus den sieben dort geregelten Einkunftsarten erzielten Einkünfte definiert. Die subjektive Steuerpflicht richtet sich nach den §§ 1, 1a EStG. Auf den Begriff „Steuertatbestand" verzichtet das EStG, was mit dem folgenden Blick auf das LIRPF nicht selbstverständlich ist.

Das LIRPF definiert seinen Steuertatbestand in Art. 6.1 LIRPF.[88]

a) Die Einkunftsarten und der jeweilige Einkunftsbegriff

In Spanien wie in Deutschland unterscheidet das Einkommensteuergesetz zwischen verschiedenen Einkunftsarten. Die Bestimmung der Einkunftsart ist der jeweilige Ausgangspunkt der Einkünfteermittlung. Aus der Ausgestaltung der Einkunftsarten lässt sich der jeweilige Einkunftsbegriff der beiden Einkommensteuersysteme ableiten.

aa) Die Einkunftsarten des EStG

In Deutschland existieren gemäß § 2 Abs. 1 EStG sieben Einkunftsarten: Dazu gehören die Einkünfte aus Land- und Forstwirtschaft, aus Gewerbebetrieb, aus selbstständiger Arbeit, aus nichtselbstständiger Arbeit, aus Kapitalvermögen, aus Vermietung und Verpachtung sowie die sonstigen Einkünfte.

Nach § 2 Abs. 2 Nr. 1 EStG sind Einkünfte bei den drei erstgenannten Einkunftsarten der Gewinn. Demgegenüber sind gemäß § 2 Abs. 2 Nr. 2 EStG bei den vier übrigen Einkunftsarten Einkünfte der Überschuss der Einnahmen über die Werbungskosten. Konsequenz dieser Unterteilung in Gewinn- und in Überschusseinkünfte ist ein Dualismus der Einkunftsarten, dessen Grundlage die unterschiedliche Behandlung von Wertveränderungen in dem zur Erzielung von Einnahmen eingesetzten Vermögen ist.[89] Theoretischer Ausgangspunkt sind zwei finanzwissenschaftliche Einkunftstheorien älteren Datums, aber mit – zumindest im deutschen Einkommensteuerrecht – unveränderter Aktualität, nämlich die Quellentheorie und die Reinvermögenszugangstheorie. Diese Einkunftstheorien definieren den ökonomischen Einkommensbegriff, welcher rechtlich in § 2 Abs. 3 EStG als „Summe der Einkünfte" erfasst ist.[90]

---

88 Art. 6.1 LIRPF: *Constituye el hecho imponible la obtención de renta por el contribuyente.*

89 *Birk*, Steuerrecht, Rn. 539; zur Beurteilung siehe *Lang*, in: Tipke/Lang, Steuerrecht, § 9 Rn. 181 ff.

90 *Lang*, in: Tipke/Lang, Steuerrecht, § 9 Rn. 40.

Den Überschusseinkünften liegt das Konzept der Quellentheorie zu Grunde. Diese definiert Einkommen als „die Gesamtheit der Sachgüter, welche in einer bestimmten Periode (Jahr) dem einzelnen als Erträge dauernder Quellen der Gütererzeugung zur Bestreitung der persönlichen Bedürfnisse für sich und für die auf den Bezug ihres Lebensunterhalts angewiesenen Personen (Familie) zur Verfügung stehen."[91] Die Systematik der Quellentheorie wird allerdings nicht streng durchgehalten, u.a. existieren Ausnahmen in den §§ 17, 22 Nr. 2, 23 EStG.[92] So sind private Veräußerungsgeschäfte – und dazu zählen bei den Überschusseinkünften auch die Veräußerungen von Gegenständen des zur Einkunftserzielung eingesetzten Vermögens – insbesondere dann ausnahmsweise steuerbar, wenn sie in die Veräußerungsfristen des § 23 Abs. 1 EStG fallen.

Demgegenüber ist die Regelung der Gewinneinkünfte eine Ausprägung der Reinvermögenszugangstheorie. Danach ist Einkommen der Reinvermögenszugang eines bestimmten Zeitabschnitts inklusive der Nutzungen und geldwerten Leistungen Dritter.[93] Da die Reinvermögenszugangstheorie im deutschen Einkommensteuerrecht nur Leitbild für die Gewinneinkünfte ist und Gewinn gemäß § 4 Abs. 1 EStG als der Unterschiedsbetrag zwischen dem Betriebsvermögen am Schluss des Wirtschaftsjahres und dem Betriebsvermögen am Schluss des vorangegangenen Wirtschaftsjahres definiert ist, bleiben Wertsteigerungen des Privatvermögens von der Reinvermögenszugangstheorie unberührt. Wegen der von der Reinvermögenszugangstheorie aufgeworfenen praktischen Probleme hat sich in Deutschland die Markteinkommenstheorie durchgesetzt, durch welche die Reinvermögenszugangstheorie auf das am Markt erwirtschaftete Einkommen eingeschränkt wird.

bb) Die Einkunftsarten des LIRPF

Das spanische LIRPF definiert in seinen Art. 2, 6.2 vier Einkunftsarten, nämlich die Einkünfte aus (nichtselbstständiger) Arbeit (*rendimientos del trabajo*, Art. 17-20 LIRPF i.V.m. Art. 8-11 RIRPF), aus beweglichem wie unbeweglichem Kapital (*rendimientos del capital – mobiliario e inmobiliario*, Art. 21-26 LIRPF i.V.m. Art. 12-20 RIRPF), aus wirtschaftlichen Tätigkeiten (*rendimientos de las actividades económicas*, Art. 27-32 LIRPF i.V.m. Art. 21-37 RIRPF) sowie aus Vermögensgewinnen und -verlusten (*ganancias y pérdidas patrimoniales*, in der Praxis auch *plusvalías*, Art. 33-39 LIRPF i.V.m. Art. 38-40 RIRPF). Die im deutschen Steuerrecht geläufigen Einkünfte aus selbstständiger

---

91 *Fuisting*, Die preußischen direkten Steuern, 110, 147 ff.

92 *Marin-Barnuevo Fabo/Ehmcke*, StuW 1999, 295.

93 Vgl. den Überblick bei *Jakob*, Einkommensteuer, § 1 Rn. 2 ff.; *Lüdemann/Zugmaier*, DStR 1996, 1636, 1637 m.w.N. sowie *Lüdemann/Echevarria/Hruschka*, Investitionen in Spanien, Rn. 45; *Schnieder*, Span. KSt., 129.

Tätigkeit sowie aus Land- und Forstwirtschaft werden im spanischen Einkommensteuerrecht gemäß Art. 27.1 LIRPF neben den Einkünften aus Gewerbebetrieb und aus künstlerischen bzw. sportlichen Tätigkeiten von den Einkünften aus wirtschaftlichen Tätigkeiten erfasst. Die *rendimientos del capital* sind insoweit weiter als die Einkünfte aus Kapitalvermögen des EStG, als sie gemäß Art. 22.1 LIRPF auch Einnahmen aus der Vermietung und Verpachtung (*arrendamiento*)[94] von Immobilien umfassen; eine eigene Einkunftsart der Einkünfte aus Vermietung und Verpachtung ist im spanischen Einkommensteuerrecht deswegen überflüssig.

Zudem eröffnet Art. 6.2 e) LIRPF die Möglichkeit, weitere Einkünfte hinzuzurechnen (*imputaciones de renta* oder auch *rentas imputadas*) und so ihre Besteuerung zu ermöglichen. Mit dieser Vorschrift wird u.a. bezweckt, auf Strategien zur Steuervermeidung reagieren zu können.[95] So gehören zu diesen sog. Hinzurechnungseinkünften Einkünfte aus in Steuerparadiesen gegründeten Investmentgesellschaften (*instituciones de inversión colectiva constituidas en paraísos fiscales*, Art. 95 LIRPF), daneben aber auch (fiktive) Einkünfte aus dem Eigentümer zur Verfügung stehenden Immobilien – die selbstgenutzte Wohnung ausgenommen – (*rentas inmobiliarias*, Art. 85 LIRPF, sog. Nutzungswertbesteuerung einer Zweit- oder Ferienwohnung),[96] Einkünfte aus der sog. internationalen Steuertransparenz (*transparencia fiscal internacional*, Art. 91 LIRPF) sowie aus der Abtretung des Rechts am eigenen Bild (*cesión de derechos de imagen*, Art. 92 LIRPF).[97] Auch die Einkünfte aus der sog. Steuertransparenz (*transparencia fiscal*) gehörten bis zur Abschaffung der Steuertransparenz zu den Hinzurechnungseinkünften.[98] Schon allein deshalb enthält das LIRPF selbst keinen abschließenden Einkünftekatalog wie den des § 2 Abs. 1 EStG. Aber auch die vier ausdrücklich aufgeführten Einkunftsarten sind derart weit gefasst, dass sie das gesamte realisierte Einkommen des Steuerpflichtigen erfassen.[99]

Eine rein begriffliche Besonderheit besteht darin, dass die *ganancias y pérdidas patrimoniales* ebenso wie die *imputaciones de renta* nach der Terminologie des

94 In Spanien wird begrifflich nicht wie in Deutschland zwischen Vermietung und Verpachtung unterschieden.

95 *Calvo Ortega*, in: Muñoz del Castillo, IRPF, 23.

96 Vor der Reform waren diese noch Einkünfte aus unbeweglichem Kapital, *Galán Sánchez*, Gan. y Pérd. Patr., 32 Fn. 17.

97 *Pérez Royo*, IRPF, 25.

98 Siehe zur ehemaligen Steuertransparenz unten ab S. 191.

99 *Lüdemann/Echevarria/Hruschka*, Investitionen in Spanien, Rn. 46.

LIRPF keine Einkünfte (*rendimientos*) sind.[100] Sie werden allerdings im LIRPF ähnlich wie die „echten" Einkünfte behandelt und deswegen teilweise auch so genannt,[101] so dass sie im Folgenden als Einkünfte bzw. Einkunftsarten bezeichnet werden.[102]

cc) Der jeweilige Einkunftsbegriff

Beurteilt man die beiden traditionell im deutschen Steuerrecht vorherrschenden Einkunftstheorien auf der Grundlage des Leistungsfähigkeitsprinzips, so erscheint die Quellentheorie antiquiert. Nach ihr werden nur die Erträge dauernder Quellen erfasst, obwohl auch Wertzuwächse der Quellen selbst die Leistungsfähigkeit des Steuerpflichtigen steigern.[103] Auch der Vorteil der einfachen Umsetzbarkeit und Durchführbarkeit einer auf der Quellentheorie basierenden Einkommensteuer kann die lückenhafte Verwirklichung des Leistungsfähigkeitsprinzips nicht aufwiegen.[104] Dagegen weist die Reinvermögenszugangstheorie diesen Mangel wegen ihres umfassenden Einkunftsbegriffs nicht auf. Wohl aus diesem Grund orientierte sich das deutsche Einkommensteuergesetz von 1920 an ihr.[105] Der Hauptkritikpunkt an der Reinvermögenszugangstheorie – ihre mangelnde Praktikabilität – führte allerdings schon 1925 zu ihrer Aufgabe zugunsten einer abschließenden Aufzählung der Einkunftsarten.[106] Seitdem existieren in der deutschen Einkommensteuer der *numerus clausus* und der Dualismus der Einkunftsarten,[107] wie oben bereits dargestellt.

Die praktischen Probleme der Reinvermögenszugangstheorie bestehen darin, dass der Staat für die Erfassung der Vermögenszugänge und -abgänge der privaten Lebensführung und für die Erfassung nicht realisierter Wertsteigerungen des Betriebsvermögens auf die ehrliche Kooperation der Steuerpflichtigen angewie-

---

100 *Cazorla Prieto/Peña Alonso*, IRPF, 50 ff.; im Übrigen existiert im spanischen Steuerrecht die aus § 2 Abs. 1-4 EStG bekannte strikte Unterscheidung zwischen Einkünften und Einkommen nicht. Zwar kann „*rendimientos*" mit „Einkünfte" übersetzt werden, der häufige Begriff „*renta*" kann jedoch nicht eindeutig zugeordnet werden: In Art. 2 LIRPF würde die Übersetzung mit „Einkommen" noch funktionieren, nicht jedoch in Art. 15.2 Nr. 1 und Nr. 3 LIRPF, wo eine Übersetzung mit „Einkünfte" näher liegt.

101 *López Berenguer*, IRPF, 273.

102 Ebenso *Schnieder*, Span. KSt., 138.

103 *Tipke*, Steuerrechtsordnung II, 629.

104 *Lang*, Bemessungsgrundlage, 37 m.V.a. die Amtl. Begr. EStG 1920, Fn. 9, S. 20 ff.

105 *Lang*, Bemessungsgrundlage, 37 ff.

106 *Lang*, in: Tipke/Lang, Steuerrecht, § 8 Rn. 30; *Lang*, Bemessungsgrundlage, 42.

107 *Tipke*, Steuerrechtsordnung II, 716 f.

sen ist.[108] Wenn man eine solche als Utopie betrachtet, so muss eine Besteuerung nur der kooperierenden Steuerpflichtigen zu einer Verletzung des Gleichheitssatzes führen. Um dies zu vermeiden, kommen zunächst Steuerbefreiungen der praktisch nicht erfassbaren Einkünfte in Betracht. Diese Lösung kommt zwar der Idealkonzeption der Reinvermögenszugangstheorie am nächsten, ist jedoch gesetzestechnisch umständlich. Es liegt deshalb näher, den Einkunftsbegriff generell zu reduzieren, um nicht in die Verlegenheit von Ausnahmeregelungen zu kommen. Diese Konsequenz wird durch die Markteinkommenstheorie gezogen.[109] Steuerbare Einkünfte sind danach grundsätzlich nur am Markt realisierte Einkünfte, mit anderen Worten die Summe der erwirtschafteten Einkünfte.[110] Dieses Prinzip wird u.a. in § 2 Abs. 1 S. 1 EStG („erzielt") angedeutet.[111] Dadurch wird die Reinvermögenszugangstheorie dahingehend eingeschränkt, dass mit den realisierten Wertsteigerungen des Betriebsvermögens nur diejenigen Wertsteigerungen von der Einkommensteuer erfasst werden, bei denen diese Erfassung praktikabel ist.

Bemerkenswert im Vergleich mit den deutschen Einkunftsarten ist der in Spanien nicht existente Unterschied in der Behandlung von Gewinneinkünften und Überschusseinkünften im Hinblick auf Wertzuwächse des zur Erzielung von Einkünften eingesetzten Vermögens und des Privatvermögens. Dies ergibt sich aus der subsidiären Anwendbarkeit der Einkunftsart der Vermögensgewinne und -verluste neben den anderen Einkunftsarten mit den so stets erfassten Wertsteigerungen des betrieblichen und auch des privaten Vermögens. In der spanischen Verfassungsrechtsprechung wurde die Zulässigkeit der Besteuerung von Wertveränderungen des Privatvermögens vor dem Hintergrund des Leistungsfähigkeitsprinzips und als Ausdruck der Freiheit des Gesetzgebers geprüft und für zulässig erklärt.[112] Da solche Vermögensgewinne und -verluste u.a. alle Veräußerungsgewinne sind, unabhängig von der betrieblichen (erfasst wird das Anlagevermögen der wirtschaftlichen Tätigkeiten) oder außerbetrieblichen Herkunft

---

108 Dies gilt in der deutschen Einkommensteuer wegen der oben bereits erwähnten Geltung der Reinvermögenszugangstheorie nur für die Gewinneinkünfte und damit für Veränderungen des *Betriebs*vermögens hinsichtlich der nicht realisierten Wertsteigerungen des Betriebsvermögens.

109 *Lang*, in: Tipke/Lang, Steuerrecht, § 4 Rn. 108; *Wittmann*, StuW 1993, 35 ff.; *Ruppe*, in: Herrmann/Heuer/Raupach, EStG und KStG, Einf. ESt Anm. 17.

110 *Lang*, Bemessungsgrundlage, 30; *Wittmann*, StuW 1993, 35, 36.

111 *Wittmann*, StuW 1993, 35, 38 f.

112 Vgl. zur Freiheit des Gesetzgebers *SSTC 37/1987, de 26 de marzo, FJ 14°*, 405, 459 und *214/1994, de 14 de julio, FJ 4°*, 986, 1007, zum Leistungsfähigkeitsprinzip als Prüfungsmaßstab *SSTC 27/1981, de 20 de julio, FJ 4°*, 166, 181, *45/1989, de 20 de febrero, FJ 5°*, 463, 487 y *221/1992, de 11 de diciembre, FJ 5°, 1115, 1130*; *Casado Ollero*, in: Orón Moratal, IRPF, Art. 2, 19 f.

des veräußerten Vermögens,[113] sind im IRPF die theoretischen Gegensätze von Reinvermögenszugangstheorie und Quellentheorie ohne Bedeutung.[114] Zwar werden in der spanischen Steuerrechtsliteratur die oben genannte Reinvermögenszugangstheorie (*teoría del incremento neto patrimonial* oder *teoría patrimonial*)[115] und – wenn auch äußerst selten – die Quellentheorie (*teoría de la fuente*)[116] jeweils mit Blick auf ihre deutschen und/oder amerikanischen Wurzeln diskutiert. Wegen der grundsätzlichen Strukturierung des LIRPF nach der Reinvermögenszugangstheorie[117] wird die Quellentheorie jedoch in der Regel nur der Vollständigkeit halber erwähnt.

Als Beispiele für den allumfassenden, an der Reinvermögenszugangstheorie orientierten Einkunftsbegriff der spanischen Einkommensteuer dienen neben dem bereits Gesagten die folgenden Besonderheiten: So gehört zu den Hinzurechnungseinkünften (*rentas imputadas*) der vermutete Nutzen aus nicht vermieteten Stadtimmobilien gemäß Art. 85.1 LIRPF. Güter oder Dienstleistungen einer wirtschaftlichen Tätigkeit, die vom Steuerpflichtigen selbst verbraucht oder unentgeltlich an Dritte überlassen werden, sind gemäß Art. 28.4 LIRPF mit ihrem Marktwert als Einkünfte zu erfassen. Ähnliches gilt gemäß Art. 42.1 LIRPF bei den Einkünften aus nichtselbstständiger Arbeit für Sachlöhne (*rentas en especie*), selbst wenn sie beim Arbeitgeber keinen Aufwand verursachen.

Das LIRPF ist allerdings nicht uneingeschränkt i.S.d. Reinvermögenszugangstheorie ausgerichtet. Im Rahmen der Einkünfte aus Vermögensgewinnen und -verlusten legt Art. 33.1 LIRPF fest, dass diejenigen Vermögenszuwächse keine Einkünfte sind, die nicht zu einer Änderung des Vermögensbestands führen. Teilsweise wird aus dieser Norm auf den spanischen Einkunftsbegriff geschlossen.[118] Dies hat seine Berechtigung in Hinblick auf die hier erkennbare Beschränkung der Einkünfte auf *realisierte* Wertsteigerungen des Betriebs- und Privatvermögens. Daraus folgt, dass die Reinvermögenszugangstheorie auch im LIRPF nicht in vollem Umfang verwirklicht wird. Zwar existiert begrifflich in der spanischen Lehre kein Äquivalent zu der Markteinkommenstheorie nach deutschem Verständnis,[119] das grundsätzliche Erfordernis der Realisation der Wertsteigerungen führt aber letztlich zu einem insoweit ähnlichen Einkunftsbeg-

---

113 Siehe dazu im Detail unten ab S. 38.

114 *Lüdemann/Echevarria/Hruschka*, Investitionen in Spanien, Rn. 46.

115 *Agulló*, REDF 37/1983, 23, 30.

116 *Agulló*, REDF 37/1983, 23, 30; *Galán Sánchez*, Gan. y Pérd. Patr., 31.

117 So auch *Galán Sánchez*, Gan. y Pérd. Patr., 31, 34 f.

118 *Herrera Molina*, Capacidad económica, 202 f.

119 Dies war jedoch in Deutschland lange Zeit ähnlich, obwohl in der Praxis bereits das Markteinkommen besteuert wurde, vgl. *Lang*, in: Tipke/Lang, Steuerrecht, § 8 Rn. 30.

riff des LIRPF.[120] Als fundamentaler Unterschied zum EStG bleibt also einzig, dass das LIRPF die realisierten Wertsteigerungen des Privatvermögens grundsätzlich erfasst, während dies nach dem EStG nur ausnahmsweise der Fall ist.[121]

b) Die Einkünfte aus Gewerbebetrieb nach dem EStG und dem LIRPF

Schwerpunkt der folgenden Untersuchung sind die Einkünfte aus Gewerbebetrieb als wichtigste deutsche Gewinneinkunftsart. Ihnen wird das spanische Pendant gegenüber gestellt, nämlich die Einkünfte aus wirtschaftlichen Tätigkeiten (*rendimientos de actividades económicas*) sowie – wegen der dortigen Einbeziehung der Veräußerung von Wirtschaftsgütern des Anlagevermögens – die Einkünfte aus Vermögensgewinnen und -verlusten (*ganancias y pérdidas patrimoniales*).

aa) Einkünfte aus Gewerbebetrieb gemäß §§ 15-17 EStG

Nach der Legaldefinition des § 15 Abs. 2 S. 1 EStG ist Gewerbebetrieb jede selbstständige nachhaltige Betätigung, die mit Gewinnermittlungsabsicht unter Beteiligung am allgemeinen wirtschaftlichen Verkehr unternommen wird, wenn diese Betätigung weder als Ausübung von Land- und Forstwirtschaft oder eines freien Berufs noch als eine andere selbstständige Tätigkeit zu qualifizieren ist. Negatives Tatbestandsmerkmal ist zudem, dass keine private Vermögensverwaltung vorliegt, also dass nicht nur eine Fruchtziehung durch Selbstnutzung eigenen Vermögens gegeben ist. Diesbezüglich ist im Zweifelsfall entscheidend, ob die Tätigkeit nach der Verkehrsanschauung dem Bild eines Gewerbebetriebs entspricht und einer Vermögensverwaltung im Sinne des bloßen Haltens von Vermögen fremd ist.[122] Diese Abgrenzung zu den anderen Einkunftsarten ist nicht durch die bloße Subsumtion unter die genannten Tatbestandsmerkmale vorzunehmen, sondern unter Berücksichtigung des „Gesamtbildes der Betätigung“ und der „Verkehrsauffassung“.[123]

---

120 *Lüdemann/Echevarria/Hruschka*, Investitionen in Spanien, Rn. 48.

121 Deshalb ist die Markteinkommenstheorie wegen der in Spanien erfassten realisierten Wertzuwächse des außerbetrieblichen Vermögens „zu eng“ für den spanischen Einkommensbegriff, vgl. *Schnieder*, Span. KSt., 141; zwar wird auch bei der Veräußerung des Privatvermögens am allgemeinen Markt teilgenommen, jedoch ohne eine „dauernde verfestigte Verbundenheit mit dem Markt“, *Steichen*, in: FS Tipke, 365, 378 m.w.N.

122 BFH, Beschl. v. 25.06.1984 – GrS 4/82, BStBl. II 1984, 751, 762; Urt. v. 15.03.2005 – X R 39/03, BStBl. II 2005, 817, 819 ff.; Beschl. v. 3.07.1995 – GrS 1/93, BStBl. II 1995, 617, 620 ff.; *Weber-Grellet*, in: Schmidt, EStG, § 15 Rn. 46; *Birk*, Steuerrecht, Rn. 632 f.

123 BFH, Beschl. v. 25.06.1984 – GrS 4/82, BStBl. II 1984, 751, 763; *Lang*, in: Tipke/Lang, Steuerrecht, § 9 Rn. 415.

Hinsichtlich der Einkünfte aus Gewerbebetrieb unterscheidet § 15 Abs. 1 S. 1 EStG zwischen Einkünften aus gewerblichen Einzelunternehmen (Nr. 1) und aus Mitunternehmerschaften[124] (Nr. 2) sowie Einkünften der persönlich haftenden Gesellschafter einer KGaA (Nr. 3). Zudem regelt § 16 EStG die Einkünfte aus einer Betriebsveräußerung oder -aufgabe; hinsichtlich der Qualifikation als gewerbliche Einkünfte ist § 16 EStG allerdings nur deklaratorisch wegen des an der Reinvermögenszugangstheorie orientierten Einkommensbegriffs der Gewinneinkünfte. Die Vorschrift ermöglicht zusammen mit § 34 EStG eine ermäßigte Besteuerung der bei der Beendigung der gewerblichen Tätigkeit entstehenden stillen Reserven.[125]

bb) Einkünfte von Gewerbetreibenden nach dem LIRPF

In Spanien unterfallen die Einkünfte von Gewerbetreibenden in der Regel zwei Einkunftsarten, nämlich den Einkünften aus wirtschaftlichen Tätigkeiten sowie den Einkünften aus Vermögensgewinnen und -verlusten.

(1) *Rendimientos de actividades económicas*

Die Einkünfte aus wirtschaftlichen Tätigkeiten sind in den Art. 27-32 LIRPF geregelt und werden von den Art. 21-37 RIRPF im Detail beschrieben. Der Begriff der wirtschaftlichen Tätigkeiten umfasst nicht nur die aus dem EStG bekannten Einkünfte aus Gewerbebetrieb, sondern außerdem die Einkünfte aus künstlerischen bzw. sportlichen Tätigkeiten sowie aus selbstständiger Arbeit; Unterschiede in der Besteuerung dieser Aktivitäten sind damit nicht mehr vorhanden.[126] Diese Rechtslage besteht bereits seit 1997, als die vorherigen Einkünfte aus unternehmerischen oder selbstständigen Tätigkeiten (*rendimientos de actividades empresariales o profesionales*) in die aktuelle Bezeichnung umbenannt wurden.[127]

Nach Art. 27.1 S. 1 LIRPF gehören zu den Einkünften aus wirtschaftlichen Tätigkeiten solche, die der Steuerpflichtige durch seine Arbeitskraft und/oder durch sein Kapital erlangt, wobei er für eigene Rechnung Produktionsmittel und/oder menschliche Ressourcen einsetzt, um Güter oder Dienstleistungen zu

124 Siehe zur Mitunternehmerschaft im Vergleich zur *atribución de rentas* unten ab S. 41.
125 *Lang*, in: Tipke/Lang, Steuerrecht, § 9 Rn. 421.
126 *García Frías*, IStR 1999, 550, 554.
127 *Pedraza Bochóns*, in Yebra Martul-Ortega/García Novoa/López Díaz, IRPF, 370 f.

produzieren oder zu verteilen.[128] Beispielhaft zählt Art. 27.1 S. 2 LIRPF u.a. die Produktion, den Handel, die Dienstleistungen, das Handwerk, die Land- und Forstwirtschaft sowie freie, künstlerische und sportliche Berufe auf. Im Gegensatz zum deutschen EStG fasst also das LIRPF die Einkünfte aus Gewerbebetrieb, selbstständiger Arbeit und Land- und Forstwirtschaft zu einer Einkunftsart der wirtschaftlichen Tätigkeiten zusammen. Dies trägt im Vergleich zum EStG zu einer Verringerung und Vereinheitlichung der Sonderregelungen der jeweiligen Einkunftsarten bei, wodurch die Gleichbehandlung der Einkünfte und auch die Einfachheit des Einkommensteuerrechts gefördert werden. Bedenkt man, dass den Tatbestandsmerkmalen des § 15 Abs. 2 S. 1 EStG für Einkünfte aus Gewerbebetrieb auch die Einkünfte aus Landwirtschaft und aus selbstständiger Arbeit unterfallen, weswegen die Vorschrift diese ausdrücklich ausnimmt,[129] und bedenkt man die gegebenen Abgrenzungsschwierigkeiten,[130] so erscheint eine Zusammenfassung zu einer Einkunftsart wie im LIRPF vorteilhaft. Bedeutung erlangt die deutsche Trennung der Einkunftsarten insbesondere durch die Anknüpfung der deutschen Gewerbesteuer an die Einkünfte aus Gewerbebetrieb,[131] während die spanische Gewerbesteuer – wie im Anschluss noch im Einzelnen zu erläutern sein wird – an die zusammengefassten Einkünfte aus wirtschaftlichen Tätigkeiten anknüpft und erst auf Ebene des Gewerbesteuertarifs zwischen Einkünften aus Gewerbebetrieb und aus selbstständiger Tätigkeit unterscheidet.

(a) Abgrenzung zu anderen Einkunftsarten

Entscheidendes und wegen der weitgefassten Einkunftsart auch praktikables Merkmal zur Abgrenzung der *actividades económicas* von der Einkunftsart der nichtselbstständigen Arbeit ist das Erfordernis der Arbeit für eigene Rechnung, welches mit der Übernahme des Unternehmerrisikos einhergeht.[132] Wie nach deutschem Verständnis liegt also keine wirtschaftliche Tätigkeit vor, wenn der Steuerpflichtige die Einkünfte im Rahmen eines Abhängigkeits- bzw. Arbeitsverhältnisses erzielt. Problematisch ist wie in Deutschland die Abgrenzung zu bestimmten, speziellen Arbeitsverhältnissen, wie bei Auftritten von Künstlern in

---

128 Art. 27.1 LIRPF: *Se considerarán rendimientos íntegros de actividades económicas aquellos que, procediendo del trabajo personal y del capital conjuntamente, o de uno solo de estos factores, supongan por parte del contribuyente la ordenación por cuenta propia de medios de producción y de recursos humanos o de uno de ambos, con la finalidad de intervenir en la producción o distribución de bienes o servicios.*

129 *Birk*, Steuerrecht, Rn. 632.

130 *Lang*, in: Tipke/Lang, Steuerrecht, § 9 Rn. 416 ff., 516.

131 *Birk*, Steuerrecht, Rn. 1138.

132 *Pedraza Bochóns*, in: Yebra Martul-Ortega/García Novoa/López Díaz, IRPF, 371; *Pérez Royo*, IRPF, 89 f., 219 f.

öffentlichen Aufführungen, bei Auftritten von Profisportlern sowie bei Handelsvertretern.[133]

Unterscheidungskriterium zu den Einkünften aus Kapital ist die Vermögenszugehörigkeit des eingesetzten Wirtschaftsguts. Nur wenn es zum – noch zu erläuternden –Betriebsvermögen gehört, handelt es sich um Einkünfte aus wirtschaftlichen Tätigkeiten.[134]

Gesetzlich geregelt ist in Art. 27.2 LIRPF die Abgrenzung im Falle der Vermietung und Verpachtung oder des Verkaufs von Immobilien (*arrendamiento o compraventa de inmuebles*). Danach liegt eine wirtschaftliche Tätigkeit nur dann vor, wenn ausschließlich dafür eine Art Geschäftsraum existiert und mindestens eine Vollzeitarbeitskraft für die Tätigkeit eingesetzt wird.[135] Das letztere Erfordernis der *Vollzeit*arbeitskraft ist eine Neuerung der Reform von 1998 und soll der Rechtssicherheit und der Vermeidung von missbräuchlichen Gestaltungen in dieser nicht unbedeutenden Abgrenzungsfrage dienen.[136]

Ein Berührungspunkt zu den Vermögensgewinnen und -verlusten liegt dann vor, wenn für die wirtschaftlichen Tätigkeiten bestimmtes Anlagevermögen (*elementos patrimoniales afectos*) veräußert wird.[137] Unterfiel eine solche Veräußerung nach der alten Gesetzeslage noch der Einkunftsart der wirtschaftlichen Tätigkeiten, so weist nun Art. 28.2 LIRPF diese Einkünfte den Vermögensgewinnen und -verlusten zu. Nach der einleitenden Gesetzesbegründung des LIRPF von 1998[138] soll so eine Gleichbehandlung mit den anderen Einkunftsarten des IRPF erreicht werden. Zudem trägt die Neuregelung dazu bei, die durch künstliche Konstruktionen zur Steuerumgehung[139] immer komplizierter werdenden Veräußerungsvorgänge wieder zu vereinfachen.[140] Die neue Rechtslage ist für den

---

133 Dazu für Spanien *Pérez Royo*, IRPF, 220; für Deutschland *Lang*, in: Tipke/Lang, Steuerrecht, § 9 Rn. 472.

134 *Pérez Royo*, IRPF, 222.

135 Wobei der Geschäftsraum laut Finanzverwaltung in bestimmten Fällen ein Zimmer in einer Wohnung oder im eigenen Haus des Steuerpflichtigen sein kann; bei der Vollarbeitskraft kann es sich nach der Finanzverwaltung auch um den Ehepartner oder einen Verwandten handeln, *Pérez Royo*, IRPF, 222 f. m.V.a. die Finanzverwaltung.

136 Nicht unbedeutend ist diese Abgrenzung u.a. wegen des dann unbeschränkt möglichen Abzugs von Schuldzinsen, des dann möglichen Steuerabzugs (ehemals Steuerstundung) zur Reinvestition und der dann schnelleren Abschreibung, *Pérez Royo*, IRPF, 148; *Pedraza Bochóns*, in: Yebra Martul-Ortega/García Novoa/López Díaz, IRPF, 372.

137 Auch *inmovilizado* genannt, also Anlagevermögen; siehe dazu im Anschluss unter (b).

138 *Exposición de motivos de la Ley 40/1998 del IRPF.*

139 Beispielsweise durch vorheriges Herauslösen aus dem von den *actividades empresariales o profesionales* erfassten Vermögen; der Steuervorteil ergab sich dann aus dem niedrigeren Steuersatz der dann einschlägigen *incrementos y disminuciones de patrimonio*.

140 *Gordillo/Jiménez/Núñez/Rey*, IRPF, 246; *Pérez Royo*, IRPF, 227.

Steuerpflichtigen vorteilhaft hinsichtlich des niedrigeren Steuersatzes der Vermögensgewinne und -verluste,[141] kann sich aber auch negativ auswirken wegen des nun nicht mehr innerhalb der Einkunftsart der wirtschaftlichen Tätigkeiten möglichen Ausgleichs von Verlusten aus entsprechenden Veräußerungsgeschäften.[142]

Die Unterscheidung zwischen dem Betriebsvermögen der *actividades económicas* und dem Privatvermögen (*patrimonio particular*) verliert allerdings nicht gänzlich ihre Bedeutung; sie ist nach wie vor für die Möglichkeit bzw. für den Zeitraum von Abschreibungen[143] sowie für den Steuerabzug bei Reinvestition von außerordentlichen Gewinnen i.S.d. Art. 42 TRLIS i.V.m. Art. 28.1 LIRPF[144] entscheidend.[145]

Wird des weiteren ein ganzer Betrieb zu Lebzeiten übertragen (*transmisión inter vivos de la totalidad de la empresa*), entstehen bei einer entgeltlichen Übertragung (*transmisión onerosa*) keine Einkünfte aus wirtschaftlichen Tätigkeiten, sondern aus Vermögensgewinnen und -verlusten i.S.d. Art. 33.1 LIRPF. Ähnlich wie in Deutschland nach den §§ 16, 34 EStG werden solche Einkünfte privilegiert, indem sie als sog. langfristige Vermögensgewinne dem bereits erwähnten ermäßigten linearen Steuersatz von 15 % unterliegen.

Eine unentgeltliche Übertragung des Betriebs (*transmisión lucrativa*) führt dagegen gemäß Art. 33.3 c) Abs. 1 LIRPF gar nicht zu steuerbaren Einkünften i.S.d. LIRPF, wenn die Voraussetzungen des Art. 20.6 LISD – also des Erbschaft- und Schenkungssteuergesetzes – erfüllt sind.[146] Um einen Missbrauch zu vermeiden,[147] müssen gemäß Art. 33.3 c) Abs. 2 LIRPF die erst nach ihrer Anschaffung in das Anlagevermögen der wirtschaftlichen Tätigkeiten überführten Wirtschaftsgüter diesem ununterbrochen und mindestens seit fünf Jahren vor der Übertragung des Betriebs angehört haben. Ist dies der Fall, so tritt der Beschenkte gemäß Art. 36 Abs. 2 LIRPF bezüglich der Buchwerte und der Anschaffungs-

---

141 Für solche, die in einem Zeitraum von mehr als einem Jahr entstanden sind, gilt nicht der progressive Steuersatz der Art. 63, 74 LIRPF von 24 % bis 43 %, sondern ein ermäßigter, proportionaler Steuersatz von 17 %, wenn man den staatlichen Steuersatz (11,1 %) und den ergänzenden Steuersatz der Autonomen Regionen (6,9 %) addiert, vgl. Art. 47.2, 49.1, 66.1, 76 LIRPF.

142 *Pérez Royo*, IRPF, 232 f.

143 Siehe zu den Abschreibungen unten ab S. 172.

144 Siehe zum Verweis des LIRPF auf das TRLIS unten ab S. 196.

145 *Pérez Royo*, IRPF, 227.

146 Die Voraussetzungen des Art. 20.6 LISD sind u.a. erfüllt, wenn der Schenker mindestens 65 Jahre alt oder behindert ist und der Beschenkte Ehegatte oder Abkomme des Schenkers ist bzw. vom Schenker adoptiert wurde.

147 *Pérez Royo*, IRPF, 325.

zeitpunkte der übertragenen Wirtschaftsgüter in die Rechtsposition des Übertragenden ein, was der deutschen Regelung in § 6 Abs. 3 EStG entspricht. Bei einer späteren Veräußerung des Betriebs oder von Teilen des Betriebs durch den Beschenkten können also später wieder Vermögensgewinne und -verluste auftreten.[148]

Obwohl unternehmerische Einkünfte (*rendimientos empresariales*) und Einkünfte aus selbstständiger Tätigkeit (*rendimientos profesionales*) mittlerweile schon traditionell zusammen unter die Einkünfte aus wirtschaftlichen Tätigkeiten fallen, kommt ihrer Differenzierung innerhalb der Einkünfte aus wirtschaftlichen Tätigkeiten einige Bedeutung zu. So unterliegen die Einkünfte aus selbstständiger Tätigkeit gemäß Art. 101.5 a) LIRPF i.V.m. Art. 93.1-2 RIRPF im Gegensatz zu den unternehmerischen Einkünften – abgesehen von den Einkünften aus Landwirtschaft – dem Quellensteuerabzug (*retención*). Zudem werden sie trotz theoretischer Möglichkeit in der Praxis nie nach der – noch im Einzelnen zu erläuternden[149] – objektiven Methode ermittelt.[150] Die aus dem EStG bekannten Abgrenzungsschwierigkeiten treten also auch im LIRPF auf, und sie werden ähnlich unbefriedigend gelöst: So verweist Art. 93.2 a) RIRPF auf das rein formale Kriterium der Klassifizierung der jeweiligen Tätigkeit für die Tarife der Gewerbesteuer (*Impuesto sobre Actividades Económicas*, IAE). Der erste Abschnitt der Tarife des IAE[151] enthält die unternehmerischen Tätigkeiten, der zweite die selbstständigen Tätigkeiten, jeweils übertitelt mit „Selbstständige im Bereich" (*profesionales relacionados con*). Zusätzliche Voraussetzung für die Qualifizierung als selbstständige Tätigkeit ist gemäß Regel 3 der Anleitung zum IAE neben der Nennung im zweiten Abschnitt der Tarife, dass die Tätigkeit von einer natürlichen Person ausgeübt wird; im Falle der Ausübung durch eine juristische Person werden auch die im zweiten Abschnitt genannten Tätigkeiten als unternehmerisch qualifiziert. Beispielsweise werden im zweiten Abschnitt für den Bereich Landwirtschaft Doktoren, Wissenschaftler, Ingenieure und Techniker aufgelistet; werden also entsprechende Tätigkeiten durch eine natürliche Person ausgeübt und handelt es sich nach den oben genannten Kriterien nicht um eine nichtselbstständige Tätigkeit, so liegt innerhalb der Einkunftsart der wirtschaftlichen Tätigkeiten eine selbstständige Tätigkeit vor. Jedenfalls konn-

148 *Pérez Royo*, IRPF, 326.

149 Siehe zur objektiven Gewinnermittlungsmethode unten ab S. 218.

150 *Cazorla Prieto/Peña Alonso*, IRPF, 148.

151 *Sección Primera de las Tarifas del Impuesto sobre Actividades Económicas, aprobadas por el Real Decreto Legislativo 1175/1990, de 28 de septiembre, por el que se aprueban las tarifas y la instrucción del Impuesto sobre Actividades Económicas (BOE 29 de septiembre).*

ten durch dieses formale Kriterium – ohne jede allgemeine Definition – die meisten Probleme in der Praxis gelöst werden.[152]

(b) Von den *actividades económicas* erfasstes Vermögen

Auch in Spanien ist für die Ermittlung der Einkünfte aus wirtschaftlichen Tätigkeiten die Unterscheidung zwischen Betriebs- und Privatvermögen von Bedeutung: Nur das Betriebsvermögen kann Einkünfte aus wirtschaftlichen Tätigkeiten generieren oder Gegenstand der entsprechenden Regelungen über Abschreibungen oder sonstiger Wertverluste sein, welche noch im Einzelnen zu erläutern sein werden. Darüber hinaus ist nach spanischem Recht bereits für die Ermittlung der Einkunftsart streng zwischen dem Umlaufvermögen und dem Anlagevermögen zu unterscheiden, da die Veräußerung des Anlagevermögens gemäß Art. 28.2 LIRPF nicht zu Einkünften aus wirtschaftlichen Tätigkeiten führt, sondern zu Einkünften aus Vermögensgewinnen und -verlusten.

Die gesetzliche Regelung zur Abgrenzung der *actividades económicas* von den *ganancias y pérdidas patrimoniales* in Art. 28.2 LIRPF ist missverständlich: Die Vorschrift nennt sog. für eine wirtschaftliche Tätigkeit bestimmte Vermögensgegenstände (*elementos patrimoniales afectos a una actividad económica*), worunter eigentlich das Betriebsvermögen zu verstehen sein sollte. Allerdings würde dies zu dem widersinnigen – vom Gesetzgeber offenkundig nicht gewollten – Ergebnis führen, dass dann gemäß Art. 28.2 LIRPF auch die Veräußerung des Umlaufvermögens nicht zu Einkünften aus wirtschaftlichen Tätigkeiten zählte. Folglich kann mit den *elementos patrimoniales afectos* in Art. 28.2 LIRPF nur das Anlagevermögen gemeint sein, die Norm ist m.E. insoweit einschränkend auszulegen.

Zusammengefasst sind im spanischen LIRPF und damit für den Einzelunternehmer schon bei der Qualifikation der Einkunftsart zwei Abgrenzungen vorzunehmen: Zunächst ist das Betriebsvermögen vom Privatvermögen zu unterscheiden und in einem zweiten Schritt das Anlagevermögen vom Umlaufvermögen.[153]

Das von der Einkunftsart der wirtschaftlichen Tätigkeiten erfasste Betriebsvermögen (*elementos patrimoniales afectos*) wird von Art. 29 LIRPF i.V.m. Art. 21 RIRPF geregelt. Nach der generellen Definition müssen die Wirtschaftsgüter für

---

152 *Pérez Royo*, IRPF, 223 f. m.w.N.

153 Wie schon angedeutet, existiert im LIRPF keine ausdrückliche gesetzliche Definition des Anlage- und Umlaufvermögens; über Art. 28.1 LIRPF i.V.m. Art. 10.3 TRLIS sind daher die Regelungen des TRLIS und des Handelsrechts zugrunde zu legen. Siehe zur genaueren Definition des Anlage- und des Umlaufvermögens unten ab S. 133.

die Einkunftserzielung notwendig sein und dürfen grundsätzlich nicht privat genutzt werden.

Hinsichtlich der Voraussetzung der Notwendigkeit werden zunächst einige Elemente des Betriebsvermögens ausdrücklich von Art. 29.1 LIRPF benannt, wie beispielsweise die zur Einkunftserzielung genutzten unbeweglichen Wirtschaftsgüter oder die Einrichtungen für das zur Einkunftserzielung eingesetzte Personal – ausgenommen die Erholungs- und Freizeiteinrichtungen und die vom Steuerpflichtigen allein genutzten Einrichtungen. Ansonsten ist ein Wirtschaftsgut notwendig für die Erzielung von Einkünften aus wirtschaftlichen Tätigkeiten, wenn der Steuerpflichtige es für die Ausübung der Tätigkeit als zweckmäßig erachtet und das Wirtschaftsgut nach objektiver Betrachtung den Zielen der wirtschaftlichen Tätigkeit dient. Gesetzlich ausgeschlossen sind dabei gemäß Art. 29.1 c) S. 2 LIRPF die Aktiva aus Beteiligungen am Eigenkapital einer Körperschaft sowie aus der Überlassung von Kapital an Dritte. Wenn sich also beispielsweise ein Unternehmer aus strategischen Gründen am Stammkapital eines seiner Lieferanten beteiligt, gehört eine solche Beteiligung nicht zu seinem Betriebsvermögen.[154]

Zudem muss der Steuerpflichtige gemäß Art. 21.2 RIRPF das betreffende Wirtschaftsgut auch betrieblich nutzen. Wird ein teilbares Wirtschaftsgut – teilbare Wirtschaftsgüter sind insbesondere Grundstücke[155] – vom Steuerpflichtigen nicht ausschließlich betrieblich eingesetzt, sondern teilweise auch privat genutzt, so gehört gemäß Art. 29.2 Abs. 1 S. 1 LIRPF i.V.m. Art. 21.3 S. 1 u. 2 RIRPF nur der betrieblich genutzte Teil des Wirtschaftsguts zum Betriebsvermögen. Unteilbare Wirtschaftsgüter (*elementos patrimoniales indivisibles*) – also beispielsweise Fahrzeuge, Computer oder Mobiliar – können dagegen nur vollständig entweder dem Privat- oder dem Betriebsvermögen zugeordnet werden. Solche gemischt genutzten unteilbaren Wirtschaftsgüter gehören nur dann zum Betriebsvermögen, wenn ihre private Nutzung nebensächlich und offensichtlich irrelevant ist. Diese Voraussetzung ist gemäß Art. 29.2 Abs. 2 LIRPF i.V.m. Art. 21.4 Abs. 1 RIRPF erfüllt, wenn ein unteilbares Wirtschaftsgut nur außerhalb der Arbeitsstunden privat genutzt wird. Ausgeschlossen ist diese Ausnahme der nebensächlichen und offensichtlich irrelevanten privaten Nutzung allerdings gemäß Art. 21.4 Abs. 2 RIRPF für bestimmte Fahrzeuge wie Campingwagen und ihre Anhänger, Motorräder oder Sportboote, die nicht als Multifunktionsfahrzeuge für den Warentransport oder als Fahrzeuge für den entgeltlichen Transport von Reisenden, für die entgeltliche Fahrer- bzw. Pilotenausbildung,

---

154 *Pérez Royo*, IRPF, 228.
155 *Pérez Royo*, IRPF, 228.

für Dienstreisen von Handelsvertretern oder für einen regelmäßigen Verleih bestimmt sind.

Bei einem Wechsel eines Wirtschaftsguts vom Anlagevermögen (*activo fijo*) des Steuerpflichtigen in sein Privatvermögen und umgekehrt entstehen gemäß Art. 28.3 Abs. 1 LIRPF dann keine Vermögensveränderungen bzw. Einkünfte aus Vermögensgewinnen und -verlusten, wenn es insgesamt weiter zum Vermögen des Steuerpflichtigen gehört. Dies ist angesichts der in Spanien erfassten Vermögensgewinne und -verluste des Privatvermögens auch nicht notwendig: Solange ein Wirtschaftsgut nicht insgesamt aus dem Vermögen des Steuerpflichtigen ausscheidet, ist seine Besteuerung im Rahmen der Vermögensgewinne und -verluste sichergestellt.[156]

Eine Überführung in das Anlagevermögen gilt gemäß Art. 28.3 Abs. 2 LIRPF dann als nie erfolgt – das Wirtschaftsgut zählt also weiterhin zum Privatvermögen –, wenn das Wirtschaftsgut innerhalb von drei Jahren veräußert wird. Diese Fiktion kann bei wörtlicher Interpretation nicht zu unterschätzende Auswirkungen auf den Steuerpflichtigen haben. Greift sie ein, so müssten nach der Gesetzesformulierung auch etwaige nach den Vorschriften der wirtschaftlichen Tätigkeiten erfolgte Abschreibungen für den Zeitraum bis zur Veräußerung unzulässig sein, und zwar rückwirkend. In der spanischen Literatur[157] wird allerdings eine einschränkende Auslegung des Abs. 2 vorgeschlagen dahingehend, dass er nur hinsichtlich der mittlerweile aufgehobenen Steuerstundung für Reinvestition des Art. 36.2 LIRPF a.F.[158] bzw. des Art. 21.1 LIS a.F.[159] gelten sollte, um den Missbrauch dieser Steuervergünstigung zu vermeiden, und damit mittlerweile ohne Bedeutung ist.

Wegen des Dualismus der Einkunftsarten des EStG hat der Betriebsvermögensbegriff in Deutschland eine noch größere Bedeutung als in Spanien: Abgesehen von den §§ 17, 23 EStG werden Vermögenswertänderungen etwa durch Veräußerungen oder Wertminderungen nur bei Wirtschaftsgütern des Betriebsvermögens erfasst. M.E. liegt es auch an dieser einschneidenden Konsequenz einer Zugehörigkeit eines Wirtschaftsguts zum Betriebsvermögen, dass der Betriebsvermögensbegriff in Deutschland im Gegensatz zur spanischen Systematik dreigeteilt ist:

---

156 *Gordillo/Núñez/Jiménez/Rey*, IRPF, 255.

157 *Pérez Royo*, IRPF, 233; *López Berenguer*, IRPF, 213.

158 Diese Regelung wurde durch Art. 18 *de la Ley 46/2002, de 18 de diciembre (BOE 19 diciembre 2002, núm. 303, 44622)* im Rahmen der Teilreform des LIRPF gestrichen.

159 Aufgehoben durch die *Disposición derogatoria única 1 a) del Real Decreto Legislativo 4/2004, de 5 de marzo (RCL 2004\640).*

So sind Wirtschaftsgüter Teil des notwendigen Betriebsvermögens, wenn sie objektiv erkennbar zum unmittelbaren Einsatz im Betrieb selbst bestimmt sind.[160] Entscheidend ist die dem Wirtschaftsgut vom Unternehmer zugewiesene tatsächliche konkrete Funktion, das Wirtschaftsgut muss – ähnlich wie in Spanien – nicht für den Betrieb erforderlich sein.[161] Zum notwendigen Privatvermögen zählt ein Wirtschaftsgut, das seiner konkreten Funktion nach nur dem Privatvermögen zugeordnet werden kann, beispielsweise eine Privatwohnung und ihre Einrichtung.[162] Neben dem notwendigen Betriebsvermögen und dem notwendigen Privatvermögen existiert das gewillkürte Betriebsvermögen: Dazu gehört ein Wirtschaftsgut, das zwar nicht unmittelbar zum Einsatz im Betrieb bestimmt ist, aber objektiv geeignet und erkennbar dazu bestimmt ist, den Betrieb zu fördern.[163] Die objektive Erkennbarkeit wird durch einen Widmungsakt des Steuerpflichtigen hergestellt, etwa durch die Aktivierung des Wirtschaftsguts in der Bilanz.[164]

Anders als in Spanien können gemischt genutzte Wirtschaftsgüter nur einheitlich dem Betriebsvermögen oder dem Privatvermögen zugeordnet werden. Bei einer Nutzung des Wirtschaftsguts für betriebliche Zwecke von mehr als 50 % gehört dieses zum notwendigen Betriebsvermögen, bei einer betrieblichen Nutzung zwischen 10 % und 50 % und entsprechender Widmung durch den Unternehmer zum gewillkürten Betriebsvermögen und bei einer betrieblichen Nutzung unter 10 % zum notwendigen Privatvermögen. Dabei ist zu berücksichtigen, dass Grundstücke steuerrechtlich in mehrere Wirtschaftsgüter aufgeteilt werden können und so teilweise zum Betriebsvermögen und zum Privatvermögen gehören können.[165]

Eine Überführung eines Wirtschaftsguts vom Betriebsvermögen in das Privatvermögen führt zu einer Entnahme, der umgekehrte Fall führt zu einer Einlage. Da Entnahmen gemäß § 6 Abs. 1 Nr. 4 und 5 EStG grundsätzlich mit dem Teilwert anzusetzen sind, werden bei einem solchen Vorgang stille Reserven aufgedeckt und besteuert, soweit der Teilwert höher ist als der Buchwert. Auch dieser Unterschied in der Systematik der Vergleichsländer ist vor dem Hintergrund verständlich, dass in Spanien auch die Veräußerung der Vermögensgegenstände

---

160 BFH, Urt. v. 19.02.1997 – XI R 1/96, BStBl. II 1997, 399, 402; Urt. v. 24.09.1998 – IV R 1/98, BStBl. II 1999, 55, 56; *Thiel/Lüdtke-Handjery*, Bilanzrecht, Rn. 379; *Hey*, in: Tipke/Lang, Steuerrecht, § 17 Rn. 122.

161 BFH, Urt. v. 6.03.1991 – X R 57/88, BStBl. II 1991, 829, 830 f. m.w.N.; Urt. v. 4.02.1998 – XI R 45/97, 301, 302.

162 *Hey*, in: Tipke/Lang, Steuerrecht, § 17 Rn. 124.

163 BFH, Urt. v. 19.02.1997 – XI R 1/96, BStBl. II 1997, 399, 402.

164 *Hey*, in: Tipke/Lang, Steuerrecht, § 17 Rn. 123.

165 *Heinicke*, in: Schmidt, EStG, § 4 Rn. 206.

des Privatvermögens steuerbar ist, stille Reserven also bis zu dieser Veräußerung „gespeichert“ werden können.

(2) *Ganancias y pérdidas patrimoniales*

Bei spanischen Gewerbetreibenden sind neben den Einkünften aus wirtschaftlichen Tätigkeiten typischerweise auch die Vermögensgewinne und -verluste zu berücksichtigen.[166]

(a) Definition

Gemäß Art. 33.1 LIRPF[167] liegen Vermögensgewinne und -verluste vor bei Veränderungen im Wert des Vermögens des Steuerpflichtigen, die sich anlässlich einer Änderung in der Zusammensetzung des Vermögens manifestieren. Da von dieser weiten Definition fast das gesamte Einkommen und damit auch alle anderen Einkunftsarten erfasst würden, sind die Vermögensgewinne und -verluste gemäß Art. 33.1, letzter Halbsatz LIRPF zu diesen subsidiär.

Die erste Voraussetzung der Definition – die Veränderung im Wert des Vermögens des Steuerpflichtigen – bezieht sich nicht auf den Wert des Gesamtvermögens, sondern auf den Wert jedes einzelnen Vermögensgegenstands.[168] Die zweite Voraussetzung der Definition – die Änderung in der Zusammensetzung des Vermögens – spiegelt die Grundentscheidung des Gesetzgebers wider, die Wertveränderungen des Vermögens nicht schon bei ihrer Entstehung zu besteuern, sondern erst bei ihrer Realisation.[169]

Dieser Definition unterfallen unter Berücksichtigung der Subsidiarität der Vermögensgewinne und -verluste die Übertragung von Vermögensgegenständen – wie bereits erläutert, erzielen Gewerbetreibende bei der Veräußerung von Vermögensgegenständen des Anlagevermögens keine Einkünfte aus wirtschaftlichen Tätigkeiten, sondern Vermögensgewinne und -verluste –, die Eingliederung von wirtschaftlichen Gütern und Rechten in das Vermögen – beispielswei-

---

166 Eine rein terminologische Veränderung durch die Reform des LIRPF von 1998 besteht darin, dass die Vermögenszuwächse und Vermögensabnahmen (*incrementos y disminuciones de patrimonio*) umbenannt wurden in Vermögensgewinne und Vermögensverluste (*ganancias y pérdidas patrimoniales*), vgl. *Pérez Royo*, IRPF, 25; *Galán Sánchez*, Gan. y Pérd. Patr., 39; Erläuterungen zur Rechtsentwicklung finden sich bei *Marín-Barnuevo Fabo/Ehmcke*, StuW 1999, 295 ff.

167 Art. 33.1 LIRPF: *Son ganancias y pérdidas patrimoniales las variaciones en el valor del patrimonio del contribuyente que se pongan de manifiesto con ocasión de cualquier alteración en la composición de aquél, salvo que por esta Ley se califiquen como rendimientos.*

168 *Martín Delgado*, in: Yebra Martul-Ortega/García Novoa/López Díaz, IRPF, 426.

169 *Pérez Royo*, IRPF, 317.

se Gewinne aus Fernsehgewinnspielen oder Subventionen, die für den Wohnungskauf gewährt wurden – oder das Erlöschen von Rechten oder Verpflichtungen des Steuerpflichtigen – etwa das Erlöschen einer vom Steuerpflichtigen zu zahlenden Leibrente.[170]

(b) Ausnahmen von der Besteuerung

Eine Änderung in der Zusammensetzung des Vermögens wird verneint für die sog. Spezifizierung oder Vereinzelung von Rechten (*especificación de derechos*).[171] So führen gemäß Art. 33.2 LIRPF weder die Aufteilung einer Sache in Miteigentum, noch die Auflösung einer Zugewinngemeinschaft oder die Auflösung einer Gütergemeinschaft zu einer anderen Zusammensetzung des Vermögens und damit zu Vermögensgewinnen und -verlusten.

Vorgänge, die zwar zu Änderungen in der Zusammensetzung des Vermögens, aber dennoch nicht zu Vermögensgewinnen und -verlusten des Einkommensteuerpflichtigen führen, sind gemäß Art. 33.3 LIRPF Kapitalherabsetzungen (*reducciones de capital*) von Kapitalgesellschaften, unentgeltliche Übertragungen wegen Todes des Einkommensteuerpflichtigen (*transmisiones lucrativas por causa de muerte*),[172] unentgeltliche Übertragungen von Betrieben sowie die Auflösung einer ehelichen Gütertrennung (*extinción del régimen económico matrimonial de separación de bienes*). Bemerkenswert an dieser Aufzählung ist, dass in Spanien die Vermögensübertragung von Todes wegen dem Grunde nach den Einkünften aus Vermögensgewinnen und -verlusten zugeordnet wird, weswegen die genannte ausdrückliche Ausnahmeregelung des Art. 33.3 b) LIRPF notwendig ist. Wegen der grundsätzlichen Zugehörigkeit des Vorgangs zu den Vermögensgewinnen und -verlusten tritt der Erbe, anders als nach dem EStG, nicht in die Rechtsstellung des Erblassers ein, sondern erlangt das Erbe im Rahmen eines selbstständigen Anschaffungsvorgangs.[173] Besteuert wird dieser Anschaffungsvorgang gemäß Art. 6.4, 36 Abs. 1 LIRPF allerdings nicht nach dem Einkommensteuergesetz, sondern nach dem Erbschafts- und Schenkungssteuergesetz.

Von der Besteuerung ausgenommen sind gemäß Art. 33.4 LIRPF die Vermögensgewinne, die beim Einkommensteuerpflichtigen im Fall von Sachspenden an als gemeinnützig anerkannte Stiftungen und Vereine, anlässlich der Begleichung von Steuern durch die Übereignung von zum spanischen Kulturerbe gehörenden Vermögensgegenständen an den „Fiskus“ sowie bei der Übertragung der selbstgenutzten Wohnung (*vivienda habitual*) entstehen. Hier wird die mög-

170 *Pérez Royo*, IRPF, 316 f.

171 *Escribano López*, in: Orón Moratal, IRPF, Art. 31, 248.

172 Bezogen auf das Vermögen des Erblassers, siehe zum Erben im Anschluss.

173 *Marín-Barnuevo Fabo/Ehmcke*, StuW 1999, 295, 297 Fn. 27.

liche *pérdida patrimonial* in Gestalt einer negativen Differenz zwischen dem Wert des übertragenen Vermögensgegenstands im Moment der Übertragung und seinen historischen Anschaffungskosten einkommensteuerlich erfasst, während die mögliche *ganancia patrimonial* – positive Differenz zwischen den genannten Werten – gemäß Art. 33.4 LIRPF von der Besteuerung ausgenommen wird.[174] Für den Tatbestand der steuerbefreiten Übertragung der selbstgenutzten Wohnung muss der Übertragende mindestens 65 Jahre alt sein, oder der Veräußerungserlös muss gemäß Art. 38 LIRPF in die Anschaffung einer anderen selbstgenutzten Wohnung reinvestiert werden (*reinversión en los supuestos de transmisión de vivienda habitual*). Für den Begriff der selbstgenutzten Wohnung kann die bei den Abzügen von der tariflichen Einkommensteuer (*deducciones de la cuota íntegra*) zu findende Definition in Art. 68.1 Nr. 3 LIRPF i.V.m. Art. 53 RIRPF übernommen werden.[175] Eine selbstgenutzte Wohnung ist danach eine solche, in welcher der Steuerpflichtige über einen Zeitraum von drei Jahren durchgehend wohnt; ausnahmsweise kann auch bei einem geringeren Zeitraum eine selbstgenutzte Wohnung angenommen werden, wenn zwingende Gründe wie z.B. Tod des Steuerpflichtigen, Scheidung oder Arbeitsplatzwechsel vorliegen.

Steuerrechtlich nicht berücksichtigt werden schließlich gemäß Art. 33.5 a) LIRPF solche Vermögens*verluste* (*pérdidas patrimoniales no justificadas)*, die nicht gerechtfertigt sind. Die Figur der nicht gerechtfertigten Vermögensverluste erklärt sich vor dem Hintergrund der in Art. 39 Abs. 1 LIRPF geregelten sog. nicht gerechtfertigten Vermögens*gewinne* (*ganancias patrimoniales no justificadas*), denen diejenigen Wirtschaftsgüter oder Rechte unterfallen, deren Besitz, Deklaration in der Einkommen- oder Vermögensteuererklärung oder Anschaffung nicht mit dem vorher durch den Steuerpflichtigen angezeigten Einkommen oder Vermögen übereinstimmen. Diese nicht gerechtfertigten Vermögensgewinne werden gemäß Art. 39 Abs. 2 LIRPF dem sog. allgemeinen zu versteuernden Einkommen (*base liquidable general*) des Veranlagungszeitraums hinzugefügt, in dem sie entdeckt wurden; der Gegenbeweis durch den Steuerpflichtigen ist zulässig. Es handelt sich hierbei um einen Auffangtatbestand, der die Steuerfreiheit verheimlichter Einkünfte verhindern soll.[176] Konsequenterweise werden die nicht gerechtfertigten Vermögens*verluste* gemäß Art. 33.5 a) LIRPF nicht in der Einkunftsart der Vermögensgewinne und -verluste berücksichtigt: Die steuerliche Relevanz eines nicht ausreichend nachgewiesenen und daher sog. nicht ge-

174 *Pérez Royo*, IRPF, 330 f.
175 *López Berenguer*, IRPF, 282.
176 *López Berenguer*, IRPF, 275.

rechtfertigten Verlustes kann schlicht nicht so genau beurteilt werden, wie es für die steuerliche Anerkennung des Verlustes vonnöten wäre.[177]

Daneben werden gemäß Art. 33.5 b)-d) LIRPF die Vermögensverluste nicht erfasst, die durch bloßen Gebrauch/Verbrauch,[178] Schenkungen/unentgeltliche Leistungen oder Spiel verursacht werden. Gleiches gilt gemäß lit. e) für die Fälle, in denen der Steuerpflichtige veräußerte Wirtschaftsgüter innerhalb von einem Jahr zurückkauft: Ein dabei entstehender Vermögensverlust wird steuerlich erst berücksichtigt, wenn der Steuerpflichtige den Gegenstand später wieder veräußert. Entsprechende Regelungen bestehen in lit. f) und g) für den kurzfristigen Kauf und Verkauf von Werten oder Beteiligungen. Durch diese Regelungen des Art. 33.5 LIRPF soll zum einen sichergestellt werden, dass freiwillige und insbesondere auch künstlich konstruierte Vermögensminderungen des Steuerpflichtigen nicht als Vermögensverluste in die Berechnung dieser Einkunftsart einbezogen werden.[179] Nur realisierte – nicht aber generierte – Vermögensverluste sollen steuerlich berücksichtigt werden.[180] Zum anderen soll durch das LIRPF das Einkommen besteuert werden, nicht die Einkommensverwendung (*aplicación de renta*).[181] Unter dem Gesichtspunkt des Leistungsfähigkeitsprinzips zweifelhaft erscheint allerdings die Regelung, dass Spielverluste nicht zu den *plusvalías* gehören, Spielgewinne aber schon.[182]

3. Körperschaften

In Deutschland erwähnt das KStG – wie auch schon das EStG – den Begriff des Steuertatbestands nicht. Das noch näher zu erläuternde Steuersubjekt findet sich in den §§ 1 Abs. 1, 3 KStG, das Steuerobjekt wird durch § 1 Abs. 2 KStG („sämtliche Einkünfte") festgelegt.

Im spanischen Körperschaftsteuergesetz ist der Steuertatbestand dagegen im zweiten Titel „*El hecho imponible*" geregelt, und zwar in Art. 4 TRLIS:[183] Da-

177 *Pérez Royo*, IRPF, 326.

178 Zu den Vermögensverlusten, die durch Gebrauch bzw. Verbrauch verursacht werden und deshalb gemäß Art. 33.5 b) LIRPF nicht die Einkünfte aus Vermögensgewinnen und -verlusten schmälern, zählt auch der Wertverfall von dauerhaften Konsumgütern wie Schiffen, Autos etc.: Wenn sie zu einem Preis veräußert werden, der unter den Anschaffungskosten liegt, ist der Vermögensverlust aus der Differenz durch Gebrauch bzw. Verbrauch verursacht, vgl. *Pérez Royo*, IRPF, 326 f.

179 *Martín Delgado*, in: Yebra Martul-Ortega/García Novoa/López Díaz, IRPF, 427.

180 *Pérez Royo*, IRPF, 328.

181 *Galán Sánchez*, Gan. y Pérd. Patr., 87.

182 *Galán Sánchez*, Gan. y Pérd. Patr., 89 ff.

183 Art. 4.1 TRLIS: *Constituirá el hecho imponible la obtención de renta, cualquiera que fuere su fuente u origen, por el sujeto pasivo.*

nach umfasst der Steuertatbestand die Erzielung von Einkünften aus jeglicher Quelle und jeglicher Herkunft durch den Steuerpflichtigen.

Die Steuersubjekte (*sujetos pasivos*) der spanischen Körperschaftsteuer sind in den Art. 7-9 TRLIS geregelt. Als strukturelle Besonderheit ist zunächst zu beachten, dass Personengesellschaften im spanischen Recht anders eingeordnet werden als in Deutschland.

a) Gesellschaftsformen in Spanien

In den spanischen Gesetzen existiert, anders als in Deutschland, für die Frage der Rechtsfähigkeit keine Unterscheidung zwischen Personen- und Kapitalgesellschaften. Gemäß Art. 35 CC[184] sind alle Gesellschaften rechtsfähig und damit juristische Personen, soweit ihnen durch Gesetz eine Rechtspersönlichkeit zugesprochen wird.

Handelsgesellschaften (*sociedades mercantiles*) sind gemäß Art. 116 Abs. 2 CCom[185] rechtsfähig. Zu den Handelsgesellschaften gehören gemäß Art. 122 CCom die spanische Offene Handelsgesellschaft (*sociedad regular colectiva*, SRC), die spanische Kommanditgesellschaft (*sociedad comanditaria*, SC), die spanische Kommanditgesellschaft auf Aktien (*sociedad comanditaria por acciones*, SCA), die spanische Aktiengesellschaft (*sociedad anónima*, SA) sowie die spanische Gesellschaft mit beschränkter Haftung (*sociedad de responsabilidad limitada*, SRL). Folglich zählen zu den Handelsgesellschaften und damit zu den juristischen Personen auch die Personengesellschaften SRC und SC.

Nicht erwähnt wird in Art. 122 CCom die spanische Gesellschaft bürgerlichen Rechts (*sociedad civil*), die gemäß Art. 1669 CC auch als (stille) nichtrechtsfähige Gesellschaft gegründet werden kann, im Umkehrschluss also grundsätzlich rechtsfähig ist. Die praktische Bedeutung der Personengesellschaften SRC, der SC sowie der *sociedad civil* ist in Spanien allerdings verschwindend gering, unter den Kapitalgesellschaften ist die SRL mit ca. 90 % am weitesten verbreitet.[186]

b) Besteuerung von Personengesellschaften in den Vergleichsländern

Personengesellschaften werden in den Vergleichsländern grundlegend unterschiedlich besteuert. Während der steuerlichen Konzeption der deutschen Mi-

---

184 *Real Decreto de 24 julio de 1889, por el que se dispone la publicación del Código Civil.*

185 *Real Decreto 22 Agosto 1885, por el que se publica el Código de Comercio*, geändert insbesondere durch das spanische Bilanzrichtliniengesetz *Ley 19/1989, de 25 de julio de 1989 (BOE 27 julio 1989).*

186 *Dicken*, Spanisches Bilanzrecht, 1.

tunternehmerschaft insbesondere mit der GbR, der OHG und der KG Personengesellschaften unterliegen, die in Deutschland unverändert zu den am häufigsten gewählten Rechtsformen zählen,[187] verhält sich dies in Spanien anders: Als einzige Personengesellschaft unterfällt die selten vertretene *sociedad civil* einem der Mitunternehmerschaft vergleichbaren Zurechnungssystem (*atribución de rentas*) bzw. einer transparenten Besteuerung, es handelt sich also um eine Randerscheinung. Dementsprechend einfach ist dann auch die spanische Regelung der Zurechnung von Einkünften gestaltet, wenn man sie mit der Mitunternehmerschaft vergleicht.

aa) Mitunternehmerschaft

In Deutschland ist die Mitunternehmerschaft – also die Personengesellschaft und die übrigen, wirtschaftlich vergleichbaren Personenmehrheiten wie die Bruchteilsgemeinschaft, die Erbengemeinschaft oder die Gütergemeinschaft – kein Subjekt des EStG oder des KStG.[188] Die Gewinne einer Mitunternehmerschaft werden nach dem Transparenzprinzip unmittelbar dem Mitunternehmer zugerechnet, welcher der Einkommensteuer oder ggf. der Körperschaftsteuer unterliegt. Dieses System der Mitunternehmerschaft ist nicht nur bei den hier näher beleuchteten Einkünften aus Gewerbebetrieb vorgesehen gemäß § 15 Abs. 1 S. 1 Nr. 2 EStG, sondern gemäß § 18 Abs. 4 S. 2 EStG auch für Einkünfte aus selbstständiger Arbeit sowie gemäß § 13 Abs. 7 EStG für Einkünfte aus Land- und Forstwirtschaft. Keine Mitunternehmerschaft i.S.d. § 15 Abs. 1 S. 1 Nr. 2 EStG ist dagegen eine vermögensverwaltende Personengesellschaft mit Einkünften aus Vermietung und Verpachtung oder aus Kapitalvermögen.[189]

Die Mitunternehmerschaft ist ein Zusammenschluss mehrerer Personen zur gemeinschaftlichen Einkunftserzielung, bei der die gemeinschaftlich erzielten Einkünfte den Beteiligten ihrem Beteiligungsverhältnis entsprechend anteilig zugerechnet werden und bei diesen der Einkommensbesteuerung unterliegen.[190] Voraussetzung einer Mitunternehmerschaft sind ein zivilrechtliches Gesellschafts-

---

187 Vorwort der Verfasser in *Lange*, Personengesellschaften, 5; in Deutschland sind ca. 86 % der Unternehmen Personengesellschaften, *Lang*, DStJG 16/1994, 295, 306 m.w.N.

188 Sie ist allenfalls ein Steuerrechtssubjekt, soweit sie bei der Feststellung der Einkunftsart und der Einkünfteermittlung zu berücksichtigen ist, BFH, Urt. v. 3.07.1995 – GrS 1/93, BStBl. II 1995, 617, 621, bzw. soweit sie in der Einheit ihrer Gesellschafter Merkmale eines Besteuerungstatbestandes verwirklicht, welche den Gesellschaftern für deren Besteuerung zuzurechnen sind, BFH, Beschl. v. 25.06.1984 – GrS 4/82, BStBl. II 1984, 751, 761.

189 *Birk*, Steuerrecht, Rn. 1013, 1018.

190 *Grützner*, in: Lang, Personengesellschaften, Rn. 222.

verhältnis sowie Unternehmerrisiko und Unternehmerinitiative auf Seiten des Gesellschafters.[191]

Für die Ermittlung der Einkünfte aus einer Mitunternehmerschaft werden zunächst die Einkünfte der Mitunternehmerschaft qualifiziert, d.h. einer Einkunftsart zugeordnet, in einem zweiten Schritt ist die Verwirklichung des Einkünftetatbestands durch den einzelnen Mitunternehmer zu prüfen. Gegebenenfalls sind die Einkünfte auf Ebene des Mitunternehmers in eine andere Einkunftsart oder in nicht steuerbare Einkünfte umzuqualifizieren. Fehlt beispielsweise dem einzelnen Mitunternehmer die Gewinnerzielungsabsicht, so sind die auf ihn entfallenden Einkünfte nicht steuerbar.[192]

Liegen danach Gewinneinkünfte des Mitunternehmers vor, so werden zwei Stufen unterschieden: Auf der ersten Stufe der Gewinnermittlung werden die Gewinnanteile des jeweiligen Mitunternehmers aus der Gesellschaft ermittelt, was sich nach den allgemeinen Gewinnermittlungsgrundsätzen und der im Gesellschaftsvertrag vorgesehenen Gewinnverteilung richtet. Anschließend werden auf der zweiten Stufe Ergebnisse aus Sonderbereichen des einzelnen Mitunternehmers erfasst, also der außerhalb der Gesellschaft erwirtschaftete Teil seiner Einkünfte;[193] zu diesen zählen insbesondere die Sondervergütungen, die der Mitunternehmer für Leistungen an die Gesellschaft erhält und die nach der allgemeinen Systematik des EStG Einkünfte aus nichtselbstständiger Arbeit, aus Kapitalvermögen oder aus Vermietung und Verpachtung wären,[194] wegen § 15 Abs. 1 S. 1 Nr. 2, zweiter Halbsatz EStG jedoch in gewerbliche Einkünfte des Mitunternehmers umqualifiziert werden. Diese zweistufige Gewinnermittlung erfordert eine Erstellung einer Steuerbilanz der Gesellschaft, einer Ergänzungsbilanz für die diesbezüglichen Wertkorrekturen jedes einzelnen Mitunternehmers sowie einer Sonderbilanz für jeden Mitunternehmer, in der u.a. sein Sonderbetriebsvermögen und seine Sondervergütungen i.S.d. § 15 Abs. 1 Nr. 2 S. 1 EStG erfasst werden.[195] Bei der Mitunternehmerschaft handelt es sich also um eine komplexe wie komplizierte Systematik, die in dieser Form eine Besonderheit des deutschen Steuerrechts sein dürfte.

---

191 *Birk*, Steuerrecht, Rn. 1009 ff.
192 *Reiß*, in: Kirchhof, EStG, § 15 Rn. 210.
193 *Hey*, in: Tipke/Lang, Steuerrecht, § 18 Rn. 13; *Birk*, Steuerrecht, Rn. 1021 ff.
194 *Stuhrmann*, in: Blümich, EStG, § 15 Rn. 486.
195 *Wacker*, in: Schmidt, EStG, § 15 Rn. 401.

bb) ***Atribución de rentas***

Die sog. Zurechnung von Einkünften (*atribución de rentas*)[196] der Art. 8.3, 86-90 LIRPF, Art. 6 TRLIS sieht eine transparente Besteuerung von Personenzusammenschlüssen vor, die – abgesehen von einer ausdrücklichen Ausnahme für die rechtsfähige Variante der Gesellschaft bürgerlichen Rechts – nichtrechtsfähig sind.

So sind gemäß Art. 8.3, 87.1 LIRPF i.V.m. Art. 35.4 LGT Einkünfte von Gesellschaften bürgerlichen Rechts (*sociedades civiles*) – ob rechtsfähig oder ausnahmsweise gemäß Art. 1669 CC nicht –, Erbengemeinschaften (*herencias yacentes* bzw. *comunidades hereditarias*[197]), Gütergemeinschaften (*comunidades de bienes*) sowie von sonstigen nichtrechtsfähigen Personenzusammenschlüssen direkt den einzelnen Gesellschaftern, Erben, Bruchteilseigentümern oder Beteiligten zuzurechnen. Gleiches gilt gemäß Art. 87.1 LIRPF für im Ausland gegründete Zusammenschlüsse mit identischer oder analoger Rechtsnatur.

Bevor die Einkünfte den einzelnen Beteiligten zugerechnet werden, werden sie zuvor auf Ebene der Gesellschaft ermittelt. Die für diese Ermittlung der Einkünfte anzuwendenden Vorschriften hängen gemäß Art. 89.1 Nr. 1 LIRPF davon ab, was für Steuersubjekte an der Gesellschaft beteiligt sind: Grundsätzlich gelten die Vorschriften des LIRPF. Dagegen findet ausnahmsweise das TRLIS Anwendung, wenn alle Beteiligten Steuersubjekte des TRLIS oder, soweit die betreffenden (nichtansässigen) Beteiligten jeweils eine Betriebsstätte in Spanien haben, des LIRNR[198] sind. Bei nichtansässigen Beteiligten ohne Betriebsstätte richtet sich die Ermittlung der Einkünfte schließlich nach dem LIRNR.

Die Zurechnung der Einkünfte erfolgt gemäß Art. 89.3 LIRPF entsprechend der Vereinbarung innerhalb des jeweiligen Personenzusammenschlusses. Wird eine solche Vereinbarung der Finanzverwaltung gegenüber nicht glaubhaft dargelegt, wird nach gleichen Teilen zugerechnet.

Hervorzuheben ist, dass gemäß Art. 88 LIRPF die Qualifikation der Einkünfte auf der Ebene des Personenzusammenschlusses vorgenommen und für die ein-

196 Der Begriff der „Durchgriffsbesteuerung" ist wäre dagegen nur insoweit zutreffend, als sich die *atribución de rentas* auf Gesellschaften bürgerlichen Rechts mit eigener Rechtspersönlichkeit bezieht, ansonsten handelt es sich um eine Zurechnung der Einkünfte, vgl. zu den Begrifflichkeiten die Ausführungen von *Gosch*, DStZ 1996, 417 f.

197 *García Novoa*, in: Yebra Martul-Ortega/García Novoa/López Díaz, IRPF, 122 f.

198 Das *Ley 41/1998, de 9 diciembre. Normas reguladoras del impuesto sobre la renta de no residentes y normas tributarias (BOE núm. 295, de 10 diciembre; rect. BOE núm. 301, de 17 diciembre y BOE núm. 109, de 7 mayo 1999)* regelt die Besteuerung beschränkt einkommen- und körperschaftsteuerpflichtiger Steuersubjekte.

zelnen Beteiligten beibehalten wird. Die Zuordnung zu einer bestimmten Einkunftsart verändert sich also auch nach der Zurechnung nicht.[199] Dies spielt dann eine Rolle, wenn der Beteiligte Steuersubjekt des LIRPF mit seinen verschiedenen Einkunftsarten und den je nach Einkunftsart anwendbaren Regeln der Einkunftsermittlung ist, während das TRLIS – wie bereits erläutert – nicht mehr zwischen Einkunftsarten differenziert: Erzielt also eine Gütergemeinschaft eine Dividende, so handelt es sich auch bei Beteiligten, die Steuersubjekte des LIRPF sind, um Einkünfte aus Kapitalvermögen. Sind die Beteiligten jedoch Steuersubjekte des TRLIS, so liegen ohne eine Differenzierung von Einkunftsarten Einkünfte („*renta*") vor.

Nach Art. 90 LIRPF müssen die Gesellschaften zur Information der Finanzbehörden eine Aufstellung darüber erstellen, welche Einkünfte ihren einzelnen Gesellschaftern zugerechnet werden.

Die spanische Systematik der *atribución de rentas* unterscheidet sich von der deutschen Mitunternehmerschaft zum einen durch ihre untergeordnete Bedeutung, zum anderen dadurch, dass die auf Ebene der Gesellschaft einmal erfolgte Einkünftequalifikation auf Ebene der Gesellschafter beibehalten wird. Die Komplexität der deutschen Regelung mit ihren Sonder- und Ergänzungsbilanzen bleibt von der *atribución de rentas* unerreicht.[200]

c) Körperschaftsteuersubjekte

In Deutschland sind Kapitalgesellschaften (AG, KGaA, GmbH), Erwerbs- und Wirtschaftsgenossenschaften, Versicherungs- und Pensionsvereine auf Gegenseitigkeit, sonstige juristische Personen des privaten Rechts, nichtrechtsfähige Vereine, Anstalten, Stiftungen und andere Zweckvermögen des privaten Rechts sowie Betriebe gewerblicher Art von juristischen Personen des öffentlichen Rechts körperschaftsteuerpflichtig i.S.d. § 1 Abs. 1 KStG. In § 5 Abs. 1 KStG sind subjektive und sachliche Steuerbefreiungen vorgesehen, insbesondere nach Nr. 9 der Vorschrift für gemeinnützige Körperschaften i.S.d. §§ 51-68 AO.

Steuersubjekte der spanischen Körperschaftsteuer sind gemäß Art. 7.1 a) TRLIS alle juristischen Personen, die *sociedades civiles* ausgenommen. Zu den Steuer-

---

199 *Gómez Mourelo*, Partida Doble 2003, 66, 68; vgl. zum diesbezüglichen Unterschied zur früheren Steuertransparenz bei *Lüdemann/Echevarria/Hruschka*, Investitionen in Spanien, Rn. 70.

200 Die Standardwerke zum spanischen Einkommen- und Körperschaftsteuerrecht benötigen für die Erläuterung der *atribución de rentas* nur wenige Seiten, während die deutsche Mitunternehmerschaft ganze Bücher füllt, vgl. *Pérez Royo*, IRPF, 65-68; *Malvárez Pascual/Martín Zamora*, IS, 46-50; *Capdevila*, in: Laorden/Arqués, IS, 35-38; *Lange*, Personengesellschaften.

subjekten zählen also – wie soeben erläutert – neben den Kapitalgesellschaften SCA, SA und SL auch die Personengesellschaften SRC und SC. Des weiteren werden die der deutschen Arbeitsgemeinschaft entsprechende zeitlich befristete Unternehmensvereinigung (*unión temporal de empresas*) sowie verschiedene Investmentfonds aufgezählt, die also trotz mangelnder Rechtspersönlichkeit Körperschaftsteuersubjekte sind. Ausgenommen von der Körperschaftsteuer sind gemäß Art. 9 TRLIS die juristischen Personen des öffentlichen Rechts, teilweise allerdings nur bei fehlender wirtschaftlicher Betätigung.

Das spanische Steuerrecht demonstriert – wie schon im LIRPF mit seiner Zusammenfassung der Einkünfte aus selbstständiger Tätigkeit und Gewerbebetrieb zu einer Einkunftsart der wirtschaftlichen Tätigkeiten – auch im TRLIS, dass die in Deutschland schon lange geforderte einkunftsart- und rechtsformneutrale Besteuerung, d.h. eine einheitliche Besteuerung ohne Differenzierung zwischen Einkunftsart und Rechtsform, möglich ist. Wegen der in Spanien selten gewählten Rechtsform der Gesellschaft bürgerlichen Rechts unterfallen praktisch alle Unternehmen den Regelungen der Körperschaftsteuer – bei Einzelunternehmern verweist das LIRPF jedenfalls für die Gewinnermittlung auf das TRLIS, wie noch im Detail zu erläutern sein wird. Für die Wahl der Rechtsform sind in Spanien daher steuerliche Überlegungen längst nicht von so großer Bedeutung wie in Deutschland. Spanische Unternehmen werden insoweit nach ihrer Leistungsfähigkeit besteuert, ohne dass ein Quervergleich zwischen verschiedenen Unternehmensformen stattfinden muss, um diese Besteuerung nach der Leistungsfähigkeit für alle Rechtsformen sicherstellen zu können.

Wie § 5 Abs. 1 KStG sieht Art. 9 TRLIS subjektive und partielle Steuerbefreiungen vor. Gemeinnützige Körperschaften (*entidades sin fines lucrativos*) sind gemäß Art. 9.2 und .3 TRLIS allerdings nur partiell steuerbefreit.

d) Der jeweilige Einkunftsbegriff der Körperschaftsteuer

In Deutschland verweist § 8 Abs. 1 S. 1 KStG für das steuerbare Einkommen und damit auch für die steuerbaren Einkünfte auf die allgemeinen Vorschriften des EStG. Die zentrale Vorschrift des § 2 EStG gilt also ebenfalls für das KStG, grundsätzlich kann ein Körperschaftsteuersubjekt folglich Einkünfte aus allen dort genannten Einkunftsarten haben.[201] Eine Einschränkung trifft § 8 Abs. 2 KStG für Steuerpflichtige, die nach den Vorschriften des HGB zur Buchführung verpflichtet sind: Bei diesen sind alle i.S.d. § 2 EStG steuerbaren Einkünfte als Einkünfte aus Gewerbebetrieb zu behandeln. Es handelt sich dabei um eine Umqualifizierung der Einkünfte zum Zwecke der Ermittlung ihrer Höhe. Für die Frage, welche Einkünfte von der Körperschaftsteuer erfasst werden, gilt für

201 *Schwedhelm*, in: Streck, KStG, § 8 Rn. 5.

buchführungspflichtige wie für nicht buchführungspflichtige Körperschaften der *numerus clausus* der Einkunftsarten des § 2 EStG.[202]

Somit gilt für die Einkünfte nicht buchführungspflichtiger Körperschaftsteuersubjekte das bereits zu den Einzelunternehmern Gesagte: Zur Anwendung kommt der Dualismus der Einkunftsarten, in dem sich die Quellentheorie, die Reinvermögenszugangstheorie sowie die Markteinkommenstheorie wiederfinden.[203] Die Einkünfte buchführungspflichtiger Körperschaftsteuersubjekte richten sich dagegen nach der durch die Markteinkommenstheorie begrenzte Reinvermögenszugangstheorie.[204]

In Spanien ähnelte das LIS bis zur Reform des Körperschaftsteuergesetzes von 1995 mit seiner Auflistung der verschiedenen Einkunftsarten dem heutigen LIRPF. In Art. 3.1 LIS a.F.[205] wurde zwar zunächst generell auf die Einkunftserzielung abgestellt (*obtención de renta*), gleich im Anschluss unterschied Art. 3.2 LIS a.F. jedoch drei Einkunftsarten. Zu diesen gehörten erstens die Einkünfte aus wirtschaftlichen Tätigkeiten jeder Art sowie aus freiberuflichen oder künstlerischen Tätigkeiten (*rendimientos de las explotaciones económicas de toda índole y los derivados de actividades profesionales y artísticas*), zweitens die Einkünfte aus Vermögensbestandteilen, die nicht im Zusammenhang mit den erstgenannten Einkünften stehen (*rendimientos derivados de cualquier elemento patrimonial que no se encuentre afecto a las actividades referidas en las letras anteriores*), also als eine Art Auffangtatbestand für unabhängig von einer Erwerbstätigkeit erzielte Einkünfte aus Kapital und aus Vermietung und Verpachtung, und drittens die Vermögenszuwächse, die nach den Vorschriften dieses Gesetzes ermittelt werden (*los incrementos de patrimonio determinados de acuerdo con lo prevenido en esta ley*).

Diese Abgrenzung hatte allerdings schon damals nur eine geringe Bedeutung wegen der prinzipiellen Steuerbarkeit aller Einkünfte und der körperschaftsteuerlichen Gleichbehandlung der genannten Einkunftsarten.[206] Vor diesem Hinter-

202 Diese Sichtweise ist nicht unumstritten, vgl. *Hey*, in: Tipke/Lang, § 11 Rn. 36; siehe dazu auch im Anschluss.

203 Siehe zum Einkunftsbegriff oben ab S. 27.

204 Dies gilt jedenfalls dann, wenn man bei buchführungspflichtigen Körperschaftsteuersubjekten eine außerbetriebliche Vermögenssphäre verneint, *Schneider*, Span. KSt., 128, oder wenn man gar dem BFH darin folgt, dass bei Kapitalgesellschaften Einkünfte auch dann Einkünfte aus Gewerbebetrieb sind, wenn sie keiner der Einkunftsarten des § 2 Abs. 1 EStG unterliegen, BFH, Urt. v. 4.12.1996 – I R 54/95, DStR 1997, 492, 493; *Schulte*, in: Erle/Sauter, KStG, § 8 Rn. 32 ff.

205 *Ley 61/1978, de 27 de diciembre, del Impuesto sobre Sociedades (BOE 30 de diciembre 1978).*

206 *Schneider*, Span. KSt., 142 f. m.w.N.

grund erscheint es nur konsequent, dass Art. 4.1 TRLIS seit der Reform von 1995 nur noch auf die Einkunftserzielung durch den Steuerpflichtigen abstellt und auf eine Unterscheidung von Einkunftsarten – die in Art. 3.2 LIS a.F. noch vorgenommen wurde – verzichtet. In der Einleitung zum aktuellen TRLIS[207] begründet der spanische Gesetzgeber diese endgültige Entwicklung hin zu einer sog. synthetischen Körperschaftsteuer (*impuesto sintético*)[208] mit dem aus dem Wegfall der Unterscheidung verschiedener Einkunftsarten resultierenden Vereinfachungseffekt und mit einer besseren Koordinierung des TRLIS mit den handelsrechtlichen Bilanzierungsvorschriften. Zudem wird daran erinnert, dass diese Systematik – also der Verzicht auf die Unterscheidung verschiedener Einkunftsarten – bereits aus Vorgängerregelungen des LIS von 1978 bekannt ist.[209]

Im Ergebnis ist der Steuertatbestand des TRLIS eine Ausprägung der Reinvermögenszugangstheorie, allerdings – wie schon der Steuertatbestand des LIRPF – beschränkt auf realisierte Wertsteigerungen und damit auf das Markteinkommen.

Wegen des weiten Steuertatbestands des TRLIS stellt sich in Spanien die in Deutschland problematische Frage nicht, ob insbesondere buchführungspflichtige Körperschaften eine außerbetriebliche Sphäre und damit nicht steuerbare Einkünfte haben können.[210] Folgt man der oben erwähnten Rechtsprechung des BFH und qualifiziert man bei buchführungspflichtigen Körperschaftsteuersubjekten gemäß § 8 Abs. 2 KStG auch nicht i.S.d. § 2 Abs. 1 EStG steuerbare – jedoch mit Einkunftserzielungsabsicht erzielte – Einkünfte als Einkünfte aus Gewerbebetrieb, so stimmt der Einkommensbegriff mit demjenigen des TRLIS überein. Anderes gilt für die nicht buchführungspflichtigen Subjekte des KStG: Diese unterliegen dem *numerus clausus* des § 2 Abs. 1 EStG und damit einem engeren Einkommensbegriff.

---

207 Den spanischen Gesetzen wird i.d.R. eine *exposición de motivos* vorangestellt, in der die Ziele des Gesetzgebers sowie die wichtigsten Neuerungen dargestellt werden.

208 Im Gegensatz zur analytischen Steuer (*impuesto analítico*) werden also die verschiedenen Einnahmen und Ausgaben nach gemeinsamen Kriterien in die Bemessungsgrundlage aufgenommen und ausgeglichen, unabhängig von ihrem Ursprung bzw. ihrer Quelle, vgl. *Malvárez Pascual/Martín Zamora*, IS, 30.

209 Tatsächlich enthielt schon das Körperschaftsteuergesetz von 1967 keine Aufzählung verschiedener Einkunftsarten.

210 *Pérez Royo*, IRPF, 234.

B. Die Ermittlung der Bemessungsgrundlage

I. Allgemeines

In beiden Vergleichsländern ist die Bemessungsgrundlage das Element einer Steuer, das zur Bezifferung des Steuerobjekts führt. Ihre Funktion ist es, in wirtschaftlichen Größen Teile des Steuertatbestands zu bewerten. Diese Funktion führt dazu, dass Steuertatbestand und Bemessungsgrundlage einer jeden Steuer untrennbar miteinander verbunden sind.[211] Deswegen müssen die Grundsätze, auf welche sich der Steuergegenstand stützt, im Profil der Bemessungsgrundlage ihre Fortsetzung finden. Der Gesetzgeber steht insoweit unter dem „Diktum der Folgerichtigkeit".[212] Der Übergang von der abstrakten normativen Bemessungsgrundlage (*base imponible normativa*) zur tatsächlichen Bemessungsgrundlage (*base imponible fáctica*) erfolgt auf Grundlage der Gewinnermittlungsmethoden.[213]

Für alle spanischen Steuern wird die Steuerbasis (*base imponible*) und damit die Bemessungsgrundlage in Art. 50.1 LGT dann auch definiert als die Größe in Geld oder anderer Natur, welche sich aus der Messung oder Bewertung des Steuertatbestands ergibt.[214] Eine entsprechende Definition existiert in der deutschen Abgabenordnung nicht.

1. Die Bemessungsgrundlage der Einkommensteuer

In Deutschland ist Bemessungsgrundlage des EStG das zu versteuernde Einkommen des § 2 Abs. 5 EStG, welches nach § 2 Abs. 2-5 EStG zu ermitteln ist. Es existiert eine gemeinsame Bemessungsgrundlage für alle Einkunftsarten, sog. synthetischer Einkommensbegriff des EStG, welche allerdings unterschiedlichen Regelungen unterliegen.[215] Aus § 2 Abs. 2 EStG lässt sich entnehmen, dass bei den Gewinneinkünften von den Betriebseinnahmen die Betriebsausgaben, bei den Überschusseinkünften von den Einnahmen die Werbungskosten abgezogen werden können.

---

211 Vgl. für Spanien *Ramallo Massanet*, in: Arrieta Martínez de Pisón/Cayon Galiardo, Imposición directa, 539, 541 f.; *Clavijo Hernández*, RTT 52/2001, 21, 23 f.; für Deutschland *Wittmann*, StuW 1993, 35, 38 m.w.N.

212 *Wittmann*, StuW 1993, 35, 38 m.w.N.

213 *Ramallo Massanet*, REDF 20/1978, 606, 619; *ders.*, in: Arrieta Martínez de Pisón/Cayon Galiardo, Imposición directa, 539, 541 mit Verweis auf *Sainz de Bujanda*; in Deutschland gilt dieser Satz wegen des Dualismus der Einkunftsarten natürlich nur für die Gewinneinkünfte.

214 Art. 50.1 LGT: *La base imponible es la magnitud dineraria o de otra naturaleza que resulta de la medición o valoración del hecho imponible.*

215 *Birk*, Steuerrecht, Rn. 532.

In Spanien sind die Art. 15 f. LIRPF die zentralen Normen für die Ermittlung der Bemessungsgrundlage der Einkommensteuer. Gemäß Art. 15.1 LIRPF[216] besteht die Bemessungsgrundlage aus dem Einkommen des Steuerpflichtigen, welches sich durch die Anwendung der Methoden des Art. 16 LIRPF ergibt.[217] Dabei legt Art. 15.2 LIRPF die folgende Reihenfolge fest: Zunächst sind die Einkünfte innerhalb der verschiedenen Einkunftsarten zu ermitteln. Die Nettoeinkünfte ergeben sich aus der Differenz zwischen den zurechenbaren Einnahmen (*ingresos computables*) und den abziehbaren Ausgaben (*gastos deducibles*); die Vermögensgewinne und -verluste werden dagegen grundsätzlich anhand der Differenz zwischen Anschaffungswert und Übertragungswert des jeweiligen Vermögensgegenstandes ermittelt.

Ein grundlegender Unterschied zum deutschen Einkommensteuerrecht folgt in Spanien gemäß Art. 44 ff., 47.2 LIRPF aus der Unterteilung der Bemessungsgrundlage in die allgemeine Bemessungsgrundlage und die Bemessungsgrundlage aus Spareinkünften (*base imponible del ahorro*, wörtlich also Bemessungsgrundlage aus Erspartem).[218] Die Bemessungsgrundlage aus Spareinkünften besteht gemäß Art. 46, 47.2 LIRPF aus den Kapitaleinkünften sowie den Vermögensgewinnen und -verlusten aus der Übertragung von Vermögensgegenständen, die allgemeine Bemessungsgrundlage gemäß Art. 45, 47.2 LIRPF aus den übrigen Einkünften. Grund dieser Unterteilung ist zum einen der unterschiedliche Verlustausgleich, welcher gemäß Art. 48 f. LIRPF nur innerhalb der jeweiligen Bemessungsgrundlage stattfindet. Zum anderen wird die Bemessungsgrundlage aus Kapital gemäß Art. 66.1, 76 LIRPF mit einem einheitlichen, linearen Steuersatz in Höhe von 18 % besteuert, während für die allgemeine Bemessungsgrundlage gemäß Art. 63.1, 74.1 LIRPF der allgemeine progressive Steu-

216 Art. 15.1 LIRPF: *La base imponible del Impuesto estará constituida por el importe de la renta del contribuyente y se determinará aplicando los métodos previstos en el artículo16 de esta Ley.*

217 Die Erläuterung der Methoden für die Ermittlung gewerblicher Einkünfte ist der Schwerpunkt dieser Arbeit.

218 Schon vor der Reform von 2006 wurde gemäß Art. 15.3 Nr. 3 TRLIRPF zwischen einem allgemeinen Teil und einem speziellen Teil der Bemessungsgrundlage unterschieden: Der spezielle Teil der Bemessungsgrundlage bestand gemäß Art. 40.1 TRLIRPF aus den langfristigen Vermögensgewinnen und -verlusten mit einem Entstehungszeitraum von mehr als einem Jahr, der allgemeine Teil der Bemessungsgrundlage setzte sich gemäß Art. 39, 40.1 TRLIRPF aus den übrigen Einkünften zusammen.

ertarif mit einem Eingangssteuersatz in Höhe von 24 % und einem Spitzensteuersatz in Höhe von 43 % gilt.[219]

2. Die Bemessungsgrundlage der Körperschaftsteuer

In Deutschland ist die Bemessungsgrundlage der Körperschaftsteuer gemäß §§ 7 Abs. 3, 8 Abs. 3 KStG das zu versteuernde Einkommen des Steuersubjekts im Kalenderjahr vor Verteilung an die Gesellschafter. Auch für die Ermittlung der Bemessungsgrundlage verweist § 8 Abs. 1 KStG auf das EStG, abgesehen von den Sonderregelungen der §§ 9, 10 KStG, welche zusätzliche abziehbare und nichtabziehbare Aufwendungen enthalten.

In Spanien wird die Bemessungsgrundlage der Körperschaftsteuer in Art. 10.1 TRLIS als der Betrag des Einkommens des jeweiligen Veranlagungszeitraums, der im Rahmen eines Ausgleichs der Verluste aus vorhergehenden Steuerperioden gemindert wird, definiert.[220] Der einzige Unterschied zum Steuertatbestand des Art. 4.1 TRLIS besteht also darin, dass in der Definition der Bemessungsgrundlage vom „Betrag" des Einkommens die Rede ist und auch der Veranlagungszeitraum sowie der Verlustausgleich genannt werden; ansonsten wird auch hier schlicht das Einkommen (*renta*) genannt. Zunächst fällt auf, dass die Erwähnung des Verlustausgleichs in Art. 10.1 TRLIS mit der Definition des zu versteuernden Einkommens (*base liquidable*) des Art. 54 LGT kollidiert: Danach erhält man die *base liquidable*, indem man die gesetzlich vorgesehenen Abzüge von der Bemessungsgrundlage vornimmt. Zu diesen Abzügen gehört auch der Verlustausgleich, so dass die Gesetzestechnik zumindest unglücklich ist,[221] wenn auch ohne praktische Konsequenzen.

Auch wenn man in den übrigen Absätzen des Art. 10 TRLIS nach einer genaueren Definition der Bemessungsgrundlage sucht, wird man nicht fündig: In Art. 10.2 TRLIS werden die verschiedenen Gewinnermittlungsmethoden aufgelistet, während Art. 10.3 und .4 TRLIS diese bereits näher umschreibt. Lässt man dabei die im TRLIS unbedeutende objektive Ermittlungsmethode[222] sowie die subsidiäre indirekte Ermittlungsmethode beiseite und beschränkt sich so auf die direkte Ermittlungsmethode, so wird man für die Ermittlung der Bemes-

---

219 Vor der Reform von 2006 galt für die spezielle Bemessungsgrundlage gemäß Art. 67.1, 77 TRLIRPF ein linearer Steuersatz in Höhe von 15 %, für die allgemeine Bemessungsgrundlage gemäß Art. 64.1, 75.1 TRLIRPF ein progressiver Steuertarif mit einem Eingangssteuersatz in Höhe von 15 % und einem Spitzensteuersatz in Höhe von 48 %.

220 Art. 10.1 TRLIS: *La base imponible estará constituida por el importe de la renta en el periodo impositivo minorada por la compensación de bases imponibles negativas de periodos impositivos anteriores.*

221 *Esteban Marina*, Contabilidad y base imponible, 76.

222 Siehe zur objektiven Ermittlungsmethode des TRLIS unten ab S. 57.

sungsgrundlage auf das buchhalterische Ergebnis nach den handelsrechtlichen Vorschriften verwiesen, vorbehaltlich einiger Korrekturen durch das TRLIS.[223] Geht man nun aber davon aus, dass die Definition der Bemessungsgrundlage und die der verschiedenen Gewinnermittlungsmethoden auseinanderhalten zu sind, da die zwei verschiedenen Phasen der normativen Bemessungsgrundlage und der Ermittlung der faktischen Bemessungsgrundlage betroffen sind, so kann man zu folgender Schlussfolgerung kommen: Man könnte meinen, die spanische Körperschaftsteuer habe gar keine Bemessungsgrundlage.[224] Dem ist allerdings entgegenzuhalten, dass auf diese Weise lediglich das neue Konzept des TRLIS ausgedrückt wird, die Bemessungsgrundlage an das buchhalterische Ergebnis anzunähern. Dabei ist dem Gesetzgeber die Ungenauigkeit unterlaufen, die Definition der Bemessungsgrundlage nicht zu trennen von der Definition der Gewinnermittlungsmethoden. Dies ändert aber nichts daran, dass Art. 10.3 TRLIS die Berechnung der Bemessungsgrundlage regelt, auch wenn dazu unter dem Vorbehalt steuerrechtlicher Korrekturen auf die handelsrechtlichen Vorschriften weiterverwiesen wird.[225]

---

223 Siehe zu diesem Verweis im Detail unten ab S. 68.

224 *Ramallo Massanet*, in: Arrieta Martínez de Pisón/Cayon Galiardo, Imposición directa, 539, 545.

225 *Capdevila*, in: Laorden/Arqués, IS, 84 f.

II. Gewinnermittlungsarten – Überblick

1. Allgemeines

Das spanische Pendant zur AO enthält anders als in Deutschland eine allgemeine Definition der steuerlichen Gewinnermittlungsmethoden: So sind in Art. 50.2 LGT die drei Methoden geregelt, derer sich die speziellen Steuergesetze zur Ermittlung der Bemessungsgrundlage bedienen dürfen: Es handelt sich um die direkte Ermittlung (*estimación directa*), die objektive Ermittlung (*estimación objetiva*) sowie die indirekte Ermittlung (*estimación indirecta*).[226]

Durch die direkte Ermittlung der Bemessungsgrundlage soll die tatsächliche, reale Leistungsfähigkeit des Steuerpflichtigen erfasst werden. Diese Zielsetzung unterscheidet sie grundlegend von der objektiven Ermittlungsmethode[227] und, soweit man sie überhaupt als eine Gewinnermittlungsmethode bezeichnen kann, von der indirekten Methode.[228] Bei den beiden letztgenannten Methoden handelt es sich um Verfahren der Pauschalierung oder Schätzung. Allgemein wird die direkte Ermittlungsmethode durch Art. 51 LGT in der Weise beschrieben, dass sie den Gewinn „direkt" ermittelt und sich dabei direkter Beweismittel bedient. Für solche verweist Art. 106.1 LGT auf das spanische Bürgerliche Gesetzbuch (*Código Civil*) sowie auf die spanische Zivilprozessordnung (*Ley de Enjuiciamiento Civil*) und damit auf die üblichen Beweismittel des spanischen Rechts, insbesondere auf den Urkundsbeweis im Rahmen der Buchführung i.S.d. Art. 31 CCom.

Missverständlich ist aus diesem Grunde auch die spanische Terminologie; „*estimación*" bedeutet „Schätzung"[229] und ist deswegen bei der *estimación directa* ungenau. Ein passenderer Begriff wäre „*determinación directa*"[230] oder „*evaluación directa*",[231] also „direkte Ermittlung".

Beachtung verdient auch der Ausdruck „Methoden" (*métodos*) in Art. 50 LGT vor dem Hintergrund seiner Vorgängerregelung. Schon der Wortlaut des

226 Art. 50.2 LGT: *La base imponible podrá determinarse por los siguientes métodos: a) Estimación directa. b) Estimación objetiva. c) Estimación indirecta.*

227 Siehe zur objektiven Ermittlungsmethode unten ab S. 218.

228 Siehe zur indirekten Ermittlungsmethode, die der Steuerschätzung des § 162 AO entspricht, unten ab S. 244.

229 *Garay/Rothe*, Rechtswörterbuch, 191.

230 *Galapero Flores*, RDFHP 249/1998, 535, 541 f.; *Poveda Blanco*, Impuestos, I, 1993, 125, 130.

231 *Sainz de Bujanda*, Hacienda y Derecho, 256 f.

Art. 47.1 LGT a.F.[232] mit seiner Verwendung der Begriffe „*medios*", „*métodos*" und „*regímenes*" hat nämlich in der spanischen Literatur eher für Verwirrung als für Klarheit gesorgt.[233] Noch unproblematisch war die Interpretation des formalen bzw. technischen Begriffs „*medios*" (Mittel), der vor allem Beweismittel wie die Buchführungsunterlagen umfasst.[234] Uneinigkeit bestand dagegen im Verständnis der Begriffe „*métodos*" (Methoden) und „*regímenes*" (Systeme), welche in der spanischen Literatur teilweise gleichgesetzt wurden. Eine solche Gleichsetzung war jedoch schon wegen des Wortlauts des Art. 47.1 LGT a.F. ungenau, nach dem die verschiedenen Steuergesetze neben den genannten Mitteln auch die Methoden zur Bestimmung der Bemessungsgrundlage innerhalb („*dentro de*") der sodann aufgelisteten Systeme festlegen konnten. Vielmehr sind die verschiedenen, mehr oder weniger an der Realität orientierten Methoden Teile des jeweiligen Systems; anders formuliert werden durch das jeweilige System die Methoden bzw. Techniken festgelegt, durch die die abstrakt formulierte Bemessungsgrundlage im Einzelfall beziffert werden kann.[235] So bedient sich beispielsweise das System der *estimación directa* grundsätzlich der direkten, auf der Realität basierenden Methode, während sich die *estimación objetiva* auf Methoden der Pauschalierung, Schätzung und Vermutung stützt. Dabei ist es durchaus denkbar, dass etwa innerhalb des Systems der *estimación directa* neben der vorherrschenden direkten Methode auch teilweise eine objektive Methode wie die Pauschalierung zu finden ist.[236] Aus diesem Grunde ist die Neuregelung des Art. 50 LGT mit dem nunmehr alleinigen Gebrauch des Ausdrucks „Methoden" (*métodos*) schwer nachvollziehbar; nach dem Gesagten wäre der Ausdruck „Systeme" (*regímenes*) passender gewesen.

2. Gewinnermittlungsmethoden des Einkommensteuergesetzes

Im deutschen Einkommensteuergesetz sind vier Gewinnermittlungsarten, auf welche noch im Detail zurückzukommen sein wird, vorgesehen: Der Betriebsvermögensvergleich gemäß § 4 Abs. 1 EStG gilt für Freiberufler und Land- und Forstwirte, die aufgrund gesetzlicher Vorschriften verpflichtet sind, Bücher zu führen und regelmäßig Abschlüsse zu erstellen bzw. dies freiwillig tun. Für Gewerbetreibende, welche die soeben genannten Voraussetzungen erfüllen, ist der Betriebsvermögensvergleich des § 5 Abs. 1 EStG anwendbar. Steuerpflichtige,

---

232 *Art. 47.1 Ley 230/1963, de 28 de diciembre, General Tributaria (BOE núm. 313, de 31 de diciembre): La Ley propia de cada tributo establecerá los medios y métodos para determinar la base imponible, dentro de los siguientes regímenes: a) Estimación directa b) Estimación objetiva c) Estimación indirecta.*

233 *Palao Taboada*, HPE 79/1982, 13, 19.

234 *Génova Galván*, RDFHP 181/1986, 13, 21.

235 *Génova Galván*, RDFHP 181/1986, 13, 43 f.

236 *Velázquez Cueto*, Crónica Tributaria 74/1995, 95, 98 mit Beispielen in Fn. 5 und 6.

die keine solche gesetzliche Pflicht zur Buchführung und zur regelmäßigen Erstellung von Abschlüssen trifft, also insbesondere Freiberufler, können ihren Gewinn nach der Überschussrechnung des § 4 Abs. 3 EStG ermitteln. Auf Land- und Forstwirte ist die Gewinnermittlung nach Durchschnittssätzen gemäß § 13a EStG anwendbar. Für den Betrieb von Handelsschiffen im internationalen Verkehr ist die Gewinnermittlung nach Tonnage i.S.d. § 5a EStG vorgesehen. Die Gewinnschätzung nach § 162 AO erfolgt akzessorisch zur jeweils einschlägigen Gewinnermittlungsart und ist deswegen keine eigenständige Gewinnermittlungsmethode.[237] Eigentlich existieren also fünf Gewinnermittlungsmethoden, der Betriebsvermögensvergleich nach § 4 Abs. 1 EStG unterscheidet sich allerdings nur geringfügig vom Betriebsvermögensvergleich nach § 5 Abs. 1 EStG: Dies ist insbesondere Folge der entsprechenden Anwendbarkeit vieler Rechnungslegungsvorschriften des HGB über § 141 Abs. 2 S. 1 AO sowie tendenziell des § 5 Abs. 2-5 EStG[238] auf den Bestandsvergleich nach § 4 Abs. 1 EStG. Die Teilwertabschreibung ist der wichtigste Gegensatz zwischen den beiden Arten des Betriebsvermögensvergleichs, da bei freiwillig nach § 4 Abs. 1 EStG Bilanzierenden wegen des für sie nicht geltenden Maßgeblichkeitsprinzips das steuerrechtliche Wahlrecht nicht durch das handelsrechtliche Niederstwertprinzip begrenzt wird.[239]

Beim Betriebsvermögensvergleich i.S.d. §§ 4 Abs. 1, 5 Abs. 1 EStG ist Gewinn der Unterschiedsbetrag zwischen dem Betriebsvermögen am Schluss des Wirtschaftsjahrs und dem Betriebsvermögen am Schluss des vorangegangenen Wirtschaftsjahrs. Da Betriebsvermögen die Differenz zwischen Vermögen (Aktiva) und Schulden (Passiva) und damit das bilanziell ermittelte Eigenkapital des Betriebs ist,[240] handelt es sich beim Betriebsvermögensvergleich um eine periodisierte Bestandsrechnung.

Im Unterschied zum Betriebsvermögensvergleich ist die Überschussrechnung nach § 4 Abs. 3 EStG grundsätzlich keine periodisierte Gewinnermittlungsmethode, sondern eine Überschussrechnung nach dem Kassenprinzip, die gegenüber dem Betriebsvermögensvergleich der Vereinfachung dient. Gewinn ist grundsätzlich der Überschuss der Betriebseinnahmen über die Betriebsausgaben, für welche das Zu- und Abflussprinzip des § 11 EStG gilt.

---

237 Siehe zur Gewinnschätzung unten ab S. 243.

238 BFH, Urt. v. 8.11.1979 – IV R 145/77, BStBl. II 1980, 146, 147; Urt. v. 22.01.1980 – VIII R 74/77, BStBl. II 1980, 244, 246; Urt. v. 20.11.1980 – IV R 126/78, BStBl. II 1981, 398, 399.

239 *Birk*, Steuerrecht, Rn. 736.

240 *Heinicke*, in: Schmidt, EStG, § 4 Rn. 42.

Die Durchschnittssätze der Gewinnermittlung nach Durchschnittssätzen gemäß § 13a EStG erfassen nicht die tatsächlichen Gewinne der Land- und Forstwirte,[241] ähnliches gilt für die nach der Tonnage von Schiffen bemessene Gewinnermittlung des § 5a EStG.[242] Diese beiden Gewinnermittlungsmethoden sind daher privilegiert und kommen versteckten Steuersubventionen gleich.[243] Die Verfassungsmäßigkeit dieser beiden Gewinnermittlungsarten wird wegen dieser Begünstigung der Seeschifffahrt und der Landwirtschaft gegenüber den übrigen Gewinnermittlern teilweise vor dem Hintergrund des Gleichheitssatzes bezweifelt,[244] ein Ansatzpunkt für eine verfassungsmäßige Rechtfertigung der Ungleichbehandlung ist allerdings die existentielle gesamtwirtschaftliche Bedeutung der deutschen Seeschifffahrt[245] und Landwirtschaft. Wegen der auftretenden Unterschiede in der Höhe des ermittelten Gewinns und in der Genauigkeit seiner Ermittlung wird auch generell die Verfassungsmäßigkeit des Nebeneinanders der verschiedenen Gewinnermittlungsarten in Frage gestellt.[246] Laut Bundesverfassungsgericht wird die Differenzierung jedoch vom gesetzgeberischen Gestaltungsspielraum gedeckt.[247]

Für das spanische Einkommensteuergesetz macht Art. 16.1 LIRPF von den durch Art. 50.2 LGT eingeräumten Möglichkeiten zunächst in der Weise Gebrauch, dass generell die Bemessungsgrundlage direkt zu ermitteln ist. Diese Grundregel wird sodann in Art. 16.2 LIRPF für die Einkunftsart der wirtschaftlichen Tätigkeiten spezifiziert. Hinsichtlich der direkten Ermittlung unterscheidet die Vorschrift zwischen der normalen und der vereinfachten direkten Ermittlung (*estimación directa normal* und *simplificada*). Sodann wird in Art. 16.2 b) LIRPF die objektive Ermittlungsmethode genannt.

Für die Ermittlungsmethoden der Einkünfte aus wirtschaftlichen Tätigkeiten, welche noch im Einzelnen erläutert werden, ist gemäß Art. 28.1 LIRPF auf das Körperschaftsteuergesetz und damit auf Art. 10 TRLIS zurückzugreifen, soweit keine Sonderregelungen des Einkommensteuergesetzes bestehen. Dieser Verweis gilt entgegen dem Wortlaut des Art. 28.1 LIRPF nur für die direkte Ermittlungsmethode und ist deshalb etwas irreführend, da die objektive Ermittlungsmethode für das Einkommensteuergesetz abschließend in Art. 31 LIRPF und

---

241 *Kanzler*, FR 1998, 233, 237.

242 *Lang*, in: Tipke/Lang, Steuerrecht, § 9 Rn. 202.

243 *Lang*, in: Tipke/Lang, Steuerrecht, § 9 Rn. 201 f.; *Birk*, Steuerrecht, Rn. 732.

244 *Lang*, in: Tipke/Lang, Steuerrecht, § 9 Rn. 410 f. für die Gewinnermittlung nach Durchschnittssätzen und Rn. 202 für die Gewinnermittlung nach Tonnage.

245 *Hofmeister*, in: Blümich, EStG, § 5a Rn. 9.

246 *Kanzler*, in: Herrmann/Heuer/Raupach, EStG und KStG, vor §§ 4-7 EStG Rn. 35; *Birk*, Steuerrecht, Rn. 734.

247 BVerfGE 26, 302, 310, 312 ff.; 27, 111, 127 ff.

den einschlägigen untergesetzlichen Normen geregelt ist. Das spanische Körperschaftsteuergesetz verweist wiederum für die direkte Ermittlung der Bemessungsgrundlage gemäß Art. 10.3 TRLIS auf das buchhalterische Ergebnis (*resultado contable*). Nach der spanischen Gesetzessystematik besteht also im Gegensatz zur deutschen Technik eine doppelte Verweisung vom Einkommensteuergesetz über das Körperschaftsteuergesetz auf das Handelsgesetzbuch und die übrigen Rechnungslegungsvorschriften.

In den genannten Normen nicht erwähnt und somit nicht auf den ersten Blick als eigenständige Gewinnermittlungsmethode erkennbar ist die Kassenrechnung, deren Existenz sich aus den Art. 14.1 b) LIRPF i.V.m. Art. 6.2 Nr. 1, 67.3 bis .6 RIRPF ergibt.

Schließlich verweist Art. 16.3 S. 1 LIRPF für die auf alle Einkunftsarten anwendbare indirekte Ermittlung auf die Regelungen der Abgabenordnung und damit auf Art. 53 LGT.

Die Methoden der Einkunftsermittlung blieben damit seit der Reform vom 1. Januar 1998 unangetastet und stehen – abgesehen von begrifflichen Änderungen und der Einführung des Maßgeblichkeitsprinzips in der direkten Ermittlungsmethode – in Kontinuität zur Reform von 1991.[248]

3. Gewinnermittlungsmethoden des Körperschaftsteuergesetzes

Das deutsche Körperschaftsteuergesetz enthält keine eigenen Gewinnermittlungsmethoden, sondern verweist auf das EStG. Das Einkommen von buchführungspflichtigen Körperschaftsteuersubjekten und damit insbesondere von Kapitalgesellschaften besteht gemäß §§ 7, 8 Abs. 1 und 2 KStG i.V.m. § 2 Abs. 1 S. 1 Nr. 2 EStG aus den Einkünften aus Gewerbebetrieb und damit aus dem Gewinn i.S.d. § 2 Abs. 2 Nr. 1 EStG. Gewinn ist gemäß § 5 EStG das aus der Handelsbilanz abgeleitete Steuerbilanzergebnis, dieses wird gemäß § 8 Abs. 1 KStG durch die §§ 8 ff. KStG modifiziert. Die Gewinnermittlungsmethode ist damit der Betriebsvermögensvergleich.

Für nicht buchführungspflichtige Körperschaftsteuersubjekte gilt das zu den Gewinnermittlungsmethoden des EStG Gesagte, sie können also ihren Gewinn insbesondere auch nach der Kassenrechnung des § 4 Abs. 3 EStG ermitteln.

Für das spanische Körperschaftsteuergesetz wird Art. 47.2 LGT durch Art. 10.2 TRLIS konkretisiert. Genannt werden wie im LIRPF zunächst die direkte und

---

248 *Nieto Montero*, in: Yebra Martul-Ortega/García Novoa/López Díaz, IRPF, 383; *García Frías/Zinser*, IStR 1999, 550, 554; daran hat sich auch durch die Einkommensteuerreform von 2007 nichts geändert.

die indirekte Ermittlungsmethode. Für die direkte Methode – bei der anders als im LIRPF nicht zwischen der normalen und der vereinfachten Variante unterschieden wird – verweist Art. 10.3 TRLIS auf das buchhalterische Ergebnis vorbehaltlich steuerrechtlicher Korrekturen, für die indirekte Ermittlungsmethode ist laut Art. 10.2 TRLIS auf Art. 53 LGT zurückzugreifen.

Erst zum Jahre 2002 wurde in Art. 10.2 und .4 TRLIS die objektive Ermittlungsmethode eingeführt,[249] die vorher ausschließlich für das Einkommensteuergesetz vorgesehen war. Sie kommt für die Körperschaftsteuersubjekte nur dann zur Anwendung, wenn dies ausdrücklich gesetzlich festgelegt ist. Von dieser Möglichkeit wurde bisher nur in Art. 125 TRLIS Gebrauch gemacht für die Schifffahrt und entspricht in etwa der Tonnagebesteuerung des § 5a EStG; die objektive Ermittlungsmethode ist im TRLIS anders als im LIRPF also eine Randerscheinung. Im Körperschaftsteuergesetz existieren damit nicht mehrere ähnlich bedeutende Gewinnermittlungsmethoden nebeneinander wie im Einkommensteuergesetz, vielmehr liegt hier der Schwerpunkt eindeutig auf der direkten Ermittlungsmethode des Art. 10.3 TRLIS.

4. Der jeweilige Gewinnbegriff

In Deutschland ist der allgemeine Gewinnbegriff in den §§ 2 Abs. 2 Nr. 1, 4 Abs. 1 S. 1 EStG geregelt. Gewinn ist danach der Unterschiedsbetrag zwischen dem Betriebsvermögen am Schluss des Wirtschaftsjahres und dem Betriebsvermögen am Schluss des vorangegangenen Wirtschaftsjahres, vermehrt um den Wert der Entnahmen und vermindert um den Wert der Einlagen. Mit „Gewinn" ist auch ein negatives Ergebnis gemeint, wenn nämlich der Unterschied zwischen den gegenübergestellten Betriebsvermögen einen Verlust ergibt. Diese Grundlagenvorschrift der Gewinnermittlung gilt nicht nur für den Bestandsvergleich nach § 4 Abs. 1 EStG, sondern auch für die anderen Gewinnermittlungsarten, insbesondere für den Bestandsvergleich des § 5 Abs. 1 EStG und hinsichtlich des Begriffes des Betriebsvermögens sogar für die Kassenrechnung des § 4 Abs. 3 EStG.[250] Abhängig von der einschlägigen Gewinnermittlungsmethode kann die Höhe des Gewinns variieren, insbesondere zwischen dem Betriebsvermögensvergleich und der Kassenrechnung. Dies führt zwar zu unterschiedlichen Periodengewinnen, der Totalgewinn vom Beginn bis zum Ende des Betriebes stimmt jedoch in der Regel überein.[251] Dazu bedarf es aber besonderer Ausnah-

---

249 Vgl. dazu *Art. 2.2 de la Ley 24/2001, de 27 diciembre, de medidas fiscales, administrativas y del orden social (BOE 31 diciembre 2001, núm. 313, 50493).*

250 *Kanzler*, in: Herrmann/Heuer/Raupach, EStG und KStG, § 4 EStG Rn. 15.

251 *Heinicke*, in: Schmidt, EStG, § 4 Rn. 10; *Drüen*, FR 1999, 1097, 1106 f. m.w.N.; siehe zur Kassenrechnung unten ab S. 203.

mevorschriften sowie Korrekturen der Rechtsprechung, was zu erheblichen Eingriffen in die Systematik der Gewinnermittlungsmethoden führen kann.[252]

Ausgehend von der Gewinn- und Verlustrechnung i.S.d. § 60 Abs. 1 S. 2 EStDV lässt sich der Gewinn eines Wirtschaftsjahrs schließlich auch als Differenz zwischen Erträgen und Aufwendungen dieses Wirtschaftsjahres definieren. Dies ergibt sich daraus, dass die Gewinn- und Verlustrechnung die betrieblich veranlassten erfolgswirksamen Geschäftsvorfälle und damit die Erträge und Aufwendungen eines Wirtschaftsjahres aufnimmt. Was also in der Bilanz als betrieblich veranlasster Geschäftsvorfall zu einer Veränderung der Höhe des Betriebsvermögens führt, wird zwingend in der Gewinn- und Verlustrechnung als Ertrag oder Aufwand gebucht.[253] Wie die für den Betriebsvermögensvergleich notwendige Bilanzierung folgt auch die Gewinn- und Verlustrechnung dem Grundsatz der wirtschaftlichen Verursachung des § 252 Abs. 1 Nr. 5 HGB, worin der fundamentale Unterschied zur Kassenrechnung des § 4 Abs. 3 EStG besteht: Diese Einnahmen- und Ausgabenüberschussrechnung knüpft gemäß § 11 EStG an den Zufluss und den Abfluss von Zahlungen an.[254]

In Spanien sehen weder LIRPF noch TRLIS einen allgemeinen Gewinnbegriff vor, der mit demjenigen des § 4 Abs. 1 EStG vergleichbar wäre. Art. 15.2 Nr. 1 Sätze 2 und 3 LIRPF legen für die Einkommensteuer allgemein fest, dass sich die Nettoeinkünfte aus der Differenz zwischen den zuzurechnenden Einnahmen/Erträgen (*ingresos computables*) und den abziehbaren Ausgaben/Aufwendungen (*gastos deducibles*) ergeben, bei den Vermögensgewinnen und -verlusten aus der Differenz zwischen dem Veräußerungspreis (*valor de transmisión*) und den Anschaffungskosten (*valor de adquisición*). Dabei kann man allerdings nicht von einem Gewinnbegriff nach deutschem Verständnis sprechen, weil wegen des nicht vorhandenen Dualismus der Einkunftsarten kein Unterschied zwischen Überschuss- und Gewinneinkünften existiert. Sucht man einen Gewinnbegriff wie den des § 4 Abs. 1 EStG und beschränkt man sich deswegen auf die den deutschen Gewinneinkünften entsprechenden Einkünfte aus wirtschaftlichen Tätigkeiten, so wird für die Hauptgewinnermittlungsart der direkten Ermittlungsmethode lediglich auf das buchhalterische Ergebnis nach Handelsrecht verwiesen, vorbehaltlich steuerlicher Korrekturen, vgl. Art. 28.1 LIRPF sowie Art. 10.3 TRLIS. Dabei handelt es sich um das Ergebnis der Gewinn- und Verlustrechnung (*cuenta de pérdidas y ganancias*).[255] Gewinn nach der direkten Ermittlungsmethode ist folglich, ähnlich wie oben für die deutsche

252 *Drüen*, FR 1999, 1097, 1098 f.
253 *Thiel/Lüdtke-Handjery*, Bilanzrecht, Rn. 47.
254 *Weber-Grellet*, in: Kirchhof/Söhn/Mellinghoff, EStG, § 4 Rn. D 7; *Hey*, in: Tipke/Lang, Steuerrecht, § 17 Rn. 256.
255 *Pérez Royo*, IRPF, 236 f.

Systematik erwähnt, der Überschuss der Erträge über die Aufwendungen, vermindert und erhöht durch die steuerrechtlichen Korrekturen.

Anders als in Deutschland entfaltet dieser Gewinnbegriff der direkten Ermittlungsmethode jedoch keine Wirkungen für die anderen Gewinnermittlungsarten: So wird im Rahmen der objektiven Ermittlungsmethode und der Kassenrechnung nicht diskutiert, dass der so ermittelte Gewinn dem Gewinn nach der direkten Ermittlungsmethode entsprechen muss. Der Gedanke der Totalgewinngleichheit existiert in Spanien nicht. Demzufolge wird in die Systematik der verschiedenen Gewinnermittlungsmethoden auch nicht eingegriffen, um letztere aneinander anzugleichen. Dies ist vorteilhaft für die Übersichtlichkeit und systematische Stimmigkeit der objektiven Ermittlungsmethode sowie der Kassenrechnung, nimmt aber den gravierenden Nachteil in Kauf, dass die anwendbare Gewinnermittlungsmethode sich nicht nur auf die Höhe des Periodengewinns auswirkt, sondern auch auf die Höhe des Totalgewinns. Dies gilt allerdings nur für Einzelunternehmer, weil für Körperschaftsteuersubjekte praktisch nur die direkte Ermittlungsmethode einschlägig ist.

III. Betriebsvermögensvergleich und *Estimación directa*

1. Die Verknüpfung der Steuerbilanz mit der Handelsbilanz

In beiden Vergleichsländern wird die Steuerbilanz mit der Handelsbilanz verknüpft. Während allerdings das deutsche Maßgeblichkeitsprinzip schon seit geraumer Zeit die steuerliche Gewinnermittlung bestimmt und sich heutzutage wachsender Kritik ausgesetzt sieht, besteht sein spanisches Pendant erst seit der Körperschaftsteuerreform von 1995, es handelt sich also um einen nahezu gegenläufigen Trend.

a) Das Maßgeblichkeitsprinzip nach § 5 Abs. 1 EStG

aa) Historische Entwicklung

Anders als in Spanien blickt das Maßgeblichkeitsprinzip in Deutschland auf eine lange Tradition zurück. Vergleichbare Regelungen enthielten bereits die Einkommensteuergesetze der Länder Bremen und Sachsen von 1874. In Bremen wurde an die tatsächliche, rechtsgültige Handelsbilanz angeknüpft, in Sachsen war der Gewinn der Kaufleute „nach den" Grundsätzen des Handelsbilanzrechts zu ermitteln.[256] Das preußische Einkommensteuergesetz von 1891 folgte im wesentlichen der sächsischen Regelung,[257] gleiches galt für die erste reichseinheitliche Regelung in § 33 Abs. 2 EStG von 1920.[258] Mit § 13 EStG (1925) schränkten zusätzliche steuerrechtliche Sondervorschriften die Maßgeblichkeit ein, welche sich zum ersten Mal auf die Grundsätze ordnungsgemäßer Buchführung bezog.[259] Seit dem § 5 Abs. 1 EStG (1934) gilt der Maßgeblichkeitsgrundsatz in erster Linie für den Ansatz des Betriebsvermögens und nur noch in engen Grenzen für die Bewertung.[260] Seitdem erfuhr das Maßgeblichkeitsprinzip bis zur heutigen Regelung in § 5 Abs. 1 EStG keine bedeutende Änderung mehr.[261]

Die formelle und umgekehrte Maßgeblichkeit – deren genauer Inhalt im Folgenden noch zu erläutern sein wird – ist erst seit 1990 in § 5 Abs. 1 S. 2 EStG umfassend geregelt. Zuvor wurden Steuervergünstigungen durch gesetzliche Einzelfallregelungen davon abhängig gemacht, dass ein entsprechender Ansatz in

---

256 Vgl. § 5 Abs. 3 des Bremischen EStG vom 17.12.1874, Bremisches GBl., 121 und § 22 des Sächsischen EStG vom 22.12.1874, GVBl. für das Königreich Sachsen, 471.

257 Vgl. § 14 des Preußischen EStG vom 24.6.1891, Preußische GS, 175.

258 RGBl. 20, 359.

259 RGBl. 25, 189.

260 RGBl. I 34, 1005.

261 Überblick bei *Sittel*, Umgekehrte Maßgeblichkeit, 36 ff.; *Mathiak*, in: Kirchhof/Söhn/Mellinghoff, EStG, § 5 Rn. A 110 ff., *Schreiber*, in: Blümich, EStG, § 5 Rn. 3 ff.

der Handelsbilanz erfolgte; teilweise wurde darauf in der begünstigenden Vorschrift verzichtet, auf der anderen Seite verlangte die Finanzverwaltung diesen entsprechenden handelsrechtlichen Ansatz zum Teil auch in gesetzlich nicht geregelten Fällen. Seit dem Aktiengesetz von 1965 wurden nach und nach Öffnungsklauseln in die Handelsgesetze eingefügt, für bestimmte, einzelne Bereiche ordnete dann von 1986 bis 1989 der damalige § 6 Abs. 3 EStG die umgekehrte Maßgeblichkeit an.[262]

Mit der aktuellen Regelung des § 5 Abs. 1 S. 2 EStG hat sich auch der Streit über die Frage erledigt, ob nicht schon § 5 Abs. 1 S. 1 EStG die formelle Maßgeblichkeit enthält[263] und ob subventionelle Steuervergünstigungen von der Bindungswirkung ausgenommen sein sollten: § 5 Abs. 1 S. 2 EStG enthält nunmehr die uneingeschränkte formelle Maßgeblichkeit.[264]

bb) Der Inhalt des Maßgeblichkeitsprinzips

Während der Streit über die Existenz und die Bedeutung der formellen und der umgekehrten Maßgeblichkeit seit der Einführung des § 5 Abs. 1 S. 2 EStG keine Rolle mehr spielt, ist der Inhalt der materiellen Maßgeblichkeit nach wie vor umstritten.

(1) Materielle Maßgeblichkeit

Gemäß § 5 Abs. 1 S. 1 EStG „ist für den Schluss des Wirtschaftsjahres das Betriebsvermögen anzusetzen (§ 4 Abs. 1 S. 1), das nach den handelsrechtlichen Grundsätzen ordnungsgemäßer Buchführung auszuweisen ist.“ Über seinen Wortlaut („anzusetzen“) hinaus gilt die Verweisung auf das Handelsrecht – wegen des Bewertungsvorbehalts des § 5 Abs. 6 EStG vorbehaltlich spezieller steuerrechtlicher Regelungen – auch für die Bewertung.

Strittig ist die Auslegung der Vorschrift hinsichtlich ihres Verweisungsziels. Teilweise stützt man sich auf den Wortlaut und beschränkt die Verweisung des § 5 Abs. 1 S. 1 EStG auf diejenigen Vorschriften des HGB, die Ausdruck der handelsrechtlichen Grundsätze ordnungsgemäßer Buchführung (GoB) seien.[265] Dieses Verständnis der materiellen Maßgeblichkeit führt zu der Schwierigkeit, die nach dieser Ansicht vorausgesetzten „GoB-widrigen“ Regelungen zu bestimmen; teilweise sollen dazu sogar alle Wahlrechte des Handelsrechts gehö-

---

262 *Sittel*, Umgekehrte Maßgeblichkeit, 39 ff.; *Schreiber*, in: Blümich, EStG, § 5 Rn. 14.

263 Wie noch zu sehen sein wird, besteht eine ähnliche Problematik heute in Spanien.

264 *Mathiak*, in: Kirchhof/Söhn/Mellinghoff, EStG, § 5 Rn. A 34.

265 *Schulze-Osterloh*, StuW 1989, 242, 247 f. und DStJG 14/1991, 123, 130; *Kempermann*, in: Kirchhof/Söhn/Mellinghoff, EStG, § 5 Rn. B 110, 119.

ren.[266] Problematisch ist, dass so auf der Ebene des Handelsrechts eine Unterscheidung getroffen werden soll, die nur für das Steuerrecht von Bedeutung ist: Handelsrechtlich bleibt die Unterscheidung zwischen GoB-gemäßen und GoB-widrigen Regelungen ohne Konsequenz.[267] Zudem ist schon die Möglichkeit einer solchen Unterscheidung zweifelhaft, wenn man davon ausgeht, dass die GoB auf dem geschriebenen Handelsrecht beruhen.[268]

Nach einer zweiten Ansicht sind die für das Steuerrecht maßgeblichen Vorschriften des Handelsrechts noch weiter einzugrenzen: Verwiesen werde danach nur auf die sog. „oberen" GoB, während sich „unterhalb der Grundsätze-Ebene" befindende einfache Normen des HGB – welche Einzelregelungen enthalten – nur im Wege einer Analogie für die steuerliche Gewinnermittlung berücksichtigt werden könnten.[269] Eine solche Analogie ließe sich allerdings nicht mit dem Prinzip der Tatbestandsmäßigkeit der Besteuerung vereinbaren, welches bei der verfassungskonformen Auslegung des § 5 Abs. 1 S. 1 EStG zu berücksichtigen ist: Wegen des Charakters des Steuerrechts als Eingriffsrecht muss auch der Tatbestand des § 5 Abs. 1 S. 1 EStG ausreichend bestimmt sein, Analogien verstoßen tendenziell gegen dieses Erfordernis.[270] Zudem ist der Bezug auf die Grundsätze ordnungsgemäßer Buchführung vor dem historischen Hintergrund zu erklären, dass die Gewinnermittlungsregeln des HGB bis zur Umsetzung der EG-Bilanzrichtlinie im Jahre 1985 in erster Linie aus ungeschriebenen GoB bestanden bzw. auf diese verwiesen. Schließlich sind Nicht-Kaufleute über § 141 Abs. 1 S. 2 AO an die dort zitierten HGB-Vorschriften und damit an Einzelvorschriften des HGB gebunden, sodass eine Bindung der Kaufleute nur an die „oberen" GoB inkonsequent wäre.[271]

Demgegenüber zählen zu den GoB i.S.d. § 5 Abs. 1 S. 1 EStG nach traditioneller und vorzugswürdiger Ansicht sämtliche geschriebenen und ungeschriebenen Gewinnermittlungsregeln des HGB, soweit sie allgemein gelten. Maßgeblich sind also grundsätzlich alle handelsrechtlichen Regelungen, welche die Gewinnermittlung *aller* Kaufleute betreffen.[272] Dies ist deshalb sachgerecht, weil so steuerrechtlich motivierte Einschränkungen des Maßgeblichkeitsgrundsatzes erst

---

266 *Kempermann*, in: Kirchhof/Söhn/Mellinghoff, EStG, § 5 Rn. B 119.

267 *Mathiak*, in: FS Beisse, 323, 324 f.

268 *Hey*, in: Tipke/Lang, Steuerrecht, § 17 Rn. 60 ff.

269 *Weber-Grellet*, in: Schmidt, EStG, § 5 Rn. 28, 30 f.; *ders.*, DB 1994, 2405 f.; *ders.*, DB 1997, 385 f.

270 *Schreiber*, in: Blümich, EStG, § 5 Rn. 206.

271 *Hennrichs*, StuW 1999, 138, 140 f.; *Schön*, StuW 1995, 366, 374 f.; *Schiffers*, in: Korn, EStG, § 5 Rn. 95 ff.

272 *Schreiber*, in: Blümich, EStG, § 5 Rn. 206; *Schön*, StuW 1995, 366, 374 f.; *Mathiak*, in: FS Beisse, 323, 325 ff.; mit einem Überblick über den Meinungsstand *Hennrichs*, StuW 1999, 138, 139 ff.

auf der Ebene des Steuerrechts vorgenommen werden; die grundsätzliche Verweisung auf die GoB in Form der für alle Kaufleute geltenden handelsrechtlichen Gewinnermittlungsregeln bleibt also von den erst auf einer zweiten Stufe greifenden steuerrechtlichen Vorbehalten unangetastet.[273] Ohnehin kommt dem Streit um die Rechtsnatur der GoB und dem Verweisungsziel heute nicht mehr die frühere Bedeutung zu, da die wichtigsten GoB in den §§ 238 ff. HGB kodifiziert sind.[274]

(2) Formelle und umgekehrte Maßgeblichkeit

Die Vorschrift des § 5 Abs. 1 S. 2 EStG beinhaltet sowohl die formelle als auch die umgekehrte Maßgeblichkeit.[275] Ausgangspunkt ihrer Unterscheidung ist die Frage, ob sich das im jeweiligen Fall betroffene steuerliche Wahlrecht im Rahmen der handelsrechtlichen GoB hält.

Zunächst ist bei sich im Rahmen der Grundsätze ordnungsgemäßer Buchführung haltenden steuerlichen Wahlrechten – ansonsten gilt der steuerrechtliche Bewertungsvorbehalt des § 5 Abs. 6 EStG[276] – nach der formellen Maßgeblichkeit der Handelsbilanz für die steuerliche Gewinnermittlung der konkrete Wertansatz der Handelsbilanz maßgeblich. Der Steuerpflichtige muss in diesen Fällen also bereits bei der Erstellung der Handelsbilanz die Steuerbilanz im Blick haben, um die handelsrechtlichen Wahlrechte seinen steuerbilanziellen Vorhaben entsprechend auszuüben. Die formelle Maßgeblichkeit wirkt sich etwa aus bei Teilwertabschreibungen gemäß § 6 Abs. 1 Nr. 1 S. 2, Nr. 2 S. 2 EStG i.V.m. § 253 Abs. 2 S. 3, Abs. 3 S. 1 HGB, bei der Wahl der AfA-Methode und bei sonstigen Methodenwahlrechten wie z.B. bei Gruppenbewertung oder Festbewertung: Hier ist jeweils der konkrete Ansatz in der Handelsbilanz für die Steuerbilanz bestimmend.[277]

Darüber hinaus ist nach der umgekehrten Maßgeblichkeit der in der Handelsbilanz gewählte konkrete Ansatz auch bei denjenigen steuerlichen Wahlrechten, die nicht mit den Grundsätzen ordnungsgemäßer Buchführung vereinbar sind, maßgeblich. Ermöglicht wird dies durch die handelsrechtlichen Öffnungsklauseln.[278] So sind atypische, durch abweichende steuerrechtliche Wahlrechte motivierte, handelsrechtliche Wahlrechte zulässig nach den §§ 254, 279 Abs. 2 HGB

---

273 So auch *Beisse*, BB 1990, 2007, 2011.

274 *Crezelius*, in: Kirchhof, EStG, § 5 Rn. 42.

275 Zum Teil wird auch nur von der umgekehrten Maßgeblichkeit gesprochen, welche die formelle Maßgeblichkeit dann einbezieht.

276 *Ehmcke*, in: Blümich, EStG, § 6 Rn. 34.

277 *Weber-Grellet*, in: Schmidt, EStG, § 5 Rn. 1 und 40 ff.; *Knobbe-Keuk*, Bilanz- und Unternehmenssteuerrecht, 28.

278 *Knobbe-Keuk*, Bilanz- und Unternehmenssteuerrecht, 29 ff.

für Abschreibungen, nach den §§ 247 Abs. 3, 273 HGB für Passivposten oder nach § 280 Abs. 2 HGB für die Wertaufholung. Auf diesem Wege werden aus außerfiskalischen Gründen Steuervergünstigungen gewährt, etwa in der Gestalt von Sonderabschreibungen oder steuerfreien Rücklagen.

Nach überwiegender Ansicht beziehen sich die formelle und die umgekehrte Maßgeblichkeit nur auf die soeben genannten sog. korrespondierenden Wahlrechte, wobei die Korrespondenz ausdrücklich oder über die handelsrechtlichen Öffnungsklauseln bestehen kann. Letztlich entsteht die umgekehrte Maßgeblichkeit also durch die Geltung der formellen Maßgeblichkeit für die lediglich über die handelsrechtlichen Öffnungsklauseln korrespondierenden Wahlrechte. Dagegen gilt § 5 Abs. 1 S. 2 EStG nicht für ausschließlich einkommensteuerrechtliche Wahlrechte, bei welchen keine der handelsrechtlichen Öffnungsklauseln einschlägig ist.[279]

(3) Bilanzzwecke und steuerrechtliche Korrekturen

Handelsbilanz und Steuerbilanz haben unterschiedliche Funktionen, die einer uneingeschränkte Maßgeblichkeit des Handelsrechts für das Steuerrecht entgegenstehen. Während die Handelsbilanz neben der Bereitstellung von Informationen als Grundlage für unternehmensbezogene Entscheidungen in erster Linie dem Substanzerhaltungsinteresse der an dem Unternehmen Beteiligten (Anteilseigner, Gläubiger, Arbeitnehmer) dient, hat die Steuerbilanz eine andere Zielrichtung: Hier geht es nicht um die Verhinderung der Ausschüttung eines zu hohen Gewinns (Vorsichtsprinzip) und um das Einräumen von bilanzpolitischen Spielräumen anhand von zahlreichen Wahlrechten, sondern um die Ermittlung des „wirklichen" Gewinns als Ausdruck der wirtschaftlichen Leistungsfähigkeit und steuerlichen Belastbarkeit. Zudem steht eine gesetzmäßige und gleichmäßige Besteuerung im Vordergrund.[280] Dieser unterschiedliche Zweck von Handelsbilanz und Steuerbilanz erfordert eine Einschränkung der Verweisungsnorm des § 5 Abs. 1 S. 1 EStG, welche zum einen gesetzlich durch spezielle steuerrechtliche Vorschriften, zum anderen aber auch durch Auslegung erfolgt:

Zunächst enthält § 5 EStG eigene Ansatzvorschriften, welche weitgehend mit dem Handelsrecht übereinstimmen, in Absatz 2 für immaterielle Anlagegüter, in den Absätzen 3-4 b für Rückstellungen, in Absatz 5 für Rechnungsabgrenzungsposten, in Absatz 6 i.V.m. § 4 Abs. 4-7 EStG für Betriebsausgaben, sowie in Absatz 6 i.V.m. § 4 Abs. 1 S. 1, 2. HS EStG für Entnahmen und Einlagen. Hinzu kommt der Bewertungsvorbehalt des § 5 Abs. 6 EStG, nach dem sich die steuer-

279 BFH, Urt. v. 21.10.1993 – IV R 87/92, BStBl. II 1994, 176, 178; *Weber-Grellet*, in: Schmidt, EStG, § 5 Rn. 43.
280 BFH Beschl. v. 3.02.1969 – GrS 2/68, BStBl. II 1969, 291, 293.

rechtliche Bewertung in erster Linie nach § 6 EStG richtet. Nur soweit die steuerrechtlichen Bewertungsvorschriften lückenhaft sind, kommt über § 5 Abs. 1 S. 1 EStG ein Rückgriff auf die Bewertungs-GoB der §§ 252 ff. HGB in Betracht.[281] Tendenziell wächst die Zahl der Vorschriften, durch die das Maßgeblichkeitsprinzip eingeschränkt wird. Beispiele für diese Entwicklung sind das Steuerentlastungsgesetz 1999/2000/2002 mit der Einführung des Passivierungsverbots für Verlustrückstellungen gemäß § 5 Abs. 4a EStG sowie der Beschränkung der Teilwertabschreibung auf voraussichtlich dauernde Wertminderungen gemäß § 6 Abs. 1 Nr. 1 S. 2 EStG.

Neben diesen spezialgesetzlichen Regelungen wurde eine fundamentale Einschränkung der Flexibilität und der daraus entstehenden Manipulationsmöglichkeiten der Rechnungslegung durch die Rechtsprechung des BFH begründet. Danach erfordern Sinn und Zweck der steuerrechtlichen Gewinnermittlung – die periodengerechte Erfassung des vollen Gewinns – sowie der Grundsatz der Gleichmäßigkeit der Besteuerung aus Art. 3 Abs. 1 GG die folgende Korrektur: Handelsrechtliche Aktivierungswahlrechte führen zu steuerrechtlichen Aktivierungsgeboten, handelsrechtliche Passivierungswahlrechte führen zu steuerrechtlichen Passivierungsverboten. Um den vollen Gewinn zu erfassen sollte so die Möglichkeit des Steuerpflichtigen verhindert werden, handelsrechtliche Wahlrechte dazu zu nutzen, sich nach Belieben „ärmer zu rechnen".[282] Die praktische Relevanz dieser Entscheidung hält sich heute jedoch insoweit in Grenzen, als viele der zum Zeitpunkt des genannten Urteils noch bestehenden und davon betroffenen Wahlrechtskonstellationen mittlerweile durch gesetzgeberische Maßnahmen entfallen sind. Heute gibt es also weniger handelsrechtliche Aktivierungswahlrechte bzw. Passivierungswahlrechte, die zu steuerrechtlichen Aktivierungsgeboten bzw. Passivierungsverboten führen.[283] Gültigkeit hat die vom BFH aufgestellte Regel aber weiterhin etwa bei den Aufwandsrückstellungen i.S.d. § 249 Abs. 2 HGB, beim Disagio nach § 250 Abs. 2 HGB sowie beim entgeltlich erworbenen Firmenwert i.S.d. § 255 Abs. 4 S. 1 HGB.[284]

---

281 *Schreiber*, in: Blümich, EStG, § 5 Rn. 187.

282 BFH Beschl. v. 3.02.1969 – GrS 2/68, BStBl. II 1969, 291, 293, bestätigt durch BFH, Beschl. v. 7.08.2000 – GrS 2/99, BStBl. II 2000, 632, 637.

283 So schon *Knobbe-Keuk*, Bilanz- und Unternehmenssteuerrecht, 23 ff.; Beispiele für die Bestätigung dieser Rechtsprechung durch den Gesetzgeber bei *Thiel/Lüdtke-Handjery*, Bilanzrecht, Rn. 318 f.

284 *Hoffmann*, in: Littmann/Bitz/Pust, EStG, §§ 4, 5 Rn. 331.

Schließlich verweist § 5 Abs. 1 EStG nach überwiegender Ansicht aus Gründen der gleichmäßigen Besteuerung nur auf die rechtsformneutralen, für alle Kaufleute geltenden GoB, die Vorschrift ist insoweit teleologisch zu reduzieren.[285]

cc) Reformbestrebungen

Die schon genannten unterschiedlichen Zwecke von Handels- und Steuerbilanz sowie die konkrete Ausgestaltung des Maßgeblichkeitsprinzips sind schon seit langem Auslöser heftiger Kritik. So sei die mit der durch das Maßgeblichkeitsprinzip ermöglichten Einheitsbilanz verbundene Vereinfachung kein schlagkräftiges Argument mehr, insbesondere vermindere das konträre Rückstellungsrecht die Praktikabilität einer Einheitsbilanz.[286] Die fortschreitenden Beschränkungen des Maßgeblichkeitsgrundsatzes machten diesen letztlich überflüssig,[287] zu denken sei nur an die Einschränkung der Teilwertabschreibung und die weitere Beschränkung der Rückstellungsbildung durch das StEntlG 1999/2000/2002.

Durch die umgekehrte Maßgeblichkeit werde die Handelsbilanz aus steuerlichen Gründen deformiert. Die Informationsfunktion der Handelsbilanz werde durch steuerrechtlich motivierte Verzerrungen beeinträchtigt, die Aussagekraft des handelsrechtlichen Einzelabschlusses leide darunter.[288]

Hinzu komme die Internationalisierung des Handelsbilanzrechts, welches für die steuerrechtliche Gewinnermittlung maßgeblich ist: Auf europäischer Ebene beeinflusse das durch die europäischen Bilanzrichtlinien harmonisierte Handelsbilanzrecht der Kapitalgesellschaften über das Maßgeblichkeitsprinzip auch das Steuerbilanzrecht, obwohl dieses nicht Gegenstand der Harmonisierung sei.[289] Daneben führe die bereits in §§ 292a, 342, 342a HGB erfolgte Öffnung der Konzernrechnungslegung für die informationsgeprägten internationalen Rechnungslegungsstandards wie US-GAAP und IAS und die mögliche zukünftige Einbeziehung auch des Einzelabschlusses zu weiteren Spannungen zwischen Handels- und Steuerrecht.[290] Und tatsächlich wurde durch die Einfügung des § 315a HGB im Zusammenspiel mit der IFRS-Verordnung[291] ein neuer Rechtsrahmen für die Konzernrechnungslegung nach internationalen Standards gebildet, der allerdings für den Einzelabschluss aller Gesellschaften weiterhin die

285 *Hennrichs*, StuW 1999, 138, 150 m.w.N.

286 *Küting/Kessler*, DStR 1998, 1937, 1939; *Hennrichs*, DStJG 2001, 301, 305.

287 *Weber-Grellet*, DStR 1998, 1343, 1344 ff.

288 *Lauth*, DStR 2000, 1365, 1369; *Hennrichs*, StuW 1999, 138, 152.

289 *Groh*, DStR 1996, 1206, 1209 f.; *Herzig/Rieck*, IStR 1998, 309, 317 ff.

290 *Schreiber*, in: Blümich, EStG, § 5 Rn. 30; *Hennrichs*, DStJG 2001, 301, 305 ff.; a.A. wegen der geringeren Bedeutung des Vorsichtsprinzips – wenn auch im Einzelfall zu überprüfen – wohl *Hey*, in: Tipke/Lang, Steuerrecht, § 17 Rn. 54.

291 Siehe zum Bilanzrechtsreformgesetz und zur Verordnung oben ab S. 1.

Aufstellung eines HGB-Jahresabschlusses vorsieht, neben den wahlweise ein IFRS-Jahresabschluss treten kann.

Auf der Grundlage dieser Kritik reicht die Spannbreite der Reformvorschläge[292] von weiteren steuerrechtlichen Sonderregelungen über eine restriktive Auslegung des § 5 Abs. 1 S. 1 EStG[293] und über ein selbstständiges Bilanzsteuerrecht[294] bis hin zu einer Überschussrechnung nach dem Kassenprinzip.[295] Wegen der nachfolgenden Hauptargumente der Befürworter des Maßgeblichkeitsgrundsatzes konnte sich bisher keiner der radikalen Reformansätze durchsetzen: Auch ein selbstständiges Bilanzsteuerrecht würde im wesentlichen auf aus dem Handelsrecht bekannte Normen zurückgreifen und somit lediglich deren Regelungsstandort ändern. Bei einer Überschussrechnung nach dem Kassenprinzip träten durch die Abhängigkeit von den Zufälligkeiten des Zahlungsverkehrs erhebliche periodische Schwankungen bei den Einnahmen und Ausgaben auf. Bliebe der Kaufmann gemäß §§ 238 ff. HGB zur Aufstellung eines handelsrechtlichen Jahresabschlusses verpflichtet, so stünden zwei Rechnungslegungssysteme nebeneinander.[296]

Angesichts der nicht praktikablen Alternativen zur Beibehaltung des Maßgeblichkeitsgrundsatzes ist davon auszugehen, dass sich die bisherige Tendenz fortsetzen wird: Der Gesetzgeber wird voraussichtlich bei Bedarf weitere, die Maßgeblichkeit des Handelsrechts einschränkende Normen in das EStG einfügen, Zweifelsfragen werden auch zukünftig durch die Auslegung des § 5 Abs. 1 S. 1 EStG unter Berücksichtigung steuerrechtlicher Prinzipien zu lösen sein.

b) Die *remisión al resultado contable* gemäß Art. 10.3 TRLIS

Das spanische Maßgeblichkeitsprinzip des Art. 10.3 TRLIS gilt für Körperschaften und über die Verweisung des Art. 28.1 LIRPF für Einzelunternehmer grundsätzlich in gleicher Weise. Der wichtigste Vorbehalt des spanischen Einkommensteuergesetzes besteht darin, dass die Verweisung auf das TRLIS und weiter auf das Handelsrecht nicht für die Wertsteigerungen des Anlagevermögens der *actividades económicas* gilt: Diese werden von den *ganancias y pérdidas patrimoniales* erfasst,[297] während für Körperschaften nicht mehr zwischen den verschiedenen Einkunftsarten differenziert wird.

---

292 Für einen Überblick vgl. *Weber-Grellet*, in: Schmidt, EStG, § 5 Rn. 27.

293 *Pezzer*, DStJG 1991, 3, 19.

294 *Hennrichs*, StuW 2005, 256, 262 ff. und DStJG 2001, 301, 307 ff.; *Weber-Grellet*, DB 2000, 165, 169.

295 *Weber-Grellet*, DStR 1998, 1343, 1348.

296 Vgl. den Überblick bei *Sittel*, Umgekehrte Maßgeblichkeit, 89 ff.

297 *Cayón Galiardo*, in: Orón Moratal, IRPF, Art. 28, 229.

aa) Historische Entwicklung

Das Maßgeblichkeitsprinzip hat in Spanien bei weitem nicht so eine lange Tradition wie in Deutschland. Dies liegt in erster Linie daran, dass es erst seit 17 Jahren handelsrechtliche Rechnungslegungsnormen gibt, auf die zu verweisen für das Steuerrecht überhaupt in Frage kommt. Vor dem EU-Beitritt Spaniens im Jahre 1986 existierten zwar schon die spanischen Handelsgesetzbücher aus den Jahren 1829, 1885 und 1973, das Aktiengesetz von 1951, das GmbH-Gesetz von 1953 sowie die Buchhaltungspläne aus den Jahren 1957 und 1973.[298] Allerdings enthielten die Handelsgesetze in erster Linie formelle Vorschriften über die zu führenden Bücher und die damit verbundenen Formalitäten. Die wenigen materiellen Regeln waren so knapp wie unbestimmt.[299] Der Buchhaltungsplan war erstens in seiner Anwendung nicht verpflichtend und zweitens am Steuerrecht orientiert, sodass eine eigenständige handelsrechtliche Rechnungslegung nicht vorhanden war.[300] Einer der Gründe dafür lag darin, dass die damalige Entwicklung der spanischen Wirtschaft in den Augen des Gesetzgebers eine solche nicht unbedingt erforderte.[301]

Der erste Wendepunkt wurde durch die Umsetzung der 4., 7. und 8. EG-Richtlinie in spanisches Recht in den Jahren 1988 und 1989 markiert. Fundamental war in dieser Entwicklung die erstmalige Regelung materieller Grundsätze ordnungsgemäßer Buchführung in *handels*rechtlichen Normen, insbesondere in Art. 38 CCom. Die so entstandene, vor allem in CCom, LSA und PGC eingearbeitete, „normalisierte“[302] handelsrechtliche Rechnungslegung führte aber damals noch nicht zu einer Maßgeblichkeit für die Steuerbilanz, was an der mangelnden Kodifizierung eines solchen Grundsatzes lag und zudem daran, dass das RIS von 1982[303] alle für das Steuerrecht relevanten Regelungen enthielt. Die Art. 37-145 RIS 1982 regelten detailliert die steuerlichen Erträge und Aufwendungen sowie deren Bewertung. Nur wenn sich in diesen steuerrechtlichen Rechnungslegungsnormen eine Regelungslücke auftat, konnte die neu geschaffene handelsrechtliche Rechnungslegung ergänzend herangezogen werden.[304] Jedenfalls war die handelsrechtliche Rechnungslegung nun nicht mehr von der steuerrechtlich motivierten Rechnungslegung abhängig, wie man seit 1990 der

298 Vgl. den Überblick bei *Gonzalo Angulo*, Contabilidad, 78 ff.

299 *Sanz Gadea*, EF 189/1998, 137, 140 f.

300 *Lipps/Meyer/Schröder*, in: Küting/Weber, Internationale Bilanzierung, 181.

301 *Sasse*, Rückstellungen, 108.

302 *Carretero Pérez*, RDFHP 1992, 267, 295.

303 *Real Decreto 2631/1982, de 15 de octubre.*

304 *Lüdemann/Echevarria/Hruschka*, Investitionen in Spanien, 16 m.w.N.

mittlerweile aufgehobenen[305] siebten Schlussbestimmung Abs. 1 PGC entnehmen konnte, in der für die Rechnungslegung nach dem PGC die Unwirksamkeit der dem PGC widersprechenden steuerrechtlichen Vorschriften geregelt war.[306]

Das Fehlen einer normativen Verknüpfung zwischen Handels- und Steuerbilanz sowie die von der genannten Schlussbestimmung des PGC von 1990 proklamierte Unabhängigkeit der beiden Rechtsmaterien bedeuteten aber nicht, dass die handelsrechtliche Rechnungslegung bei der steuerlichen Gewinnermittlung völlig außer Acht gelassen wurde: Teilweise wurde sogar vertreten, dass für die steuerliche Gewinnermittlung auf die handelsrechtlichen Normen verwiesen werde.[307] Diese These stützte sich auf einige Normen des LIS 1978 und des RIS 1982, von denen hier nur zwei genannt seien:[308] So berechneten sich nach Art. 16.1 LIS 1978 die Erträge und Aufwendungen vorbehaltlich steuerlicher Sonder- und Ausnahmevorschriften nach ihren buchhalterischen Werten, wenn die Buchführung durchgehend die wirkliche Vermögenslage der Körperschaft wiedergab. Nach Art. 37.2 RIS 1982 sollten grundsätzlich und vorbehaltlich der Regelungen des RIS die Kriterien und technischen Prinzipien des PGC von 1973 bzw. seiner Anpassungen an bestimmte Wirtschaftssektoren anwendbar sein.

Wäre diese These der normativen Verknüpfung des Steuerrechts mit dem Handelsrecht richtig gewesen, so wäre das Handelsrecht in Spanien nicht erst seit der Reform von 1995 für die steuerrechtliche Gewinnermittlung maßgeblich gewesen. Es gab jedoch einen fundamentalen Unterschied zur heutigen Regelung: Die steuerrechtlichen Normen orientierten sich an den Tatsachen, die aus den handelsrechtlichen Dokumenten hervorgingen. Handelsrechtliche Normen waren dagegen grundsätzlich nicht anzuwenden, sondern ausschließlich die umfangreichen steuerlichen Gewinnermittlungsvorschriften, welche an die Tatsachen aus der handelsrechtlichen Buchführung anknüpften. Es handelte sich also

---

305 Die Bestimmung wurde aufgehoben durch die *disposición derogatoria* 1.24 des LIS von 1995.

306 *Disposición Final Séptima* PGC 1990: [...] *quedan derogadas las disposiciones sobre registro contable contenidas en las normas fiscales y en particular las del Reglamento del Impuesto sobre Sociedades [...], que resulten incompatibles con lo establecido en el Plan General de Contabilidad sin perjuicio de la obligación de cumplimentar los registros fiscales especiales establecidos en las normas citadas.* Umgekehrt heißt es weiter für die Selbstständigkeit der steuerrechtlichen Regelungen, welche die Maßgeblichkeit des Handelsrechts einschränken: *Lo dispuesto en los párrafos anteriores no afectará a la aplicación de las normas fiscales sobre calificación, valoración e imputación temporal, establecidas para los diferentes tributos y, en particular, para determinar la base imponible del Impuesto sobre Sociedades.*

307 *Pascual Pedreño*, IS, 39; *Combarros Villanueva*, Valoración, 253, 260.

308 Ausführlich zu den damaligen Regelungen *Pascual Pedreño*, IS, 39 ff.; *Báez Moreno*, Normas Contables e IS, 37 ff.

um eine faktische Maßgeblichkeit der handelsrechtlichen Rechnungslegung für das Steuerrecht, nicht um eine normative Maßgeblichkeit wie heute.[309]

Der zweite Wendepunkt wurde dann gesetzt durch die Reform des TRLIS von 1995. Seitdem verweist Art. 10.3 TRLIS auf die handelsrechtlichen Normen, und das vorher wegen der enthaltenen Rechnungslegungsvorschriften so umfangreiche RIS wurde auf deren Kosten deutlich verschlankt. Die wesentliche Entwicklung liegt, wie im Einzelnen noch zu erläutern sein wird, in der nunmehr nicht mehr subsidiären, sondern primären Geltung der handelsrechtlichen Vorschriften für die steuerliche Gewinnermittlung. Während vor der Einführung des Art. 10.3 TRLIS die handelsrechtlichen Reformen ohne direkte Auswirkungen für die steuerliche Bemessungsgrundlage blieben, hat nun jede Änderung einer handelsrechtlichen Gewinnermittlungsvorschrift auch steuerliche Bedeutung, wenn nicht ausnahmsweise eine der steuerrechtlichen Sonderregelungen einschlägig ist.[310]

bb) Umfang der Verweisung

Nach dem Wortlaut des Art. 10.3 TRLIS erstreckt sich die Verweisung auf das buchhalterische Ergebnis, welches nach dem CCom, den übrigen damit im Zusammenhang stehenden Gesetzen sowie den zu deren Weiterentwicklung erlassenen Bestimmungen ermittelt wird.

(1) Rechtsquellen des Handelsrechts

Eine zentrale Rolle im spanischen Handelrecht spielt das Handelsgesetzbuch CCom, dessen Regelungen unabhängig von der Rechtsform für alle Unternehmen gelten. Es enthält im zweiten Titel seines ersten Buches insbesondere allgemeine Vorschriften über Bilanzierung und Bewertung sowie über die Buchführungspflichten.

Für sämtliche Kapitalgesellschaften, zu denen in Spanien praktisch alle Gesellschaften gehören, gelten zusätzlich für den Jahresabschluss die Vorschriften der Art. 171-222 des spanischen Aktiengesetzes (*Ley de Sociedades Anónimas*, kurz LSA); so wird etwa durch Art. 84 LSRL für die GmbH sowie gemäß Art. 152 CCom für die Kommanditgesellschaft auf Aktien auf die genannten Normen verwiesen.

Besondere Bedeutung hat für die spanische Rechnungslegung der allgemeine Buchführungsplan PGC, der im Rahmen einer Durchführungsverordnung zum

---

309 *Báez Moreno*, Normas Contables e IS, 41; von einer „gemilderten Maßgeblichkeit" spricht *Boeker*, Gewinnermittlung, 40 f.

310 *Báez Moreno*, Normas Contables e IS, 35 ff.

CCom und zum LSA erlassen wurde.[311] Er gilt wie die allgemeinen Regeln des CCom für alle Unternehmen unabhängig von ihrer Rechtsform. Der PGC ist als allgemeiner Kontenrahmen strukturiert und lässt sich am ehesten mit dem allerdings speziellen Industriekontenplan nach deutschem Verständnis vergleichen. Er besteht aus fünf Teilen, nämlich aus den Buchführungsgrundsätzen (*principios contables*) als Weiterentwicklung der Prinzipien des Art. 38.1 CCom, aus dem Kontenrahmen (*cuadro de cuentas*) mit einer Übersicht über die notwendigen Konten, aus dem Definitionsteil zu diesen Konten (*definiciones y relaciones contables*), der auch typische Kontenbewegungen und einige Bewertungsregeln erläutert, aus den Vorschriften über die Erstellung des Jahresabschlusses (*cuentas anuales*) sowie aus den Bewertungsnormen (*normas de valoración*) zu den jeweils aufgeführten Vermögensgegenständen. Die Teile zwei und drei (Kontenrahmen und Definitionsteil) sind nicht obligatorisch. Der PGC ist nach seinem Wortlaut nicht als abschließend anzusehen, vielmehr wird ausdrücklich die Möglichkeit genannt, nicht geregelte Bereiche durch Bestimmungen des ICAC (*Instituto de Contabilidad y Auditoría de Cuentas*, also Institut für Buchführung und Wirtschaftsprüfung) auszufüllen, vgl. Einführung Abs. 8 PGC.

Zu den im PGC nicht geregelten Bereichen gehören spezielle, an die besonderen Verhältnisse bestimmter Branchen angepasste Buchführungspläne (*adaptaciones sectoriales*), die auf Vorschlag des ICAC durch Rechtsverordnung erlassen werden können.[312] So bestehen angepasste Buchführungspläne u.a. für Bauunternehmen (*empresas constructoras*), Sportverbände (*federcaciones deportivas*) und Immobilienunternehmen (*empresas inmobiliarias*).[313] Diese angepassten Buchführungspläne haben die fünfteilige Struktur des PGC, wobei der erste Teil der Buchführungsgrundsätze als Weiterentwicklung des Art. 38 CCom jeweils unverändert übernommen wird, die anderen vier Teile werden entsprechend den Besonderheiten der jeweiligen Branche verändert. Zu diesen Eigenheiten zählen

---

311 *Real Decreto 1643/1990, de 20 de diciembre (economía y hacienda), por el que se aprueba el Plan General de Contabilidad (BOE 27 diciembre 1990, núm. 310, 38531)*, die Ermächtigungsgrundlage befindet sich in der ersten Schlussbestimmung des LSA.

312 Die Regelungsgrundlage befindet sich in der zweiten Schlussbestimmung des *Real Decreto Legislativo 1564/1989, de 22 de diciembre, por el que se aprueba el TRLSA (BOE 27 diciembre 1989, núm. 310, 40012)* sowie in der zweiten Schlussbestimmung des *Real Decreto 1643/1990, de 20 de diciembre, por el que se aprueba el PGC (BOE 27 diciembre 1990, núm. 310, 38531)*, wobei letztere Regelung keinen Gesetzesrang hat und deshalb keine Ermächtigungsgrundlage sein kann. Dies hat Bedeutung für die nur in ihr enthaltene Ermächtigung zum Erlass von Bestimmungen über die Bewertung, ohne welche die Anpassungen des PGC allerdings auch wenig sinnvoll wären, vgl. *Malvárez Pascual/Martín Zamora*, IS, 96 f.

313 *OM de 27 de enero de 1993 (BOE 5 febrero 1993, núm. 31, 3375), de 2 de febrero 1994 (BOE 9 febrero 1994, núm. 34, 4176) y de 28 de diciembre de 1994 (BOE 4 enero 1995, núm. 3, 222 y 19 enero 1995, núm. 16, 1845).*

etwa der lange Produktionsprozess und die hohen Kosten in der Baubranche, die langen Finanzierungszeiträume in der Immobilienbranche oder die Verträge über Spielerrechte in der Sportbranche.[314]

Die Tatsache, dass das buchhalterische Ergebnis auch nach diesen angepassten Buchführungsplänen maßgeblich für die steuerrechtliche Gewinnermittlung ist, hat in der spanischen Literatur Kritik hervorgerufen. So wird befürchtet, durch die spezifischen Abweichungen vom PGC entstünde für jede Branche eine andere Körperschaftsteuer, was unter Gesichtspunkten des Gleichheitssatzes bedenklich sei.[315] Diese Ansicht verkennt, dass ohne die angepassten Buchführungspläne keine Regelungen für die konkreten Probleme der Rechnungslegung in den einzelnen Branchen vorhanden wären, sodass die allgemeinen Buchführungsgrundsätze des PGC jeweils durch die Steuerpflichtigen zu konkretisieren wären. Wegen der durch diese Grundsätze gewährten Spielräume würden Ungleichheiten nicht nur zwischen, sondern auch innerhalb der Branchen entstehen.

Im Jahre 2004 neu eingeführt wurde der vereinfachte PGC.[316] Ursprünglich war die dadurch ermöglichte vereinfachte Rechnungslegung gemäß Art. 141 LSRL sowie nach der zwölften Zusatzbestimmung dieses Gesetzes nur für die SRL vorgesehen worden. Durch das Haushaltsbegleitgesetz von 2003[317] wurde der im LSRL geregelte Anwendungsbereich jedoch durch Einführung der neuen 14. Zusatzbestimmung ausgeweitet auf alle Rechtsformen, soweit die Verpflichtung zur Buchführung nach dem CCom besteht und bestimmte Grenzen bezüglich der Größe des Unternehmens i.S.d. Art. 2 RD 296/2004 eingehalten werden.[318] Nach dem vereinfachten PGC kann sich der Buchführende – sofern er denn für den vereinfachten PGC optiert – für eines von zwei Modellen entscheiden:

Das Modell des vereinfachten Journals (*libro diario simplificado*) des Annex I ist so ausgestaltet, dass die Summe seiner Spalten die wichtigsten Vermögensmassen wiedergibt, während sich aus der Differenz aus Erträgen und Aufwen-

---

314 Für einen Überblick über diese Besonderheiten vgl. *Malvárez Pascual/Martín Zamora*, EF 181/1998, 171, 181.

315 *Falcón y Tella*, QF 1997, 5.

316 *Real Decreto 296/2004, de 20 de febrero, por el que se aprueba el régimen simplificado de la contabilidad (BOE 27 febrero 2004, núm. 50, 9248)*, kurz RD 296/2004.

317 Art. 105 *de la Ley 62/2003, de 30 de diciembre, de medidas fiscales, administrativas y del orden social (BOE 31 diciembre 2003, núm. 313, 46874)*.

318 Danach müssen zwei von den drei folgenden Bedingungen erfüllt sein: Die Gesamtheit der Aktiva darf nicht mehr als € 1.000.000 betragen, der Jahresumsatz muss niedriger als € 2.000.000 sein, die Durchschnittszahl der Angestellten darf in dem betreffenden Jahr nicht höher als 10 sein.

dungen das Ergebnis des Wirtschaftsjahres ergibt; für die einzelnen Ansetzungen ist dabei der Definitionsteil des allgemeinen PGC zu befolgen, Art. 3.1 und .2 RD 296/2004.

Beim Modell der vereinfachten Jahresabschlüsse (*cuentas anuales simplificadas*) des Annex II bilden gemäß Art. 4 RD 296/2004 die jeweils vereinfachten Teile Bilanz, Gewinn- und Verlustrechnung und Anhang eine Einheit, die nach dem allgemeinen Leitprinzip des *imagen fiel*[319] zu erstellen sind. Für dieses Modell enthält Art. 5 RD 296/2004 einige wenige vereinfachte Bewertungsregeln etwa für Leasingverträge.

Gemäß Art. 1.2 RD 296/2004 sind unabhängig von dieser Wahl im Grundsatz die allgemeinen Rechnungslegungsvorschriften insbesondere des PGC anzuwenden.

Die Bank von Spanien (*Banco de España*) und die Nationale Finanzmarktkommission (*Comisión Nacional del Mercado de Valores*, kurz CNMV) können für die ihrer Aufsicht unterstellten Finanzkörperschaften spezielle Rechnungslegungsvorschriften erlassen. Für den öffentlich-rechtlichen Sektor ist in dieser Hinsicht eine staatliche Behörde (*Intervención General de la Administración del Estado*) zuständig.[320]

Nicht nur wegen des bereits erwähnten Vorschlagsrechts hinsichtlich der branchenbezogenen Kontenpläne ist das ICAC von großem Gewicht für die Weiterentwicklung des spanischen Handelsrechts. Das ICAC wurde auf der Grundlage des Gesetzes über die Wirtschaftsprüfung von 1988[321] geschaffen und ist als eine öffentliche Körperschaft dem Wirtschafts- und Finanzministerium zugeordnet. Als solcher obliegt ihm die Berufsaufsicht über die Wirtschaftsprüfer und die Führung des entsprechenden Berufsregisters, es handelt sich also um eine staatliche Wirtschaftsprüferkammer. Im Zusammenhang mit der Rechnungslegung erlangt das ICAC vor allem auch dadurch Bedeutung, dass es durch die fünfte Schlussbestimmung des PGC dazu ermächtigt wird, im Wege von Stellungnahmen (*resoluciones*) rechtsverbindliche Normen zu erlassen, die den PGC und seine branchenspezifischen Varianten fortentwickeln sollen. Im Gegensatz zum Vorschlagsrecht bezüglich der branchenbezogenen Kontenpläne gehört der Erlass dieser *resoluciones* zu den eigenen Kompetenzen des ICAC.

---

319 Siehe zum *imagen fiel* (entspricht dem *true and fair view*) unten ab S. 113.

320 Für einen Überblick mit den erlassenen Normen vgl. *Malvárez Pascual/Martín Zamora*, EF 181/1998, 171, 174 f.; *Capdevila*, in: Laorden/Arqués, IS, 108 f.

321 Zweite Zusatzbestimmung des *Ley 19/1988, de 12 de julio, de Auditoría de Cuentas (BOE 15 julio 1988, núm. 169, 21874)*.

Im Gegensatz zu den *resoluciones* des ICAC rechtlich unverbindlich, aber dennoch in der Praxis sehr beachtet sind die Stellungnahmen der AECA (*Asociación Española de Contabilidad y Administración de Empresas*, also Spanische Vereinigung für Buchführung und Unternehmensleitung). Bei der AECA handelt es sich um eine privatrechtliche Vereinigung der mit der Rechnungslegung befassten Berufsgruppen, die im Jahre 1979 gegründet wurde. Ziel der Vereinigung ist es, auf vielfältigen Wegen Rechnungslegung und Unternehmensführung wissenschaftlich voranzutreiben.

Die AECA hat insbesondere durch die veröffentlichten Dokumente ihrer Kommission für Rechnungslegungsgrundsätze und -vorschriften (*Comisión de Principios y Normas de Contabilidad*) die Rechnungslegung beeinflusst. Diese Kommission setzt sich aus Sachverständigen aus Lehre und Rechnungslegungspraxis zusammen; dazu gehören auch Vertreter des ICAC, was einen ständigen Austausch zwischen AECA und ICAC ermöglicht. Den Dokumenten der AECA ist es zu verdanken, dass die Prinzipien der Rechnungslegung in Spanien verbreitet wurden,[322] so wurden einige von ihnen im Zuge der Handelsrechtsreform von 1989 gesetzlich normiert.[323]

Schließlich gehören zu den Rechtsquellen des Handelsrechts die kaufmännischen Bräuche (*usos del comercio*) als Gewohnheitsrecht mit ergänzender Funktion. Nirgendwo geregelt, aber allgemein anerkannt sind beispielsweise die doppelte Buchführung (*llevanza por partida doble*) sowie die Buchführung in einer lebenden Sprache und auf Grundlage des lateinischen Alphabets. Zwar geregelt, aber allenfalls als Gewohnheitsrecht verbindlich sind Teil 2 und 3 PGC mit dem Kontenrahmen und den dazugehörigen Definitionen.[324]

Die in der in den europäischen Mitgliedstaaten unmittelbar geltenden IFRS-Verordnung[325] vorgesehenen internationalen Rechnungslegungsnormen (*normas internacionales de contabilidad*) wurden durch das *Ley 62/2003*[326] in Ausübung des Wahlrechts bezüglich des Anwendungsbereichs in das spanische Recht eingebettet: Nach der 11. Schlussbestimmung sind sie ausschließlich für Abschlüsse kapitalmarktorientierter Konzerne (*cuentas consolidadas de los grupos cotizados*) verpflichtend, die Einzelabschlüsse (*cuentas individuales*) bleiben unberührt. Da die Bemessungsgrundlage bei Konzernen nicht auf der Grundlage des gemeinsamen Jahresergebnisses ermittelt wird, sondern gemäß Art. 71.1 TRLIS

---

322 *Dicken*, Spanisches Bilanzrecht, 9.

323 *Sasse*, Rückstellungen, 102 f.

324 *Vicent Chuliá*, RGD 628-629/1997, 453, 483 f.

325 Siehe zur IFRS-Verordnung oben ab S. 1.

326 *Ley 62/2003, de 30 de diciembre, de medidas fiscales, administrativas y del orden social (BOE del 31 de diciembre).*

auf der Grundlage der Einzelabschlüsse der verschiedenen Körperschaften des Konzerns, bleibt die steuerliche Gewinnermittlung nach dem TRLIS von den internationalen Rechnungslegungsnormen unberührt.[327] Wie in Deutschland ist auch in Spanien die Ausklammerung der Einzelabschlüsse auf Kritik gestoßen.[328]

Aus dem Gesagten ergibt sich – abgesehen von den speziellen Vorschriften für Finanzkörperschaften – die folgende Normenhierarchie für das buchhalterische Ergebnis nach Handelsrecht: Oben stehen die Normen und Prinzipien des CCom und des LSA, eine Stufe tiefer der PGC und seine vereinfachte Version, darunter die branchenspezifischen Anpassungen des PGC durch Rechtsverordnungen des Wirtschafts- und Finanzministers und die Beschlüsse des ICAC zur Weiterentwicklung des PGC, dann das Gewohnheitsrecht sowie auf der untersten Stufe die unverbindlichen Verlautbarungen der AECA.[329]

(2) Problematik des Gesetzesvorbehalts

Der Verweis des Art. 10.3 TRLIS auf das Handelsrecht[330] wird vor allem vor dem Hintergrund des verfassungsrechtlichen Gesetzesvorbehalts diskutiert.

Am häufigsten findet sich der Ansatz, die Knappheit der Rechnungslegungsvorschriften des CCom, des LSA und der übrigen handelsrechtlichen Gesetze führe dazu, dass der durch eine Durchführungsverordnung erlassene PGC erhebliche Bedeutung für die Rechnungslegung und dadurch auch für die steuerliche Bemessungsgrundlage erhalte. Darüber hinaus räume selbst der PGC dem Wirtschafts- und Finanzminister wie dem ICAC noch umfangreiche Befugnisse ein, Rechnungslegungsvorschriften mit teilweise zweifelhafter Rechtsnormqualität zu erlassen. Diese Systematik führe zu dem Ergebnis, dass die Diskussion etwa über die Abziehbarkeit von Aufwendungen vom Steuerrecht zum Handelsrecht verlagert werde. Dies habe zwar einen gewissen Vereinfachungseffekt, bringe aber gleichzeitig aus steuerrechtlicher Sicht eine diesbezügliche Rechtsunsicherheit mit sich.[331] Wegen dieser Kritikpunkte wird das LIS von 1995 und da-

---

327 *Sanz Gadea*, EF 251/2004, 81, 112 f.; *Navarro Faure*, Impuestos, I, 2003, 221, 237 f.; *Báez Moreno*, Normas Contables e IS, 457, 459.

328 *Sanz Gadea*, EF 251/2004, 81, 99.

329 *Malvárez Pascual/Martín Zamora*, IS, 93.

330 Art. 10.3 TRLIS: *En el régimen de estimación directa, la base imponible se calculará, corrigiendo, mediante la aplicación de los preceptos establecidos en la presente Ley, el resultado contable determinado de acuerdo con las normas previstas en el Código de Comercio, en las demás leyes relativas a dicha determinación y en las disposiciones que se dicten en desarrollo de las citadas normas.*

331 *Ferreiro Lapatza*, QF 1996, 11, 15.

mit auch das heutige TRLIS teilweise sogar als „Nicht-Gesetz" („*no Ley*")[332] bezeichnet. Zusammengefasst konzentriert sich die verfassungsrechtliche Kritik also auf zwei Punkte, erstens auf die Regelung der Bemessungsgrundlage in einer Durchführungsverordnung bzw. in Vorschriften ohne Rechtsnormqualität und zweitens auf die Zugehörigkeit dieser Durchführungsverordnung zum Handelsrecht.

Wie oben[333] bei der Darstellung des verfassungsrechtlichen Gesetzesvorbehalts bereits erwähnt, gehört die Bemessungsgrundlage zu den wesentlichen Elementen einer jeden Steuer, die durch Gesetz geregelt werden müssen. Dabei ist der Gesetzesvorbehalt jedoch für die Bemessungsgrundlage in der Weise flexibel ausgestaltet, dass für komplexe technische Operationen aus Gründen der Praktikabilität auf eine Durchführungsverordnung verwiesen werden darf. Zur Bestimmung der dem Gesetz vorbehaltenen Regelungen wird in der Rechtsprechung zwischen den wesentlichen und unwesentlichen Elementen der Bemessungsgrundlage unterschieden (*elementos esenciales y accidentales de la base imponible*), wobei die Flexibilität des Gesetzesvorbehalts nur für letztere gelten soll.[334] Zwar ist der buchhalterische Gewinn neben den steuerrechtlichen Korrekturen als ein wesentliches Element der Bemessungsgrundlage des TRLIS anzusehen, gleichzeitig sind zu dessen Ermittlung jedoch unbestritten technisch umfangreiche Operationen nötig. Als Konsequenz erscheint eine Kombination von Gesetz und Durchführungsverordnung ideal,[335] im vorliegenden Fall also eine Kombination von CCom, LSA und LSRL mit dem PGC. Wie bereits im Überblick gezeigt wurde und auch noch im Detail zu sehen sein wird, enthalten die genannten Gesetze die Grundprinzipien der Rechnungslegung und Vorschriften über die Bewertung von Vermögensgegenständen, die dann durch den PGC verfeinert werden. Wegen des Gesetzesvorrangs[336] darf der PGC nicht gegen höherrangige Gesetze verstoßen. Die Behauptung, die Ermittlung des buchhalterischen Ergebnisses werde allein oder in zu großem Maße untergesetzlichen Normen überlassen, ist insoweit folglich nicht zu halten.[337]

Nicht unumstritten und auch schon Gegenstand eines Urteils des Obersten Gerichtshofs war die Verfassungsmäßigkeit der Ermächtigung des ICAC durch die fünfte Schlussbestimmung des PGC, rechtsverbindliche, ansonsten aber in der

---

332 *Ferreiro Lapatza*, QF 1996, 11, 13.

333 Siehe zum Gesetzesvorbehalt bzgl. der Bemessungsgrundlage oben ab S. 12.

334 *STC 221/1996, de 11 de diciembre, FJ 7°*, 1115, 1133; *García Moreno*, Base imponible, 159 f.

335 *García Moreno*, Base imponible, 160 m.w.N.

336 Siehe zum Gesetzesvorrang oben ab S. 12.

337 *Malvárez Pascual/Martín Zamora*, EF 182/1998, 29, 37 f.; *García Moreno*, Base imponible, 161; *Vicent Chuliá*, RGD 628-629/1997, 453, 463 f.

spanischen Normenhierarchie nicht bekannte *resoluciones* zu erlassen. In erster Instanz wurde daher auch noch ein Verstoß gegen Art. 97 CE, der nur die Regierung zum Erlass königlicher Verordnungen ermächtigt, und damit die Nichtigkeit der *resolución* vom 21.01.1992 zur Bewertung des immateriellen Anlagevermögens[338] festgestellt. Es handle sich in Ermangelung einer gesetzlichen oder gar verfassungsrechtlichen Ermächtigung um Normen ohne rechtliche Außenwirkung, so dass sie nur nach innen hin für die Mitglieder der Wirtschaftsprüferkammer – also für die Wirtschaftsprüfer – rechtliche Wirkung entfalteten.[339] Und tatsächlich wäre es mit dem Gesetzesvorbehalt schwerlich vereinbar, für die Ermittlung des buchhalterischen Ergebnisses und damit für die Bestimmung der Bemessungsgrundlage unter anderem auf rechtlich unverbindliche Vorschriften zu verweisen.

Dagegen verneinte der Oberste Gerichtshof zwar eine originäre Rechtsetzungsbefugnis des ICAC, leitete die allgemeine rechtliche Verbindlichkeit der *resoluciones* aber aus Art. 2.2 b) LAC[340] ab, nach dem die Wirtschaftsprüfer diese bei der Prüfung des Jahresabschlusses zu beachten haben. Darin sei die gesetzliche Grundlage für die ansonsten nur in der genannten fünften Schlussbestimmung des PGC und damit lediglich in einer Durchführungsverordnung vorgesehene Regelungsbefugnis des ICAC zu sehen. Dieses Ergebnis werde auch durch Art. 34.1 CCom gestützt, der für die Bewertung die Berücksichtigung der allgemein anerkannten Rechnungslegungsgrundsätze vorschreibt. Die Kompetenz des ICAC zum Erlass von Normen mit Außenwirkung sei dabei durch die Normenhierarchie begrenzt,[341] welche bei den Rechtsquellen des Handelsrechts dargestellt wurde.[342] Danach dürfen die *resoluciones* des ICAC zu den Handelsgesetzen sowie zum PGC nicht im Widerspruch stehen. Im Ergebnis werden die *resoluciones* des ICAC damit vom Obersten Gerichtshof ähnlich eingeordnet wie Rechtsverordnungen der Regierung. Dieses Ergebnis lässt sich dann mit dem von der Gegenansicht angeführten Art. 97 CE vereinbaren, wenn man diesen als sich nur auf eine allgemeine Befugnis zum Erlass von Rechtsverordnungen beziehend interpretiert und so Raum lässt für spezielle Ermächtigungsnor-

---

338 *Resolución de 21 de enero de 1992 del Presidente del ICAC por la que se dictan normas de valoración del inmovilizado inmaterial*, http://www.icac.mineco.es/consultas.

339 *STSJ (Tribunal Superior de Justicia) de Madrid de 19 de enero de 1994, FJ. 5°; Malvárez Pascual/Martín Zamora*, EF 181/1998, 171, 191 f.

340 *Ley 19/1988, de 12 de julio, por la que se regula la auditoría de cuentas (BOE 15 julio 1988, núm. 169, 21874).*

341 *STS de 27 de octubre 1997, RJ 1997\7758, FJ 3° y 5°*, 12283, 12285; vgl. für einen Überblick über diese Rechtsprechung auch *Capdevila*, in: Laorden/Arqués, IS, 112 f. und *Sasse*, Rückstellungen, 100 f.; diesbezüglich noch auf dem Stand der ersten Instanz ist *Dicken*, Spanisches Bilanzrecht, 8.

342 Siehe zur Normenhierarchie oben ab S. 71.

men von niedrigerem Rang, aus denen sich eine abgeleitete Befugnis ergeben kann.[343]

Auch dieses die Kompetenzen des ICAC bestätigende Urteil des TS ändert nichts daran, dass eine ausdrückliche und zweifelsfreie Ermächtigung des ICAC durch ein Gesetz nicht besteht. Dies ist deswegen verwunderlich, weil im Zusammenhang mit den Kompetenzen der Bank von Spanien sowie der Nationalen Finanzmarktkommission ein ähnliches Problem bestand und letztlich durch Gesetzesänderungen behoben wurde. Wünschenswert wäre deshalb auch hier eine Reaktion des Gesetzgebers etwa in der Weise, dass dem ICAC wie bei den branchenbezogenen Kontenplänen das Recht zu Vorschlägen eingeräumt wird, welche dann vom Wirtschafts- und Finanzminister in Rechtsverordnungen umgesetzt werden können.[344]

Abgesehen von den Stellungnahmen des ICAC ist auch ganz allgemein der Verweis des Steuerrechts auf das Handelsrecht unter dem Gesichtspunkt kritisiert worden, es handle sich bei den handelsrechtlichen Vorschriften nicht um juristische Normen, sondern um bloße technische Regeln.[345] Diese Sichtweise ist aus heutiger Sicht schwer nachvollziehbar und lediglich vor dem bereits erläuterten historischen Hintergrund zu erklären, dass vor der Umsetzung der europäischen Richtlinien in das spanische Handelsrecht im Jahre 1989 eine eigenständige handelsrechtliche Rechnungslegung nicht bestand. Damals wurde vielmehr die gesamte Rechnungslegung durch das umfangreiche RIS von 1982 dominiert.

Schließlich ist die Tatsache, dass ein großer Teil der Bemessungsgrundlage des TRLIS in Handelsgesetzen und damit in aus steuerrechtlicher Sicht externen Gesetzen geregelt ist, für spanische Verhältnisse ungewohnt und deshalb Gegenstand von Kritik. Auch der in der spanischen Verfassung für das Steuerrecht gesondert verankerte Gesetzesvorbehalt verlangt jedoch nicht nach *Steuer*gesetzen, sondern ganz allgemein nach Gesetzen. Die genannten Handelsgesetze erfüllen diese Voraussetzung,[346] weswegen aus deutscher Perspektive wenig überraschend auch unter diesem Gesichtspunkt durch die Verknüpfung der Steuerbilanz mit der Handelsbilanz kein Verstoß gegen den Gesetzesvorbehalt vorliegt.

---

343 *Malvárez Pascual/Martín Zamora*, EF 181/1998, 171, 190.

344 *Malvárez Pascual/Martín Zamora*, EF 181/1998, 171, 195 f.

345 *Ferreiro Lapatza*, QF 1996, 11, 13.

346 *Capdevila*, in: Laorden/Arqués, IS, 96; *García Moreno*, Base imponible, 161.

cc) Formelle Maßgeblichkeit

In Spanien ist auf den ersten Blick bereits die Existenz einer formellen Maßgeblichkeit problematisch: Eine mit § 5 Abs. 1 S. 2 EStG vergleichbare, ausdrückliche Regelung in der Verweisungsnorm existiert nicht.

In der spanischen Literatur wird als Grundlage einer formellen Maßgeblichkeit das sog. buchhalterische Eintragungsprinzip (*principio de inscripción contable*) des Art. 19.3 TRLIS genannt. Danach kann eine Aufwendung steuerrechtlich nicht berücksichtigt werden, wenn sie nicht in der Gewinn- und Verlustrechnung (*cuenta de pérdidas y ganancias*) oder in einem Rücklagenkonto (*cuenta de reservas*) verbucht worden ist.[347] Daraus wird gefolgert, der Steuerpflichtige müsse also schon bei der Erstellung des handelsrechtlichen Jahresabschlusses die steuerlichen Auswirkungen berücksichtigen, wolle er sich nicht seiner Möglichkeiten in der Steuerbilanz berauben. Daher lasse sich ein gewisser steuerbilanzieller Druck auf den handelsrechtlichen Jahresabschluss nicht leugnen.[348]

Am Ergebnis dieser Ansicht, nämlich der Existenz einer formellen Maßgeblichkeit im spanischen Steuerrecht, ist nichts auszusetzen. Allerdings ist es aus verschiedenen Gründen unbefriedigend, die formelle Maßgeblichkeit auf Art. 19.3 TRLIS zu stützen: Zunächst ist nach dem Wortlaut des Art. 19.3 TRLIS nur von Aufwendungen die Rede, die handelsrechtlich *nicht* verbucht worden sind und nicht von Aufwendungen, die handelsrechtlich *anders* registriert worden sind. Die formelle Maßgeblichkeit muss jedoch für beide Fälle gelten. Die sich auf Art. 19.3 TRLIS stützende Ansicht bedient sich daher der Auslegung mit dem Ergebnis, dass die Norm auch für die Höhe der Aufwendung gilt. Will der Steuerpflichtige also beispielsweise abweichend von der handelsrechtlich linearen Abschreibung eines Wirtschaftsguts steuerrechtlich eine degressive Absetzung vornehmen, so ist dies steuerrechtlich wegen des buchhalterischen Eintragungsprinzips – was in diesem Fall eine auch handelsrechtlich vorgenommene degressive Abschreibung erfordert – unzulässig.[349]

Zudem bezieht sich Art. 19 Abs. 3 TRLIS nur auf Aufwendungen, nicht jedoch auf Erträge. Für Erträge muss jedoch hinsichtlich einer übereinstimmenden Ausübung von Wahlrechten in der Handels- und Steuerbilanz und damit hin-

---

347 Art. 19.3 TRLIS: *No serán fiscalmente deducibles los gastos que no se hayan imputado contablemente en la cuenta de pérdidas y ganancias o en una cuenta de reservas si así lo establece una norma legal o reglamentaria, a excepción de lo previsto respecto de los elementos patrimoniales que puedan amortizarse libremente.*

348 *Malvárez Pascual/Martín Zamora*, IS, 243; *Capdevila*, in: Laorden/Arqués, IS, 837.

349 *Malvárez Pascual/Martín Zamora*, IS, 243.

sichtlich der formellen Maßgeblichkeit das Gleiche gelten wie für Aufwendungen.

Überzeugender ist deswegen die Ansicht, nach der sich die formelle Maßgeblichkeit aus einer Auslegung des Art. 10.3 TRLIS ergibt.[350] Grammatikalisch deutet die in Art. 10.3 TRLIS enthaltene Formulierung „das **ermittelte** buchhalterische Ergebnis" (*„el resultado contable* ***determinado***") auf eine formelle Maßgeblichkeit hin: Im Vergleich dazu enthält § 5 Abs. 1 S. 1 EStG einen bloßen Verweis auf die handelsrechtlichen Grundsätze ordnungsgemäßer Buchführung, was die ausdrückliche Regelung der Maßgeblichkeit des konkreten Ansatzes in der Handelsbilanz für die Steuerbilanz in § 5 Abs. 1 S. 2 EStG erforderlich macht. Und auch teleologisch ist die formelle Maßgeblichkeit erforderlich, um den Anreiz von Bilanztricks einzuschränken: Jede Erhöhung des handelsrechtlichen Gewinns mit Hilfe von handelsbilanziellen Kunstgriffen führt zu einer Erhöhung der steuerlichen Bemessungsgrundlage, umgekehrt führt jede Inanspruchnahme steuerlicher Vergünstigungen wegen der übereinstimmenden Ausübung der Wahlrechte zu einer Verringerung des handelsrechtlichen Gewinns.

Schließlich impliziert der Charakter vieler steuerrechtlicher Wahlrechte in Spanien die Existenz der formellen Maßgeblichkeit: In der Regel sind sie als sog. begrenzende Normen (*normas limitativas*) ausgestaltet.[351] So lassen die Art. 11, 12 und 13 TRLIS für Abschreibungen, Wertveränderungen und Rückstellungen bestimmte Methoden zu, wenn sie von dem Steuerpflichtigen zuvor nach den handelsrechtlichen Normen angewandt worden sind. Diese Normen setzen also voraus, dass handelsrechtlich eine bestimmte Methode zur Anwendung gekommen ist und entscheiden dann darüber, ob diese Methode auch steuerrechtlich zulässig ist.

Eine formelle Maßgeblichkeit der Handelsbilanz für die Steuerbilanz existiert also auch in Spanien. Die Frage, ob diese wie in Deutschland nur für korrespondierende Wahlrechte gilt und ob diese Korrespondenz auch in Spanien über handelsrechtliche Öffnungsklauseln hergestellt wird, hängt unmittelbar mit der Frage nach der Existenz einer umgekehrten Maßgeblichkeit zusammen.

dd) Umgekehrte Maßgeblichkeit

Anders als in Deutschland ist in Spanien bereits problematisch, ob auch eine umgekehrte Maßgeblichkeit (*dependencia inversa* oder auch *retroacción del*

---

350 *García Moreno*, Base imponible, 34-36; *Báez Moreno*, Normas Contables e IS, 45 ff.

351 *Báez Moreno*, Normas Contables e IS, 51 f.

balance tributario sobre el mercantil[352]) des Steuerrechts für das Handelsrecht existiert.

Wie die formelle Maßgeblichkeit ist auch die umgekehrte Maßgeblichkeit nicht in der Verweisungsnorm des Art. 10.3 TRLIS geregelt.[353] Als Ausgangspunkt kommt das bereits im Rahmen der formellen Maßgeblichkeit angesprochene buchhalterische Eintragungsprinzip des Art. 19.3 TRLIS in Betracht: Auch für die Inanspruchnahme von rein steuerrechtlichen Vergünstigungen könnte also nach dieser Vorschrift Voraussetzung sein, dass eine entsprechende Bilanzierung in der handelsrechtlichen Gewinn- und Verlustrechnung erfolgt. Allerdings ist eine Ausnahme für diejenigen Vermögensgegenstände vorgesehen, die frei abgeschrieben werden können (*libertad de amortización*), vgl. Art. 19.3 Abs. 1, 2. Halbsatz TRLIS. Bei dieser freien Abschreibung handelt es sich um eine Vergünstigung, die nur von steuerlichen Vorschriften vorgesehen ist; die handelsrechtlichen Normen enthalten keine entsprechende Regelung.[354] Für diese Steuervergünstigung verzichtet also bereits Art. 19.3 TRLIS auf die vorherige handelsrechtliche Bilanzierung, eine umgekehrte Maßgeblichkeit besteht insoweit also ausdrücklich nicht. Nun könnte die ausdrückliche Ausnahme der freien Abschreibung dafür sprechen, dass ansonsten eine umgekehrte Maßgeblichkeit besteht.[355] Dies ist jedoch – neben der hier vertretenen Verankerung der formellen und damit auch einer etwaigen umgekehrten Maßgeblichkeit bereits in Art. 10.3 TRLIS und nicht in Art. 19.3 TRLIS – aus zwei Gründen zu verneinen:

Erstens existieren weitere Regelungen, nach denen bei rein steuerlichen Vergünstigungen auf die vorherige handelsrechtliche Bilanzierung verzichtet wird. Dies ist etwa der Fall gemäß Art. 115.7 TRLIS hinsichtlich der Möglichkeit der beschleunigten Abschreibung bei Leasingverträgen (*arrendamiento financiero*) sowie gemäß Art. 111.1 TRLIS hinsichtlich der Erhöhung des Abschreibungskoeffizienten um 50 % bei Kleinunternehmen (*empresas de reducida dimensión*). Diese Ausnahmen führen dazu, dass die im TRLIS enthaltenen Fälle der umgekehrten Maßgeblichkeit als praktisch nicht existent bezeichnet werden.[356] Jedenfalls ergibt sich aus diesen Beispielen, dass der spanische Steuergesetzgeber steuerliche Vergünstigungen unabhängig davon gewährt, ob eine entspre-

---

352 *Combarros Villanueva*, Valoración, 240.

353 Auch aus Art. 200 Abs. 10 LSA lässt sich die umgekehrte Maßgeblichkeit nicht herleiten, vgl. *Sasse*, Rückstellungen, 109 mit Verweis auf die Gegenansicht.

354 Siehe zur Möglichkeit der freien Abschreibung bestimmter Vermögensgegenstände unten ab S. 195.

355 Was auch teilweise vertreten wird, vgl. *García Moreno*, Base imponible, 80; *Malvárez Pascual/Martín Zamora*, IS, 243; *Checa Gonzalez/Clavijo Hernández/de la Peña/Falcón y Tella/Simón Acosta*, IS, 277 f.; *Ortiz Calle*, Amortizaciones, 44 f.

356 *García Moreno*, Base imponible, 80.

chende Buchung in der handelsrechtlichen Gewinn- und Verlustrechnung vorliegt.

Zweitens kennt das spanische Handelsrecht keine Öffnungsklauseln, wie sie etwa im HGB für die Fälle der umgekehrten Maßgeblichkeit vorgesehen sind.[357] Folglich besteht für alle rein steuerlichen Wahlrechte eine Situation, in der selbst im deutschen Recht eine umgekehrte Maßgeblichkeit verneint wird: Es besteht keine Korrespondenz der Wahlrechte, weder ausdrücklich noch über eine Öffnungsklausel. Rein steuerliche Wahlrechte können damit schon buchungstechnisch keinen Einfluss auf die handelsrechtlich vorgesehene Bilanzierung haben.

Die so entstehenden Differenzen zwischen dem handelsrechtlichen Ergebnis und der steuerlichen Bemessungsgrundlage können permanent oder temporär sein: Im Falle permanenter Differenzen wird das handelsrechtliche Ergebnis außerhalb der Handelsbilanz korrigiert (*ajuste extracontable*), was im Anhang festzuhalten ist.[358] Der Steuermehraufwand bzw. Steuerminderaufwand kann entweder sofort erfolgswirksam verbucht oder periodisiert werden, vgl. Bewertungsnorm 16 PGC.

Sind die Unterschiede dagegen temporärer Natur, so werden sie in den folgenden Steuerperioden wieder ausgeglichen. Dies geschieht mit Hilfe von speziellen Buchungskonten für latente Steuern, welche die Differenzen zunächst festhalten und in den folgenden Steuerperioden wieder dem handelrechtlichen Ergebnis hinzurechnen, wenn es an die Ermittlung des Steueraufwands des Geschäftsjahrs für die Handelsbilanz geht.[359]

Das Fehlen einer umgekehrten Maßgeblichkeit des Steuerrechts für das Handelsrecht lässt sich schließlich auch auf folgende Argumente stützen:

Die Unabhängigkeit des Handelsrechts von steuerrechtlichen Einflüssen ist ausdrücklich geregelt. Dies war schon der Fall in der oben bereits zitierten, mittlerweile allerdings entfallenen siebten Schlussbestimmung des PGC. Und auch heute noch enthält die Einführung des PGC die Feststellung, dieser sei aus-

357 *Báez Moreno*, Normas Contables e IS, 61.

358 *Malvárez Pascual/Martín Zamora*, IS, 214 ff.

359 Dazu mehr am Beispiel der freien Abschreibungen bei *Pascual Pedreño*, IS, 673 f.; siehe auch unten ab S. 153; allgemein zu den latenten Steuern *Dicken*, Spanisches Bilanzrecht, 36 f.

schließlich handelsrechtlicher Natur und frei von steuerrechtlichen Erwägungen.[360]

Des Weiteren gilt die Ermächtigung des Art. 143 TRLIS für die Finanzverwaltung, unter Umständen das der steuerrechtlichen Gewinnermittlung zugrunde liegende buchhalterische Ergebnis zu korrigieren, nur für eben diese *steuer*rechtliche Gewinnermittlung.[361] Dadurch wird trotz dieser der Finanzverwaltung eingeräumten Kompetenz vermieden, dass die steuerrechtliche Auslegung und Weiterentwicklung von Rechnungslegungsnormen handelsrechtlich von Bedeutung ist. Die Ausübung dieser Kompetenz durch die Finanzverwaltung ist nämlich nicht nur für die handelsrechtlichen und sonstigen privatrechtlichen Rechtsbeziehungen des Steuerpflichtigen unerheblich, sondern selbst für steuerrechtliche Zwecke kann die Finanzverwaltung sich jedenfalls nach der überwiegenden Ansicht in der Literatur[362] nicht über vom Steuerpflichtigen im Einklang mit dem Handelsrecht ausgeübte Wahlrechte hinweg setzen. Dies ist nur dann möglich, wenn eine steuerrechtliche Norm ausdrücklich eine bestimmte Option vorzieht.[363] Solange also der Steuerpflichtige die handelsrechtlichen Normen korrekt anwendet, kann die Finanzverwaltung von dem so erhaltenen buchhalterischen Ergebnis nicht abweichen.

Zusammenfassend lässt sich also sagen, dass es in Spanien eine formelle und materielle Maßgeblichkeit des Handelsrechts für die steuerliche Gewinnermittlung gibt, nicht jedoch eine umgekehrte Maßgeblichkeit der Steuerbilanz für die Handelsbilanz.[364]

ee) Steuerrechtliche Korrekturen

Das Modell eines vollständigen und vorbehaltlosen Verweises auf das Handelsrecht für die Ermittlung der steuerlichen Bemessungsgrundlage wird auch in

---

360 Einführung Ziff. 25 PGC: [...] *el Plan General de Contabilidad se convierte en auténtico derecho contable de obligatorio cumplimiento [...], que proclama su autonomía respecto a la norma fiscal y que contiene criterios distintos, en ocasiones claramente contradictorios, a las soluciones previstas en el RIS.* Zusammen mit der Schlussbestimmung des PGC sollte bei seiner Einführung 1990 auf diese Weise das in erster Linie auf den steuerrechtlichen Regelungen des damaligen RIS basierende Rechnungslegungsrecht abgelöst werden.

361 Dies ergibt sich aus der Einschränkung „*A los efectos de determinar la base imponible [...]*".

362 Siehe zum Umfang der Ermächtigung der Finanzverwaltung auch im Anschluss ab S. 86.

363 *Malvárez Pascual/Martín Zamora*, IS, 136 ff.; *Sasse*, Rückstellungen, 108.

364 Im Ergebnis ebenso *Dicken*, Spanisches Bilanzrecht, 11 und *Sasse*, Rückstellungen, 108 f.

Spanien einhellig abgelehnt. Hauptgrund dafür ist auch hier die unterschiedliche Zielsetzung von Handels- und Steuerbilanz, insbesondere Gläubigerschutz versus Ermittlung des periodischen Gewinns nach der steuerlichen Leistungsfähigkeit.[365] Konsequenz ist wie in Deutschland die Existenz von steuerrechtlichen Korrekturen, durch die das buchhalterische Ergebnis an die Erfordernisse der steuerlichen Bemessungsgrundlage angepasst werden soll. Eine der Hauptdiskussionen über das Maßgeblichkeitsprinzip in der spanischen Literatur dreht sich um die Frage, ob die dem Steuerpflichtigen in der handelsrechtlichen Rechnungslegung eingeräumte Flexibilität mit der notwendigen Rigidität einer steuerlichen Bemessungsgrundlage zu vereinbaren ist. Bemerkenswert sind in diesem Zusammenhang die der Finanzverwaltung eingeräumten Kompetenzen zur Korrektur der vom Steuerpflichtigen ermittelten Bemessungsgrundlage.

(1) Überblick über die Korrekturen des TRLIS

Die Art. 11-19 TRLIS enthalten die wichtigsten steuerrechtlichen Korrekturen, aus deren Anwendung auf das buchhalterische Ergebnis sich die Bemessungsgrundlage der Körperschaftsteuer ergibt und auf die später noch im Detail zurückzukommen sein wird. Dazu gehören u.a. gemäß Art. 11 TRLIS die Abschreibungen, gemäß Art. 14 TRLIS die nichtabziehbaren Aufwendungen, die Bewertungsvorschriften der Art. 15-18 TRLIS sowie die zeitliche Zuordnung von Erträgen und Aufwendungen des Art. 19 TRLIS. Bemerkenswert ist insbesondere die Systematik des Art. 13 TRLIS, der zunächst grundsätzlich die handelsrechtlich möglichen Rückstellungen für die steuerliche Bemessungsgrundlage ausschließt, um anschließend die Ausnahmefälle steuerrechtlich zulässiger Rückstellungen aufzuzählen.

Neben diesen bedeutendsten Korrekturen existieren über das gesamte TRLIS verteilte weitere Vorschriften, durch die das buchhalterische Ergebnis an die Zwecke der Bemessungsgrundlage angepasst wird.[366]

(2) Flexibilität der Rechnungslegung und steuerrechtliche Einschränkungen

Neben den genannten steuerrechtlichen Korrekturen des buchhalterischen Ergebnisses enthält das TRLIS weitere Instrumente, die speziell der Einschränkung der steuerlichen Folgen der Flexibilität der handelsrechtlichen Rechnungslegung dienen.

---

365 *Báez Moreno*, Normas Contables e IS, 101 ff. und 116 ff.

366 Eine Übersicht ist zu finden bei *Capdevila*, in: Laorden/Arqués, IS, 120.

(a) Flexibilität

Die angesprochene Flexibilität in der Rechnungslegung rührt in erster Linie daher, dass die von Art. 34, 38 CCom i.V.m. Teil 1 PGC aufgestellten Grundsätze ordnungsgemäßer Buchführung naturgemäß generellen Charakters sind und dem Buchführenden oft mehrere Möglichkeiten überlassen, die Bilanz korrekt zu gestalten. Wie noch im Detail darzustellen sein wird, kann dabei sogar das Leitprinzip des *imagen fiel* im Kollisionsfall zur Nichtanwendung der übrigen Grundsätze ordnungsgemäßer Buchführung führen. Insbesondere die Bewertungsvorschriften des Teil 5 PGC räumen dem Buchführenden einige Wahlrechte ein, zu denen u.a. das Wahlrecht, die direkt zurechenbaren Finanzierungskosten für die Anschaffung oder Herstellung eines Vermögensgegenstands in die Herstellungskosten oder Produktionskosten einzubeziehen, das Wahlrecht zwischen den verschiedenen Methoden zur Vorratsbewertung sowie die Einbeziehung der zweckmäßigen indirekten Kosten in die Herstellungskosten gehören.[367] Von Bedeutung ist auch das Wahlrecht der Bewertungsregel 18 der Adaptation des PGC für Bauunternehmen,[368] nach der das Realisationsprinzip in die Methode der prozentualen Realisation[369] und damit in ein anderes Kriterium zur Periodisierung abgeändert werden kann. Innerhalb dieser Methode kann wiederum zwischen zwei Verfahren gewählt werden, um den Baufortschritt und damit die bereits realisierten Erträge zu bewerten.

Hätten diese und die übrigen handelsrechtlichen Wahlrechte eine unmittelbare Auswirkung auf die steuerliche Bemessungsgrundlage, so würde dies dazu führen, dass letztere in nicht unerheblichem Ausmaß zur Disposition des Steuerpflichtigen stünde.

(b) Kompetenzen der Finanzverwaltung als Gegenmaßnahme

Eine grundlegende, mit der BFH-Rechtsprechung vergleichbare Einflussnahme spanischer Gerichte auf das steuerrechtliche Maßgeblichkeitsprinzip ist noch nicht erfolgt. Wegen der noch jungen Geschichte des Maßgeblichkeitsprinzips in Spanien gab es dazu bisher jedoch auch vergleichsweise wenige Gelegenheiten. Am bemerkenswertesten unter den Vorsichtsmaßnahmen des spanischen Körperschaftsteuergesetzes ist die bereits im Zusammenhang mit der umgekehrten Maßgeblichkeit erwähnte Ermächtigung der Finanzverwaltung zur Bestimmung der Bemessungsgrundlage des Art. 143 TRLIS. Danach wendet die Finanzver-

---

367 *Malvárez Pascual/Martín Zamora*, EF 182/1998, 29, 60.

368 *Orden Ministerial de 27 de enero de 1993, por la que se adapta el PGC a las empresas constructoras (BOE 5 de febrero y 11 de marzo y 24 de abril), Norma de Valoración 18.a.*

369 Zu dieser Methode der prozentualen Realisation siehe auch unten ab S. 125.

waltung mit Wirkung für die Ermittlung der Bemessungsgrundlage die Vorschriften an, auf die sich Art. 10.3 TRLIS bezieht.[370] Die Finanzverwaltung kann also das buchhalterische Ergebnis und damit die Ausgangsgröße der Bemessungsgrundlage bestimmen. Diese Kompetenz ist nicht zu verwechseln mit der indirekten Ermittlungsmethode (*estimación indirecta*) der Art. 47.1 c), 53 LGT i.V.m. Art. 10.2 TRLIS bzw. i.V.m. Art. 16.3 LIRPF, auf die noch zurückzukommen sein wird.

Der knappe Wortlaut des Art. 143 TRLIS hat in der spanischen Literatur zu unterschiedlichen Ansichten über die Grenzen dieser der Finanzverwaltung eingeräumten Kompetenz geführt. Teilweise wird die Vorschrift zugunsten der Finanzverwaltung dahingehend interpretiert, die Finanzverwaltung habe einen großen Spielraum bei der Bestimmung des buchhalterischen Ergebnisses. So könne sie beispielsweise bei handelsrechtlichen Wahlrechten von der Entscheidung des Unternehmens abweichen und das Wahlrecht anders ausüben.[371] Nach dieser Ansicht wäre die Finanzverwaltung also in der Lage, unabhängig von der Rechnungslegung des Steuerpflichtigen das buchhalterische Ergebnis von Grund auf neu zu bestimmen.

Nach der Gegenansicht ist die Ermächtigung der Finanzverwaltung restriktiv auszulegen. Nur im Falle einer inkorrekten Ermittlung des buchhalterischen Ergebnisses durch den Steuerpflichtigen und auch nur in diesem Ausmaß könne die Finanzverwaltung von ihr Gebrauch machen. Nur so lasse sich die Ermächtigung in Einklang bringen mit der Systematik des Art. 10.3 TRLIS, der nicht auf irgendein buchhalterisches Ergebnis verweise, sondern nur auf das durch die korrekte Anwendung der handelsrechtlichen Vorschriften ermittelte Ergebnis. Für die Fälle, in denen auch die korrekte Bestimmung des buchhalterischen Ergebnisses nicht mit der steuerlichen Bemessungsgrundlage zu vereinbaren seien, habe der Gesetzgeber schließlich die konkreten Korrekturen des TRLIS vorgesehen. Aus diesen Gründen sei es widersprüchlich, trotz korrekter Anwendung der handelsrechtlichen Vorschriften durch den Steuerpflichtigen eine Veränderung des buchhalterischen Ergebnisses durch die Finanzverwaltung zu ermöglichen. Folglich könne die Finanzverwaltung nur in den Fällen tätig werden, in denen der Steuerpflichtige die handelsrechtlichen Normen inkorrekt angewandt habe, in denen er in der Gewinn- und Verlustrechnung Daten verheimlicht habe oder in denen er das buchhalterische Ergebnis gar nicht bestimmt habe, die Vor-

370 *Art. 148 TRLIS: A los efectos de determinar la base imponible, la Administración Tributaria aplicará las normas a que se refiere el artículo 10.3 de esta Ley.*
371 *Ferreiro Lapatza*, QF 1996, 11, 16.

aussetzungen der indirekten Ermittlungsmethode aber wegen des Vorliegens der benötigten Daten nicht gegeben seien.[372]

Der Wortlaut des Art. 143 TRLIS spricht wegen der nicht existenten Voraussetzungen eines Einschreitens der Finanzverwaltung eher für die erstgenannte Ansicht. Eine derart weit gefasste Kompetenz würde aber für erhebliche Rechtsunsicherheit sorgen und ließe sich auch nicht mit der Systematik des TRLIS vereinbaren, steuerrechtliche Vorbehalte ausdrücklich zu regeln. Die zweite Ansicht überzeugt daher mit ihrer einschränkenden Auslegung des Art. 143 TRLIS.

Neben der umfassenden Ermächtigung des Art. 143 TRLIS räumen auch einige Vorschriften des TRLIS, die das buchhalterische Ergebnis korrigieren sollen, der Finanzverwaltung Ermessen (*discrecionalidad*) ein. Dies ist etwa der Fall in Art. 11.1 d) TRLIS für Abschreibungen, in Art. 13.2 d) TRLIS für Rückstellungen, in Art. 16.1 TRLIS für verbundene Rechtsgeschäfte sowie in Art. 19.2 TRLIS für die zeitliche Zuordnung. In der Regel handelt es sich dabei um Genehmigungen, die der Steuerpflichtige bei der Finanzverwaltung beantragen muss. Teilweise wird diese Technik der Genehmigungsvorbehalte als Auslieferung des Bürgers an die Finanzverwaltung in einem unbestimmt und konfus geregelten Rechtsgebiet bezeichnet.[373] Diese Kritik ist nicht ganz unberechtigt, offenbar hat die Einführung des Verweises auf das handelsrechtliche Ergebnis beim Gesetzgeber zu der großen Sorge geführt, der Steuerpflichtige könnte seine Flexibilität in der Rechnungslegung mit Blick auf die steuerliche Bemessungsgrundlage missbrauchen. Anscheinend hat es sich der Gesetzgeber selbst nicht zugetraut, die erforderlichen Gegenmaßnahmen entweder vorausschauend oder aber auf neue Entwicklungen schnell reagierend konkret im Gesetz zu regeln. Die Folge sind Genehmigungsvorbehalte für Einzelfragen, die in ihrer Handhabung umständlich und der Rechtssicherheit der Steuerpflichtigen abträglich sind.

(c) Reformbestrebungen

Ein in der Literatur vorgeschlagener Reformansatz basiert auf dem dort erkannten Problem, dass der Vorrang der Leitprinzipien des *imagen fiel* und der Vorsicht über die übrigen Grundsätze ordnungsgemäßer Buchführung[374] den Buchführenden zu viel Spielraum überlässt mit negativen Folgen für die steuerliche Bemessungsgrundlage. Ausgangspunkt ist eine im TRLIS für die zeitliche Zuordnung vorgesehene Technik, dass nämlich vom Grundprinzip des *devengo* nur dann abgewichen werden darf, wenn dies zu einem Vorziehen der Besteuerung

---

372 *Malvárez Pascual/Martín Zamora*, EF 182/1998, 29, 65 ff.; *Vicent Chuliá*, RGD 628-629/1997, 453, 487.

373 *Ferreiro Lapatza*, QF 1996, 11, 16.

374 Siehe zu den Grundsätzen ordnungsgemäßer Buchführung unten ab S. 109.

führt. Hat dieses Vorgehen dagegen eine Verzögerung der Besteuerung zur Folge, so muss für die steuerrechtliche Wirksamkeit des abweichend angewandten Prinzips die Genehmigung der Finanzverwaltung eingeholt werden, vgl. Art. 19.2 und .3 TRLIS.[375]

Auf dieser Grundlage wird als Reformidee vorgeschlagen, auf die gleiche Weise mit Abweichungen von den anderen obligatorischen Grundsätzen ordnungsgemäßer Buchführung zu verfahren, die aus Gründen des *imagen fiel* oder des Vorsichtsprinzips vorgenommen werden. Auf diese Weise soll eine Verringerung der Bemessungsgrundlage durch Kunstgriffe in der Rechnungslegung verhindert werden. Die korrekte Ermittlung der Bemessungsgrundlage soll nicht nur von den konkreten, im Einzelfall durch den Gesetzgeber im TRLIS vorgesehenen Korrekturen abhängig sein. Vielmehr sollen generelle Mechanismen als Vorsichtsmaßnahmen in das TRLIS eingebaut werden, die sich am Genehmigungsvorbehalt des Art. 19.2 und .3 TRLIS – der auf die Abweichung von anderen GoB als dem *principio de devengo* ausgeweitet werden soll – orientieren.[376]

Sicherlich könnte auf diesem Wege der Problematik der Auswirkungen einer zu flexiblen Rechnungslegung auf die Bemessungsgrundlage wirkungsvoll begegnet werden. Allerdings würde dies zu einer weiteren Ausweitung des Einflusses der Finanzverwaltung führen, der m.E. schon jetzt zu stark ausgeprägt erscheint. Zudem würde das einen zusätzlichen Verwaltungsaufwand bedeuten, der nur schwerlich von der Finanzverwaltung geleistet werden könnte. Man kann nicht an der einen Stelle aus Gründen der Verfahrensvereinfachung die Gewinnermittlung weitgehend von den tatsächlichen Gegebenheiten abkoppeln wie bei der objektiven Gewinnermittlungsmethode, um dann an anderer Stelle jede Einzelheit einem Genehmigungsvorbehalt der Finanzverwaltung zu unterstellen.

c) Vergleich der beiden Modelle der Maßgeblichkeit des Handelsrechts

Zunächst steht fest, dass die spanische *remisión al resultado contable* sehr dem deutschen Maßgeblichkeitsprinzip ähnelt.[377]

Hinsichtlich der materiellen Maßgeblichkeit besteht nahezu eine Übereinstimmung der beiden Systeme. Während allerdings in Deutschland seit der grundlegenden Entscheidung des BFH aus dem Jahre 1969 anerkannt ist, dass die Maß-

375 Siehe zur zeitlichen Zuordnung von Erträgen und Aufwendungen unten ab S. 117.

376 *Malvárez Pascual/Martín Zamora*, EF 182/1998, 29, 77 ff.

377 *Esteban Marina*, Contabilidad y base imponible, 271, welcher die Systematik des spanischen Verweises als einzigartig in den wirtschaftlich fortschrittlichen Staaten und insbesondere der EU ansieht – alle hätten eine Trennung und eine Unabhängigkeit der Steuergesetze von den Handelsgesetzen – findet in der spanischen Literatur keine Gefolgschaft.

geblichkeit des Handelsrechts den Grenzen der teleologischen Auslegung auf Grundlage des Zwecks der steuerlichen Gewinnermittlung unterliegt, entwickelt sich diese Ansicht zur Zeit in Spanien. Bemerkenswert sind in diesem Zusammenhang auch die erläuterten Kompetenzen, welche durch Art. 143 TRLIS den spanischen Finanzbehörden eingeräumt werden: Diese Vorsichtsmaßnahme lässt sich dadurch erklären, dass wegen der nicht vorhandenen Tradition des spanischen Maßgeblichkeitsprinzips bei dessen Einführung aus steuerlicher Sicht an der Zuverlässigkeit der handelsrechtlichen Gewinnermittlung gezweifelt wurde.

Auch die formelle Maßgeblichkeit im Sinne der Maßgeblichkeit des konkreten Ansatzes der Handelsbilanz bei korrespondierenden Wahlrechten besteht in beiden Vergleichsländern. Anders als in Deutschland ist sie nicht in der spanischen Verweisungsnorm selbst geregelt, sodass die formelle Maßgeblichkeit teilweise auf Art. 19.3 TRLIS und nach vorzugswürdiger Ansicht auf eine Auslegung der Verweisungsnorm des Art. 10.3 TRLIS gestützt wird.

Der einzige fundamentale Unterschied findet sich bei der umgekehrten Maßgeblichkeit, welche in Spanien nicht existiert. Vielmehr finden rein steuerrechtliche Wahlrechte in der spanischen Handelsbilanz nur dadurch ihren Niederschlag, als die dadurch entstehenden Differenzen zu einem erfolgswirksamen Steuermehr- oder Steuerminderaufwand (permanente Differenzen) bzw. zu aktiven oder passiven latenten Steuern (temporäre Differenzen) führen. Demgegenüber werden in Deutschland rein steuerrechtliche Wahlrechte über die handelsrechtlichen Öffnungsklauseln in die Handelsbilanz eingebaut, wo sie wie ein Fremdkörper wirken.

Auf diese Weise bewahrt sich das spanische Handelsrecht seine Unabhängigkeit von steuerrechtlichen Einflüssen. Im Gegensatz zu Deutschland besteht in Spanien nicht die Gefahr, dass das Handelsbilanzrecht durch die Gesetzesauslegung der Finanzgerichte beeinflusst[378] wird. Dies entspricht auch der spanischen Rechnungslegungstradition sowie der heutigen, von PGC wie TRLIS festgelegten gegenseitigen Unabhängigkeit der beiden Rechtsgebiete.

Schließlich ist bemerkenswert, dass in Teilen der deutschen Steuerrechtsliteratur unverändert eine Reform des Maßgeblichkeitsprinzips bis hin zur Verselbstständigung des Bilanzsteuerrechts gefordert wird,[379] während in Spanien gerade der umgekehrte Weg beschritten wird: Hier hat man sich zugunsten des Maßgeblichkeitsprinzips bewusst von einem eigenständig kodifizierten Bilanzsteuerrecht abgewandt.

---

378 Sogar von einer Deformation ist die Rede bei *Knobbe-Keuk*, Bilanz- und Unternehmenssteuerrecht, 30 f.

379 Vgl. nur *Weber-Grellet*, DB 2000, 165, 169.

2. Betriebsvermögensvergleich

Wie im Überblick über die Gewinnermittlungsarten bereits dargestellt, liegt in Deutschland den beiden Betriebsvermögensvergleichen der Gewinnbegriff des § 4 Abs. 1 EStG zugrunde: Danach ist Gewinn der Unterschiedsbetrag zwischen dem Betriebsvermögen am Schluss des vorangegangenen Wirtschaftsjahrs vermehrt um den Wert der Entnahmen und vermindert um den Wert der Einlagen.[380] Das Betriebsvermögen wird durch Bilanzierung ermittelt, es ergibt sich aus der Differenz zwischen Vermögen (Aktiva) und Schulden (Passiva) eines Betriebs und bildet das Eigenkapital des Betriebs. Seine Höhe und damit auch die Höhe des Gewinns hängen also davon ab, was in der Bilanz anzusetzen ist und wie es zu bewerten ist. Die Beantwortung dieser Frage wiederum richtet sich nach den Grundsätzen ordnungsgemäßer Buchführung i.S.d. § 5 Abs. 1 EStG bzw. nach den von § 4 Abs. 1 EStG i.V.m. § 141 Abs. 1 S. 2 AO erfassten Rechnungslegungsvorschriften des HGB.

3. *Estimación directa*

Wie im Rahmen des Überblicks über die spanischen Gewinnermittlungsmethoden erwähnt, sagt der Begriff „direkte Ermittlungsmethode“ zwar schon etwas über die Vorgehensweise aus. Er dient allerdings nur als Abgrenzung zu den nicht ausschließlich an der buchhalterischen Realität orientierten Methoden wie der objektiven und der indirekten Ermittlungsmethode. Aus diesem Grunde ist es möglich, dass in der Vergangenheit innerhalb der direkten Ermittlungsmethode zwei Systeme existierten, nämlich ein Betriebsvermögensvergleich und eine periodisierte Überschussrechnung.

a) Rechtsentwicklung, insbesondere Betriebsvermögensvergleich

Bis zur Körperschaftsteuerreform von 1995 sah das LIS innerhalb der direkten Ermittlungsmethode noch zwei Möglichkeiten vor, die Bemessungsgrundlage zu ermitteln: Von größerer Bedeutung war die sog. direkte Ermittlungsmethode durch Bildung der algebraischen Summe aus Erträgen und Aufwendungen sowie aus Zuwächsen und Verringerungen des Vermögens (*régimen de estimación directa mediante suma algebraica de ingresos y gastos e incrementos y disminuciones de patrimonio*) i.S.d. Art. 11 LIS a.F.[381] i.V.m. Art. 36 RIS a.F.,[382] wohinter sich im Kern die auch heute noch vorhandene periodisierte Überschussrechnung der Erträge über die Aufwendungen verbarg. Im Unterschied zur heutigen

---

380 Siehe zu den Entnahmen und Einlagen unten ab S. 103.

381 *Ley 61/1978, de 27 de diciembre, del impuesto sobre sociedades (BOE de 30 de diciembre, núm. 312, 29429 ff.).*

382 *Real Decreto 2631/1982, de 15 de octubre, por el que se aprueba el reglamento del impuesto sobre sociedades (BOE de 21 de octubre, núm. 252, 29017 ff.).*

Variante wurden die Vermögenszunahmen und -abnahmen noch ausdrücklich erwähnt, was mit den verschiedenen Einkunftsarten des damaligen LIS zusammenhing. Zudem wurden Erträge und Aufwendungen insbesondere im RIS einzeln aufgezählt, so dass handelsrechtlicher und steuerrechtlicher Gewinn sich von vornherein unterschieden.[383]

Neben dieser Überschussrechnung gab es auch die Möglichkeit eines Betriebsvermögensvergleichs (*método de determinación de la base imponible por diferencia entre el valor del capital fiscal al inicio y al final del período impositivo* oder auch *método de comparación de capitales fiscales*), vgl. Art. 11.3 LIS a.F. i.V.m. Art. 36, 164-167 RIS a.F. Das sog. „fiskalische Kapital" (*capital fiscal*) wurde gemäß Art. 164 RIS a.F. auf zweierlei Weise definiert. Grundsätzlich war das fiskalische Kapital die Differenz zwischen dem Betrag der Aktiva und dem Betrag der Verpflichtungen gegenüber Dritten, gegebenenfalls abzüglich des negativen Saldos aus der Gewinn- und Verlustrechnung. Auf dieser Grundlage wurde das fiskalische Kapital weiter spezifiziert; so sollten die Aktiva durch die Abschreibungen gemindert werden, und zu den Passiva sollten neben den Verpflichtungen gegenüber Dritten auch bestimmte Rückstellungen und Rechnungsabgrenzungsposten (*ajustes por periodificación*) gehören.

Ergänzend dazu definierte Art. 164 RIS a.F. das fiskalische Kapital als den Betrag des Eigenkapitals der Gesellschaft zum Ende der Steuerperiode. Für die Zusammensetzung des Eigenkapitals wurden positive und negative Posten aufgezählt, die zu summieren waren. Dazu zählten u.a. mit positivem Vorzeichen das gezeichnete Gesellschaftskapital, die Überschüsse aus Neubewertungen, die Rücklagen und die Gewinne des Wirtschaftsjahres sowie mit negativem Vorzeichen die Verluste aus früheren Wirtschaftsjahren und aus dem aktuellen Wirtschaftsjahr.[384]

Das fiskalische Kapital unterschied sich vom handelsrechtlichen Betriebsvermögen bzw. Eigenkapital (*capital de explotación* bzw. *fondos propios*) wegen der damals noch nicht vorhandene Maßgeblichkeit des Handelsrechts und der daraus resultierenden Eigenständigkeit der steuerrechtlichen Buchführung, war aber von der Systematik her mit den genannten Begriffen vergleichbar, weswegen auch hier von einem Betriebsvermögensvergleich gesprochen werden konnte.

---

383 Siehe zu dieser Entwicklung bereits bei den Ausführungen zum Maßgeblichkeitsprinzip oben ab S. 69.

384 Ein Überblick über die einzelnen Positionen ist zu finden bei *Pascual Pedreño*, IS, 123 f.

Wurde das fiskalische Kapital nach den genannten Vorschriften ermittelt, so war im Anschluss die Differenz zum fiskalischen Kapital des vorhergehenden Veranlagungszeitraums zu ermitteln. An dem so erhaltenen Betrag waren dann gemäß Art. 167.3 und .4 RIS a.F. noch verschiedene positive und negative Korrekturen vorzunehmen, zu denen Beträge der Gewinnverwendung (*aplicación o distribución de resultados*) oder Einlagen der Gesellschafter gehörten. Dadurch sollten für die Ermittlung der steuerlichen Bemessungsgrundlage nur diejenigen Veränderungen des Gesellschaftsvermögens berücksichtigt werden, die durch die normale Geschäftstätigkeit verursacht wurden und nicht durch anderweitige Entscheidungen der Gesellschafter oder durch sonstige Umstände.[385] Diese Vorgehensweise war also durchaus vergleichbar mit der vom Betriebsvermögensvergleich der §§ 4 Abs. 1, 5 Abs. 1 EStG bekannten Nichtberücksichtigung von Einlagen und Entnahmen.

Der Betriebsvermögensvergleich hatte in der spanischen Gewinnermittlung nie annähernd die Bedeutung wie sein deutsches Pendant. So legte Art. 36.2 a) RIS seine Subsidiarität fest, der Betriebsvermögensvergleich sollte danach nur dann einschlägig sein, wenn die Buchführung des Steuerpflichtigen zwar nicht ausreichend für die Überschussrechnung war, trotz ihrer formellen Fehler und Lücken aber doch inhaltlich korrekt (*veraz*). Der Anwendungsbereich des Betriebsvermögensvergleichs orientierte sich damit an der Qualität der Buchführungsunterlagen und lag zwischen der Überschussrechnung und der indirekten Ermittlungsmethode, wobei letztere eine unzureichende Buchführung voraussetzte. In der Praxis ist wegen seines limitierten Anwendungsbereichs keine Inanspruchnahme des Betriebsvermögensvergleichs bekannt geworden.[386] Die Abschaffung dieser Regelung durch die Reform von 1995 war deswegen nur konsequent, gerade weil der Betriebsvermögensvergleich so viele buchhalterische Informationen voraussetzt, dass in Spanien gleich die Überschussrechnung einschlägig ist. Entgegen anderslautender Stimmen aus der Literatur[387] spielt der Betriebsvermögensvergleich auch in der indirekten Ermittlungsmethode eine allenfalls untergeordnete Rolle, so dass er vollständig aus dem TRLIS verschwunden ist. Das Konzept des Betriebsvermögens/Eigenkapitals (*capital fiscal*) ist dagegen immer noch im TRLIS zu finden, wenn auch in einer anderen Rolle im Zusammenhang mit der Fremdfinanzierung bzw. Entkapitalisierung (*subcapitalización*) von Körperschaften in Art. 20.1 und .2 TRLIS.

Während die periodisierte Überschussrechnung ihren Ausgangspunkt in den Informationen aus der Gewinn- und Verlustrechnung (*cuenta de pérdidas y ganancias* oder auch *cuenta de beneficios y pérdidas*, *cuenta de explotación* oder

---

385 *Malvárez Pascual/Martín Zamora*, IS, 187.
386 *Pascual Pedreño*, IS, 132; *Capdevila*, in: Laorden/Arqués, IS, 88.
387 *Lüdemann/Echevarria/Hruschka*, Investitionen in Spanien, Rn. 115 ff.

cuenta de resultados) hatte, basierte der Betriebsvermögensvergleich auf der Bilanz, wobei Gewinn- und Verlustrechnung und Bilanz auf der bis zur Reform von 1995 selbstständigen steuerrechtlichen Rechnungslegung basierten. Da letztere damals wie heute als Einheit anzusehen ist, gingen die Überschussrechnung und der Betriebsvermögensvergleich von denselben Daten aus, sodass letztlich dasselbe Ergebnis auf verschiedenem Wege ermittelt wurde und folglich die Unterscheidung zwischen den beiden Varianten der direkten Ermittlungsmethode fiktiv war.[388] Aus der klaren Rollenverteilung zwischen Überschussrechnung und Betriebsvermögensvergleich ergibt sich auch, dass die von den Steuerpflichtigen aufzustellende Steuerbilanz neben der Gewinn- und Verlustrechnung kaum eine Bedeutung hatte, außer ihrer Dokumentationsfunktion wurde sie nur für den – in der Praxis nicht eingetretenen – Fall der Anwendbarkeit des Betriebsvermögensvergleichs benötigt.[389]

b) Die Mehr- oder Weniger- Rechnung

Ein steuerrechtlicher Betriebsvermögensvergleich wie in Deutschland existiert in Spanien heute also nicht mehr. Anders als vor der Reform von 1995 ist allerdings auch die periodisierte Überschussrechnung nicht ausdrücklich im TRLIS geregelt. Wie im Zusammenhang mit dem Maßgeblichkeitsprinzip bereits erwähnt, begnügt sich Art. 10.3 TRLIS für die direkte Ermittlungsmethode mit einem Verweis auf das buchhalterische Ergebnis und auf die steuerrechtlichen Vorbehalte. Erträge und Aufwendungen werden im Gegensatz zur früheren Systematik[390] nicht mehr innerhalb des TRLIS in einem Katalog aufgezählt, sondern ergeben sich aus den handelsrechtlichen Regelungen. Lediglich die nichtabziehbaren Aufwendungen (*gastos no deducibles*) werden weiterhin aufgeführt, vgl. Art. 14 TRLIS.

aa) Die Ermittlung des buchhalterischen Ergebnisses

Denkbar sind für die Ermittlung des buchhalterischen Ergebnisses zwei Ansätze, die ihr steuerrechtliches Äquivalent in dem Betriebsvermögensvergleich sowie in der Überschussrechnung haben. Nach dem sog. direkten Konzept des buchhalterischen Ergebnisses (*concepto directo de resultado de ejercicio*) ergibt sich dieses aus der Differenz zwischen Erträgen und Aufwendungen und damit aus der Gewinn- und Verlustrechnung. Nach dem indirekten Konzept (*concepto indirecto de resultado de ejercicio*) bzw. nach dem Vergleich des Nettovermögens zu Beginn und zum Ende des Wirtschaftsjahrs (*comparación del neto patrimonial al comienzo y al final del ejercicio*) ist dieses auf Grundlage der Bilanz der

388 *Pascual Pedreño*, IS, 123.

389 So zur alten Rechtslage auch *Boeker*, Gewinnermittlung, 51.

390 Siehe zur früheren Auflistung der Erträge und Aufwendungen im LIS oben ab S. 69.

Überschuss des Vermögens oder der Nettoaktiva über die Summe von Kapital und Rücklagen (*reservas*). Bei der direkten Methode werden Erträge und Aufwendungen aufgezählt und einander gegenüber gestellt, während bei der indirekten Methode Erträge und Aufwendungen allenfalls an Veränderungen des Eigenkapitals zu erkennen sind. Als erfolgswirksame betriebliche Geschäftsvorfälle werden sie in sog. Erfolgskonten gebucht und als Unterkonten des Eigenkapitalkontos abgeschlossen,[391] womit man wieder bei der Gewinn- und Verlustrechnung angekommen ist.

Teilweise wird davon ausgegangen, dass beide Ansätze der Ausgangspunkt für die Ermittlung der Bemessungsgrundlage des TRLIS sein können.[392] Dies trifft zwar auf das Endergebnis zu wegen dessen logisch zwingender Identität bei beiden Ansätzen; anders verhält es sich aber für den Weg hin zu diesem Endergebnis. Gegen eine Alternativität der beiden genannten Ansätze in der Frage des Ausgangspunktes für die Ermittlung der Bemessungsgrundlage wird zunächst das später noch im Detail zu erörternde buchhalterische Prinzip der Korrelation von Erträgen und Aufwendungen (*principio de correlación de ingresos y gastos*) angeführt, welches handelsrechtlich in Teil 1, Ziffer 2 PGC geregelt ist und steuerrechtlich ohne inhaltliche Änderung anerkannt wird: Danach besteht das Ergebnis des Wirtschaftjahres aus den Erträgen dieses Zeitraums abzüglich der Aufwendungen, die in dieser Periode für die Erzielung der Erträge getätigt wurden. Daneben sind Gewinne und Verluste einzubeziehen, die nicht eindeutig mit einer bestimmten Tätigkeit des Unternehmens in Verbindung zu bringen sind. Das im Korrelationsprinzip zum Ausdruck gebrachte Verständnis des buchhalterischen Ergebnisses spreche dafür, dass in Spanien vorrangig das direkte Konzept gelte und das buchhalterische Ergebnis folglich durch eine Überschussrechnung der Erträge über die Aufwendungen zu ermitteln sei.[393] Dieses Argument ist nicht nachvollziehbar, da das genannte Prinzip nicht nur bei der Erstellung der Gewinn- und Verlustrechnung zu befolgen ist, sondern auch bei der Erstellung der Bilanz, die danach Grundlage des Vermögensvergleiches sein kann. Das Korrelationsprinzip trifft also keine Aussage darüber, ob das buchhalterische Ergebnis durch die Differenz zwischen Erträgen und Aufwendungen oder durch einen Vermögensvergleich zu ermitteln ist.[394]

Für die direkte Konzeption des buchhalterischen Ergebnisses als Ausgangspunkt der Ermittlung der Bemessungsgrundlage spricht schon überzeugender die Regelung des Art. 35.2 S. 1 CCom, der das Ergebnis des Wirtschaftsjahres bzw.

---

391 *Báez Moreno*, Normas Contables e IS, 36.

392 *Capdevila*, in: Laorden/Arqués, IS, 99.

393 *Malvárez Pascual/Martín Zamora*, IS, 188; *Checa González/Clavijo Hernández/de la Peña Velasco/Falcón y Tella/Simón Acosta*, IS, 67, Fn. 7.

394 *Broto Rubio/Cóndor López*, REFC 47/1985, 357, 381.

das buchhalterische Ergebnis als Differenz zwischen Erträgen und Aufwendungen definiert und es damit der Gewinn- und Verlustrechnung zuordnet.

bb) Die Ermittlung des steuerrechtlichen Gewinns

Der Schwerpunkt der handelsrechtlichen Gewinnermittlung liegt in Spanien nach dem Gesagten auf der Gewinn- und Verlustrechnung. Dies wirft die Frage auf, ob auch der steuerrechtliche Gewinn weiterhin durch eine periodisierte Überschussrechnung ermittelt wird.

Bei dieser Frage könnte man sich von dem Gedanken leiten lassen, dass die periodisierte Überschussrechnung bis zur Reform von 1995 den klaren Vorrang vor dem Betriebsvermögensvergleich innehatte, und dass sich nach der Reform weder dem TRLIS, noch den handelsrechtlichen Regelungen ein Anzeichen für eine grundlegende Änderung in dieser Hinsicht entnehmen lässt.[395] Dabei würde jedoch übersehen, dass eine solche grundlegende Änderung existiert: Neben der steuerrechtlichen Regelung des Betriebsvermögensvergleichs wurde auch diejenige der periodisierten Überschussrechnung gestrichen. Die Ermittlung der Erträge und Aufwendungen erfolgt handelsrechtlich, steuerrechtlich findet lediglich eine Erhöhung oder Verminderung dieses buchhalterischen Ergebnisses statt.

Zum Verständnis dieser Systematik ist ein vergleichender Blick auf das Zusammenspiel von Handels- und Steuerbilanz in Deutschland hilfreich: In Deutschland erfordert das Gesetz für die steuerliche Gewinnermittlung der Unternehmen, die handelsrechtlich zur Buchführung verpflichtet sind, keine eigenständige Steuerbilanz. „Steuerbilanz" ist in diesem Zusammenhang die Handelsbilanz mit den steuerrechtlich vorgeschriebenen Veränderungen: Der in der Handelsbilanz ausgewiesene Erfolg ist um die Beträge zu vermehren oder zu vermindern, die sich aus der Anwendung der korrigierend eingreifenden steuerrechtlichen Vorschriften ergeben. Der Steuerpflichtige kann dazu gemäß § 60 Abs. 2 und 3 EStDV zwischen verschiedenen Verfahren wählen, er wird sich je nach Größe und Rechtsform seines Unternehmens entscheiden. Einzelkaufleute, Personengesellschaften, kleine und mittlere GmbH stellen regelmäßig die Handelsbilanz von vornherein unter Berücksichtigung der steuerlichen Vorschriften auf, die Handelsbilanz ist dann zugleich Steuerbilanz. Größere Unternehmen, insbesondere Publikumskapitalgesellschaften erstellen regelmäßig eine Handelsbilanz ohne Berücksichtigung der steuerlichen Vorschriften. Die steuerrechtlichen Korrekturen erfolgen dann als Zusätze oder als Anlagen zur Handelsbilanz. Üblich ist die Darstellung der Abweichungen zwischen den Positionen der Handelsbilanz und einer fiktiven Steuerbilanz in einer sog. Mehr- oder Weniger-

---

395 So im Ergebnis *Lüdemann/Echevarria/Hruschka*, Investitionen in Spanien, Rn. 113.

Rechnung, die dem in der Handelsbilanz ausgewiesenen Ergebnis hinzugefügt wird. Die dritte Möglichkeit ist schließlich die Erstellung einer gesonderten Steuerbilanz neben der Handelsbilanz, was insbesondere bei zahlreichen steuerrechtlichen Korrekturen empfehlenswert ist.[396]

Vor diesem Hintergrund wird deutlich, dass in Art. 10.3 TRLIS, der eine Erhöhung und Verminderung des buchhalterischen Ergebnisses durch steuerrechtliche Korrekturen vorsieht, eine Mehr- oder Weniger-Rechnung festgeschrieben worden ist. Die folgenden Schritte führen damit zur Ermittlung des buchhalterischen Ergebnisses und der steuerlichen Bemessungsgrundlage: Ausgangspunkt ist der positive oder negative Saldo der handelsrechtlichen Gewinn- und Verlustrechnung, welche im Konto 129 PGC als Unterkonto des Eigenkapitalkontos (*fondos propios*) geregelt ist. Die Erträge und Aufwendungen, die in der Gewinn- und Verlustrechnung zu buchen sind, können der in Teil 4 PGC enthaltenen Struktur der Gewinn- und Verlustrechnung entnommen werden; für Aktiengesellschaften (SA) existiert eine ähnliche, aber etwas knappere Struktur der Gewinn- und Verlustrechnung in Art. 189 LSA, die über Art. 84 LSRL auch für die GmbH (SRL) sowie über Art. 152 CCom auch für die Kommanditgesellschaft auf Aktien (SCA) gilt.

Sodann ist festzustellen, ob für diese Erträge und Aufwendungen steuerrechtliche Sonderregelungen bestehen, um die in diesem Fall nötigen Korrekturen vorzunehmen. Daraus folgt dann gegebenenfalls ein Abweichen der Bemessungsgrundlage von dem Ausgangspunkt ihrer Ermittlung, dem buchhalterischen Ergebnis, indem dieses erhöht oder vermindert wird.[397]

Nur für den Fall der Aufstellung einer eigenständigen Steuerbilanz dürfte weiterhin eine periodisierte Überschussrechnung möglich sein, wenn man die handelsrechtliche Konzentration auf die Gewinn- und Verlustrechnung berücksichtigt. Dann hat die Bilanz aus steuerrechtlicher Sicht nur eine Hilfsfunktion für die Überführung im aktuellen Wirtschaftsjahr noch nicht erfolgswirksamer Geschäftsvorfälle in die neue Rechnungsperiode sowie für die Dokumentation der Zusammensetzung des Vermögens zum Stichtag im Einzelnen.

Wie noch im Detail zu sehen sein wird, handelt es sich bei dieser Überschussrechnung handels- wie steuerrechtlich nicht um eine Kassenrechnung. Vielmehr folgt aus dem handelsrechtlich in Art. 38.1 d) CCom i.V.m. Teil 1 PGC und steuerrechtlich grundsätzlich unverändert in Art. 19.1 TRLIS geregelten Realisationsprinzip (*principio de devengo*), dass Erträge und Aufwendungen zeitlich unabhängig vom tatsächlichen Geldfluss zuzuordnen sind.

---

396 *Knobbe-Keuk*, Bilanz- und Unternehmensteuerrecht, 19 f.

397 *Garcia Moreno*, Base imponible, 97 f.

Eine Einheitsbilanz dürfte dagegen in Spanien unüblich sein, zumal die Einführung des Maßgeblichkeitsprinzips nicht auf ihre Ermöglichung abzielte[398] und sie ohne eine umgekehrte Maßgeblichkeit auch schwerlich zu realisieren sein dürfte.

c) Vergleich mit der deutschen Systematik

Aus dem Gesagten ergibt sich, dass die Gewinn- und Verlustrechnung in der steuerrechtlichen Gewinnermittlung Spaniens eine zentrale Rolle einnimmt, während sie in Deutschland im Schatten der Bilanz steht, vgl. § 242 Abs. 2 HGB i.V.m. § 60 Abs. 1 S. 2 EStDV. Die Gewinn- und Verlustrechnung ist in Deutschland nur ein Recheninstrument, während die Steuerbilanz neben der Gewinnermittlung mehrere Funktionen im Besteuerungsprozess hat.[399] Im Vordergrund steht in Deutschland der Betriebsvermögensvergleich und damit die Bilanz.

Da die in Spanien festgeschriebene Mehr- oder Weniger- Rechnung – wie gesehen – auch in Deutschland bekannt ist, sind die beiden Systeme ohne weiteres miteinander vergleichbar. Für die Höhe des steuerlichen Gewinns ist es unbedeutend, ob die Mehr- oder Weniger- Rechnung an die Differenz zwischen Erträgen und Aufwendungen oder am Unterschiedsbetrag zwischen dem Betriebsvermögen zu Beginn und zum Ende eines Wirtschaftsjahrs anknüpft.

Eine Überschussrechnung, wie sie in Spanien im Falle einer strikten Trennung von Handels- und Steuerbilanz nach wie vor zulässig sein dürfte, ist bei den deutschen Gewinneinkünften zunächst lediglich von der Einnahmen-Überschussrechnung des § 4 Abs. 3 EStG her bekannt. Während sich diese Kassenrechnung allerdings am Zahlungsprinzip bzw. am Zu- und Abflussprinzip entsprechend § 11 EStG orientiert, ist die spanische Überschussrechnung eine periodisierte Überschussrechnung, die aus einer Gewinn- und Verlustrechnung hervorgeht. Wegen der damit einhergehenden Unterschiede – genannt seien die nur in der periodisierten Überschussrechnung erfassten Forderungen, Verbindlichkeiten und Rückstellungen – sind diese beiden Überschussrechnungen also nicht vergleichbar. Im Gegensatz zum spanischen Einkommen- und Körperschaftsteuerrecht ist die steuerliche Gewinnermittlung auf primärer Grundlage einer Gewinn- und Verlustrechnung dem EStG[400] fremd, zumal letztere nicht von allen steuerpflichtigen Gewinnermittlern gefordert wird – eine Gewinn- und Verlustrechnung ist gemäß § 60 Abs. 1 S. 2 EStDV der Bilanz i.S.d. §§ 4 Abs. 1, 5 Abs. 1 EStG nur dann beizufügen, wenn die geführten Bücher den Grundsätzen

398 *Sasse*, Rückstellungen, 108.
399 *Boeker*, Gewinnermittlung, 58.
400 *Schreiber*, in: Blümich, EStG, § 5 Rn. 150.

der doppelten Buchführung entsprechen.[401] Der Gewinn- und Verlustrechnung hat in Deutschland weniger eine Ermittlungs- als eine Dokumentationsfunktion: Sie legt Ergebnisquellen offen, liefert Details über einzelne Aufwands- und Ertragsarten und damit die Grundlage für eine Analyse des Jahresabschlusses[402] und ist damit nicht zuletzt eine Hilfe für die Finanzverwaltung bei der Aufdeckung von Problemfeldern. Obwohl also alle gebräuchlichen Buchführungssysteme mit einem Vermögensstatus, der Bilanz und einer Erfolgsrechnung, der Gewinn- und Verlustrechnung, abschließen, wird die Gewinn- und Verlustrechnung als primäres Ermittlungsinstrument auch in Zukunft für die steuerliche Gewinnermittlung in Deutschland ohne Bedeutung bleiben, solange sich steuerrechtlich keine periodisierte Überschussrechnung durchsetzt.

Ausdruck der Fokussierung der *estimación directa* auf die handelsrechtliche Gewinn- und Verlustrechnung ist schließlich, dass in der spanischen Steuerrechtsliteratur nicht wie in Deutschland vor dem Hintergrund des Betriebsvermögensvergleichs die in der Steuerbilanz anzusetzenden Bilanzpositionen erörtert werden. Vielmehr werden direkt die einzelnen Erträge und Aufwendungen beschrieben und diskutiert.[403]

4. Ermittlung des Gewinns durch Bilanzierung

a) Erträge und Aufwendungen

aa) Erträge – *ingresos*

Erträge sind in Spanien die *ingresos computables* der Gewinn- und Verlustrechnung, in Deutschland die erfolgswirksamen Betriebsvermögensmehrungen im Rahmen des Betriebsvermögensvergleichs, die gleichzeitig wie in Spanien ihren Niederschlag in der Gewinn- und Verlustrechnung finden.

Nach deutschem Verständnis sind erfolgswirksame Betriebsvermögensmehrungen und damit Erträge diejenigen Wertzugänge des Betriebsvermögens, die nicht Einlagen sind.[404] Wertzugänge des Betriebsvermögens sind alle Geschäftsvorfälle, die das Betriebsvermögen vermehren, also keine erfolgsneutralen Betriebsvermögensumschichtungen sind. Sie sind erfolgswirksam und wirken sich

---

401 Die einfache Buchführung mit einem Abschluss gemäß § 242 Abs. 1 HGB (nur Bilanz) kommt allerdings in der Praxis nur selten vor, *Schreiber*, in: Blümich, EStG, § 5 Rn. 127.

402 *Weller/Fischer/Peissner*, DB 1994, 1297, 1304.

403 Vgl. beispielsweise *Pascual Pedreño*, IS, 246-265; *Lucas/Antón/Llansó*, in: Laorden/Arqués, IS, 151-208.

404 *Hey*, in: Tipke/Lang, Steuerrecht, § 17 Rn. 22.

auf den Gewinn aus, wenn sie keine Einlagen sind.[405] Sie können auch der Sollseite der Gewinn- und Verlustrechnung entnommen werden, vgl. § 275 HGB.

In Spanien enthält das TRLIS im Gegensatz zu seiner Vorgängerregelung keine Regelungen über die zu berücksichtigenden Erträge, wenn man mal von den noch zu erörternden allgemeinen Buchführungsprinzipien absieht. Wegen des Verweises des Art. 10.3 TRLIS ist für die Erträge deshalb die Sollseite der Gewinn- und Verlustrechnung maßgeblich, die in Teil 4 PGC enthalten ist.[406] Nach der allgemeinen Definition durch den PGC ist Ertrag die Veräußerung von Gütern und die Vornahme von Dienstleistungen, die Gegenstand des wirtschaftlichen Verkehrs des Unternehmens sind, wobei auch andere Erträge, Bestandswechsel und außerordentliche Gewinne des Wirtschaftsjahrs mitumfasst sind.[407]

Zieht man ergänzend die Definition der AECA hinzu, so fällt der dem PGC entsprechende Ansatz der AECA auf, für den Ertrag auf den Abgang von Gütern bzw. auf die Vornahme von Dienstleistung abzustellen. Für die AECA ist Ertrag der geldliche Wert der durch das Unternehmen an Dritte übergebenen und überlassenen Güter sowie geleisteten Dienstleistungen, durch welche eine Gegenleistung oder ein Anspruch auf eine solche erhalten wurde, entweder im Wege einer Erhöhung der Aktiva oder einer Verminderung der Passiva, und daneben das geldliche Äquivalent der unentgeltlich erhaltenen Aktiva oder verminderten Passiva.[408] Bereits in dieser handelsrechtlichen Ertragsdefinition werden Einlagen berücksichtigt durch die Merkmale „an Dritte übergebene und überlassene Güter", im Umkehrschluss unterfällt die Einlage nicht der Ertragsdefinition, weil sie nicht gegenüber Dritten erwirtschaftet wird.

bb) Aufwendungen – *gastos*

Betrieblich veranlasste Vermögensabgänge und damit Aufwendungen sind diejenigen Wertabgänge des Betriebsvermögens, die nicht Entnahmen sind.[409] Wertabgänge des Betriebsvermögens sind alle Geschäftsvorfälle, die das Be-

---

405 *Birk*, Steuerrecht, Rn. 741 f.

406 Eine Aufzählung der Erträge findet sich bei *Pascual Pedreño*, IS, 248 ff.

407 „*Enajenación de bienes y prestación de servicios que son objeto del tráfico de la empresa; comprende también otros ingresos, variación de existencias y beneficios extraordinarios del ejercicio...*", Teil 3 Gruppe 7 PGC.

408 „*...la expresión monetaria de los bienes entregados o cedidos y servicios prestados a terceros por la empresa, por los que haya recibido una contraprestación o haya surgido el derecho a la misma, ya en forma de aumento de activos o de eliminaciones de pasivos, y el equivalente monetario de los activos recibidos o pasivos eliminados a título gratuito para la empresa, es decir, sin que supongan una contraprestación.*", AECA, Ingresos, 20.

409 *Hey*, in: Tipke/Lang, Steuerrecht, § 17 Rn. 22.

triebsvermögen vermindern, also keine erfolgsneutralen Betriebsvermögensumschichtungen sind. Sie sind erfolgswirksam und wirken sich auf den Gewinn aus, wenn sie keine Entnahmen sind.[410] Wertabgänge des Betriebsvermögens sind keine Entnahmen, wenn sie durch den Betrieb veranlasst und damit Betriebsausgaben i.S.d. §§ 4 Abs. 4, Abs. 1 S. 6, 5 Abs. 6 EStG sind.[411] Eine Betriebsausgabe ist betrieblich veranlasst, wenn objektiv ein Zusammenhang mit dem Betrieb besteht und subjektiv die Aufwendungen zur Förderung des Betriebs gemacht werden.[412] Betriebsausgaben sind bei den Betriebsvermögensvergleichen der §§ 4 Abs. 1, 5 Abs. 1 EStG nicht unmittelbar der Bilanz zu entnehmen, sondern der Gewinn- und Verlustrechnung in Form von Aufwandspositionen.

Kraft spezialgesetzlicher Regelung gemäß § 4 Abs. 5, 6 EStG nichtabziehbare Betriebsausgaben sind u.a. überhöhte Kosten für Geschäftsessen sowie Luxusaufwendungen etwa für Jachten. Die Auflistung nichtabzugsfähiger Ausgaben in § 12 EStG ist insoweit klarstellend, als sie privat veranlasste Ausgaben betrifft und damit Ausgaben, die wegen des Veranlassungsprinzips schon keine Betriebsausgaben sein können.[413] Für Körperschaften sind zudem in § 10 KStG nichtabziehbare Aufwendungen geregelt, insbesondere solche der Gewinn- bzw. Ertragsverwendung i.S.d. Nr. 1 der Vorschrift.

In Spanien enthält das TRLIS, wie schon zu den Erträgen, auch zu der Abziehbarkeit von Aufwendungen kaum Regelungen, entsprechend wird für die Aufwendungen auf die Habenseite der Gewinn- und Verlustrechnung des Teil 4 PGC verwiesen. Lediglich die nichtabziehbaren Aufwendungen werden von Art. 14 TRLIS aufgezählt, daneben werden Abschreibungen und bestimmte Rückstellungen geregelt.

In Teil 3 PGC werden Aufwendungen definiert als Beschaffungen von Waren und anderen Gütern, die vom Unternehmen für den Wiederverkauf gekauft werden, was unter Beibehaltung ihrer Form und Substanz geschehen kann oder nach vorheriger Unterziehung von industriellen Anpassungs-, Umwandlungs- oder Konstruktionsprozessen. Außerdem sind Aufwendungen des Wirtschaftsjahres wie die Inanspruchnahme von Dienstleistungen oder verbrauchbaren Materia-

---

410 *Birk*, Steuerrecht, Rn. 741 f.

411 *Kanzler* und *Stapperfend*, in: Herrmann/Heuer/Raupach, EStG und KStG, § 4 EStG Rn. 21 und 712; *Heinicke*, in: Schmidt, EStG, § 4 Rn. 19 ff.

412 BFH, Urt. v. 28.11.1980 – VI R 193/77 BStBl. II 1981, 368, 369; *Birk*, Steuerrecht, Rn. 877.

413 *Stapperfend*, in: Herrmann/Heuer/Raupach, EStG und KStG, § 4 EStG Rn. 723.

lien, die Bestandsveränderungen sowie die außerordentlichen Verluste mitumfasst.[414]

Nach der allgemeineren Definition der AECA sind Aufwendungen der Bruttogeldbetrag, der den Verringerungen des Nettovermögens eines Unternehmens in einem bestimmten Zeitraum entspricht. Ausgenommen sind die Verringerungen, die durch von den Eigentümern entnommene Beträge verursacht werden.[415] Auch hier fällt auf, dass die Entnahmen bereits in der Definition der Aufwendung berücksichtigt werden.

Vor der Reform des LIS von 1995 wurde für die steuerrechtliche Abziehbarkeit einer Aufwendung vorausgesetzt, dass sie nachweisbar, bilanziert, zeitlich nach dem Realisationsprinzip korrekt zugeordnet und notwendig war, vgl. Art. 13 LIS a.F. i.V.m. Art. 100 RIS a.F. Von diesen vier Voraussetzungen sind nach der Reform nur die ersten beiden uneingeschränkt geblieben, die dritte wurde – wie bei den Ausnahmen zum Realisationsprinzip gesehen – abgeschwächt, vgl. Art. 19.3 TRLIS. Die Voraussetzung der Notwendigkeit der Aufwendung wurde ganz gestrichen. Letzteres ist eine grundlegende Neuerung der Reform von 1995, in der Vorgängerreglung war die genaue Bedeutung der Voraussetzung der Notwendigkeit (*necesidad*) der Aufwendung umstritten. Dabei wurde das Merkmal von Rechtsprechung und Finanzverwaltung entgegen weiterer Auffassungen restriktiv interpretiert, so dass die Zweckmäßigkeit einer Aufwendung für die Erzielung von Einnahmen nicht ausreichte, sondern eine direkte Notwendigkeit verlangt wurde. Als Konsequenz wurden Spenden, Geschenke oder Einladungen zur Förderung der Tätigkeit, zur Öffnung neuer Märkte oder anlässlich eines Produktstarts steuerrechtlich nicht als abziehbar anerkannt.[416] Gerade diese Aufwendungen werden nunmehr gemäß Art. 14.1 e) TRLIS ausdrücklich von den nichtabziehbaren Aufwendungen ausgenommen. Während teilweise immer noch davon ausgegangen wird, dass gerade diese Ausnahme von der Nichtabziehbarkeit indirekt die weitere Geltung des Kriteriums der Notwendigkeit bedeute,[417] wird überwiegend die Streichung der Voraussetzung der Notwendigkeit aus dem Gesetzeswortlaut als grundlegender Wandel in der

414 *„Aprovisionamientos de mercaderías y demás bienes adquiridos por la empresa para revenderlos, bien sea sin alterar su forma y sustancia, o previo sometimiento a procesos industriales de adaptación, transformación o construcción. Comprende también todos los gastos del ejercicio, incluidas las adquisiciones de servicios y de materiales consumibles, la variación de existencias adquiridas y las pérdidas extraordinarias del ejercicio."*, Teil 3 Gruppe 6 PGC.

415 *„El importe monetario bruto correspondiente a las disminuciones experimentadas por el patrimonio neto de una entidad en un período determinado, a excepción de las originadas por importes retirados por los propietarios."*, AECA, Gastos, 18.

416 *Lucas/Antón/Llansó*, in: Laorden/Arqués, IS, 213.

417 *Malvárez Pascual/Martín Zamora*, IS, 230 m.w.N.

Anerkennung der Abziehbarkeit von Aufwendungen verstanden. Für die Abziehbarkeit soll es nun ausreichen, dass die Aufwendung objektiv auf die Erzielung von Einkünften gerichtet ist, unabhängig von der Unerlässlichkeit oder bloßen Zweckmäßigkeit der Aufwendung.[418]

Einzig die nichtabziehbaren Aufwendungen sind wie auch in den Vorgängergesetzen steuerrechtlich geregelt. So listet Art. 14.1 TRLIS als nichtabziehbare Aufwendungen auf das Entgelt für Beteiligungen am Eigenkapital (*retribución de los fondos propios*; gemeint sind nicht offene Gewinnausschüttungen, sondern das Pendant zu den verdeckten Gewinnausschüttungen nach deutschem Verständnis[419]), die Körperschaftsteuer selbst, Bußgelder und Geldstrafen, Verluste bei Glücksspielen, Schenkungen und Spenden, Aufwendungen für interne Pensionsfonds sowie Aufwendungen für Dienstleistungen bei Operationen in Steueroasen, es sei denn, man kann nachweisen, dass sie effektiv stattgefundenen Transaktionen entsprechen.

cc) Entnahmen und Einlagen

Entnahmen und Einlagen i.S.d. § 4 Abs. 1 S. 1-5 EStG sind nicht betrieblich veranlasste Veränderungen des Betriebsvermögens und dürfen deshalb auf das Jahresergebnis keinen Einfluss haben. Sie sind deshalb gemäß § 4 Abs. 1 S. 1 EStG dem Betriebsreinvermögen – also der Differenz zwischen Aktiva und Schulden – hinzuzurechnen (Entnahmen) bzw. von ihm abzuziehen (Einlagen). Da bei der bilanziellen Gewinnermittlung des § 5 Abs. 1 EStG Einlagen und Entnahmen auf dem Privatkonto und damit auf einem besonderen Konto verbucht werden,[420] muss das handelsbilanzielle Ergebnis nicht mehr für steuerliche Zwecke um Einlagen und Entnahmen korrigiert werden, jedenfalls soweit bei der Buchung auf das Privatkonto die steuerlichen Bewertungsvorschriften für Einlagen und Entnahmen beachtet worden sind.[421]

Eine Korrektur des *steuerlichen* Gewinns um außerbetrieblich veranlasste Geschäftsvorfälle wie Einlagen und Entnahmen ist in Spanien nicht erforderlich, da sie weder als Betriebserträge und Vermögenszunahmen noch als Betriebsaufwendungen und Vermögensabnahmen in die steuerliche Gewinnermittlung einfließen:[422] Sie werden bereits handelsrechtlich nicht als Erträge bzw. Aufwen-

---

418 *Pérez Royo*, IRPF, 246.

419 Siehe zu dieser Thematik die Ausführungen bei *Lüdemann/Echevarria/Hruschka*, Investitionen in Spanien, Rn. 119 ff.

420 *Birk*, Steuerrecht, Rn. 747 f.

421 *Knobbe-Keuk*, Bilanz- und Unternehmenssteuerrecht, 286; *Kanzler*, in: Herrmann/Heuer/Raupach, EStG und KStG, § 4 EStG Rn. 20.

422 So schon zur alten Rechtslage *Boeker*, 52 f.; *Sanz Gadea*, EF 197-198/1999, 70 u. 85.

dungen erfasst,[423] wie es soeben im Rahmen der Erträge und Aufwendungen erläutert wurde.

Im Übrigen ist die Thematik der Einlagen und Entnahmen in Spanien nicht von vergleichbarer Bedeutung wie in Deutschland: Wegen des nicht existenten Dualismus der Einkunftsarten und der Erfassung privater Veräußerungsgewinne durch die Einkünfte aus Vermögensgewinnen und -verlusten könnte beim Hinüberwechseln eines Wirtschaftsguts aus dem Betriebsvermögen in das Privatvermögen auch darauf verzichtet werden, Entnahmen bzw. Betriebsaufgaben erfolgswirksam zu bewerten.[424]

b) Bilanzierung und Buchführung

Betriebsvermögensvergleich wie *estimación directa* basieren auf der Bilanzierung und Buchführung des Steuerpflichtigen. Fraglich sind deshalb zunächst die jeweiligen Buchführungspflichten und die in den Vergleichsländern vorgesehenen Erleichterungen durch vereinfachte Ermittlungsmethoden.

aa) Buchführungspflichten in Deutschland

Handelsrechtlich ist gemäß § 238 HGB jeder Kaufmann, dessen Unternehmen nach Art und Umfang einen in kaufmännischer Weise eingerichteten Geschäftsbetrieb erfordert i.S.d. § 1 Abs. 2 HGB verpflichtet, Bücher zu führen, in denen er auf Grundlage der Grundsätze ordnungsgemäßer Buchführung seine Handelsgeschäfte und die Lage seines Vermögens darstellt. Zu Beginn seines Handelsgewerbes und am Schluss eines jeden Geschäftsjahres ist er gemäß § 239 HGB verpflichtet, ein Inventar und eine Bilanz aufzustellen. Zusätzliche Buchführungspflichten finden sich insbesondere im AktG und im GmbHG.

Steuerrechtlich besteht gemäß § 140 AO eine abgeleitete Buchführungspflicht für diejenigen Steuerpflichten, die Buchführungspflichten aus anderen Gesetzen – wie z.B. aus dem soeben genannten HGB – unterliegen. Originär ist die Buchführungspflicht des § 141 AO für diejenigen Gewerbetreibenden und Land- und Forstwirte, die ansonsten nicht buchführungspflichtig sind und die dort genannten Voraussetzungen erfüllen. Keine Buchführungspflicht trifft selbstständig tätige Steuerpflichtige, die zwischen dem Betriebsvermögensvergleich des § 4 Abs. 1 EStG und der Kassenrechnung des § 4 Abs. 3 EStG wählen können.[425]

---

423 *Checa González/Clavijo Hernández/de la Peña Velasco/Falcón y Tella/Simón Acosta*, IS, 67 f.

424 Dies ist ein Grund mehr, den deutschen Dualismus der Einkunftsarten zu kritisieren, vgl. *Lang*, Bemessungsgrundlage, 175.

425 *Heinicke*, in: Schmidt, EStG, § 4 Rn. 3 ff.

Ein bestimmtes Buchführungssystem wird weder handels- noch steuerrechtlich vorgeschrieben.[426] Allerdings muss die Buchführung von Kaufleuten, die keine Minderkaufleute sind, gemäß § 242 Abs. 3 HGB den Grundsätzen der doppelten Buchführung entsprechen. Als Grundbücher werden regelmäßig ein Kassenbuch für den Zahlungsverkehr in chronologischer Folge, ein Wareneingangsbuch i.S.d. § 143 AO für Waren- und Materialeinkäufe, ein Warenausgangsbuch i.S.d. § 144 AO für Erlöse aus Warenverkäufen sowie ein Tagebuch für alle übrigen Geschäftsvorfälle geführt. Die Geschäftsvorfälle aus den Grundbüchern werden im Hauptbuch des Betriebs geordnet, dessen Abschluss führt zur Bilanz oder Gewinn- und Verlustrechnung.[427]

Die Dauer der Aufbewahrungspflicht für Bücher, Aufzeichnungen, Inventare, Bilanzen und Belege beträgt gemäß § 147 Abs. 3 AO i.V.m. § 257 HGB jeweils zehn Jahre.

bb) Buchführungspflichten in Spanien

Seit dem spanischen Bilanzrichtliniengesetz von 1989 ähneln die Buchführungspflichten denen in Deutschland. Besonderheiten gelten insbesondere für die vereinfachten Gewinnermittlungsmethoden mit ihren diesbezüglichen Erleichterungen.

(1) Einzelunternehmer

Die Buchführungspflichten des spanischen Einkommensteuergesetzes sind in Art. 104 LIRPF i.V.m. Art. 65 ff. RIFPF geregelt. Im Rahmen der *estimación directa* der wirtschaftlichen Tätigkeiten wird trotz mittlerweile gemeinsamer Einkunftsart zwischen Gewerbetreibenden (*empresariales*) und Selbstständigen (*profesionales*) differenziert.

(a) Allgemeines

Gemeinsam ist allen Steuerpflichtigen der Einkommensteuer gemäß Art. 67.1 RIRPF die Verpflichtung, alle relevanten Belege (*justificantes*) und Urkunden (*documentos acreditativos*) bis zur Verjährung aufzubewahren und auf Anforderung der Steuererklärung beizufügen.

Gewerbetreibende, deren Bemessungsgrundlage durch die normale direkte Ermittlungsmethode bestimmt wird, müssen gemäß Art. 67.2 RIRPF eine Buch-

---

426 H 5.2 EStR 2005.

427 *Winkeljohann/Klein*, in: Beck'scher Bilanz-Kommentar, § 238 HGB Rn. 70 ff., 77, 84.

führung i.S.d. CCom durchführen.[428] So müssen sie gemäß Art. 25.1 CCom ein Journal (*diario*) sowie ein Inventar- und Bilanzbuch (*libro de Inventarios y Cuentas anuales*) führen. Im Journal sind gemäß Art. 28.2 CCom täglich alle Geschäftsabläufe des Unternehmens festzuhalten; werden diese bereits detailliert in anderen Büchern registriert, reicht eine monatlich zusammengefasste Aufzeichnung im Journal aus. Das Inventar- und Bilanzbuch beginnt gemäß Art. 28.1 CCom mit der Anfangsbilanz des Unternehmens. Mindestens einmal pro Trimester sind die Summen und Saldi in die Rohbilanzen (*balances de comprobación*) zu übertragen; gleiches gilt für das Inventar zum Ende des Wirtschaftsjahrs und den Jahresabschluss (*cuentas anuales*). Die gebundenen Bücher werden vorab vom Handelsregister mittels aufgestempelten Sichtvermerks pro Blatt legalisiert, lose Blattsammlungen können unter Umständen auch noch nachträglich legalisiert werden, vgl. Art. 27.1 und .2 CCom. Die in den folgenden Absätzen des Art. 67 RIRPF vorgeschriebenen – und nachfolgend erwähnten – Bücher sind gemäß Art. 67.10 RIRPF für dem Handelsgesetzbuch unterfallende Steuerpflichtige ohne Bedeutung.

Gewerbetreibende, deren Tätigkeit keinen kaufmännischen Charakter i.S.d. Handelsgesetzbuchs hat, sind gemäß Art. 67.3 RIRPF lediglich zur Führung eines Verkaufs- und Einnahmenbuchs bzw. Warenausgangsbuchs (*libro registro de ventas e ingresos*), eines Einkaufs- und Ausgabenbuchs bzw. Wareneingangsbuchs (*libro registro de compras y gastos*) sowie eines Buchs über Investitionsgüter (*libro registro de bienes de inversión*) verpflichtet.

Gleiches gilt gemäß Art. 67.4 RIRPF für Gewerbetreibende im Anwendungsbereich der *estimación directa simplificada.* Darin liegt eine der Erleichterungen für den Steuerpflichtigen durch die vereinfachte Modalität der direkten Ermittlungsmethode.[429] Die letztgenannte Vorschrift hat allerdings nur Auswirkungen für das Einkommensteuerrecht und lässt Buchführungsvorschriften des eventuell anwendbaren Handelsgesetzbuchs unberührt.[430]

Selbstständige müssen gemäß Art. 67.5 RIRPF im Rahmen der *estimación directa* sowohl ein Buch über die Einnahmen (*libro de registro de ingresos*) als auch über die Ausgaben (*libro registro de gastos*), ein Buch über Investitionsgüter (*libro registro de bienes de inversión*) sowie ein solches zur Deckungskalkulation (*libro registro de provisiones de fondos y suplidos*) führen.

---

428 Art. 67.2 RIRPF: *Los contribuyentes que desarrollen actividades empresariales cuyo rendimiento se determine en la modalidad normal del método de estimación directa, estarán obligados a llevar contabilidad ajustada a lo dispuesto en el Código de Comercio.*

429 Siehe zur *estimación directa simplificada* unten ab S. 210.

430 *Juan Lozano*, in: Orón Moratal, IRPF, Art. 86, 600.

Wird die Bemessungsgrundlage durch die objektive Methode ermittelt, so hat der Steuerpflichtige gemäß Art. 67.6 RIRPF die chronologisch nummerierten und nach Trimestern geordneten Rechnungen i.S.d. dort angegebenen Rechtsverordnung sowie alle übrigen Rechnungen und Belege aufzubewahren. Insbesondere gilt dies für die Belege bezüglich der *signos, índices y módulos*, die nach der Ministerverordnung zur *estimación objetiva* relevant sind. In diesen minimalen Anforderungen an die Buchführung liegt unter dem Gesichtspunkt des Buchführungsaufwands einer der großen Vorteile dieser Ermittlungsmethode. Ein Buch über Investitionsgüter ist gemäß Art. 67.7 RIRPF nur im Falle von Abschreibungen zu führen, ebenso wie ein Verkaufs- oder Einnahmenbuch nur bei Relevanz des Umsatzvolumens der Tätigkeit. Ob diese minimalen Buchführungspflichten für die Einkommensteuer wirklich einen Vorteil für den Steuerpflichtigen darstellen, darf bezweifelt werden. Schließlich hat die Buchführung unter anderem den Zweck, dem Unternehmer seine wirtschaftliche Lage zu verdeutlichen und ihm gegebenenfalls als Verteidigungsmittel gegenüber Dritten zu dienen.[431] In der Regel wird er zudem bereits nach Handelsrecht zur Buchführung verpflichtet sein, weshalb eine Notwendigkeit einer Befreiung von steuerrechtlichen Buchführungspflichten nicht ersichtlich ist.

(b) Gesetzeslücke

Aus den soeben genannten Erleichterungen der Buchführungspflichten für Gewerbetreibende im Anwendungsbereich der vereinfachten direkten Ermittlungsmethode und für Selbstständige ergibt sich – jedenfalls wenn die Selbstständigen ihre Bemessungsgrundlage nach der normalen Modalität der direkten Ermittlungsmethode ermitteln – ein gesetzestechnisches Problem: In beiden Fällen wird für die Ermittlung der Bemessungsgrundlage auf das TRLIS und weiter auf die handelsrechtlichen Vorschriften verwiesen. Allerdings schreibt Art. 67.2 RIRPF nur für Gewerbetreibende innerhalb der normalen direkten Ermittlungsmethode eine Buchführung i.S.d. Handelsgesetzbuches vor. Für die anderen beiden genannten Gruppen besteht diese Pflicht nicht, sie haben lediglich die aufgelisteten Bücher zu führen. Wie aber auf Grundlage dieser Bücher das korrigierte buchhalterische Ergebnis nach den handelsrechtlichen Vorschriften maßgeblich sein soll, bleibt ein Geheimnis des Gesetzgebers.[432] In dieser Hinsicht wird von der spanischen Literatur die deutsche Gesetzestechnik, umgekehrt vom Körper-

---

431 *Poveda Blanco*, Impuestos, I, 1993, 125, 143.

432 Das Problem besteht übrigens seit der Einführung des Maßgeblichkeitsprinzips durch die Körperschaftsteuerreform von 1995 und wurde auch nicht durch die Einkommensteuerreform von 1998 behoben. Der Fehler resultiert daraus, dass nicht mehr auf das LIS von 1978 mit seinen eigenen steuerbilanziellen Regeln verwiesen wird, sondern nunmehr auf das TRLIS mit seiner direkten Weiterleitung auf die handelsrechtlichen Vorschriften.

schaftsteuergesetz auf das Einkommensteuergesetz und erst von diesem auf die handelsrechtlichen Vorschriften zu verweisen, als sinnvoller anerkannt.[433]

Die ungewisse Gesetzeslage hat in der steuerrechtlichen Literatur zu verschiedenen Lösungsansätzen geführt, beispielsweise zum Vorschlag der analogen Anwendung der handelsrechtlichen Vorschriften auf die genannten Gruppen: So seien die Kriterien des PGC auf diejenigen Steuerpflichtigen analog anzuwenden, die eigentlich nicht zu seiner Anwendung verpflichtet sind. Das Führen lediglich eines Buches über die Einnahmen und Ausgaben sei nicht unvereinbar mit diesen Buchführungsgrundsätzen.[434] Die damit verbundene Rechtsunsicherheit kann gerade vor dem Hintergrund der in Spanien üblichen Selbstveranlagung (*autoliquidación*) den Steuerpflichtigen kaum zugemutet werden. Teilweise wird deshalb auch vorgeschlagen, die Bemessungsgrundlage für die problematischen Fälle neu zu definieren, etwa in Anlehnung an die deutsche Kassenrechnung nach § 4 Abs. 3 EStG.[435]

In der Praxis führen die betroffenen Steuerpflichtigen daher mehr oder weniger nach eigenem Gutdünken die vorgeschriebenen Bücher über Einnahmen und Ausgaben. Dies hat zur Folge, dass wegen der Gesetzeslücke bei den Buchführungspflichten eine Gewinnermittlungsart entsteht, die sowohl von der vereinfachten als auch von der normalen Modalität der direkten Ermittlungsmethode abweicht. Die unsaubere Gesetzestechnik führt zu einer einfachen Überschussrechnung nach dem Kassenprinzip, im Rahmen der *estimación directa simplificada* unter Berücksichtigung der für diese vorgesehenen Pauschalisierungen. Davon abgesehen bleibt die Möglichkeit, für eine Kassenrechnung zu optieren i.S.d. Art. 14.1 b) LIRPF i.V.m. Art. 6.2 Nr. 1 Abs. 1 RIRPF.[436]

(2) Körperschaften

Steuersubjekte der Körperschaftsteuer sind gemäß Art. 133.1 TRLIS zur Buchführung in Einklang mit dem Handels- und Gesellschaftsrecht verpflichtet. Generell sind gemäß Art. 25-27 CCom von jeder Gesellschaft ein Journal, ein Inventar- und Bilanzbuch, ein Protokollbuch (*libro de actas*) sowie je nach Rechtsform ein Buch über die Inhaber von Namensaktien (*libro registro de acciones nominativas*) oder ein Gesellschafterregister (*libro registro de socios*) zu führen.

---

433 *Ramallo Massanet*, in: Arrieta Martínez de Pisón/Cayon Galiardo, Imposición directa, 539, 547 f.

434 *Falcón y Tella*, RTT 33/1996, 29, 46.

435 *Báez Moreno*, Normas Contables e IS, 354, Fn. 75.

436 Siehe zur Kassenrechnung für Einzelunternehmer unten ab S. 205.

Die Rechnungslegungsvorschriften für die SA gemäß Art. 171 ff. LSA[437] gelten über Art. 84 LSRL[438] auch für die SRL und über Art. 152 CCom ebenfalls für die SCA. Danach werden die Kapitalgesellschaften nach den Kriterien Bilanzsumme, Umsatz und Zahl der Beschäftigten unterteilt: Kleine Gesellschaften i.S.d. Art. 181 LSA[439] können eine verkürzte Bilanz (Bilanzkurzfassung, gekürzter Anhang und Gewinnverwendungsvorschlag und –beschluss) aufstellen, mittlere Gesellschaften i.S.d. Art. 190 LSA[440] können eine gekürzte Gewinn- und Verlustrechnung (insgesamt Bilanz, Kurzfassung der Gewinn- und Verlustrechnung, Anhang, Lagebericht, Testat, Gewinnverwendungsvorschlag und – beschluss) aufstellen. Große Gesellschaften müssen dagegen Bilanz, Gewinn- und Verlustrechnung, Anhang, Lagebericht, Testat sowie Gewinnverwendungsvorschlag und -beschluss in ungekürzter Fassung aufstellen.[441]

(3) Personenzusammenschlüsse

Personenzusammenschlüsse ohne eigene Rechtspersönlichkeit gemäß Art. 87 LIRPF, Art. 6 TRLIS, Art. 35.2 LGT sind gemäß Art. 90.1 LIRPF trotz der Zurechnung der Einkünfte an ihre Mitglieder zur Führung von eigenen Büchern verpflichtet. Auch in dieser Hinsicht ähnelt die Besteuerung von diesen Personenzusammenschlüssen also der deutschen Mitunternehmerschaft.[442]

c) Grundsätze ordnungsgemäßer Buchführung

In Deutschland sind die bedeutendsten Grundsätze ordnungsgemäßer Buchführung (GoB), auf die § 5 Abs. 1 EStG verweist, in den §§ 238 ff. HGB geregelt. Daneben existieren ungeschriebene GoB. Dabei handelt es sich um unbestimmte Rechtsbegriffe, die nicht nur Prinzipien umfassen, sondern auch Konkretisierungen von Begrifflichkeiten wie etwa der Anschaffungs- und Herstellungskosten i.S.d. § 255 HGB.[443] Unterschieden werden formelle GoB über die Buchfüh-

---

437 *Ley de Sociedades Anónimas, de 17 de julio 1951 (BOE 18 julio 1951, núm. 199, 3355).*

438 *Ley 2/1995, de 23 de marzo, de Sociedades de Responsabilidad Limitada (BOE 24 marzo 1995, núm. 71, 9181).*

439 Kleine Gesellschaften im Sinne dieser Vorschrift sind solche, die in zwei aufeinanderfolgenden Wirtschaftsjahren zwei von den folgenden drei Bedingungen erfüllen: Aktiva in Höhe von bis zu € 2.375.000, Jahresumsatz von bis zu € 4.748.000 und Durchschnittszahl der Angestellten im betreffenden Jahr von bis zu 50.

440 Mittlere Gesellschaften im Sinne dieser Vorschrift sind solche, die in zwei aufeinanderfolgenden Wirtschaftsjahren zwei von den folgenden drei Bedingungen erfüllen: Aktiva in Höhe von bis zu € 9.496.000, Jahresumsatz von bis zu € 18.992.000 und Durchschnittszahl der Angestellten im betreffenden Jahr von bis zu 250.

441 Details zu den Abstufungen bei *Lüdemann/Echevarria/Hruschka*, Investitionen in Spanien, Rn. 97 ff.

442 Siehe zur *atribución de rentas* und zur Mitunternehmerschaft oben ab S. 41.

443 *Hey*, in: Tipke/Lang, Steuerrecht, § 17 Rn. 60.

rungs- und Bilanzierungstechnik und materielle GoB als allgemeine Bilanzierungsprinzipien, Gliederungs-, Ansatz- und Bewertungsregeln.[444]

In Spanien sind die Grundsätze ordnungsgemäßer Buchführung im Handelsgesetzbuch, im Aktiengesetz (LSA) und im PGC enthalten, wobei Art. 38 CCom die zentrale Norm ist. Der Begriff der Grundsätze ordnungsgemäßer Buchführung (*principios de contabilidad generalmente aceptados*) wurde 1973 in den CCom eingeführt, ist aber erst seit der Umsetzung der europäischen Richtlinien in spanisches Handelsrecht Ende der achtziger Jahre von Bedeutung.[445]

aa) Die Leitprinzipien

Wie in den nachfolgenden Ausführungen zu sehen sein wird, sind die den übrigen Grundsätzen ordnungsgemäßer Buchführung übergeordneten Leitprinzipien in den beiden Vergleichsländern unterschiedlich gewichtet. Während beim Jahresabschluss von Kapitalgesellschaften jeweils der Grundsatz des *„true and fair view"* bzw. des *imagen fiel* an erster Stelle stehen, wird das allgemeine deutsche Bilanzrecht vom Vorsichtsprinzip beherrscht, während in Spanien auch dort der Grundsatz des *imagen fiel* entscheidend ist und erst eine Stufe tiefer das Vorsichtsprinzip Bedeutung erlangt. Aus diesem fundamentalen Unterschied ergeben sich nicht zuletzt Konsequenzen für die jeweilige Beurteilung des Maßgeblichkeitsprinzips unter dem Gesichtspunkt der fortschreitenden Internationalisierung der Rechnungslegung.[446]

(1) Das Vorsichtsprinzip und der Grundsatz des *„true and fair view"*

Das Vorsichtsprinzip des § 252 Abs. 1 Nr. 4 HGB als traditioneller Grundsatz des deutschen Handelsrechts hat mit der Einführung des Grundsatzes des *„true and fair view"* des § 264 Abs. 2 HGB eine mögliche Konkurrenz in seiner Eigenschaft als Leitprinzip des Handelsbilanzrechts bekommen.

(a) Das Vorsichtsprinzip

Das Vorsichtsprinzip ist trotz des Wortlauts des § 252 Abs. 1 Nr. 4 HGB („es ist vorsichtig zu bewerten") ein Grundsatz, der über die Bewertung hinaus in allen

---

444 Die handelsrechtlichen Bewertungs-GoB kommen steuerrechtlich wegen des Bewertungsvorbehalts des § 5 Abs. 6 EStG jedoch nur zur Anwendung über § 5 Abs. 1 EStG, soweit die steuerrechtlichen Spezialvorschriften ihnen nicht widersprechen, also keine oder nur lückenhafte Regelungen enthalten, *Weber-Grellet*, in: Schmidt, EStG, § 5 Rn. 35.

445 Siehe zu der Entwicklung der handelsrechtlichen Rechnungslegung bereits oben ab S. 69.

446 Siehe zu diesem Aspekt unten ab S. 248.

Fragen der Bilanzierung zu berücksichtigen ist. Als Ausprägung des Gläubigerschutzprinzips ist es das vorherrschende Prinzip des deutschen Bilanzrechts, welches durch das Realisations- und Imparitätsprinzip konkretisiert wird.[447] Nach dem Vorsichtsprinzip soll der Kaufmann seinen Gewinn und sein Vermögen im Zweifel eher zu niedrig als zu hoch bilanzieren. Auf diese Weise soll er vor einer zu optimistischen Einschätzung der Situation seines Unternehmens bewahrt werden. Zugleich soll die Haftungssubstanz seines Unternehmens erhalten werden, indem überhöhte Gewinnentnahmen und -ausschüttungen als Folge einer unvorsichtigen Bilanzierung vermieden werden.[448] Insbesondere sind gemäß § 252 Abs. 1 Nr. 4 HGB alle vorhersehbaren, also auch noch nicht realisierten Risiken und Verluste, die bis zum Abschlussstichtag entstanden sind, zu berücksichtigen, selbst wenn diese erst zwischen dem Abschlussstichtag und dem Tag der Aufstellung des Jahresabschlusses bekannt geworden sind. Gewinne sind nach dieser Vorschrift nur zu berücksichtigen, wenn sie am Abschlussstichtag realisiert sind.

Über § 5 Abs. 1 EStG gilt das Vorsichtsprinzip auch für die Steuerbilanz. Wegen der auftretenden Konflikte mit der Besteuerung nach der Leistungsfähigkeit wird seine steuerrechtliche Wirkung jedoch vom Gesetzgeber und von der Rechtsprechung eingeschränkt. Beispiele dafür sind die Abschaffung der Rückstellung für drohende Verluste durch § 5 Abs. 4a EStG, die Einschränkung der Rückstellungsbildung des § 6 Abs. 1 Nr. 3a EStG und die Einschränkung der Teilwertabschreibung des § 6 Abs. 1 Nr. 1 und 2 EStG sowie des § 8 b Abs. 3 KStG.[449]

(b) *„True and fair view“*, Tomberger-Entscheidung

Gemäß § 264 Abs. 2 S. 1 HGB hat der Jahresabschluss der Kapitalgesellschaften unter Beachtung der Grundsätze ordnungsgemäßer Buchführung ein den tatsächlichen Verhältnissen entsprechendes Bild der Vermögens-, Finanz- und Ertragslage der Kapitalgesellschaft zu vermitteln. Dieser Grundsatz wurde aufgrund der Bilanzrichtlinie[450] eingeführt und basiert auf dem englischen Bilanzgrundsatz des „true and fair view“.[451] Im Gegensatz zu den allgemeinen GoB handelt es sich um ein rechtsformspezifisches Bilanzierungsprinzip, das in erster Linie für Kapitalgesellschaften gilt – zu erkennen ist dies schon an der gesetzessystemati-

---

447 *Beisse*, BB 1990, 2007, 2008.

448 *Knobbe-Keuk*, Bilanz- und Unternehmensteuerrecht, 47.

449 *Winkeljohann/Geißler*, in: Beck'scher Bilanz-Kommentar, § 252 HGB Rn. 30; siehe zu den unterschiedlichen Bilanzzwecken und den Einschränkungen des Maßgeblichkeitsprinzips bereits oben ab S. 65.

450 Siehe zur Bilanzrichtlinie bereits oben ab S. 1.

451 *Knobbe-Keuk*, Bilanz- und Unternehmensteuerrecht, 43.

schen Stellung des § 264 HGB im zweiten Abschnitt des dritten Buchs des HGB, der ergänzende Vorschriften für Kapitalgesellschaften enthält. Daraus folgt, dass der Grundsatz des „true and fair view" keine bestimmende Rolle für die Auslegung des allgemeinen Bilanzrechts und für die GoB haben kann: Dafür müsste er auch für Einzelkaufleute und Personenhandelsgesellschaften verbindlich sein.[452] Daraus wiederum folgt, dass dieser Grundsatz auch für die Steuerbilanz nicht die Rolle eines allgemeinen Leitprinzips spielen kann, da nur die rechtsformneutralen und für alle Kaufleute geltenden GoB maßgeblich für die Steuerbilanz sind.[453] Er ist insbesondere von Bedeutung für die Informationsfunktion des Anhangs zum Jahresabschluss von Kapitalgesellschaften.[454]

Aus den genannten Gründen hatte auch die sog. Tomberger-Entscheidung des EuGH zur phasengleichen Dividendenaktivierung[455] keine steuerrechtlichen Auswirkungen. Zwar ist der EuGH-Entscheidung zu entnehmen, dass der Grundsatz des „true and fair view" zentraler Inhalt der Richtlinie und deshalb bei der Auslegung der Einzelbestimmungen der Richtlinie und der nationalen Umsetzungsvorschriften zu berücksichtigen ist.[456] Der deutsche Gesetzgeber hat dies jedoch vorhergesehen und die Richtlinie nur in dem vorgeschriebenen Umfang umgesetzt, indem er ihn in § 264 Abs. 2 S. 1 HGB einfügte und damit das für Einzelkaufleute und Personenhandelsgesellschaften geltende Handelsbilanzrecht und erst recht das Steuerrecht unberührt ließ.[457]

(2) *Principio de prudencia* und *imagen fiel*

Im Gegensatz zu Deutschland ist in Spanien bei allen Jahresabschlüssen das Verhältnis des Grundsatzes des *imagen fiel* zum Vorsichtsprinzip und zu den

---

452 *Beisse*, BB 1990, 2007, 2008.

453 Siehe zum Verweisungsziel des Maßgeblichkeitsprinzips oben ab S. 62.

454 *Beisse*, BB 1990, 2007, 2008; *Knobbe-Keuk*, Bilanz- und Unternehmensteuerrecht, 44; dies ist nicht unumstritten, vgl. für die a.A. und für einen vom Maßgeblichkeitsprinzip erfassten GoB etwa *Weber-Grellet*, in: Schmidt, EStG, § 5 Rn. 83 m.w.N.

455 Danach muss eine beherrschende Kapitalgesellschaft unter bestimmten Voraussetzungen Dividendenansprüche „phasengleich" zu dem Bilanzstichtag in ihrer Handelsbilanz aktivieren, zu dem die Tochterkapitalgesellschaft den Gewinn ausweist, obwohl diese den förmlichen Beschluss über die Gewinnverwendung noch nicht gefasst hat, EuGH, Urt. v. 27.06.1996 – Rs. C-234/94, DB 1996, 1400 ff. sowie der Berichtigungsbeschl. v. 10.07.1997 – Rs. C-234/94, DB 1997, 1513.

456 Daraus folgte in der Entscheidung die Ablehnung einer streng rechtlichen Sicht des Bilanzrechts, nach welcher eine Aktivierung von Dividendenforderungen vor dem förmlichen Beschluss über die Gewinnverwendung nicht statthaft gewesen wäre, vgl. *Thiel/Lüdtke-Handjery*, Bilanzrecht, Rn. 72.

457 *Hennrichs*, StuW 1999, 138, 149 f.

übrigen GoB gleich: Ersterer ist das Fundamentalprinzip der spanischen Rechnungslegung.

(a) Das *imagen fiel* als übergeordnetes Prinzip

Gemäß Art. 34.2 CCom ist der Jahresabschluss klar zu formulieren und muss in Einklang mit den gesetzlichen Regelungen das getreue Abbild (*imagen fiel*) des Vermögens, der finanziellen Situation und der Ergebnisse des Unternehmens sein. Sollte die Anwendung der einschlägigen gesetzlichen Regelungen dafür nicht ausreichen, so sind gemäß Art. 34.3 CCom die dazu erforderlichen zusätzlichen Informationen anzugeben. Noch einen Schritt weiter geht Art. 34.4 CCom, der für die Ausnahmefälle einer Kollision zwischen den einschlägigen gesetzlichen Bestimmungen der Rechnungslegung und dem Prinzip des *imagen fiel* die Nichtanwendbarkeit dieser Bestimmungen vorsieht. In diesen Fällen ist im Anhang die Nichtanwendung der betroffenen Normen aufzuzeigen und samt der Auswirkungen zu erläutern. Das *imagen fiel* ist also als ein übergeordnetes Prinzip (sog. *„overriding principle"*) ausgestaltet, welches im Zweifelsfall zur Nichtanwendung der übrigen gesetzlich geregelten Prinzipien der Rechnungslegung führt. Diese Rolle wird auch durch die ersten wie durch die letzten Absätze des Teil 1 PGC bestätigt. Zusätzlich wird für den Konfliktfall zwischen zwei anderen Rechnungslegungsprinzipien festgelegt, dass das eher zur Verwirklichung des *imagen fiel* im Jahresabschluss führende Prinzip vorzuziehen ist.

Mit Unverständnis wird in Teilen der spanischen Literatur[458] allerdings auf die spanische Übersetzung des englischen *„true and fair view"* aus den in nationales Recht umgesetzten europäischen Richtlinien reagiert. So enthält der Begriff *„imagen fiel"* nicht die erste Komponente *„true"*, also die Komponente der Wahrheit, obwohl diese auch in der spanischen Rechnungslegung fundamentale Bedeutung hat. Auch die Übersetzung von *„fair"* durch *„fiel"* ist nicht exakt, genauer und wörtlich müsste man *„true and fair view"* also mit *„imagen verdadera y honesta"* übersetzen. Aus diesen begrifflichen Ungenauigkeiten werden jedoch keine Konsequenzen für die Auslegung des Grundsatzes gezogen.

Der genaue Inhalt des *imagen fiel* ist in der spanischen Literatur umstritten. Nach einer legalistischen Ansicht[459] wird das Prinzip schon befolgt, wenn der Jahresabschluss nach der gültigen Gesetzeslage erstellt wird. Eine wirtschaftlich orientierte Ansicht[460] hält dagegen, der Jahresabschluss müsse die wirtschaftliche Realität des Unternehmens wiedergeben, auch wenn dafür einzelne Vorschriften nicht befolgt werden können. Erscheint es auf theoretischer Ebene

---

458 *Capdevila*, in: Laorden/Arqués, IS, 97.

459 *Malvárez Pascual/Martín Zamora*, EF 182/1998, 29, 56 m.w.N.

460 *Túa Pereda*, Técnica Contable, 1985, 441, 458.

nach dem zur Ausgestaltung des *imagen fiel* als übergeordnetes Prinzip Gesagten noch fernliegend, die wirtschaftlich orientierte Ansicht anzuzweifeln, so ergibt sich mit Blick auf die spanische Rechnungslegungspraxis ein anderes Bild: Dort zeichnet sich nämlich ab, dass in den Jahresabschlüssen der großen Unternehmen jeweils die Berücksichtigung des Grundsatzes des *imagen fiel* angegeben wird, allerdings ohne dazu die Notwendigkeit der Nichtanwendung einer Rechnungslegungsnorm anzuzeigen.[461] Gestützt wird diese legalistische Ansicht auch durch Einleitung Ziffer 10 Abs. 2 PGC, nach dem das *imagen fiel* die Folge der systematischen und regulären Anwendung der Grundsätze ordnungsgemäßer Buchführung ist, da letztere als geeignet anzusehen sind, die wirtschaftliche Realität auszudrücken.

Die Frage, welche praktischen Auswirkungen das in der spanischen Rechnungslegung allgemein geltende Prinzip des *imagen fiel* im Vergleich zum in Deutschland nur für Kapitalgesellschaften einschlägigen Grundsatzes des *true and fair view* hat, ist also nicht leicht zu beantworten. Bislang scheinen die Unterschiede sich darin zu erschöpfen, dass in Spanien die „offene europäische Flanke“[462] in Form des aus der EG-Bilanzrichtlinie umgesetzten Leitprinzips für alle Unternehmer besteht und nicht nur für Kapitalgesellschaften wie in Deutschland: Welchen Inhalt der EuGH dem – laut Tomberger-Entscheidung zentralen – *true and fair view* der Richtlinie und damit auch dem *imagen fiel* der spanischen Rechnungslegung geben wird, ist ungewiss und bleibt nationalen Einflüssen weitgehend entzogen.

(b) Das *principio de prudencia* als Grundprinzip

Das Vorsichtsprinzip ist als sog. Prinzip der vorsichtigen Bewertung (*principio de prudencia valorativa*) in Art. 38.1 c) Satz 2 CCom[463] i.V.m. Teil 1 PGC als Grundprinzip ausgestaltet, welches im Konfliktfall den anderen Grundsätzen ordnungsgemäßer Buchführung vorzuziehen ist. Nach diesem Prinzip sind in der Bilanz nur die zum Zeitpunkt des Bilanzstichtags bereits realisierten Gewinne (*beneficios realizados*) auszuweisen, während die vorhersehbaren Risiken (*ries-*

---

461 *Malvárez Pascual/Martín Zamora*, EF 182/1998, 29, 56 m.w.N.

462 *Hennrichs*, StuW 1999, 138, 150.

463 Art. 38.1 c) Sätze 1 und 2 CCom: *Se seguirá el principio de prudencia valorativa. Este principio, que en caso de conflicto prevalecerá sobre cualquier otro, obligará, en todo caso, a recoger en el balance sólo los beneficios realizados en la fecha de su cierre, a tener en cuenta todos los riesgos previsibles y las pérdidas eventuales con origen en el ejercicio o en otro anterior, distinguiendo las realizadas o irreversibles de las potenciales o reversibles, incluso si sólo se conocieran entre la fecha de cierre del balance y la en que éste se formule, en cuyo caso se dará cumplida información en la memoria, y a tener en cuenta las depreciaciones, tanto si el ejercicio se salda con beneficio como con pérdida.*

gos previsibles) sowie die möglichen Verluste (*pérdidas eventuales*) schon zu berücksichtigen sind. Auch in Spanien existiert damit das Imparitätsprinzip (*consideración asimétrica de ingresos y gastos* oder *principio de asimetría*), welches aber in der steuerrechtlichen Dogmatik nicht als eigenständiger Grundsatz betrachtet und längst nicht so kontrovers diskutiert wird wie in Deutschland.[464]

Des weiteren wird im Rahmen des Vorsichtsprinzips ausdrücklich vorgeschrieben, dass Entwertungen (*depreciaciones*) unabhängig davon auszuweisen sind, ob das Jahresergebnis negativ oder positiv ausfällt. Diese überflüssig erscheinende Regelung soll der Praxis vieler Buchführenden entgegen wirken, Abschreibungen und Rückstellungen nur dann vorzunehmen, wenn sie durch Gewinne kompensiert werden können.[465]

Der Zweck des handelsrechtlichen Vorsichtsprinzips, das Gesellschaftskapital zu erhalten und damit die Interessen von Gläubigern und Gesellschaftern zu schützen, ist auch nach der spanischen Systematik nur bedingt mit der steuerlichen Zielsetzung der Ermittlung der Leistungsfähigkeit zu vereinbaren.[466] Trotzdem gilt das Vorsichtsprinzip über den Verweis des Art. 10.3 TRLIS grundsätzlich auch im Steuerrecht, erfährt aber einige bedeutende Einschränkungen, auf deren Einzelheiten noch zurückzukommen sein wird. So werden insbesondere Wertveränderungen und Rückstellungen, in denen sich handelsrechtlich das Vorsichtsprinzip in besonderem Maße wiederspiegelt, nur unter den Voraussetzungen der Art. 12, 13 TRLIS steuerrechtlich zugelassen. Dabei ist die Passivierung von Rückstellungen gemäß Art. 13.1 TRLIS sogar grundsätzlich unzulässig vorbehaltlich der Ausnahmen in Art. 13.1 und .2 TRLIS.

bb) Die unterschiedlichen Ausprägungen des Vorsichtsprinzips

Ausprägungen des Vorsichtsprinzips sind in den Vergleichsländern insbesondere das Realisationsprinzip (*principio de realización*) und das Imparitätsprinzip (*principio de asimetría*), wobei in Spanien das *principio de devengo* und das *principio de correlación* eine Sonderrolle innehaben.

(1) Realisationsprinzip und Imparitätsprinzip in Deutschland

An der Formulierung „namentlich“ in § 252 Abs. 1 Nr. 4 HGB lässt sich erkennen, dass das Imparitätsprinzip und das Realisationsprinzip Ausprägungen des Vorsichtsprinzips sind.

---

464 Eine Ausnahme aus der aktuellen Literatur ist *Báez Moreno*, Normas Contables e IS, 122 ff.

465 *Malvárez Pascual/Martín Zamora*, EF 182/1998, 29, 52.

466 *Malvárez Pascual/Martín Zamora*, IS, 165 f.

(a) Realisationsprinzip

Nach § 252 Abs. 1 Nr. 4, letzter HS HGB dürfen nur realisierte Gewinne ausgewiesen werden. Grundsätzlich erfordert die Ausweisung von Gewinnen also einen Umsatzakt in Gestalt einer Veräußerung oder eines sonstigen Leistungsaustausches. Ein solcher Umsatzakt liegt bei bloßen Wertsteigerungen betrieblicher Wirtschaftsgüter nicht vor, weshalb solche Wertsteigerungen nicht bilanziert werden dürfen und zu stillen Reserven führen. Insoweit ist das Realisationsprinzip auch Ausdruck der die Reinvermögenszugangstheorie einschränkenden Markttheorie. Vom Realisationsprinzip mitumfasst wird das Verursachungsprinzip des § 252 Abs. 1 Nr. 5 HGB,[467] wonach Aufwendungen und Erträge des Geschäftsjahrs unabhängig von den entsprechenden Zahlungen im Jahresabschluss zu berücksichtigen sind: Die Ertragsperiodisierung als Gegenstück zum Kassenprinzip wird durch Aktivierung von Investitionen oder Forderungen[468] und damit auf Grundlage des Realisationsprinzips erreicht.

Ein Ertrag ist nach überwiegender Ansicht zum Zeitpunkt der Leistungserbringung realisiert. Zu diesem Zeitpunkt ist in der Regel die selbst geschuldete Hauptleistung erbracht, die Gefahr geht grundsätzlich auf den Abnehmer über, und es kann eine Rechnung erteilt werden. Anstelle der Anschaffungskosten bzw. Herstellungskosten wird dann die entsprechende Forderung gegen den Abnehmer aktiviert und der Ertrag vereinnahmt.[469]

Das Realisationsprinzip wird durch Ausnahmen, die einen Gewinnausweis auch ohne Umsatzakt und damit ohne Realisation vorsehen, durchbrochen: Dazu zählen die Entnahmen i.S.d. § 6 Abs. 1 Nr. 4 EStG sowie die Betriebsaufgabe i.S.d. § 16 Abs. 3 EStG. Umgekehrt wird etwa bei der Rücklage i.S.d. § 6 b EStG trotz Umsatzaktes kein Gewinn realisiert. Zudem existieren Aufweichungen des Realisationsprinzips bei langfristiger Fertigung: Überwiegend wird die Teilgewinnrealisierung (*Percentage-of-completion*-Methode) als ein Ausnahmefall des § 252 Abs. 2 HGB als zulässig erachtet.[470]

---

467 *Weber-Grellet*, in: Schmidt, EStG, § 5 Rn. 78.

468 *Winkeljohann/Geißler*, in: Beck'scher Bilanz-Kommentar, § 252 HGB Rn. 53.

469 *Weber-Grellet*, in: Schmidt, EStG, § 5 Rn. 79; *Winkeljohann/Geißler*, in: Beck'scher Bilanz-Kommentar, § 252 HGB Rn. 45.

470 *Ellrott/Brendt*, in: Beck'scher Bilanz-Kommentar, § 255 HGB Rn. 457 ff., 460; *Herzig*, WPg 2000, 104, 114 hält mit Blick auf die internationalen Rechnungslegungsnormen die Completed-Contract-Methode (vollständige Gewinnrealisierung erst zum Zeitpunkt des Übergangs der Preisgefahr, bei Werkverträgen also zum Zeitpunkt der Abnahme des Werks i.S.d. § 641 BGB) zur Verwirklichung des Realisationsprinzips für vorzugswürdig.

(b) Imparitätsprinzip

Die in § 252 Abs. 1 Nr. 4, 1. Hs. HGB vorgesehene Berücksichtigung der vorhersehbaren Risiken und Verluste schon vor ihrer Realisation führt zu einer Ungleichbehandlung unrealisierter Gewinne und Verluste, der das Imparitätsprinzip seinen Namen verdankt. Vorhersehbare Risiken und Verluste sind solche, für deren Eintritt eine gewisse, ggf. aus der Erfahrung resultierende Wahrscheinlichkeit besteht; die bloße Möglichkeit reicht nicht aus.[471] Nach dem Imparitätsprinzip ist ein in einer späteren Rechnungsperiode eintretender Verlust, der auf Dispositionen oder latenten Ereignissen der beendeten oder einer früheren Rechnungsperiode beruht, vorwegzunehmen.[472] Dadurch sollen die Gläubiger davor geschützt werden, dass das Unternehmen Gewinne ausweist und ausschüttet, obwohl sie in den nachfolgenden Perioden zur Deckung von bereits absehbaren Verlusten benötigt werden.[473] Ausprägungen des Imparitätsprinzips sind die Rückstellungen für drohende Verluste aus schwebenden Geschäften i.S.d. § 249 Abs. 1 S. 1 HGB, die außerplanmäßigen Abschreibungen bei Vermögensgegenständen des Anlagevermögens i.S.d. § 253 Abs. 2 HGB sowie das strenge Niederstwertprinzip für Vermögensgegenstände des Umlaufvermögens i.S.d. § 253 Abs. 3 HGB.

Mit dem Steuerentlastungsgesetz 1999/2000/2002 wurde das Imparitätsprinzip steuerrechtlich eingeschränkt, insbesondere durch das Verbot von Rückstellungen wegen drohender Verluste gemäß § 5 Abs. 4a EStG und durch die Beschränkung von Teilwertabschreibungen gemäß § 6 Abs. 1 Nr. 1 und 2 EStG.

(2) Realisations- und Imparitätsprinzip in Spanien

Ähnlich wie in Deutschland wird auch in Spanien das Vorsichtsprinzip durch das Realisationsprinzip und das Imparitätsprinzip (*aplicación asimétrica del principio de realización a los ingresos y gastos*) konkretisiert, diese werden jedoch weder in der Gesetzgebung noch in der Literatur als selbstständige Grundsätze neben dem Vorsichtsprinzip gesehen,[474] was an der Existenz des *principio de devengo* sowie des *principio de correlación de ingresos y gastos* liegen dürfte. So werden die einzelnen Steuerperioden allgemein durch das *principio de devengo* abgegrenzt, welches aber flexibel ausgestaltet ist. So können für bestimmte gesetzlich vorgesehene Fälle sowie auf Initiative des Steuerpflichtigen andere Periodisierungskriterien zur Anwendung kommen.

---

471 BFH, Beschl. v. 23.6.1997 – GrS 2/93, BStBl. II 1997, 735, 737 ff.

472 *Winkeljohann/Geißler*, Beck'scher Bilanz-Kommentar, § 252 HGB Rn. 34.

473 *Baetge/Ziesemer*, in: Baetge/Kirsch/Thiele, Bilanzrecht, § 252 HGB Rn. 162.

474 *Malvárez Pascual/Martín Zamora*, IS, 164; *Sasse*, Rückstellungen, 164.

(a) Das *principio de devengo*

Die handelsrechtliche Regelung des Realisationsprinzips (*principio de devengo*)[475] findet sich in Art. 38.1 d) CCom sowie unter Teil 1 Ziffer 2 PGC, steuerrechtlich ist der Grundsatz in Art. 19.1 TRLIS geregelt.

Nach der knappen Definition des *principio de devengo* in Art. 19.1 TRLIS[476] ist für die Berücksichtigung von Erträgen und Aufwendungen nicht der finanzielle Ab- und Zufluss (*corriente monetaria o financiera*) maßgeblich, sondern unabhängig davon der tatsächliche Ab- und Zufluss von Gütern und Dienstleistungen (*corriente real de bienes y servicios*). Dieses Prinzip ist damit zunächst als Gegenstück zum Kassenprinzip zu verstehen, welches auf den Zeitpunkt der jeweiligen Zahlung (*pago*) und Einnahme (*cobro*) abstellt.[477] In dieser Hinsicht entspricht es auch dem deutschen Verursachungsprinzip nach § 252 Abs. 1 Nr. 5 HGB. Gleichzeitig ist es als ein allgemeines Periodisierungsprinzip ausgestaltet, wobei die Periodisierung von Erträgen und Aufwendungen von weiteren Prinzipien mitbestimmt wird. Dazu gehören insbesondere das Korrelationsprinzip und das Vorsichtsprinzip.

Grundsätzlich stimmen hinsichtlich der zeitlichen Zuordnung von Einnahmen und Ausgaben die handelsrechtliche und die steuerrechtliche Regelung des *principio de devengo* überein. Uneinigkeit besteht allerdings in der Frage, ob das Maßgeblichkeitsprinzip des Art. 10.3 TRLIS auch für die zeitliche Zuordnung von Erträgen und Aufwendungen gilt, oder ob dieser Regelungsbereich von dem Verweis auf die handelsrechtlichen Normen ausgenommen ist. Teilweise wird wegen der ausführlichen Regelung der Periodisierung durch Art. 19 TRLIS davon ausgegangen, dass diese Vorschrift abschließend sei und dass insoweit kein konstitutiver Verweis auf das Handelsrecht bestehe. Verwiesen werde nur auf die Rechnungslegungsnormen, nicht jedoch auf die nicht normierten Rech-

475 „*Devengar*“ kann mit „einbringen“, „verdienen“, „Anspruch haben auf“ oder „(Zinsen) abwerfen“ übersetzt werden. Damit ist das Recht auf einen Verdienst gemeint, der durch einen eingetretenen bzw. realisierten Umstand entsteht, vgl. *Garay/Rothe*, Rechtswörterbuch, 159; wegen seiner Ähnlichkeit mit dem deutschen Realisationsprinzip wird das *principio de devengo* im Folgenden teilweise auch mit „Realisationsprinzip“ übersetzt, wobei allerdings die folgenden Unterschiede zu beachten sind. Auch in der spanischen Literatur wird „*devengo*“ gelegentlich mit „*realización*“ gleichgesetzt, vgl. *Capdevila*, in: Laorden/Arqués, IS, 828 m.w.N.

476 Art. 19.1 TRLIS: *Los ingresos y los gastos se imputarán en el período impositivo en que se devenguen, atendiendo a la corriente real de bienes y servicios que los mismos representen, con independencia del momento en que se produzca la corriente monetaria o financiera, respetando la debida correlación entre unos y otros.*

477 *Pascual Pedreño*, IS, 221; *Uría/Menéndez/Olivencia*, Sociedades mercantiles VIII/1, 478.

nungslegungsgrundsätze; nur so könnten Schwierigkeiten vermieden werden, die sich aus den unterschiedlichen Zwecken von Handels- und Steuerbilanz ergäben.[478]

Diese Ansicht berücksichtigt nicht in ausreichendem Maße den Wortlaut des Art. 10.3 TRLIS, der zunächst ohne Einschränkung auf das Handelsrecht verweist, lediglich unter Vorbehalt abweichender steuerrechtlicher Vorschriften. Nur in dem Umfang, in dem sich die Periodisierung des Art. 19 TRLIS von der Periodisierung nach Handelsrecht unterscheidet, gilt letzteres nicht. Das Gegenargument des Verweises nur auf die normierten Rechnungslegungsgrundsätze ist angesichts der Definition des *principio de devengo* in Art. 38.1 d) CCom nicht nachvollziehbar. Die bei etwas anderem Wortlaut mit dem Handelsrecht identische Definition des Realisationsprinzips in Art. 19.1 TRLIS ist auch nicht überflüssig, da nach Handelsrecht eine Abweichung vom *principio de devengo* unter Anwendung anderer Periodisierungsprinzipien leichter möglich ist als nach Steuerrecht,[479] wodurch eine Wiederholung des Grundsatzes für das Steuerrecht notwendig wird. Zudem wäre es sonst auch angesichts der knappen Definition des *principio de devengo* im TRLIS schwierig, seinen genauen Inhalt zu bestimmen. Auch bei der zeitlichen Zuordnung von Erträgen und Aufwendungen gilt also die allgemeine Verweisungstechnik des TRLIS, übernommen wird das buchhalterische Periodisierungsprinzip, wenn nicht insbesondere Art. 19 TRLIS Korrekturen vorsieht.

Die inhaltliche Konkretisierung des *principio de devengo*, für die allein die negative Abgrenzung vom Kassenprinzip nicht ausreicht, erfolgt in der spanischen Literatur und Rechtsprechung uneinheitlich.

Teilweise wird vertreten, nach dem *principio de devengo* sei grundsätzlich der Zeitpunkt entscheidend, in dem die Verpflichtungen und Ansprüche entstünden, also der Vertragsschluss. Dessen Voraussetzungen hängen bekanntlich von der Art des Vertrags ab, zu unterscheiden sind insbesondere Konsensual- und Realverträgen. Ausnahmsweise sei auch erst auf die Einklagbarkeit der Forderung abzustellen, insbesondere bei Dauerschuldverhältnissen, die in die einzelnen Vertragsabschnitte zu unterteilen seien.[480]

In einer Entscheidung des Obersten Gerichtshofs noch aus der Zeit vor der Anpassung des spanischen Handelsrechts an die entsprechenden europäischen

---

478 *García Novoa*, in: Yebra Martul-Ortega/García Novoa/López Díaz, IS, 187, 190 ff.

479 *Sanz Gadea*, EF 197-198/1999, 59, 62 f.

480 *Capdevila*, in: Laorden/Arqués, IS, 829; *García Novoa*, in: Yebra Martul-Ortega/García Novoa/López Díaz, IS, 187, 205; weitere Nachweise bei *García Moreno*, Base imponible, 236 ff.

Richtlinien wird „*devengo*“ nach rein steuerrechtlichen Maßstäben dahingehend interpretiert, dass es die Einklagbarkeit (*exigibilidad*) der jeweiligen Forderung voraussetzt.[481] Allerdings konnte sich diese Ansicht damals zumindest noch auf die diesbezüglichen Regelungen der Einkommensteuer stützen, für die Art. 109 RIRPF a.F.[482] eben diese Definition enthielt. Heute dagegen existiert kein normativer Anhaltspunkt mehr für die Gleichstellung von „*devengo*“ und „Einklagbarkeit der Forderung“,[483] was vor allem an dem 1991 eingeführten Verweis des LIRPF auf das TRLIS für die wirtschaftlichen Tätigkeiten liegt.

Richtigerweise ist – gerade nach der Einführung des Maßgeblichkeitsprinzips in Spanien – auf den wirtschaftlichen Ursprung des Prinzips abzustellen. Allein entscheidend ist deshalb für die Buchung von Erträgen und Aufwendungen der Zeitpunkt, in dem diese Teil des sog. tatsächlichen Stroms der Güter und Dienstleistungen (*corriente real de bienes y servicios*) werden. Erst wenn nach diesen wirtschaftlichen Kriterien ein Ertrag oder ein Aufwand entsteht, kann dieser gebucht und damit einer Steuerperiode zugeordnet werden.[484] Auf die genauen Voraussetzungen für die Buchung von Aufwendungen und Erträgen wird noch einzugehen sein, nach der AECA lassen sich jedoch folgende Grundsätze feststellen: Erträge sind zu berücksichtigen im Moment des Verkaufs (Übergabe der Sache), nach der Vollbringung einer Dienstleistung oder nach Ablauf einer Zeitspanne, in der entgeltlich an Dritte überlassene Ressourcen des Unternehmens genutzt wurden.[485]

Dementsprechend entsteht Aufwand nach dem *principio de devengo* im Moment des Empfangs von Gütern oder Dienstleistungen bzw. im Moment der Verfügbarkeit letzterer.[486] Für die Buchung von Aufwendungen sind allerdings auch das Imparitäts- und das Korrelationsprinzip zu berücksichtigen.

Es ist aus deutscher Perspektive auf den ersten Blick überraschend, dass das dem deutschen Verursachungsprinzip entsprechende *principio de devengo* die zentrale Rolle in der Zuordnung von Erträgen spielt und nicht das *principio de realización*, welches in Art. 38.1 c) CCom ähnlich wie in § 252 Abs. 1 Nr. 4 HGB formuliert ist.[487] In der Literatur wird teilweise auf diese Unterscheidung

481 *STS de 17 de febrero de 1987, RJ 1987\649, FJ 2°*, 557, 558 f.

482 *Real Decreto 2615/1979, de 2 de noviembre, del RIRPF (BOE 14 noviembre 1979 y 16 noviembre 1979, núm. 273, 274 y 275).*

483 *García Moreno*, Base imponible, 238.

484 *Sanz Gadea*, EF 197-198/1999, 59, 66 f.

485 AECA, Ingresos, 27.

486 *Durán-Sindreu Buxadé*, in: Arrieta Martínez de Pisón/Cayón Galiardo, Imposición directa, 443, 456 m.w.N.

487 Nur vereinzelt wird diese Differenzierung in der spanischen handelsrechtlichen Literatur vorgenommen, vgl. *Martínez Conesa*, Contabilidad financiera, 441 ff.

hingewiesen mit der Forderung, das *principio de devengo* wie das deutsche Verursachungsprinzip und damit lediglich als negative Abgrenzung zum Kassenprinzip zu verstehen. Die Erträge und Aufwendungen sollen auf Grundlage des Realisations-, Imparitäts- und Korrelationsprinzips zugeordnet werden.[488]

Dies würde jedoch m.E. dazu führen, dass eine grundlegende Eigenart des spanischen Rechts im Vergleich zur deutschen Regelung beseitigt würde: Während das deutsche Realisationsprinzip systematisch dem Vorsichtsprinzip zugeordnet ist,[489] gilt dies für das spanische *principio de devengo*, welches Ausdruck einer periodengerechten Gewinnermittlung ist,[490] gerade nicht – es ist, wie gesehen, eigenständig geregelt. Um die Konsequenzen dieses Unterschieds aufzeigen zu können, ist eine Untersuchung des Verhältnisses des spanischen Imparitätsprinzips zum spanischen Korrelationsprinzip notwendig.

(b) Das *principio de asimetría* und das *principio de correlación*

Der Wortlaut der das Imparitätsprinzip (*principio de asimetría*) regelnden Vorschriften der Art. 38.1 CCom i.V.m. Teil 1 Ziffer 2 PGC stimmt mit § 252 Abs. 1 Nr. 4 HGB überein. Wie schon erwähnt, wird das Imparitätsprinzip in Spanien selten als eigenständiges Prinzip genannt. Doch auch in Spanien soll das Imparitätsprinzip als Ausprägung des Vorsichtsprinzips die Gläubiger eines Unternehmens dahingehend absichern, dass das Kapital des Unternehmens erhalten bleibt und dass Gewinne nicht vorschnell ausgeschüttet werden. Als Beispiele für die Verwirklichung des Imparitätsprinzips sind insbesondere Rückstellungen (*provisiones de riesgos y gastos*) und Aktivprovisionen bei Wertverlusten (*provisiones de activo*) anzuführen, da durch diese der Ausweis eines Verlustes schon vor seiner Realisation erfolgt.[491] Entsprechend bedeutet die Einschränkung der steuerlichen Anerkennung von Rückstellungen gemäß Art. 13.1 TRLIS, welche noch näher zu erläutern sein wird, auch eine Beschränkung des Imparitätsprinzips. Neben dem Imparitätsprinzip ist in Spanien das Korrelationsprinzip von Bedeutung.

Das Prinzip der Korrelation von Erträgen und Aufwendungen (*principio de correlación de ingresos y gastos*) ist eine Ergänzung des *principio de devengo*[492] und Ausdruck der Bedeutung der periodengerechten Gewinnermittlung in der

488 *Báez Moreno*, Normas Contables e IS, 119 f.

489 BFH, Urt. v. 27.6.2001 – I R 45/97, BStBl. II 2003, 121, 123 f.; *Herzig*, WPg 2005, 211, 216; *Krawitz*, DStR 1997, 886, 887 f.

490 *Malvárez Pascual/Martín Zamora*, IS, 152; *Cea García*, Principio del devengo, 17.

491 *Báez Moreno*, Normas Contables e IS, 113.

492 *García Moreno*, Base imponible, 300; *Cea García*, Principio del devengo, 25.

spanischen Rechnungslegung.[493] Das Korrelationsprinzip ist handelsrechtlich im Teil 1, Ziffer 2 PGC[494] sowie steuerrechtlich ohne inhaltliche Abweichung in Art. 14.1 e), 19.1 TRLIS geregelt: Danach enthält das Ergebnis eines jeden Geschäftsjahrs die Erträge abzüglich die Aufwendungen, die für die Erzielung der Erträge getätigt wurden; dazu kommen die Gewinne und Verluste, die nicht eindeutig mit der unternehmerischen Aktivität verbunden sind. Fallen also in einer Steuerperiode nach dem *principio de devengo* Aufwendungen an, sind die entsprechenden Erträge aber erst in einer zukünftigen Steuerperiode zu erwarten, so sind diese Aufwendungen zunächst auf einem Konto für über mehrere Steuerperioden zu verteilende Aufwendungen (*gastos a distribuir en varios ejercicios*) zu verbuchen.[495] Wird dann die Steuerperiode erreicht, in der die Erträge nach dem *principio de devengo* verursacht werden, so sind die Aufwendungen schließlich entsprechend zu berücksichtigen. Diese Vorgehensweise ist auch umgekehrt denkbar, wenn etwa Erträge einer Steuerperiode mit zukünftigen Aufwendungen verbunden sind und deshalb erst später in der Steuerperiode erfolgswirksam werden, in welcher auch die Aufwendungen anfallen.[496]

Das Korrelationsprinzip kommt also einen logischen Schritt nach dem *principio de devengo* zur Anwendung: Erst wenn Aufwendungen und Erträge nach dem *principio de devengo* verursacht sind, kann (und muss) ihre Zuordnung zu den zugehörigen Erträgen und Aufwendungen nach dem Korrelationsprinzip erfolgen.[497] Fraglich ist das Verhältnis des Korrelationsprinzips zum Imparitätsprinzip als Ausprägung des Vorsichtsprinzips.

Wäre Aufwand, der nach dem Imparitätsprinzip bereits anzusetzen, nach dem Korrelationsprinzip aber erst den in späteren Perioden realisierten Erträgen zuzuordnen ist, auch erst zu diesem späteren Zeitpunkt zu buchen,[498] so bestünde die Gefahr, dass die erfolgswirksame Verbuchung von Aufwand mit Blick auf

---

493 Vgl. zur beabsichtigten Anlehnung des spanischen Korrelationsprinzip an das angloamerikanische „*matching principle*" *Sasse*, Rückstellungen, 166.

494 Teil 1 Ziffer 2 PGC: *El resultado del ejercicio estará constituido por los ingresos de dicho periodo menos los gastos del mismo realizados para la obtención de aquellos, así como los beneficios y quebrantos no relacionados claramente con la actividad de la empresa.* Das Korrelationsprinzip wurde bei der Umsetzung der Vierten Bilanzrichtlinie den darin vorgesehenen Prinzipien hinzugefügt, vgl. *Uría/Menéndez/Olivencia*, Sociedades mercantiles VIII/1, 473.

495 Es handelt sich dabei nicht um ein Wahlrecht, vgl. *García Moreno*, Base imponible, 300.

496 *Malvárez Pascual/Martín Zamora*, IS, 156.

497 *Broto Rubio/Cóndor López*, REFC 47/1985, 357, 373.

498 Von potentiellen Konflikten zwischen dem Vorsichtsprinzip und dem Korrelationsprinzip sprechen *Broto Rubio/Cóndor López*, REFC 1985, 357, 387 ff., allerdings ohne diese aufzulösen.

spätere Ertragschancen in zukünftige Perioden aufgeschoben wird, obwohl ihnen in diesen zukünftigen Perioden dann letztendlich doch kein Ertrag gegenübersteht. Dies bedeutete einen erheblichen Ermessensspielraum des Steuerpflichtigen hinsichtlich der Buchung von Aufwand.[499]

Gerade in diesem Zusammenhang zeigt sich jedoch in Spanien die Rolle des Vorsichtsprinzips als Grundprinzip, welches im Falle der Kollision vorzuziehen ist,[500] besonders deutlich: Die Vorrangstellung des Vorsichtsprinzips (für Aufwendungen in seiner Form als Imparitätsprinzip) führt dazu, dass in seinem Anwendungsbereich das Korrelationsprinzip nicht greift. Konsequenz dieser Prinzipienhierarchie ist die Unterscheidung zwischen Aufwendungen, die nach dem Imparitätsprinzip zu behandeln sind und solchen, die sich nach dem Korrelationsprinzip richten.[501] Abgrenzungskriterium ist die Frage, ob der Aufwand bereits i.S.d. *principio de devengo* entstanden ist – dann liegt kein Anwendungsfall des Imparitätsprinzips vor und der entstandene Aufwand ist im Falle zuzuordnender zukünftiger Erträge nach dem Korrelationsprinzip zu periodisieren – oder ob der Aufwand noch nicht nach den Kriterien des *principio de devengo* entstanden ist, sondern in Form zukünftiger Risiken bereits nach dem Imparitätsprinzip zu berücksichtigen ist.

Bei bereits nach dem *principio de devengo* entstandenem Aufwand greift die Periodisierung dieses Aufwands nach dem Korrelationsprinzip naturgemäß nur ein, wenn es sich um periodenübergreifende Operationen handelt. In diesen Fällen richtet sich die Zuordnung der Aufwendungen zu den Erträgen im Rahmen einer wirtschaftlichen Betrachtungsweise[502] nach dem Grad ihres Beitrags zu den Erträgen der jeweiligen zukünftigen Wirtschaftsjahre.

Das Musterbeispiel für mögliche Verluste bzw. Aufwendungen, die unabhängig von den mit ihnen korrelierenden Erträgen nach dem Vorsichtsprinzip bereits in dem Wirtschaftsjahr ihrer Vorhersehbarkeit anzusetzen sind, sind die Rückstellungen (*provisiones de riesgos y gastos*), auf die im Detail noch einzugehen sein wird.[503] Darüber hinaus sieht der PGC wegen des Vorsichtsprinzips einen auf dem Korrelationsprinzip basierenden Aufschub der Passivierung von Aufwand nicht vor etwa bei Entwicklungs- und Forschungsaufwendungen oder bei Auf-

---

499 Zur diesbezüglichen Kritik am *matching principle* in den USA vgl. *Strobl*, in: FS Moxter, 409, 411 f.

500 Siehe zur Vorrangstellung des Vorsichtsprinzips oben ab S. 114.

501 *Cea García*, Principio del devengo, 22 f.

502 „*[...] teniendo en cuenta el fondo económico-financiero de los hechos por encima de su forma o mera apariencia jurídico formal [...]*" bei *Cea García*, Principio de devengo, 25.

503 Siehe zu den Rückstellungen unten ab S. 142.

wendungen für Computeranwendungen. Abweichungen vom Korrelationsprinzip wegen einer Kollision mit dem Vorsichtsprinzip ergeben sich auch etwa für die Aufwendungen für die Errichtung des Geschäftsbetriebs (*gastos de establecimiento*), die trotz ihrer Verbindung mit Erträgen in späteren Wirtschaftsjahren innerhalb von relativ kurzen Fristen anzusetzen sind, obwohl sie nach dem Korrelationsprinzip eigentlich auf einen längeren Zeitraum verteilt werden müssten.[504]

Dem deutschen Recht ist ein dem Korrelationsprinzip entsprechender allgemeiner Rechtsgrundsatz fremd.[505] Ein ähnlicher Gedanke liegt allerdings dem Grundsatz der Nettorealisation zugrunde, welcher für die Rückstellung von ungewissen Verbindlichkeiten in der Literatur[506] entwickelt und in diesem speziellen Bereich von der Rechtsprechung[507] anerkannt worden ist.[508] Danach dürfen künftige Aufwendungen, die einem gewinnrealisierenden Umsatzakt des abgelaufenen Wirtschaftsjahrs wirtschaftlich zuzurechnen sind, nicht unberücksichtigt bleiben. Erforderlich ist allerdings eine Konkretisierung der Zugehörigkeit der künftigen Aufwendungen zu den realisierten Erträgen, was das Vorliegen der tatbestandlichen Voraussetzungen einer Rückstellung erfordert. Insbesondere fehlt es an der wirtschaftlichen Verursachung in der Vergangenheit, wenn eine ungewisse Verbindlichkeit wirtschaftlich eng mit künftigen Gewinnchancen verbunden ist.[509] Im Vergleich zur spanischen Systematik hat der Gedanke der Nettorealisation also in Deutschland einen eng umrissenen Anwendungsbereich.

Bemerkenswert an dem in der spanischen Rechnungslegung geltenden Korrelationsprinzip ist die Tatsache, dass durch die enge Verknüpfung zwischen Aufwands- und Ertragsperiodisierung der periodengerechten Gewinnermittlung

---

504 *Malvárez Pascual/Martín Zamora*, EF 182/1998, 29, 53 f.

505 Bezogen auf das *matching principle* BFH, Urt. v. 29.10.1969 – I 93/64, BStBl. II 1970, 178, 179 f.; Urt. v. 19.06.1973 – I R 206/71, BStBl. II 1973, 774, 775; BFH, Urt. v. 12.12.1991 – VI R 28/91, BStBl. II 1992, 600, 602; Urt. v. 29.11.1990 – IV R 131/89, BStBl. II 1992, 715, 717; *Schreiber*, in: Blümich, EStG, § 5 Rn. 252; *Strobl*, in: FS Moxter, 409, 419 f., 429, 432; *Herzig*, in: FS Schmidt, 209, 220; *Thiel/Lüdtke-Handjery*, Bilanzrecht, Rn. 361; teilweise wird das spanische Korrelationsprinzip mit den deutschen Rechnungsabgrenzungsposten verglichen – vgl. *Lüdemann/Echevarria/Hruschka*, Investitionen in Spanien, Rn. 93 – obwohl das Korrelationsprinzip gerade nicht der „zeitlichen Verteilung von Einnahmen und Ausgaben“, sondern der zeitlichen Verteilung von Erträgen und Aufwendungen dient.

506 Auch als sog. Alimentationsprinzip bezeichnet, *Moxter*, Bilanzrechtsprechung, 108 ff.

507 BFH, Urt. v. 25.08.1989 – III R 95/87, BStBl. II 1989, 893, 894 f.; Urt. v. 28.06.1989 – I R 86/85, BStBl. II 1990, 550, 553.

508 Näheres zur Nettorealisation deswegen bei den Rückstellungen unten ab S. 142.

509 BFH, Urt. v. 25.08.1989 – III R 95/87, BStBl. II 1989, 893, 895; *Schreiber*, in: Blümich, EStG, § 5 Rn. 251.

schon für die Handelsbilanz erhöhte Bedeutung beigemessen wird, während dies in Deutschland regelmäßig für den Zweck der Steuerbilanz (Ermittlung der steuerlichen Leistungsfähigkeit durch periodengerechte Gewinnermittlung)[510] betont wird. Für das deutsche Handelsrecht ist nach wie vor ausschließlich das Vorsichtsprinzip vorherrschend. Dies könnte sich allerdings zukünftig mit der Einbindung internationaler Rechnungslegungsstandards zugunsten einer stärkeren Gewichtung des Grundsatzes der periodengerechten Gewinnermittlung ändern.[511] Fest steht deswegen auch, dass das spanische Handelsrecht bereits vor Einbindung dieser internationalen Rechnungslegungsgrundsätze stärker an internationale Standards angelehnt ist als sein deutsches Pendant. Folge dessen sind wiederum die geringeren Auswirkungen, die durch eine Einbindung internationaler Standards in das Handelsrecht für das auf diese verweisende Steuerrecht zu erwarten sind.

Obwohl das spanische *principio de devengo* und das deutsche Realisationsprinzip sich weitgehend ähneln, führt die spanische Interpretation des *principio de devengo*, die unabhängig vom Vorsichtsprinzip erfolgt, mit Hilfe des Korrelationsprinzips zu einer Betonung der periodengerechten Gewinnermittlung.

(c) Ausnahmen vom *principio de devengo*

Im TRLIS sind für einzelne Posten Abweichungen vom *principio de devengo* vorgesehen. So wird gemäß Art. 19.4 TRLIS bei Geschäften mit Ratenzahlungen oder mit Preisstundungen (*operaciones a plazos o con precio aplazado*), bei denen die letzte Rate erst nach über einem Jahr gezahlt werden muss, die Grundregel umgekehrt: Wenn der Steuerpflichtige nicht ausdrücklich das *principio de devengo* wählt, sind die Erträge nach dem Kassenprinzip proportional auf die tatsächlichen Zahlungseingänge zu verteilen.

Ähnliches gilt für Aufwendungen für interne Pensionsfonds und entsprechende Rückstellungen einer Gesellschaft (*dotaciones a provisiones y fondos internos para compromisos por pensiones*). Diese gehören gemäß Art. 14.1 f) TRLIS im Zeitpunkt der Einzahlung in den internen Pensionsfonds bzw. im Zeitpunkt der

---

510 *Weber-Grellet*, DB 2000, 165, 166 f.; *ders.*, BB 1999, 2659, 2660 f.; *ders.*, DB 1997, 385, 386.

511 *Hennrichs*, DStJG 2001, 301, 324 f.; vgl. nur die dem Korrelationsprinzip ähnliche Zuordnung von Aufwendungen und Erträgen in Ziffer 95 des Rahmenkonzeptes des *International Accounting Standards Board* (IASB) für die Aufstellung und Darstellung von Abschlüssen (*Framework*) nach den *International Financial Reporting Standards* (IFRS), siehe dazu *Herzig*, WPg 2005, 211, 215 f.

Rückstellungsbildung zu den nicht abzugsfähigen Aufwendungen,[512] können aber gemäß Art. 19.5 TRLIS in dem Zeitpunkt der Pensionsauszahlung an die berechtigten Arbeitnehmer verbucht werden. Dadurch wird die Buchung der Aufwendung also bis zu dem Zeitpunkt der tatsächlichen Zahlung verzögert, insoweit wird also nach dem Kassenprinzip verfahren.[513] Wie im Einzelnen noch zu erläutern sein wird, ist neben diesen Fällen die Anwendung des Kassenprinzips für Einzelunternehmer generell im Rahmen einer Kassenrechnung, für Körperschaftsteuersubjekte unter bestimmten Voraussetzungen auf Antrag des Steuerpflichtigen handelsrechtlich wie steuerrechtlich möglich.

Weitere Abweichungen vom *principio de devengo* sind gemäß Art. 19.6, .8 und .9 TRLIS für Wertaufholungen (*recuperaciones de valor*), unentgeltliche Anschaffungen (*adquisiciones a título lucrativo*) und für die Auflösung von Rückstellungen (*eliminación de provisiones*) vorgesehen.

Unter anderem für Bau- und Immobilienunternehmen wurde schließlich der PGC durch Rechtsverordnungen[514] dahingehend angepasst, dass an Stelle des *principio de devengo* die sog. Methode der Teilgewinnrealisierung (*método del porcentaje de realización*, wörtlich also Methode der anteiligen Realisierung, entspricht der *percentage-of-completion*-Methode) gilt: Danach werden die Erträge und Aufwendungen dem Baufortschritt in der jeweiligen Steuerperiode entsprechend periodisiert. Ist dagegen eine Schätzung des vertraglichen Budgets, der Kosten und des Prozentsatzes des Baufortschritts nicht möglich oder birgt das Projekt ungewöhnliche Risiken, so ist die sog. Methode des erfüllten Vertrags (*método del contrato cumplido*, entspricht der *completed-contract*-Methode) einschlägig. Danach werden die Erträge erst zum Zeitpunkt des Gefahrübergangs realisiert und damit erst, wenn der Bau im wesentlichen fertiggestellt ist, an den Kunden übergeben oder von diesem abgenommen wurde.

Ohne diese Korrektur würde die Anwendung des Realisationsprinzips – wie in Deutschland als Folge der Eigenschaft des Realisationsprinzips als Ausprägung des Vorsichtsprinzips[515] – zur verzerrten Darstellung der tatsächlichen wirtschaftlichen Situation eines Unternehmens durch die Gewinn- und Verlustrech-

---

512 Art. 14.1 f) TRLIS ist irreführender Weise so formuliert, als ob solche Zahlungen steuerrechtlich zu keinem Zeitpunkt abziehbar wären, vgl. *Cisneros Soria*, in: Rubio Guerrero, IS, 269 f.

513 *García Novoa*, in: Yebra Martul-Ortega/García Novoa/López Díaz, IS, 187, 236.

514 *Adaptación sectorial del PGC a las empresas constructoras e inmobiliarias, OM de 27 de enero de 1993 (BOE 5 febrero 1993, núm. 31, 3375)* und *OM de 28 de diciembre de 1994 (BOE 4 enero 1995, núm. 3, 222)*; siehe dazu bereits oben ab S. 71.

515 Vgl. den Überblick bei *Krawitz*, DStR 1997, 886, 888 ff., der wegen der Risiken einer Realisation vor Abschluss der Auftragsdurchführung jedoch die strikte Einhaltung des Realisationsprinzips verteidigt.

nung führen. Denn während der langen Zeitspanne von der Auftragserteilung bis zur Fertigstellung und der laut Realisationsprinzip erst dann möglichen Buchung des Ertrags hätte der Unternehmer den Gewinn eigentlich schon (schrittweise) erwirtschaftet, dürfte ihn aber noch nicht ausweisen. Der Gewinnausweis erfolgte also nicht periodengerecht, sondern erst nach Abschluss des Projekts in einem einzigen Geschäftsjahr.[516] Vorher würde der Unternehmer unter Umständen in den Perioden der Auftragsdurchführung Verluste ausweisen, obwohl er profitabel arbeitet und nach abgeschlossener Auftragsdurchführung einen Gewinn ausweisen kann.[517] Auch der während dieser langen Zeitspanne unter Umständen noch nicht erfolgte Zufluss liquider Mittel ändert nichts daran, dass sich die wirtschaftliche Leistungsfähigkeit des Unternehmers schon vor Buchung des Ertrags erhöht hätte und dass diese erhöhte wirtschaftliche Leistungsfähigkeit abweichend vom allgemeinen Realisationsprinzip schon im Laufe der Zeitspanne durch Teilbuchungen wiedergegeben werden sollte: Denn auch die Gewinnrealisierung erfolgt stets unabhängig vom tatsächlichen Geldzufluss und damit von der Liquidität.[518]

Werden schließlich abweichend von den genannten Grundsätzen Aufwendungen in einem späteren bzw. Erträge in einem früheren als dem korrekten Wirtschaftsjahr bilanziert, so kann dies gemäß Art. 19.3 Abs. 2 S. 2 TRLIS beibehalten werden, sofern sich daraus nicht eine niedrigere Steuer ergibt.

cc) Bewertungsstetigkeit – *principio de uniformidad*

Der Grundsatz der Bewertungsstetigkeit des § 252 Abs. 1 Nr. 6 HGB verlangt, dass von Jahr zu Jahr die gleichen Bewertungsmethoden beibehalten werden. Von dem Grundsatz erfasst werden sämtliche Bewertungsmethoden und Wertansatzwahlrechte, nicht aber Bilanzansatzwahlrechte.[519] Zweck der Vorschrift ist die bessere Vergleichbarkeit aufeinanderfolgender Abschlüsse. Zwar ist der Grundsatz als Sollvorschrift formuliert, er darf trotzdem nur in Ausnahmefällen unbeachtet bleiben. Solche begründete Ausnahmefälle i.S.d. § 252 Abs. 2 HGB liegen vor, wenn der Kaufmann auf veränderte Verhältnisse durch die Wahl einer anderen Bewertungsmethode reagieren muss, um die Übersichtlichkeit und Klarheit des Jahresabschlusses zu wahren. Beispiele sind die ausdrücklich zugelassene Ausübung steuerlicher Bewertungswahlrechte, geänderte Gesetze oder

516 *Thiel/Lüdtke-Handjery*, Bilanzrecht, Rn. 360.
517 *Krawitz*, DStR 1997, 886.
518 Vgl. zur diesbezüglichen Problematik des Realisationsprinzips bei langfristiger Fertigung in Deutschland *Ellrott/Brendt*, in: Beck'scher Bilanz-Kommentar, § 255 Rn. 458; *Thiel/Lüdtke-Handjery*, Bilanzrecht, Rn. 363.
519 *Thiel/Lüdtke-Handjery*, Bilanzrecht, Rn. 343.

eine Rechtsprechungsänderung sowie die Ergebnisse einer steuerlichen Außenprüfung.[520]

Das Prinzip der Bewertungsstetigkeit (*principio de uniformidad*, also wörtlich Prinzip der Gleichmäßigkeit) ist in Art. 38.1 b) CCom i.V.m. Teil 1 PGC geregelt; anders als in Deutschland ist die Norm nicht als Sollvorschrift formuliert. Danach ist ein von den Grundsätzen ordnungsgemäßer Buchführung eingeräumtes Wahlrecht für alle ähnlichen Vermögensgegenstände und auch in zukünftigen Wirtschaftsjahren gleich auszuüben, sofern sich nicht die maßgeblichen Voraussetzungen ändern. Ist letzteres der Fall, so sind diese geänderten Voraussetzungen und die Auswirkungen der anderen Wahlrechtsausübung im Anhang anzugeben. Ohne diesen Grundsatz wären die Jahresabschlüsse verschiedener Wirtschaftsjahre kaum miteinander vergleichbar.

Steuerrechtlich wird das Prinzip der Bilanzstetigkeit in Art. 1.6 RIS für die Wahl der Abschreibungsmethode speziell und damit vorrangig vor dem handelsrechtlichen Grundsatz geregelt. Danach dürfen auf ein Wirtschaftsgut weder gleichzeitig noch nacheinander verschiedene Abschreibungsmethoden angewandt werden. Nur in Ausnahmefällen darf unter Erläuterung im Anhang von diesem Grundsatz abgewichen werden.

dd) Grundsatz der Einzelbewertung – *principio de valoración separada*

Der Grundsatz der Einzelbewertung gemäß § 252 Abs. 1 Nr. 3 HGB i.V.m. § 6 Abs. 1 EStG verlangt für die Bewertung die Abgrenzung der verschiedenen Vermögensgegenstände bzw. Wirtschaftsgüter. Der Buchführende muss danach eine Entscheidung darüber treffen, ob ein Vermögensgegenstand selbstständig ist oder ob er wegen seines betrieblichen Nutzungs- und Funktionszusammenhangs zusammen mit anderen Vermögensgegenständen zu einer Bewertungseinheit gehört, wie es z.B. bei einem Transportband als Teil einer maschinellen Anlage der Fall ist. Dann ist nicht der einzelne Vermögensgegenstand, sondern die aus mehreren Vermögensgegenständen bestehende Bewertungseinheit Gegenstand der Bewertung.[521]

Entsprechend sind nach dem Grundsatz der Einzelbewertung (*principio de valoración separada*) des Art. 38.1 e) CCom i.V.m. Teil 1 PGC die Posten der Aktiva und Passiva der Bilanz sowie der Erträge und Aufwendungen der Gewinn- und Verlustrechnung einzeln zu bewerten. Hintergrund dieses Prinzips ist die Klarheit des Jahresabschlusses sowie dessen Übereinstimmung mit dem *imagen*

---

520 *Winkeljohann/Geißler*, Beck'scher Bilanz-Kommentar, § 252 HGB Rn. 56 f., 59 ff.

521 *Winkeljohann/Geißler*, in: Beck'scher Bilanz-Kommentar, § 252 Rn. 22 ff.; *Schreiber*, in: Blümich, EStG, § 5 Rn. 231.

fiel. An den deutschen Begriff der Bewertungseinheit erinnert Teil 5 Norm 3 d) PGC, wonach Geräte und Werkzeuge, die zu Maschinen gehören, den Bewertungs- und Abschreibungsvorschriften für die jeweiligen Maschinen unterliegen.

ee) Saldierungsverbot – *principio de no compensación*

Nach dem Saldierungsverbot des § 246 Abs. 2 HGB dürfen Posten der Aktivseite nicht mit Posten der Passivseite, Erträge nicht mit Aufwendungen verrechnet werden. Dies soll die Klarheit und Übersichtlichkeit des Jahresabschlusses gewährleisten. Es existieren zahlreiche Ausnahmen von dem Grundsatz, insbesondere wenn die Aufrechnung von Forderungen mit Verbindlichkeiten zwischen denselben Personen zu einer übersichtlicheren Bilanz führt.[522] Das Saldierungsverbot ist eine Ausprägung des Grundsatzes der Einzelbewertung.[523] Entsprechendes gilt in Spanien nach dem Saldierungsverbot (*principio de no compensación*) des Art. 35.6 CCom.

ff) Unternehmensfortführung – *principio de la empresa en funcionamiento*

Der Grundsatz der Unternehmensfortführung des § 252 Abs. 1 Nr. 2 HGB (*going-concern*) schreibt vor, dass bei der Bewertung in der Regel von der Fortführung der Unternehmenstätigkeit auszugehen ist. Vermögensgegenstände eines Unternehmens sind danach mit dem Wert zu bewerten, den sie bei ihrem Verbleib im Unternehmen und ihrer dortigen Nutzung haben, nicht etwa mit ihrem Einzelveräußerungswert. Dies bedeutet beispielsweise für eine auf ein Unternehmen angepasste und nur dort nutzbare Maschine, dass sie nicht mit ihrem im Falle der Liquidation oder Veräußerung anzusetzenden Erlös bewertet wird, solange das Unternehmen nicht tatsächlich liquidiert bzw. die Maschine nicht tatsächlich veräußert werden soll.[524]

In Spanien ist das Prinzip der Unternehmensfortführung (*principio de la empresa en funcionamiento* oder auch *principio de gestión continuada*) in Art. 38.1 a) CCom i.V.m. Teil 1 PGC geregelt und beinhaltet entsprechend der deutschen Regelung, dass bei der Bewertung von einer unbegrenzten Lebensdauer des Unternehmens auszugehen ist, so dass die Anwendung der Grundsätze ordnungsgemäßer Buchführung nicht mit Blick auf eine mögliche (Teil-) Veräußerung oder Auflösung des Unternehmens zu geschehen hat.

Unter anderem basieren die Kriterien für die Abschreibung des materiellen und immateriellen Anlagevermögens auf diesem Prinzip. Zudem werden etwa der interperiodische Verlustabzug des Art. 25 TRLIS und die Möglichkeit der Vor-

---

522 *Förschle/Kroner*, in: Beck'scher Bilanz-Kommentar, § 246 Rn. 100 ff.
523 *Weber-Grellet*, in: Schmidt, EStG, § 5 Rn. 68.
524 *Baetge/Ziesemer*, in: Baetge/Kirsch/Thiele, Bilanzrecht, § 252 HGB Rn. 42.

nahme bestimmter Abzüge bzw. der Inanspruchnahme bestimmter Gutschriften auch noch in späteren Steuerperioden als Ausprägungen des Prinzips der Unternehmensfortführung gesehen.[525] Dagegen wurde die ebenfalls vor diesem Hintergrund vorgesehene Steuerbefreiung bei Reinvestition außerordentlicher Gewinne (*reinversión de beneficios extraordinarios*) des Art. 21 LIS a.F. mit Wirkung zum 1. Januar 2002 abgeschafft.[526]

gg) Anschaffungskostenprinzip – ***principio del precio de adquisición***

Nach dem Anschaffungskostenprinzip des § 253 Abs. 1 S. 1 HGB i.V.m. § 6 Abs. 1 Nr. 1 S. 1, Nr. 2 S. 1 EStG sind Vermögensgegenstände höchstens mit den Anschaffungs- oder Herstellungskosten anzusetzen. Diese Bewertungsobergrenze verhindert regelmäßig den bilanziellen Ausweis unrealisierter Wertsteigerungen und ist deswegen eine Ausprägung der Markteinkommenstheorie und des Realisationsprinzips.

Der Grundsatz der Bewertung mit den Anschaffungskosten (*principio del precio de adquisición*) ist in Art. 38.1 f) CCom i.V.m. Teil 1 PGC geregelt und bestimmt, dass die Elemente des Anlage- und Umlaufvermögens mit den Anschaffungskosten oder mit den Herstellungskosten (*coste de producción*) anzusetzen sind, soweit keine gesetzliche Ausnahmeregelung existiert. Durch das damit verbundene Außerachtlassen von Wertsteigerungen bis zur Veräußerung des jeweiligen Wirtschaftsguts wird also auch in Spanien das Realisationsprinzip verwirklicht.[527]

Folge der handelsrechtlichen Regelung ist eine Verzerrung des buchhalterischen Ergebnisses im Falle eines allgemeinen Preisanstiegs, wenn mangels einer möglichen Aktualisierung der historischen Kosten ein rein nominales Ergebnis (*resultado nominal*) ausgewiesen wird. Die Möglichkeit einer Bewertung mit dem Zeitwert (*valor razonable*, entspricht dem *Fair Value*) wurde zwar im Jahre 2003 in Art. 46 Nr. 9 CCom eingefügt, gilt jedoch nur für bestimmte Finanzinstrumente im Rahmen von Konzernabschlüssen.[528]

Steuerrechtlich ist das Anschaffungskostenprinzip in Art. 15.1 TRLIS verankert, wegen einer fehlenden Definition von Anschaffungs- und Herstellungskosten ist insoweit – wie auch in Deutschland – auf die handelsrechtliche Regelung zurückzugreifen. Das TRLIS sieht Ausnahmen vom Anschaffungskostenprinzip

525 *Malvárez Pascual/Martín Zamora*, IS, 145 f.

526 Dies geschah durch die *Disposición derogatoria única de la Ley 24/2001, de 27 diciembre, de medidas fiscales, administrativas y del orden social (BOE 31 diciembre 2001, núm. 313, 50493).*

527 *Báez Moreno*, Normas Contables e IS, 106 f.

528 Details dazu bei *Sanz Gadea*, EF 251/2004, 81, 98 ff.

vor, wie die Bewertung mit dem Marktwert bei den von Art. 15.2 TRLIS erfassten Operationen: Dazu gehören etwa unentgeltlich übertragene oder angeschaffte Vermögensgegenstände, Gesellschaftseinlagen und durch Tausch erworbene Vermögensgegenstände.

Weitere Ausnahmen hin zu einer Bewertung mit dem Marktwert richten sich gegen mögliche Fälle der Steuerumgehung, etwa bei den sog. verbundenen Operationen (*operaciones vinculadas*) des Art. 16 TRLIS. Bei solchen Operationen zwischen einer Gesellschaft und ihren Gesellschaftern, einer Gesellschaft und ihren Beratern und Geschäftsführern, einer Gesellschaft und den Ehepartnern ihrer Gesellschafter, Berater und Geschäftsführer, einer Gesellschaft und einer anderen Gesellschaft, an der sie mit mindestens 25% beteiligt ist, zwischen zwei Gesellschaften mit denselben Gesellschaftern, oder zwischen einer im Ausland ansässigen Gesellschaft und ihren spanischen Betriebsstätten gilt folgendes: Die Finanzverwaltung kann gemäß Art. 16.1 TRLIS diese Operationen mit dem Marktwert bewerten, wenn die von den Steuerpflichtigen vorgenommene Bewertung zu einer niedrigeren Besteuerung in Spanien führt, als dies bei einer Bewertung mit dem Marktwert der Fall wäre. Damit richtet sich diese Regelung gegen verdeckte Gewinnausschüttungen.[529]

hh) Der Grundsatz der Wesentlichkeit – *principio de importancia relativa*

Der Grundsatz der Wesentlichkeit als ungeschriebener GoB i.S.d. §§ 238 Abs. 1 S. 1, 243 Abs. 1 HGB ermöglicht es, dass Sachverhalte, die wegen ihrer geringen Größenordnung das Jahresergebnis nicht beeinflussen, vernachlässigt werden können: Sie sind bei der Bilanzierung und Bewertung außer Betracht zu lassen.[530] Durch diese Vereinfachungsregel soll dem bilanzierenden Kaufmann unnötiger Zeit- und Kostenaufwand erspart werden, wenn Bilanzoperationen das Jahresergebnis so wenig beeinflussen würden, dass sie den Bilanzleser vernünftigerweise nicht interessieren und daher unwesentlich sind.[531]

Der spanische sog. Grundsatz der Wesentlichkeit (*principio de importancia relativa*, wörtlich übersetzt also „Grundsatz der relativen Wichtigkeit") ist gemäß Teil 1 PGC weiter gefasst, da von der strengen Anwendung der Grundsätze ordnungsgemäßer Buchführung dann abgesehen werden kann, wenn der quantitative Unterschied nicht ins Gewicht fällt und die Übereinstimmung des Jahresabschlusses mit dem *imagen fiel* nicht gefährdet. Eine bedeutende Konsequenz ist

---

529 Einzelheiten bei *Pascual Pedreño*, IS, 203 und *Lüdemann/Echevarria/Hruschka*, Investitionen in Spanien, Rn. 121.

530 *Winkeljohann/Geißler*, in: Beck'scher Bilanz-Kommentar, § 252 HGB Rn. 70 f.; *Weber-Grellet*, in: Schmidt, EStG, § 5 Rn. 84; *Hennrichs*, StuW 1999, 138, 142.

531 *Thiel/Lüdtke-Handjery*, Bilanzrecht, Rn. 348.

jedoch entsprechend dem deutschen Grundsatz der Wesentlichkeit, dass entgegen den GoB eine bilanzielle Berücksichtigung eines quantitativ unbedeutenden Sachverhalts ganz unterbleiben kann. Als praktisches Beispiel für den genannten Grundsatz wird in Spanien auch die sofortige Berücksichtigung von Aufwendungen für Gegenstände des Anlagevermögens, wenn ein bestimmter Betrag nicht überschritten wird, angeführt: Diese geringwertigen Wirtschaftsgüter (*bienes de escaso valor*) müssen also nicht aktiviert werden.[532] Auf diesem Wege wird in Spanien über das Prinzip der Wesentlichkeit ein Ergebnis erreicht, wie es in Deutschland in § 6 Abs. 2 EStG[533] – Sofortabzug der Anschaffungs- bzw. Herstellungskosten von geringwertigen Wirtschaftsgütern (weniger als € 410 pro Wirtschaftsgut) – ausdrücklich geregelt ist. Dass in Spanien das Prinzip der Wesentlichkeit mit dem Sofortabzug der Anschaffungs- bzw. Herstellungskosten geringwertiger Wirtschaftsgüter im Zusammenhang gesehen wird, dürfte dadurch zu begründen sein, dass beide der Vereinfachung der Bilanzierung dienen.

Steuerrechtlich gilt das Prinzip der Wesentlichkeit über den Verweis des Art. 10.3 TRLIS, auch wenn dies teilweise wegen der dadurch möglichen Verringerung der Bemessungsgrundlage bestritten wird.[534]

ii) Das buchhalterische Eintragungsprinzip – *principio de inscripción contable*

Das spanische sog. buchhalterische Eintragungsprinzip (*principio de inscripción contable*) ist steuerrechtlicher Natur und – wie bereits im Rahmen der umgekehrten Maßgeblichkeit erwähnt – in Art. 19.3 TRLIS geregelt. Es besagt, dass eine Aufwendung, die handelsrechtlich nicht in der Gewinn- und Verlustrechnung ausgewiesen wird, in der Steuerbilanz nicht berücksichtigt werden kann, wenn keine Ausnahmeregelung greift. Solche Ausnahmeregelungen sind, wie bereits erwähnt, die freien Abschreibungen des Art. 19.3 TRLIS, die beschleunigte Abschreibung bei Finanzierungsleasingverträgen gemäß Art. 115.7 TRLIS sowie die beschleunigte Abschreibung bei Kleinunternehmen gemäß Art. 111.6 TRLIS.

Zweck dieses Grundsatzes ist es, hinsichtlich der abziehbaren Aufwendungen eine bessere Interaktion zwischen Steuer- und Handelsbilanz zu erreichen,[535] was ihn – wie oben im Rahmen der umgekehrten Maßgeblichkeit erörtert – zu einem möglichen Ansatz für eine formelle und umgekehrte Maßgeblichkeit der

532 *Malvárez Pascual/Martín Zamora*, IS, 159; *Ortiz Calle*, Amortizaciones, 94 f.

533 Vgl. zu § 6 Abs. 2 EStG *Ehmcke*, in: Blümich, EStG, § 6 Rn. 1100 ff.

534 *Malvárez Pascual/Martín Zamora*, IS, 159 m.w.N.; *Zamora Ramírez*, Partida Doble 2000, 4, 8.

535 *Malvárez Pascual/Martín Zamora*, IS, 162.

Steuerbilanz für die Handelsbilanz macht. Bei einer entsprechenden Auslegung der Verweisungsnorm Art. 10.3 TRLIS ist der Grundsatz aber entbehrlich.[536]

d) Ansatz

Nach der Ansatzvorschrift des Art. 35.1 CCom sind in der Handelsbilanz auf der Aktivseite sämtliche Güter und Rechte (*bienes y derechos*) und auf der Passivseite alle Verpflichtungen (*obligaciones*) aufzuführen. Nicht in dieser Norm erwähnt sind die aufgrund einzelner Vorschriften zu bildenden aktiven Bilanzierungshilfen (*ayudas contables*) sowie die aktiven und passiven Rechnungsabgrenzungsposten (*ajustes por periodificación*) i.S.d. Art. 186 LSA.

Damit entspricht Art. 35.1 CCom trotz seines allgemein gehaltenen Wortlauts im Wesentlichen dem § 247 Abs. 1 HGB, wonach in der Handelsbilanz das Anlage- und Umlaufvermögen, das Eigenkapital, die Schulden sowie die Rechnungsabgrenzungsposten gesondert auszuweisen und hinreichend aufzugliedern sind. Wie im spanischen Handelsrecht werden also die Bilanzierungshilfen in der grundlegenden Ansatznorm nicht aufgeführt.

aa) Aktivierung

Nach deutschem Handelsrecht sind auf der Aktivseite in Anlehnung an § 266 HGB die Vermögensgegenstände des Anlage- und Umlaufvermögens, die Bilanzierungshilfen, die Rechnungsabgrenzungsposten sowie gegebenenfalls das negative Eigenkapital zum Ausgleich der Differenz von Aktiv- und Passivseite anzusetzen.[537] Dies entspricht dem spanischen Handelsrecht, vgl. Art. 175 LSA.

(1) Wirtschaftsgut bzw. Vermögensgegenstand – *bien balanceable*

Der handelsrechtliche Begriff des Vermögensgegenstands i.S.d. §§ 246 Abs. 1, 252, 253, 266, 240, 241 HGB wird mit dem steuerrechtlichen Begriff des Wirtschaftsguts i.S.d. §§ 4, 5, 6 EStG weitgehend gleichgesetzt.[538] Die Bilanzierungsfähigkeit richtet sich nach den handelsrechtlichen GoB. Vermögensgegenstand ist danach, was der Kaufmann sich etwas kosten lässt, was selbstständig bewertet werden kann und was selbstständig verkehrsfähig bzw. zusammen mit

536 Siehe zur Auslegung des Art. 10.3 TRLIS oben ab S. 71.

537 *Knobbe-Keuk*, Bilanz- und Unternehmenssteuerrecht, 62.

538 BFH, Beschl. v. 7.08.2000 – GrS 2/99, BStBl. II 2000, 632, 635; *Weber-Grellet*, in: Schmidt, EStG, § 5 Rn. 93; der Begriff des Wirtschaftsguts bezieht sich auch auf Posten der Passivseite der Bilanz, *Winkeljohann/Philipps*, in: Beck'scher Bilanz-Kommentar, § 240 HGB Rn. 2 f.

dem Betrieb übertragbar ist.[539] Darunter fallen körperliche Gegenstände wie immaterielle Güter; ausreichend ist eine rechtliche oder tatsächliche Position von wirtschaftlichem Wert.[540]

Für die Ansetzungsfähigkeit eines Vermögensgegenstands (*bien balanceable* oder *elemento del patrimonio*) in der spanischen Handelsbilanz wird in der Regel schlicht auf die verschiedenen Konten des PGC verwiesen.[541] Ein eindeutiger abstrakter Vermögensgegenstandsbegriff besteht deswegen in Spanien im Gegensatz zu Deutschland nicht. Vereinzelt werden auch hier als Voraussetzungen die selbstständige Bewertbarkeit (*posible valoración autónoma*) sowie die Möglichkeit zukünftiger Erträge (*posibilidad de generar ingresos futuros*) genannt.[542] Hier kommt bereits zum Ausdruck, dass die spanische Rechnungslegung geringere Anforderungen an die Bilanzierungsfähigkeit eines Vermögensgegenstands stellt. Es kommt insbesondere nicht auf den entgeltlichen Erwerb oder auf die Veräußerbarkeit an.[543]

Der handelsrechtliche Vermögensgegenstandsbegriff ist in den Vergleichsländern grundsätzlich auch für das Steuerrecht maßgeblich, in Deutschland ist – wie noch zu sehen sein wird im Gegensatz zu Spanien – insbesondere die Ausnahme des § 5 Abs. 2 EStG für unentgeltlich erworbene immaterielle Wirtschaftsgüter des Anlagevermögens von Bedeutung.

(a) Anlagevermögen – *inmovilizado*

Zum Anlagevermögen gehören in Deutschland gemäß § 247 Abs. 2 HGB diejenigen Vermögensgegenstände, die dazu bestimmt sind, dauerhaft dem Geschäftsbetrieb zu dienen. Entscheidend ist die jeweilige Zweckbestimmung, die sich aus den Eigenschaften der Sache und aus dem Willen des Kaufmanns bezüglich der Art ihres Einsatzes zusammensetzt.[544]

In Spanien gehören zum Anlagevermögen gemäß Art. 184.1 und .2 LSA ebenfalls alle Vermögensgegenstände, die dazu bestimmt sind, langfristig dem Unternehmen zu dienen. Maßgeblich ist die vom Unternehmer beabsichtigte Funktion des jeweiligen Vermögensgegenstands im Moment seiner Anschaffung bzw. Herstellung. Erst wenn ein Vermögensgegenstand nicht nur temporär, son-

539 *Knobbe-Keuk*, Bilanz- und Unternehmensteuerrecht, 87 f.; *Weber-Grellet*, in: Schmidt, EStG, § 5 Rn. 93, 95.

540 *Ellrott/Krämer*, in: Beck'scher Bilanz-Kommentar, § 247 HGB Rn. 10.

541 AECA, Inmovilizado material, 23.

542 *Báez Moreno*, Normas Contables e IS, 155 ff., der allerdings die selbstständige Bewertbarkeit als Voraussetzung ablehnt.

543 *Dicken*, Spanisches Bilanzrecht, 32.

544 *Hoyos/F. Huber*, in: Beck'scher Bilanz-Kommentar, § 247 HGB Rn. 351.

dern potentiell nicht mehr für den Betrieb genutzt werden kann, verliert er seinen Charakter als Anlagevermögen.[545]

Konkrete Elemente des materiellen Anlagevermögens werden vom PGC in seinen Unterkonten 220-229 aufgezählt. Dazu zählen u.a. Grundstücke (*terrenos*), Gebäude (*construcciones*), technische Installationen (*instalaciones técnicas*), Werkzeuge (*utillaje*) und Maschinen (*maquinaria*).

Das immaterielle Anlagevermögen wird in Teil III, Untergruppe 21 PGC definiert als die Gesamtheit der unkörperlichen Vermögensgegenstände, die wirtschaftlich bewertbare Rechte sind. Ausdrücklich genannt werden im PGC Forschungs- und Entwicklungsaufwendungen (*gastos de investigación y desarrollo*), Verwaltungskonzessionen (*concesiones administrativas*), gewerbliches Eigentum (*propiedad industrial*), der Firmenwert (*fondo de comercio*), Pachtübergangsrechte (*derechos de traspaso*),[546] Computersoftware (*aplicaciones informáticas*), Anwartschaftsrechte auf geleaste Vermögensgegenstände (*derechos sobre bienes en régimen de arrendamiento financiero*) sowie Vorauszahlungen für Vermögensgegenstände des immateriellen Anlagevermögens (*anticipios para inmovilizaciones inmateriales*). Daneben bestehen weitere Vermögensgegenstände des immateriellen Anlagevermögens wie die Urheberrechte (*propiedad intelectual*), die wie das gewerbliche Eigentum behandelt werden.[547] In der Bilanzierung von Leasinggegenständen bestehen Unterschiede zur deutschen Systematik: Der Leasingnehmer kann nicht den Leasing*gegenstand* selbst bilanzieren,[548] sondern gemäß Teil 5 Bewertungsnorm 5 f) PGC das Anwartschaftsrecht an dem Leasinggegenstand (wörtlich *los derechos derivados de los contratos de arrendamiento financiero*) als ein *immaterielles* Wirtschaftsgut, wenn keine ernsthaften Zweifel daran bestehen, dass er die Kaufoption ausüben wird; im

---

545 *Ortiz Calle*, Amortizaciones, 60.

546 Nach dem ICAC – Norm 6 Ziffer 1 der *Resolución de 21 de enero de 1992 del Presidente del ICAC por la que se dictan normas de valoración del inmovilizado inmaterial,* http://www.icac.mineco.es/consultas – handelt es sich dabei um die Überlassung von gepachteten Geschäftsräumen durch den Pächter an einen anderen gegen eine Gegenleistung, wobei letzterer in die Rechte und Pflichten des ursprünglichen Pachtvertrags eintritt. Pachtübergangsrechte existieren in Deutschland nicht.

547 So Norm 4 Ziffer 4 der *Resolución de 21 de enero de 1992 del Presidente del ICAC por la que se dictan normas de valoración del inmovilizado inmaterial,* http://www.icac.mineco.es/consultas.

548 Liegen in Deutschland die Voraussetzungen für eine Zurechnung des Leasinggegenstands an den Leasingnehmer als wirtschaftlichen Eigentümer vor, so hat dieser das (materielle) Wirtschaftsgut mit den der Berechnung der Leasingraten zugrunde gelegten Anschaffungs- bzw. Herstellungskosten zu aktivieren, vgl. *Weber-Grellet*, in: Schmidt, EStG, § 5 Rn. 741; *Hoyos/Huber*, in: Beck'scher Bilanz-Kommentar, § 247 Rn. 372, 452; *Förschle/Kroner*, in: Beck'scher Bilanz-Kommentar, § 246 Rn. 39.

Übrigen bilanziert der Leasinggeber den Leasinggegenstand in diesem Fall nicht. Ernsthafte Zweifel an der Ausübung der Kaufoption bestehen dann nicht, wenn zum Zeitpunkt des Vertragsschlusses der (Rest-) Kaufpreis bei Ausübung der Option geringer ist als der Restwert des Leasinggegenstands, oder wenn zum Zeitpunkt des Vertragsschlusses der (Rest-) Kaufpreis im Vergleich zum Gesamtvolumen des Leasingvertrags unbedeutend ist.[549] Mit einer solchen Kaufoption sind in Spanien alle Leasingverträge ausgestattet, vgl. Einführung Ziffer 23 PGC. Der Leasingnehmer muss das Anwartschaftsrecht aus dem Leasingvertrag gemäß Teil 5 Bewertungsnorm 5 f) PGC abschreiben, wobei die Nutzungsdauer des betreffenden Leasinggegenstands maßgeblich ist. Wird die Kaufoption schließlich ausgeübt, so sind der Wert des Anwartschaftsrechts sowie die erfolgten Abschreibungen in die Anschaffungskosten des gekauften Leasinggegenstandes umzubuchen.

In Spanien existiert kein Grundsatz, dass Vermögensgegenstände des immateriellen Anlagevermögens nur im Falle des entgeltlichen Erwerbs aktiviert werden dürfen,[550] im Gegensatz also zur deutschen Regelung in § 248 Abs. 2 HGB und § 5 Abs. 2 EStG. Vielmehr gelten für einzelne – auch unentgeltlich erworbene – Vermögensgegenstände des immateriellen Anlagevermögens Ausnahmen vom Grundsatz der Aktivierbarkeit, und zwar für den Firmenwert gemäß Art. 176, 192.4 LSA i.V.m. Teil 5 Bewertungsnorm 5 PGC und für die Pachtübergangsrechte gemäß Teil 5 Bewertungsnorm 5 PGC, jeweils i.V.m. der *resolución* des ICAC von 1992 zur Bewertung des immateriellen Anlagevermögens.[551] Dafür wird die Aktivierung – auch unentgeltlich erworbener – Vermögensgegenstände des immateriellen Anlagevermögens handelsrechtlich teilweise an strenge Voraussetzungen geknüpft. So gilt etwa bei den Forschungs- und Entwicklungsaufwendungen sowie bei Computersoftware der Grundsatz der sofortigen Abziehbarkeit der Aufwendungen,[552] vgl. Teil 5 Bewertungsnorm 5 PGC sowie Norm 2 Ziffer 2 und Norm 7 Ziffer 1 der genannten *resolución* des ICAC.

---

549 Norm 8 Ziffer 4 der *Resolución de 21 de enero de 1992 del Presidente del ICAC, por la que se dictan normas de valoración del inmovilizado inmaterial*, http://www.icac.mineco.es/consultas.

550 *Báez Moreno*, Normas Contables e IS, 110.

551 Diese können also nur bei entgeltlichem Erwerb aktiviert werden gemäß Norm 5 Ziffer 2 und Norm 6 Ziffer 1 der *Resolución de 21 de enero de 1992 del Presidente del ICAC, por la que se dictan normas de valoración del inmovilizado inmaterial*, http://www.icac.mineco.es/consultas.

552 So für die Forschungs- und Entwicklungskosten auch *Dicken*, Spanisches Bilanzrecht, 43.

Im Falle einer Aktivierung von Forschungs- und Entwicklungskosten, von Ingangsetzungsaufwendungen[553] oder eines Firmenwerts greift gemäß Art. 194.4 LSA eine Ausschüttungssperre: Eine Dividendenausschüttung kommt dann nur in Betracht, wenn die verfügbaren Gewinnrücklagen nach einer solchen Ausschüttung zumindest in Höhe der für diese Aktiva bilanzierten Buchwerte bestehen. Diese Regelung ist Ausfluss des Vorsichtsprinzips,[554] welches in diesem Fall zwar nicht direkt die Aktivierung verhindert, wohl aber indirekt beeinflusst.

Im Grundsatz entspricht die deutsche Systematik dem Gesagten, allerdings mit einigen Unterschieden, die unter anderem Folge des erwähnten Aktivierungsverbots unentgeltlich erlangter Vermögensgegenstände des immateriellen Anlagevermögens sind: So dürfen Forschungs- und Entwicklungskosten nicht aktiviert werden, allenfalls indirekt durch Einbeziehung in die Herstellungskosten des Erzeugnisses, wenn die Forschung und Entwicklung im Rahmen eines bereits erteilten Auftrags erfolgt.[555] Der Geschäfts- oder Firmenwert kann nur zusammen mit einem (Teil-) Betrieb übertragen werden und ist deshalb nicht selbstständig verkehrsfähig. Die Einordnung des Geschäfts- bzw. Firmenwerts in das immaterielle Anlagevermögen ist daher strittig, wird jedoch von der überwiegenden Ansicht der Qualifizierung als Bilanzierungshilfe vorgezogen.[556] Für die Zuordnung zum immateriellen Anlagevermögen spricht jedenfalls steuerrechtlich die Verteilung der Anschaffungskosten durch Absetzungen für Abnutzung auf eine betriebsgewöhnliche Nutzungsdauer von 15 Jahren gemäß § 7 Abs. 1 S. 3 EStG.

(b) Umlaufvermögen – *circulante*

Das Umlaufvermögen (*circulante* oder auch *activo circulante*) ist in Art. 175, 177 LSA geregelt und unterteilt in Forderungen gegen Aktionäre auf Einzahlung in das Grundkapital gemäß Art. 42 LSA (*accionistas por desembolsos exigidos*, wörtlich also Aktionäre nach geforderten Einzahlungen), Vorräte (*existencias*) sowie Forderungen (*deudores*, wörtlich also Schuldner). Zu den Vorräten gehören Roh-, Hilfs- und Betriebsstoffe (*materias primas y consumibles*), unfertige Erzeugnisse (*productos en curso de fabricación*), fertige Erzeugnisse und Waren (*productos terminados y mercancías*) sowie geleistete Anzahlungen (*anticipos*).

553 Ingangsetzungsaufwendungen führen nicht zum Erwerb von Vermögensgegenständen und sind damit als solche nicht aktivierungsfähig, können jedoch jedenfalls handelsrechtlich als Bilanzierungshilfe aktiviert werden, siehe zu letzteren unten ab S. 139.

554 *Báez Moreno*, Normas Contables e IS, 110 f.

555 *Ellrott/Brendt*, in: Beck'scher Bilanz-Kommentar, § 255 HGB Rn. 424 ff.

556 *Ellrott/Krämer*, in: Beck'scher Bilanz-Kommentar, § 247 Rn. 14; *Ellrott/Brendt*, in: Beck'scher Bilanz-Kommentar, § 255 Rn. 511; *Knobbe-Keuk*, Bilanz- und Unternehmenssteuerrecht, 96 f.; a.A. *Förschle/Hoffmann*, in: Beck'scher Bilanz-Kommentar, § 309 Rn. 6.

Zu den Forderungen zählen diejenigen aus Lieferungen und Leistungen (*clientes por ventas y prestaciones de servicios*), gegen verbundene Unternehmen (*empresas del grupo deudores*), gegen Unternehmen, mit denen ein Beteiligungsverhältnis besteht (*empresas asociadas al grupo deudores*) sowie sonstige Forderungen (*otros deudores*).

Der spanische Begriff des Umlaufvermögens entspricht damit der Auflistung des Umlaufvermögens in der Gliederung der Bilanz des § 266 Abs. 2 HGB.

(c) Subjektive Zurechnung – *imputación subjetiva*

In Deutschland kann der Bilanzierende handelsrechtlich nach den §§ 240, 242 Abs. 1 HGB „seine" Vermögensgegenstände ansetzen. Entscheidend sind nicht bürgerlich-rechtliche, sondern wirtschaftliche Kriterien, welche allerdings in der Regel mit ersteren übereinstimmen.[557] Die Orientierung an wirtschaftlichen Gesichtspunkten wird beispielsweise in § 246 Abs. 1 S. 2 HGB deutlich, wonach Vermögensgegenstände, die unter Eigentumsvorbehalt erworben, verpfändet oder sonst als Sicherheit übertragen worden sind, abweichend vom zivilrechtlichen Eigentum in die Bilanz des Sicherungsgebers aufzunehmen sind. Die handelsrechtliche Regelung entspricht daher der steuerrechtlichen Zurechnung nach dem wirtschaftlichen Eigentum gemäß § 39 Abs. 2 Nr. 1 S. 1 AO. Danach ist derjenige wirtschaftlicher Eigentümer, der die tatsächliche Herrschaft über ein Wirtschaftsgut in der Weise ausübt, dass er den zivilrechtlichen Eigentümer auf Dauer von der Einwirkung auf das Wirtschaftsgut wirtschaftlich ausschließen kann.[558]

Eine mit § 39 AO vergleichbare Festschreibung des wirtschaftlichen Eigentums existiert in Spanien nicht. Daher gehören grundsätzlich diejenigen Vermögensgegenstände zu den Aktiva eines Unternehmens i.S.d. Art. 35.1 CCom, die im zivilrechtlichen Eigentum dieses Unternehmens stehen.[559] In Einzelfällen, in denen das zivilrechtliche Eigentum an einem und die tatsächliche Herrschaft über einen Vermögensgegenstand auseinanderfallen, existieren allerdings Ausnahmeregelungen: Auf die Besonderheiten im Rahmen von Leasingverträgen mit Kaufoption wurde bereits eingegangen.[560] Ähnlich wie beim Leasing hat der Käufer einen unter Eigentumsvorbehalt (*reserva de dominio*) gekauften Vermögensgegenstand zu bilanzieren.[561] Der Grund liegt in beiden Fällen darin, dass sowohl bei einer in Zukunft wahrscheinlich ausgeübten Kaufoption als auch bei

557 *Knobbe-Keuk*, Bilanz- und Unternehmenssteuerrecht, 69.

558 *Weber-Grellet*, in: Schmidt, EStG, § 5 Rn. 151 f.

559 *Lüdemann/Echevarria/Hruschka*, Investitionen in Spanien, Rn. 93.

560 Siehe dazu bereits oben ab S. 134.

561 *Dicken*, Spanisches Bilanzrecht, 38.

einem Eigentumsvorbehalt bis zur Kaufpreiszahlung davon ausgegangen werden kann, dass der Leasingnehmer bzw. der Käufer die Sache von Anfang an wie ein Eigentümer nutzt. Wegen dieser Ausnahmefälle wird in der spanischen Literatur teilweise[562] auf die Parallelen der spanischen Systematik zum deutschen Begriff des wirtschaftlichen Eigentums hingewiesen.

Daher bestehen letztlich in der Frage der subjektiven Zurechenbarkeit von Vermögensgegenständen zwischen den Vergleichsländern keine wesentlichen Unterschiede: Zwar ist in Spanien kein abstrakter Begriff des wirtschaftlichen Eigentums gesetzlich geregelt, in Einzelfällen wird jedoch auf der Grundlage wirtschaftlicher Kriterien zugerechnet.

(2) Aktive Rechnungsabgrenzungsposten – *ajustes por periodificación del activo*

Rechnungsabgrenzungsposten i.S.d. § 250 HGB dienen als Korrekturposten der periodengerechten Gewinnermittlung und damit der Verwirklichung des Realisationsprinzips. Sie dürfen nur gebildet werden, wenn die jeweils zu periodisierenden Einnahmen oder Ausgaben bereits gezahlt worden sind und werden deswegen als transitorische Rechnungsabgrenzungsposten bezeichnet – in Abgrenzung zu antizipatorischen Rechnungsabgrenzungsposten, die ggf. als Forderungen oder Verbindlichkeiten bzw. Rückstellungen auszuweisen sind.[563]

Aktive Rechnungsabgrenzungsposten sind handelsrechtlich gemäß § 250 Abs. 1 HGB und auch steuerrechtlich gemäß § 5 Abs. 5 S. 1 EStG für Ausgaben vor dem Bilanzstichtag anzusetzen, soweit sie Ertrag für eine bestimmte Zeit nach dem Bilanzstichtag darstellen.

In der spanischen Systematik finden sich die Rechnungsabgrenzungsposten als *ajustes por periodificación* wieder;[564] Art. 186 LSA sowie Untergruppe 48 PGC stimmen mit § 250 HGB überein. Für die aktiven Rechnungsabgrenzungsposten entspricht Art. 186.1 LSA (*ajustes por periodificación del activo*) dem § 250 Abs. 1 HGB.

(3) Bilanzierungshilfen – *ayudas contables*

Als Bilanzierungshilfen können nach deutschem Handelsrecht einmalige Aufwendungen aktiviert und in den Folgejahren als Aufwand verrechnet werden, die nicht im Zusammenhang mit einzelnen Vermögensgegenständen oder Rech-

---

562 Auf die *teoría de la propiedad económica* verweist *Ortiz Calle*, Amortizaciones, 67 ff.

563 *Ellrott/Krämer*, in: Beck'scher Bilanz-Kommentar, § 250 HGB Rn. 2 ff.; *Weber-Grellet*, in: Schmidt, EStG, § 5 Rn. 241, 244.

564 *Báez Moreno*, Normas Contables e IS, 168, Fn. 176.

nungsabgrenzungsposten stehen.[565] Zu nennen sind in diesem Zusammenhang vor allem Aufwendungen für die Ingangsetzung und Erweiterung des Geschäftsbetriebs i.S.d. § 269 HGB – zu beachten ist die dem Gläubigerschutz dienende Ausschüttungssperre des § 269 S. 2 HGB – sowie der Steuerabgrenzungsposten i.S.d. § 274 Abs. 2 HGB. Bilanzierungshilfen dienen der Periodisierung von Aufwendungen, die wegen ihres unsicheren zukünftigen Erfolgs nicht als Vermögensgegenstand oder Rechnungsabgrenzungsposten aktiviert werden können. Durch sie wird eine sofortige Ergebnisminderung vermieden, dem Bilanzierenden werden Freiräume zur Bilanzpolitik gewährt.[566]

Steuerrechtlich sind Bilanzierungshilfen keine Wirtschaftsgüter und dürfen deswegen in der Steuerbilanz nicht angesetzt werden.[567]

In Spanien werden die Bilanzierungshilfen bzw. abschreibungsfähigen Aufwendungen (*ayudas contables, activos ficticios* oder auch *gastos amortizables*) von der AECA definiert als unkörperliche Aktiva, die regelmäßig keine Ansprüche gegen Dritte beinhalten, deren Anerkennung eine wirtschaftliche Transaktion mit einer Zahlung vorausgegangen ist, die dem Unternehmen zukünftige Einnahmen ermöglichen und die schließlich wegen ihrer engen Verknüpfung mit dem jeweiligen Geschäft in der Regel nicht auf Dritte übertragbar sind.[568]

Innerhalb der Gruppe des Anlagevermögens, jedoch gesondert führt der PGC die Aufwendungen der Gründung des Unternehmens sowie Ingangsetzung und Erweiterung des Geschäftsbetriebs (*gastos de establecimiento*) auf, vgl. Untergruppe 20 PGC. Unter diesen Oberbegriff fallen auch die Aufwendungen für Kapitalerhöhungen (*gastos de ampliación de capital*), vgl. Untergruppe 202 PGC. Im Falle der Aktivierung von Ingangsetzungsaufwendungen greift nach deutscher wie spanischer Systematik eine Ausschüttungssperre, vgl. § 269 S. 2 HGB sowie Art. 194.4 LSA.[569]

Zu den Bilanzierungshilfen gehören auch die sog. auf mehrere Wirtschaftsjahre zu verteilenden Aufwendungen (*gastos a distribuir en varios ejercicios*), welche in der Untergruppe 27 PGC geregelt sind. Diese wiederum unterteilen sich u.a. in Eigen- und Fremdkapitalbeschaffungskosten (*gastos de formalización de deudas*) sowie in das Disagio auf Wertpapiere (*gastos por intereses diferidos de valores negociables*). Zusammenfassend handelt es sich bei letzteren Aufwen-

565 *Knobbe-Keuk*, Bilanz- und Unternehmenssteuerrecht, 84.
566 *Winnefeld*, Bilanz-Handbuch, Rn. D 654 ff.
567 *Weber-Grellet*, in: Schmidt, EStG, § 5 Rn. 32; *Winkeljohann/Lawall*, Beck'scher Bilanz-Kommentar, § 269 HGB Rn. 18.
568 AECA, Inmovilizado inmaterial, 27.
569 Siehe zur Ausschüttungssperre nach Art. 194.4 LSA auch schon oben ab S. 134.

dungen also um die Kosten für die Beschaffung von Kapital, maßgeblich für die Zinskosten ist grundsätzlich die Differenz zwischen Emissionswert und später zurückzuzahlendem Betrag, umfasst werden ansonsten etwa Aufwendungen für öffentliche Urkunden (*escritura pública*) und für die Erstellung der Wertpapiere (*confección de títulos*) sowie Steuern.[570]

Die Unterscheidung zwischen diesen Bilanzierungshilfen und dem immateriellen Anlagevermögen kann in der Praxis Schwierigkeiten bereiten. So werden etwa die Forschungs- und Entwicklungsaufwendungen wie bereits erwähnt im PGC als immaterielles Anlagevermögen geführt, teilweise jedoch als abschreibungsfähige Aufwendungen betrachtet.[571]

Im Gegensatz zur deutschen Regelung ist die Aktivierung von Bilanzierungshilfen auch steuerrechtlich zulässig. Ihre Abschreibung ist keine echte Abschreibung – dies wird auch schon durch die Bezeichnungen als „fiktive Aktiva“ (*activos ficticios*) bzw. „abschreibungsfähige Aufwendungen“ (*gastos amortizables*) ausgedrückt –, sondern ein Ausgleich (*saneamiento*, wörtlich also Heilung) dieser Aufwendungen.[572]

bb) Passivierung

Auf der Passivseite sind nach deutschem Handelsrecht das Eigenkapital einschließlich der Rücklagen, die Verbindlichkeiten, die Rückstellungen, die Rechnungsabgrenzungsposten, die Sonderposten mit Rücklagenanteil und gegebenenfalls der Bilanzgewinn anzusetzen,[573] vgl. auch § 266 Abs. 3 HGB.

Während Art. 35.1 CCom für die Passivseite nur von Verpflichtungen (*obligaciones*) spricht, wonach das Eigenkapital Teil dieser Verpflichtungen wäre, differenziert Teil 4 I. 5 PGC zwischen Verpflichtungen und Eigenkapital. Weder das Eigenkapital noch die Verpflichtungen werden gesetzlich definiert, auf den Inhalt dieser Begriffe kann man deswegen nur von der Bilanzgliederung und dem Kontenrahmen des PGC schließen. Für die Verpflichtungen ergibt sich daher aus § 175 LSA, dass sie sich aus Verbindlichkeiten (*acreedores*, wörtlich also Gläubiger) sowie aus Rückstellungen (*provisiones para riesgos y gastos*) zusammensetzen. Der Begriff der *obligaciones* entspricht damit dem aus dem deutschen Handelsrecht bekannten Begriff der Schulden.[574] Daneben gehören zur Passivseite die passiven Rechnungsabgrenzungsposten i.S.d. Art. 186.2 LSA.

---

570 *Gutiérrez/Villaró/San José*, in: Laorden/Arqués, IS, 450 f.

571 AECA, Inmovilizado inmaterial, 27.

572 *Pascual Pedreño*, IS, 329 f.

573 *Knobbe-Keuk*, Bilanz- und Unternehmenssteuerrecht, 62 f.

574 *Dicken*, Spanisches Bilanzrecht, 33.

(1) Verbindlichkeiten – *acreedores*

Der Verbindlichkeitsbegriff der beiden Vergleichsländer stimmt weitgehend überein: Es muss sich um Leistungspflichten des Unternehmens gegenüber einem Dritten handeln, die am Bilanzstichtag dem Grunde und der Höhe nach gewiss sind.[575] Während nach spanischem Recht allerdings nur erzwingbare Verbindlichkeiten zu passivieren sind,[576] reicht nach deutschem Recht ein faktischer Leistungszwang aus und damit eine nicht einklagbare Leistungsverpflichtung, der sich der Kaufmann aus tatsächlichen oder wirtschaftlichen Gründen nicht entziehen kann;[577] die Inanspruchnahme des Schuldners darf nicht ausgeschlossen sein.[578] Anders als nach dem deutschen Handelsgesetzbuch differenziert die Gliederung der spanischen Handelsbilanz zwischen kurzfristigen und langfristigen Verbindlichkeiten (*acreedores a corto y a largo plazo*), vgl. Art. 175 LSA. Langfristige Verbindlichkeiten sind gemäß Art. 180.2 LSA, Teil 4 I. 5 i) PGC die Verbindlichkeiten, die vom Bilanzstichtag an gerechnet erst nach Ablauf eines Jahres fällig, veräußert oder aufgehoben werden sollen. Dagegen gliedert das HGB die Verbindlichkeiten nicht nach ihrer Laufzeit, sondern gemäß § 266 Abs. 3 C Nr. 1-8 HGB nach ihrer Art; Verbindlichkeiten mit einer Restlaufzeit bis zu einem Jahr sind gemäß § 268 Abs. 5 S. 1 HGB bei jedem gesondert ausgewiesenen Posten zu vermerken.

(2) Rückstellungen – *provisiones de pasivo*

(a) Begriff und Zweck

Die Rückstellungen des § 249 HGB sind Passivposten, mit denen bestimmte künftige Aufwendungen oder Aufwendungsüberschüsse gewinnmindernd erfasst werden. Dadurch sollen Aufwendungen, die bereits verursacht sind, aber erst in einer späteren Periode in ihrer Höhe und hinsichtlich ihres Fälligkeitszeitpunkts bestimmbar sind, bereits der Periode ihrer Verursachung zugeordnet werden. Dies geschieht bilanztechnisch dadurch, dass Rückstellungen bereits im Jahr der wirtschaftlichen Verursachung des späteren Aufwands das Ergebnis mindern und bei späterer Inanspruchnahme aufgelöst werden und so den im Jahr der Realisierung entstandenen Aufwand neutralisieren, soweit die Höhe der Rückstellung mit der Höhe der Inanspruchnahme übereinstimmt.[579]

Rückstellungen mit Verpflichtungscharakter sind zu bilden, wenn die zukünftigen Aufwendungen oder Aufwendungsüberschüsse auf einem rechtlichen oder

---

575 *Weber-Grellet*, in: Schmidt, EStG, § 5 Rn. 311; *Dicken*, Spanisches Bilanzrecht, 33.

576 *Dicken*, Spanisches Bilanzrecht, 33.

577 *Hoyos/M. Ring*, in: Beck'scher Bilanz-Kommentar, § 247 Rn. 204.

578 *Thiel/Lüdtke-Handjery*, Bilanzrecht, Rn. 180, 182; *Birk*, Steuerrecht, Rn. 781.

579 *Birk*, Steuerrecht, Rn. 783.

faktischen Leistungszwang gegenüber Dritten und damit auf einer Außenverpflichtung beruhen. Dazu zählen die Rückstellungen für ungewisse Verbindlichkeiten, die Rückstellungen für drohende Verluste aus schwebenden Geschäften sowie die Rückstellungen für Gewährleistungen, die ohne rechtliche Verpflichtung erbracht werden i.S.d. § 249 Abs. 1 S. 1, S. 2 Nr. 2 HGB, sog. Rückstellungen mit Schuldcharakter. Bei zukünftigen Aufwendungen oder Aufwendungsüberschüssen, die nicht mit einer Außenverpflichtung zusammenhängen, handelt es sich um Aufwandsrückstellungen.[580] Zu den Aufwandsrückstellungen gehören die Rückstellungen im Sinne des § 249 Abs. 1 S. 2 Nr. 2, S. 3, Abs. 2 HGB für unterlassene Instandhaltungsaufwendungen sowie Rückstellungen für ihrer Eigenart nach genau umschriebene, dem Geschäftsjahr oder einem früheren Geschäftsjahr zuzuordnende Aufwendungen, die am Abschlussstichtag wahrscheinlich oder sicher, aber hinsichtlich ihrer Höhe oder des Zeitpunkts ihres Eintritts unbestimmt sind.

Im spanischen Recht ist zu berücksichtigen, dass der Begriff „Provisionen" (*provisiones*) in vielerlei Weise verwendet wird, was auf den ersten Blick zu Verwechselungen führen kann.[581] So gehören die sog. Aktivprovisionen (*provisiones de activo*) der Art. 39 CCom, Art. 195.2 und .3, 196.2 und .3 LSA, Art. 12 TRLIS nicht zu den Rückstellungen im eigentlichen Sinne, die als Passivprovisionen (*provisiones de pasivo* oder auch *provisiones para riesgos y gastos*) bezeichnet und im Folgenden dargestellt werden. Die sog. Aktivprovisionen haben mehr Gemeinsamkeiten mit den Abschreibungen, denn während letztere den endgültigen oder systematischen Wertverlust von Wirtschaftsgütern erfassen, spiegeln sich in den sog. Aktivprovisionen die vorübergehenden oder konjunkturellen Wertverluste der Aktiva wider.[582] Aktivprovisionen sind zu bilden, wenn der Marktwert eines Wirtschaftsguts unter seinen Buchwert sinkt und damit nichts anderes als Wertveränderungen (*correcciones valorativas*) der Aktiva, die steuerrechtlich in etwa den deutschen Teilwertabschreibungen entsprechen.[583] Passivprovisionen dürfen dagegen gemäß Art. 188.2 LSA, welcher dem Art. 20 Abs. 3 der Vierten Bilanzrichtlinie entspricht, ausdrücklich nicht für Wertveränderungen von Aktiva genutzt werden.[584]

---

580 *Hoyos/M. Ring*, in: Beck'scher Bilanz-Kommentar, § 249 HGB Rn. 1 und 6; *Knobbe-Keuk*, Bilanz- und Unternehmensteuerrecht, 114 ff.

581 So werden wegen des gemeinsamen Oberbegriffes „*provisión*" Rückstellungen häufig mit Aktivprovisionen – einer Art Teilwertabschreibung – verwechselt, beispielsweise bei *García Frías/Zinser*, IStR 1999, 55, 60.

582 *Llansó*, in: Laorden/Arqués, IS, 455.

583 Siehe zu den diesbezüglichen Gemeinsamkeiten und Unterschieden unten ab S. 190.

584 Siehe zu den Wertveränderungen des Art. 12 TRLIS unten ab S. 188.

Die Passivprovisionen sind handelsrechtlich in Art. 188 LSA für Aktiengesellschaften und damit über Art. 84 LSRL auch für Gesellschaften mit beschränkter Haftung und über Art. 152 CCom für die Kommanditgesellschaften auf Aktien geregelt; der PGC hat diese Normierung vollständig in sein Konto 14 übernommen, sodass die Vorschriften über Passivprovisionen letztlich für alle Unternehmen einheitlich gefasst sind. Im Gegensatz zu § 249 HGB enthalten Art. 188.1 LSA und Konto 14 PGC eine allgemeine Rückstellungsdefinition. Steuerrechtlich sind die Rückstellungen in Art. 13 TRLIS normiert.

Nach Art. 188.1 LSA sind die Passivprovisionen zu bilden für die dem Geschäftsjahr oder einem früheren Geschäftsjahr zuzuordnenden Aufwendungen sowie für Verluste (*pérdidas*) und Verbindlichkeiten (*deudas*), die ihrer Eigenart nach genau umschrieben und am Bilanzstichtag wahrscheinlich oder sicher sind, die aber hinsichtlich ihrer Höhe oder des Zeitpunkts ihres Eintritts unbestimmt sind. Damit entsprechen sie grundsätzlich den Rückstellungen nach deutschem Verständnis und werden deshalb in der Folge auch so bezeichnet.

Die Unterscheidung der verschiedenen Arten von Provisionen ist vor allem wegen ihrer unterschiedlichen steuerlichen Behandlung – auf welche im Detail noch zurückzukommen sein wird – von Bedeutung. Die Rückstellungen werden grundsätzlich von Art. 13.1 TRLIS ausgeschlossen vorbehaltlich einiger Ausnahmen in den folgenden Absätzen dieser Vorschrift. Dagegen lässt Art. 12 TRLIS die Aktivprovisionen grundsätzlich zu und schließt sie nur ausnahmsweise aus.

(b) Auswirkungen der Leitprinzipien der Buchführung

Nach der allgemein anerkannten Konzeption der AECA sind die Passivprovisionen bzw. Rückstellungen in erster Linie Ausdruck des handelsrechtlichen Vorsichtsprinzips des Art. 38.1 c) CCom i.V.m. Teil 1 PGC, nach dem auf der Passivseite die vorhersehbaren Risiken und möglichen Verluste zu berücksichtigen sind, die im aktuellen oder in einem früheren Geschäftsjahr verursacht worden sind. Gerade in den Rückstellungen wird dieses Prinzip in besonderer Weise verwirklicht, sodass die erhebliche Einschränkung der Rückstellungen für das Steuerrecht durch Art. 13 TRLIS auch eine empfindliche Beschneidung der Geltung des Vorsichtsprinzips bzw. des Imparitätsprinzips im Steuerrecht bedeutet.

Um eine aus dem subjektiven Charakter des Vorsichtsprinzips resultierende übermäßige Rückstellungsbildung und die damit verbundene Möglichkeit des

Entstehens stiller Reserven zu verhindern, wird das Vorsichtsprinzip durch das Leitprinzip des *imagen fiel* begrenzt.[585]

Die AECA wendet die vorgenannten Prinzipien allgemein auf alle Rückstellungen an. Dies ist aus deutscher Perspektive insoweit gewöhnungsbedürftig, als die Differenzierung zwischen (Pflicht-) Rückstellungen für ungewisse Verbindlichkeiten und Verluste als Ausprägung des Vorsichtsprinzips sowie (Wahl- oder ausnahmsweise Pflicht-) Aufwandsrückstellungen zur Periodenabgrenzung in Spanien nicht existiert. Verbindlichkeits-, Verlust- und Aufwandsrückstellungen fallen zwar auch unter die Rückstellungsdefinition des Art. 188.1 LSA, der die gesamte Rückstellungsdefinition in einem Absatz zusammenfasst und deswegen etwas unübersichtlich wirkt. Hier wird allerdings deutlich, dass Art. 188.1 LSA auf jeglichen Anhaltspunkt dafür verzichtet, ob es sich bei den verschiedenen Rückstellungsarten um Pflicht- oder Wahlrückstellungen handelt. Deshalb ist davon auszugehen, dass in der spanischen Rechnungslegung lediglich Pflichtrückstellungen vorgesehen sind, ohne dass die allgemeinen Kategorien der Verbindlichkeitsrückstellungen auf der einen Seite und Aufwandsrückstellungen auf der anderen Seite gebildet bzw. diskutiert werden.[586] Diese grundlegenden Unterschiede in der Behandlung von Rückstellungen sind bemerkenswert, schließlich besteht mit der Vierten Bilanzrichtlinie[587] eine gemeinsame Basis. Vergleicht man diese mit den Regelungen der beiden Vergleichsländer, so lassen sich hinsichtlich der Differenzierung verschiedener Rückstellungstypen viele Gemeinsamkeiten feststellen, allerdings auch einige bedeutende Unterschiede. So werden in Art. 20 der Vierten Bilanzrichtlinie die Verbindlichkeits- und Verlustrückstellungen des Absatzes 1 als Pflichtrückstellungen („sind [...] auszuweisen") den Aufwandsrückstellungen des Absatzes 2 als Wahlrückstellungen („Die Mitgliedstaaten können [...] zulassen")[588] gegenüber gestellt. Dabei wird lediglich bei den Aufwandsrückstellungen ausdrücklich vorausgesetzt, dass sie für dem laufenden oder einem früheren Geschäftsjahr zuzuordnende Aufwendungen gebildet werden; im Gegensatz zu den Pflichtrückstellungen sollen

---

585 AECA, Provisiones, 21 f.

586 *Sasse*, Rückstellungen, 168; *Küting/Weber*, Internationale Bilanzierung, 280 f.; eine diesbezügliche Ungewissheit im spanischen Recht beschreibt *Báez Moreno*, Normas Contables e IS, 181 f., Fn. 203.

587 Vierte Richtlinie 78/660/EWG des Rates vom 25. Juli 1978 aufgrund von Artikel 54 Absatz 3 Buchstabe g) des Vertrages über den Jahresabschluss von Gesellschaften bestimmter Rechtsformen, Amtsblatt Nr. L 222 vom 14.08.1978, S. 0011-0031.

588 Dieser Bereich ist als Mitgliedstaatenwahlrecht ausgestaltet („können"), der Wortlaut des Art. 20 Abs. 2 der Bilanzrichtlinie deutet aber auch auf eine Wahlrückstellung hin („zulassen" statt etwa „vorschreiben").

die Aufwandsrückstellungen nicht in erster Linie dem Vorsichtsprinzip dienen, sondern der Periodisierung.[589]

In § 249 Abs. 1, 2 HGB ist die Systematik des Art. 20 der Vierten Bilanzrichtlinie gut wiederzuerkennen, auch wenn er darüber hinausgehende Regelungen über Verlustrückstellungen und Kulanzgewährleistungen als Unterfälle von Verbindlichkeitsrückstellungen[590] sowie über Rückstellungen für Instandhaltungsaufwendungen enthält. Auch in der deutschen Dogmatik ist die aus der Vierten Bilanzrichtlinie bekannte Zweiteilung zu finden zwischen den (Verbindlichkeits-) Pflichtrückstellungen als Ausprägung des Vorsichtsprinzips samt seiner Unterprinzipien und den (Aufwands-) Wahlrückstellungen als Ausdruck der Periodisierung.[591] Zwar existiert in der deutschen Rechnungslegung kein allgemeines Periodisierungsprinzip, das dem spanischen Korrelationsprinzip gleicht;[592] grundsätzlich richtet sich die Periodisierung nach dem Verursachungsprinzip bzw. nach dem Grundsatz der periodengerechten Gewinnermittlung des § 252 Abs. 1 Nr. 5 HGB, dem Realisationsprinzip für die Erträge sowie dem Imparitätsprinzip für die Aufwendungen.[593] Gerade im Zusammenhang mit der Passivierung von Rückstellungen für ungewisse Verbindlichkeiten wird allerdings die Ansicht vertreten, dass auch für die wirtschaftliche Verursachung von Passiva wie diesen das Realisationsprinzip zu beachten sei. Denn entscheidend sei die konkretisierte Zugehörigkeit künftiger Ausgaben zu bereits realisierten Erträgen bzw. die Tatsache, dass „das Realisationsprinzip die Passivierung solcher künftiger Ausgaben (Ausgabenäquivalente) gebietet, die gegenwärtige Umsätze alimentiert haben“,[594] sog. Gedanke der Nettorealisation.[595] Nach dieser Ansicht ist künftiger Aufwand also nicht zu erfassen, soweit er künftigen Erträgen zuzuordnen ist,[596] dagegen aber schon, wenn er mit bereits realisierten Erträgen in Zusammenhang steht. Was die Passivierung von Rückstellungen angeht, ähnelt diese Ansicht damit dem spanischen Korrelationsprinzip, welches jedoch als allgemeines Periodisierungsprinzip weiter gefasst ist.

589 EU-Kommission, Mitteilung 98/C 16/04, C 16/07.

590 *Knobbe-Keuk*, Bilanz- und Unternehmensteuerrecht, 116, 119, 142.

591 *Knobbe-Keuk*, Bilanz- und Unternehmensteuerrecht, 114 f.; *Weber-Grellet*, in: Schmidt, EStG, § 5 Rn. 351, 361, 472.

592 Siehe zum Korrelationsprinzip bzw. *matching principle* bereits oben ab S. 121.

593 *Weber-Grellet*, in: Schmidt, EStG, § 5 Rn. 77 f.; *Strobl*, in: FS Moxter, 409, 420.

594 *Moxter*, Bilanzrechtsprechung, 108 f.; *Strobl*, in: FS Moxter, 409, 428 m.w.N.

595 *Weber-Grellet*, in: Schmidt, EStG, § 5 Rn. 383; *ders.*, DB 2002, 2180, 2182.

596 *Herzig*, in: FS Schmidt, 209, 220.

(c) Überblick über die handelsrechtlich zulässigen Rückstellungen

(aa) Rückstellungen nach dem deutschen HGB

Der gemäß § 249 Abs. 3 S. 1 HGB abschließende Rückstellungskatalog der Absätze 1 und 2 unterscheidet grundlegend zwischen Verbindlichkeits- und Aufwandsrückstellungen:

Verbindlichkeitsrückstellungen i.S.d. § 249 Abs. 1 S. 1 HGB sind vorbehaltlich eines Passivierungsverbots zu bilden für rechtliche oder faktische Verpflichtungen gegenüber einem anderen, die sicher oder wahrscheinlich be- oder entstehen, wirtschaftlich verursacht sind und bei denen eine Inanspruchnahme wahrscheinlich ist. Zudem dürfen die zukünftigen Ausgaben nicht als Anschaffungskosten oder Herstellungskosten aktivierungspflichtig sein.[597] Wirtschaftliche Verursachung setzt voraus, dass der gesetzliche oder vertragliche Tatbestand, welcher der Entstehung der Verpflichtung zugrunde liegt, im wesentlichen bereits verwirklicht ist und die künftigen Ereignisse, die zum Entstehen der Verpflichtung führen, wirtschaftlich dem abgelaufenen Geschäftsjahr zuzurechnen sind.[598] Es muss also bereits eine wirtschaftliche Belastung eingetreten sein.[599] Rückstellungen für Kulanzgewährleistungen i.S.d. § 249 Abs. 1 S. 2 Nr. 2 HGB sind Unterfälle der Verbindlichkeitsrückstellungen; ihre gesonderte Erwähnung ist für die Handelsbilanz rein deklaratorisch.[600]

Verlustrückstellungen i.S.d. § 249 Abs. 1 S. 1 HGB haben einen Aufwendungsüberschuss aus einem schwebenden Geschäft zum Gegenstand und sind dementsprechend auf eine Verlustantizipation gerichtet. Ein Geschäft schwebt, wenn es von der zur Lieferung oder Leistung verpflichteten Vertragspartei noch nicht voll erfüllt ist. Dauerschuldverhältnisse sind nach der sog. Restwertbetrachtung nur insoweit schwebende Geschäfte, als sie noch nicht abgewickelt sind. Verlustrückstellungen sind ein Ausnahmefall von der (widerleglichen) Vermutung, dass sich die wechselseitigen Rechte und Pflichten aus dem Vertrag gegenseitig ausgleichen sowie von dem Grundsatz der bilanziellen Irrelevanz schwebender Geschäfte.[601] Eine Verlustrückstellung ist zu bilden, wenn konkrete Anzeichen

597 *Hoyos/M. Ring*, in: Beck'scher Bilanz-Kommentar, § 249 HGB Rn. 24 und 29.

598 BFH, Urt. v. 20.01.1983 – IV R 168/81, BStBl. II 1983, 375 f.; *Knobbe-Keuk*, Bilanz- und Unternehmensteuerrecht, 119.

599 *Weber-Grellet*, in: Schmidt, EStG, § 5 Rn. 361 und 381.

600 *Hoyos/M. Ring*, in: Beck'scher Bilanz-Kommentar, § 249 HGB Rn. 112.

601 BFH, Beschl. v. 23.06.1997 – GrS 2/93, BStBl. II 1997, 735, 737; *Hoyos/M. Ring*, in: Beck'scher Bilanz-Kommentar, § 249 HGB Rn. 52 und 57.

dafür vorliegen, dass die Ausgeglichenheit der Rechte und Pflichten aus dem schwebenden Vertrag zulasten des Bilanzierenden gestört wird.[602]

Rückstellungen für unterlassene Abraumbeseitigungs- oder Instandhaltungsaufwendungen i.S.d. § 249 Abs. 1 S. 2 Nr. 1, S. 3 HGB sind Aufwandsrückstellungen, weil sie eine sog. Innenverpflichtung zum Gegenstand haben. Instandhaltungsaufwendungen sind Aufwendungen für wiederkehrende Instandsetzungsmaßnahmen, Wartung und Inspektion für Vermögensgegenstände des Anlagevermögens.[603] Die Instandhaltungsrückstellungen setzen im letzten Geschäftsjahr unterlassene Instandhaltungsmaßnahmen voraus; sie sind nach Abs. 1 S. 2 Nr. 1 zu bilden, wenn die Instandhaltungsmaßnahmen innerhalb von drei Monaten im folgenden Geschäftsjahr nachgeholt werden, sie können nach Abs. 1 S. 3 gebildet werden, wenn die Instandhaltung nach Ablauf dieser Frist, aber innerhalb des Geschäftsjahrs nachgeholt wird. Die Rückstellung für unterlassene Abraumbeseitigungsaufwendungen ist zu bilden, wenn die Aufwendungen im abgelaufenen Geschäftsjahr unterlassen wurden und innerhalb des folgenden Geschäftsjahrs nachgeholt werden. Sobald eine Außenverpflichtung zur Abraumbeseitigung in Gestalt einer privatrechtlichen, öffentlichrechtlichen oder faktischen Verpflichtung besteht, kommt eine Verbindlichkeitsrückstellung i.S.d. § 249 Abs. 1 HGB in Betracht.[604] Die Herausstellung dieser Aufwandsrückstellungen als Pflichtrückstellungen ist Folge einer Rücksichtnahme auf die steuerrechtliche Anerkennung dieser Rückstellungen.[605]

Aufwandsrückstellungen i.S.d. § 249 Abs. 2 HGB können – wie bereits erwähnt – gebildet werden für ihrer Eigenart nach genau umschriebene, dem Geschäftsjahr oder einem früheren Geschäftsjahr zuzuordnende Aufwendungen, die am Abschlussstichtag wahrscheinlich oder sicher, aber hinsichtlich ihrer Höhe oder des Zeitpunkts ihres Eintritts unbestimmt sind. Anders als die Verbindlichkeitsrückstellungen setzen die Aufwandsrückstellungen keine Verpflichtung gegenüber einem Dritten voraus. Einzige Voraussetzung für die Bildung der Rückstellung sind konkrete zukünftige Aufwendungen, die dem Geschäftsjahr oder einem früheren zuzuordnen sind. Schwierig ist deshalb die Abgrenzung dieser konkreten Aufwendungen von allgemeiner Vorsorge mit Rücklagecharakter. Bei Großreparaturrückstellungen liegen beispielsweise konkrete Aufwendungen dann vor, wenn die einzelne Anlage sowie Art und Umfang der auszuführenden Arbeiten bekannt sind.[606]

---

602 *Hoyos/M. Ring*, in: Beck'scher Bilanz-Kommentar, § 249 HGB Rn. 57 f., 60 und 76.
603 *Hoyos/M. Ring*, in: Beck'scher Bilanz-Kommentar, § 249 HGB Rn. 101.
604 *Hommel*, in: Baetge/Kirsch/Thiele, Bilanzrecht, § 249 HGB Rn. 162.
605 *Knobbe-Keuk*, Bilanz- und Unternehmenssteuerrecht, 117.
606 *Hoyos/M. Ring*, in: Beck'scher Bilanz-Kommentar, § 249 HGB Rn. 301 f., 305.

(bb) Rückstellungen nach dem spanischen LSA/PGC

(α) Überblick

In Spanien[607] enthält Art. 179 LSA neben den bereits erwähnten Voraussetzungen des Art. 188.1 LSA[608] für die Handelsbilanz eine nicht abschließende Aufschlüsselung des Passivpostens für Rückstellungen; genannt werden Rückstellungen für Pensionen und ähnliche Verpflichtungen (*provisiones para pensiones y obligaciones similares*), für Steuern (*provisiones para impuestos*) und die übrigen Rückstellungen (*otras provisiones*). Im Gegensatz dazu sind im Schema der Gewinn- und Verlustrechnung des Art. 189 LSA keine allgemeinen Gliederungspunkte für Rückstellungen vorgesehen; die verschiedenen Rückstellungen sind damit den jeweiligen konkreten Aufwandskonten zuzuordnen, die Rückstellungen für weitere schwebende Geschäfte unterfallen dem Konto für Rückstellungen des Umlaufvermögens (*dotaciones para provisiones del circulante*), vgl. A 4. b) des Schemas.

Trotz dieser gesetzlichen Definitionen werden die Passivprovisionen in der spanischen Literatur in erster Linie auf Grundlage der diese konkretisierenden Konten der Untergruppe 14 des PGC gebildet und diskutiert.[609] So existieren im PGC für Rückstellungen die Unterkonten 140 für Pensionen und ähnliche Verpflichtungen, 141 für Steuern, 142 für laufende Rechtsstreite, Entschädigungen und ausstehende Zahlungen, 143 für Großreparaturen sowie 144 für Rückgabefonds (*fondos de reversión*).[610]

Geht man zunächst von der genannten Rückstellungsdefinition des Art. 188.1 LSA aus, kann man dieser zwei Typen von zum Bilanzstichtag geschätzten Passivposten entnehmen: Zunächst sind Rückstellungen zu bilden für im laufenden oder in einem früheren Wirtschaftsjahr bereits verursachte Aufwendungen, de-

607 Für eine Darstellung der Rückstellungen in Spanien aus ausschließlich handelsrechtlicher Perspektive vgl. *Sasse*, Rückstellungen, 164-190.

608 Nochmals Art. 188.1 LSA: *Las provisiones para riesgos y gastos tendrán por objeto cubrir gastos originados en el mismo ejercicio o en otro anterior, pérdidas o deudas que estén claramente especificadas en cuanto a su naturaleza, pero que, en la fecha de cierre del balance, sean probables o ciertos y estén indeterminados en cuanto a su importe o en cuanto a la fecha en que se producirán.* Danach sind die Passivprovisionen zu bilden für die dem Geschäftsjahr oder einem früheren Geschäftsjahr zuzuordnenden Aufwendungen sowie für Verluste und Verbindlichkeiten, die ihrer Eigenart nach genau umschrieben und am Bilanzstichtag wahrscheinlich oder sicher sind, die aber hinsichtlich ihrer Höhe oder dem Zeitpunkt ihres Eintritts unbestimmt sind.

609 So auch *Sasse*, Rückstellungen, 168.

610 Die Rückgabefonds sind von Konzessionsnehmern zu bilden für den Buchwert der bei Ablauf einer Konzession zurückzugebenden Anlagegüter sowie für die Kosten der Wiederherrichtung derselben zum Zwecke der Rückgabe, *AECA, Fondo de reversión*, 22.

ren Höhe oder Zeitpunkt ihres Eintritts aber noch unbekannt ist. Außerdem sind Rückstellungen zu bilden für Aufwendungen und Verluste, bei denen nicht nur die Höhe und der Zeitpunkt ihres Eintritts ungewiss ist, sondern bereits ihr Eintritt selbst. Sind Ansatz oder Ansatz und Höhe ungewiss, so spricht man von wahrscheinlichen Passiva (*pasivos contingentes*). Diese setzen die hinreichende Konkretisierung der Wahrscheinlichkeit des Abflusses wirtschaftlicher Mittel voraus. Sind lediglich die Höhe und/oder der Zeitpunkt des Eintritts ungewiss, liegen sog. geschätzte Passiva (*pasivos estimados*) vor. Die Differenzierung zwischen geschätzten und wahrscheinlichen Passiva wirkt sich, wie noch näher erläutert wird, in der zeitlichen Zuordnung der Rückstellungsbeträge aus.

Von diesen Begriffen zu unterscheiden sind mögliche Verluste, für die keine Rückstellungen gebildet werden können und die Bezeichnung „*contingencias*" (wörtlich übersetzt „Zufälligkeiten" oder „Möglichkeiten")[611] tragen. Diese *contingencias* liegen unterhalb der für Rückstellungen vorgesehenen Schwelle der Höchstwahrscheinlichkeit des den Abfluss wirtschaftlicher Mittel verursachenden Ereignisses und sind im Anhang zu erwähnen.[612]

Hinsichtlich schwebender Geschäfte enthält die Vorschrift des Art. 188.1 LSA im Gegensatz zu seinem deutschen Pendant § 249 HGB keine ausdrückliche Regelung. Dies bedeutet allerdings nicht, dass Art. 188.1 LSA deswegen enger ist und bei strenger Auslegung seiner Voraussetzungen keine Verlustrückstellungen zulässt.[613] Ganz im Gegenteil führt die Beschränkung auf Verluste „aus schwebenden Geschäften" dazu, dass § 249 HGB einschränkend von der Bilanzrichtlinie abweicht,[614] anders also als Art. 188.1 LSA. Trotzdem spielen die nach der deutschen Systematik zu Verlustrückstellungen führenden Fallkonstellationen in der spanischen Rechnungslegungs- und Steuerrechtsliteratur nur eine untergeordnete Rolle, was mit der Geltung des Korrelationsprinzips und den speziellen Regelungen in den Branchenkontenrahmen zusammenhängt.[615]

Auch sonst verzichtet Art. 188.1 LSA auf die aus § 249 HGB bekannten Abweichungen von der Bilanzrichtlinie. Auch Rückstellungen für unterlassene Aufwendungen für Instandhaltung bei Nachholung innerhalb von drei Monaten und für Abraumbeseitigung sowie Rückstellungen für Gewährleistungen ohne recht-

---

611 Rein begrifflich vergleichbar mit den Eventualverlusten bzw. *contingent losses* i.S.d. IAS 10, welche allerdings auch die *provisiones* nach spanischem Verständnis umfassen, vgl. *Giner Inchausti/Mora Enguídanos*, in: AECA, IX Congreso, 495, 507.

612 AECA, Provisiones, 20, 37 ff.

613 So aber *Dicken*, Spanisches Bilanzrecht, 34.

614 *Knobbe-Keuk*, Bilanz- und Unternehmenssteuerrecht, 116, Fn. 273 m.w.N.

615 Siehe zur spanischen Behandlung der in Deutschland zu Verlustrückstellungen führenden Sachverhalte auch noch im Anschluss.

liche Verpflichtung werden in der spanischen Regelung nicht gesondert erwähnt. Dies ist allerdings auch nicht nötig, weil – wie bereits erläutert – nach der deutschen Systematik die ersten beiden Rückstellungsarten aus steuerrechtlichen Gründen als Pflichtrückstellungen aufgezählt werden, während die Erwähnung der Rückstellung für Kulanzgewährleistungen deklaratorisch ist.

Im spanischen Recht ergeben sich anders als in Deutschland keine Konsequenzen daraus, ob eine Rückstellung den Verbindlichkeitsrückstellungen oder den Aufwandsrückstellungen zugeordnet wird.[616] Die Rückstellung für drohende Verluste aus schwebenden Geschäften bzw. Verlustrückstellung ist in der spanischen Rechnungslegung nicht nur nicht ausdrücklich geregelt, sondern als eigenständige Rückstellungsart nicht bekannt und wird wie die übrigen Verbindlichkeitsrückstellungen behandelt.[617] Insbesondere ist die Art einer Rückstellung nicht für die Frage von Bedeutung, ob eine Passivierungspflicht oder ein Passivierungswahlrecht besteht – Wahlrückstellungen existieren nämlich gar nicht im spanischen Recht. Aus diesem Grunde trifft man diese aus Deutschland gewohnte Qualifizierung der einzelnen Rückstellungsarten auch nicht an.

(β) Voraussetzungen der Rückstellungsbildung

Unterteilt man die Definition des Art. 188.1 LSA in ihre einzelnen Voraussetzungen, so ergibt sich für alle Rückstellungsarten folgendes: Zunächst muss der Aufwand, der Verlust oder die Verbindlichkeit wahrscheinlich oder sicher sein. Nach der Definition der AECA kommt es auf den Abfluss wirtschaftlicher Mittel an, deren Eintritt nicht sicher ist oder von denen nicht die Gesamtheit aller Daten und Umstände bekannt ist.[618] Das den Verlust begründende Ereignis muss dann höchstwahrscheinlich (*altamente probable*) sein. Dies ist dann der Fall, wenn konkrete Anhaltspunkte dafür vorliegen, die mit einem „hohen Maß an Sicherheit" (*buen grado de certeza*) dafür sprechen, dass das Ereignis eintreten wird.[619] Dass auf den Abfluss wirtschaftlicher Mittel abgestellt wird, führt zu einer rein wirtschaftlichen Betrachtungsweise des Verbindlichkeitsbegriffs, eine Auseinandersetzung mit den rechtlichen Voraussetzungen der Anerkennung einer Verbindlichkeit entfällt dadurch. Daraus folgt auch, dass die Frage nach der Art der Verbindlichkeit für die Passivierungspflicht unerheblich ist; ob gegenüber Dritten oder innerbetrieblich, öffentlich-rechtlich oder faktisch[620] – ein Ab-

---

616 *Sasse*, Rückstellungen, 178.

617 *Sasse*, Rückstellungen, 174, zur besseren Vergleichbarkeit sich trotzdem an der deutschen Systematik orientierend.

618 AECA, Provisiones, 21.

619 AECA, Provisiones, 35; *Sasse*, Rückstellungen, 170 f. mit einzelnen Beispielen.

620 Voraussetzung ist, dass der Abfluss wirtschaftlicher Mittel aufgrund einer solchen Verpflichtung zwingend ist, *Martínez Conesa*, Contabilidad financiera, 289.

fluss wirtschaftlicher Mittel und damit die Rückstellungsfähigkeit wird unabhängig von diesen Merkmalen beurteilt.[621] Hängt das wahrscheinlich zum Abfluss wirtschaftlicher Mittel führende Ereignis von der Entscheidung eines Dritten ab,[622] so müssen ein Anspruch gegen den Bilanzierenden vorliegen sowie Anhaltspunkte dafür bestehen, dass der Anspruchsinhaber diesen geltend machen wird; letzteres wird bei vertraglichen Ansprüchen vermutet. Ist der Abfluss wirtschaftlicher Mittel Folge einer gesetzlichen Verpflichtung, deren Entstehen von einer Entscheidung des bilanzierenden Unternehmens abhängt,[623] so ist eine hinreichende Wahrscheinlichkeit gegeben, wenn eine entsprechende Entscheidung dokumentiert ist; auf eine bereits vorliegende Außenwirkung und auf eine daraus resultierende Objektivierung dieser Entscheidung kommt es nicht an.[624]

Als weitere allgemeine Voraussetzung für die Bildung von Rückstellungen muss der künftige Abfluss wirtschaftlicher Mittel verlässlich einschätzbar (*estimable razonablemente*) sein. Diese Voraussetzung ist zwar nicht gesetzlich geregelt, wird jedoch von der AECA vertreten und allgemein anerkannt.[625] Dabei reicht es bereits aus, wenn man den Verlust in ein einschätzbares Intervall einordnen kann;[626] nur in Ausnahmefällen ist daher die Voraussetzung der verlässlichen Einschätzbarkeit des künftigen Verlusts nicht gegeben.[627]

Das Vorliegen der Voraussetzungen aller Rückstellungsarten ist jährlich zu überprüfen. Stellt sich eine diesbezügliche Veränderung heraus, so sind die Rückstellungen anzupassen oder aufzulösen.[628] Dabei sind nach dem Grundsatz der Bilanzkontinuität des Art. 38.1 b) CCom i.V.m. Teil 1 PGC die bei der Rückstellungsbildung angewandten Kriterien beizubehalten. Ereignisse, die nach dem

621 *Sasse*, Rückstellungen, 170 m.w.N.

622 Dies ist etwa der Fall bei Gewährleistungsrückstellungen, vgl. *Castrillo Lara*, Contingencias contables, 87, bei privaten Schadensersatzansprüchen, vgl. *Castrillo Lara*, Contingencias contables, 95, oder bei drohender Konsequenzen aus einem bereits erfolgten Verstoß gegen öffentlich-rechtliche Normen, vgl. *Castrillo Lara*, Contingencias contables, 91 und 94.

623 Gemeint sind beispielsweise die Entscheidung zur Umstrukturierung bei Verlusten aus industriellen Umstrukturierungsmaßnahmen, vgl. AECA, Provisiones, 31 f., die Entscheidung zur Kündigung bei Entschädigungsansprüchen eines Arbeitnehmers des bilanzierenden Unternehmens wegen einer möglicherweise ungerechtfertigten Kündigung oder die Entscheidung zur Durchführung der Maßnahmen bei Umweltschutzverpflichtungen zur Beseitigung oder Verhinderung eines rechtswidrigen Zustandes, vgl. die Übersicht bei *Sasse*, Rückstellungen, 170 f.

624 *Sasse*, Rückstellungen, 172.

625 AECA, Provisiones, 22; *Castrillo Lara*, Contingencias contables, 82.

626 *Castrillo Lara*, Contingencias contables, 82.

627 AECA, Provisiones, 22.

628 AECA, Provisiones, 25, 29, 35.

Bilanzstichtag (*cierre de los estados financieros*) auftreten, sind bei der Rückstellungsbildung nicht mehr zu berücksichtigen. Anders verhält es sich jedoch mit Informationen über vor dem Bilanzstichtag liegende Ereignisse, welche erst zwischen Bilanzstichtag und Bilanzaufstellung bekannt werden; sie sind bei Rückstellungsbildung und -bewertung zu berücksichtigen[629] und entsprechen in der deutschen Systematik den wertaufhellenden Tatsachen i.S.d. § 252 Abs. 1 Nr. 4 HGB.

(γ) Die einzelnen Rückstellungsarten

Trotz der dort nicht notwendigen und auch nicht vorgenommenen Unterscheidung zwischen Verbindlichkeits-, Verlust- und Aufwandsrückstellungen existieren im spanischen Recht Rückstellungsarten, die den deutschen Verbindlichkeitsrückstellungen ähneln. In Betracht kommt diesbezüglich insbesondere die Rückstellung für Haftungsfälle (*provisión para responsabilidades*) des Kontos 142 PGC. Diese sind laut PGC zu bilden für wahrscheinliche oder sichere Haftungsfälle, die aus laufenden Rechtsstreiten, Entschädigungen oder ausstehenden Zahlungsverpflichtungen in ungewisser Höhe – beispielsweise Bürgschaften oder ähnliche Garantien – entstehen.

Während die beiden vorstehenden Tatbestandsmerkmale der laufenden Rechtsstreite und Entschädigungen relativ eng umrissen sind, entspricht das dritte Merkmal der ausstehenden Zahlungsverpflichtungen (*obligaciones pendientes*) den Verbindlichkeitsrückstellungen nach deutschem Verständnis. Gemeint sind nach Teilen der Literatur allerdings lediglich Verbindlichkeiten in Haftungsfällen, wie z.B. bei Bürgschaften oder ähnlichen Garantien, bei denen das Unternehmen subsidiär als Schuldner haftet.[630] Folgte man diesen Literaturstimmen, so bestünde im spanischen Recht die kuriose Situation, dass Verbindlichkeitsrückstellungen nach deutschem Verständnis nach der allgemeinen Definition des Art. 188 LSA sowie des Kontos 14 PGC zu bilden wären, in den Unterkonten zu Konto 14 PGC aber nur so weit wiederzufinden wären, wie die ausdrücklichen Definitionen der jeweiligen Unterkonten es vorschreiben. Selbst wenn man aber der engen Definition des Unterkontos 142 PGC folgen sollte, so ist zu berücksichtigen, dass die Konten des PGC nicht abschließend sind: Bei Bedarf sind vielmehr weitere Konten einzufügen.[631] Die Problematik würde dann aber wegen der noch näher zu erläuternden Formulierung des Art. 13.2 a) TRLIS, die dem Unterkonto 142 PGC entspricht, lediglich zu steuerrechtlichen Anerkennung der Verbindlichkeitsrückstellungen verschoben. Die genannte Ansicht in

629 AECA, Provisiones, 42 ff.

630 AECA, *Provisiones*, 34; *Clavijo Hernández*, in: Fernández Junquera, IS, 384; *Gaceta Fiscal*, GF 144/1996, 143, 146.

631 *Báez Moreno*, Normas Contables e IS, 159 m.w.N.

der Literatur ist aber abzulehnen, weil sich aus dem Wortlaut kein Anhaltspunkt für eine so eingeschränkte Auslegung des Begriffs „ausstehende Zahlungsverpflichtungen“ (*obligaciones pendientes*) ergibt; die anschließend aufgeführten Bürgschaften und ähnliche Garantien sind lediglich als Beispiele zu verstehen. Folglich gleichen sich die Voraussetzungen, unter denen in den Vergleichsländern Verbindlichkeitsrückstellungen zu bilden sind.[632]

Sucht man im spanischen Recht nach Parallelen für die Aufwandsrückstellungen nach deutschem Verständnis, so kommen mit den Rückstellungen für Reparaturaufwendungen und für Beseitigungskosten nur zwei Arten von Aufwandsrückstellungen in Betracht:

Die Rückstellungen für außerordentliche Reparaturen (*provisión para reparaciones extraordinarias*) sind im Unterkonto 143 PGC geregelt und setzen voraus, dass die anfallenden Kosten im Vergleich zu den gewöhnlichen Unterhaltungs- und Reparaturkosten nicht unerheblich sind, dass sie nicht in jedem Geschäftsjahr und damit unregelmäßig bzw. außerordentlich anfallen, dass die Reparatur höchstwahrscheinlich vorzunehmen ist in Übereinstimmung mit dem Reparaturplan des Unternehmens und anwendbaren Gesetzen und schließlich dass durch die Reparatur nicht die Nutzungsdauer oder Produktivität des Gegenstandes des Anlagevermögens erhöht wird.[633] In der spanischen Bilanzierungspraxis sind diese Aufwandsrückstellungen am weitesten verbreitet,[634] ähnlich wie die Rückstellungen für Großreparaturen in Deutschland.[635]

Für Beseitigungskosten ist dann eine Rückstellung zu bilden, wenn sie bei Beendigung einer vorübergehenden wirtschaftlichen Aktivität zu entstehen drohen (*provisión de gastos de abandono de explotaciones económicas de carácter temporal*).[636] Ziel dieser Rückstellung ist es also, diese Beseitigungskosten auf

---

632 So im Ergebnis wohl auch *Báez Moreno*, Normas Contables e IS, 179 f., der Verbindlichkeitsrückstellungen nach deutschem Verständnis mit *provisiones por responsabilidades* übersetzt.

633 AECA, Provisiones, 27 ff.; *Sasse*, Rückstellungen, 178.

634 *Dicken*, Spanisches Bilanzrecht, 34, der von „Großreparaturen“ spricht, damit aber wohl nicht die *provisión para grandes reparaciones* meint, die – wie unten im Rahmen der steuerrechtlichen Anerkennung der Rückstellungen zu sehen sein wird – nur im Zusammenhang mit Flugzeugen und Schiffen zu bilden ist.

635 *Knobbe-Keuk*, Bilanz- und Unternehmenssteuerrecht, 117.

636 Anders, nämlich als „Rückstellungen für eine geplante vorübergehende Betriebsstilllegung“ übersetzt von *García Frías/Zinser*, IStR 2/1999, 55, 60.

die Nutzungsdauer der entsprechenden Gegenstände des Anlagevermögens zu verteilen.[637]

Verfährt man mit den Verlustrückstellungen wie soeben mit den Verbindlichkeits- und Aufwandsrückstellungen, indem man Vergleichbares im spanischen Recht sucht, so kann man trotz der in Spanien nicht vorhandenen Konsequenzen aus der Unterscheidung dieser im deutschen Recht bekannten Kategorien einen Vergleich mit den folgenden Rückstellungen anstellen:

Begrifflich als Verlustrückstellungen (*provisiones para pérdidas*) bezeichnet werden lediglich Rückstellungen für Verluste aus langfristigen Vertragsverhältnissen. Unter solchen werden Vertragsverhältnisse über die Herstellung eines Werkes oder über die Durchführung von Arbeiten verstanden, bei denen der Leistungszeitraum länger ist als zwölf Monate[638] und die Werkverträgen nach deutschem Verständnis entsprechen.[639] Diese langfristigen Vertragsverhältnisse sind nicht im PGC geregelt, sondern, wie bereits oben im Rahmen des Realisationsprinzips erwähnt, im für das Baugewerbe angepassten Branchenkontenrahmen,[640] um für die Einnahmerealisation die beiden Möglichkeiten der Teilgewinnrealisierung (*método de porcentaje de obra realizada*) und der Methode des erfüllten Vertrags (*método de contrato cumplido*) zu eröffnen. Innerhalb eines solchen Vertragsverhältnisses liegt die Wahrscheinlichkeit eines eintretenden Verlusts vor, wenn konkrete Anzeichen dafür gegeben sind etwa in der Weise, dass die Kosten der bisher erbrachten Leistungen über dem korrespondierenden Anteil an den für die Erbringung der gesamten Leistung veranschlagten Kosten liegen.[641]

Allerdings werden diese Provisionen nicht zusammen mit den übrigen Rückstellungen unter der Überschrift „*provisiones para riesgos y gastos*" geführt, sondern im Konto 498 des an die Baubranche angepassten Kontenrahmens als Provision für Verluste aus Bauarbeiten (*provisión para pérdidas por obras*) in der Untergruppe 49 – Provisionen für schwebende Geschäfte (*provisiones por operaciones de tráfico*, wörtlich also Provisionen für Handelsgeschäfte). Auch im Bilanzschema des PGC werden diese Provisionen getrennt von den übrigen

637 Norm 7 Ziffer 1 b) der *Resolución de 30 de julio de 1991 del Presidente del ICAC por la que se dictan normas de valoración del inmovilizado material*, http://www.icac.mineco.es/consultas.

638 AECA, Existencias, 34.

639 *Sasse*, Rückstellungen, 174.

640 Siehe zu den Branchenkontenrahmen oben ab S. 71 sowie zu den langfristigen Vertragsverhältnissen im Zusammenhang mit dem Realisationsprinzip und seinen Ausnahmen oben ab S. 125.

641 *Castrillo Lara*, Contingencias contables, 106; *Sasse*, Rückstellungen, 175.

Rückstellungen aufgeführt, und zwar unter der Überschrift „Kurzfristige Verbindlichkeiten" (*acreedores a corto plazo*).

Eine ähnliche Besonderheit ist im (allgemeinen) PGC das Unterkonto 499 für sog. Provisionen für andere schwebende Geschäfte (*provisiones para otras operaciones de tráfico*, wörtlich also Provisionen für andere Handelsgeschäfte), welches erstens getrennt von den sonstigen Rückstellungen im Konto 49 PGC – *provisiones por operaciones de tráfico* – aufgelistet wird und zweitens nach dem Bilanzschema in Teil 4 PGC auf der Passivseite der Bilanz unter der Überschrift „Kurzfristige Verbindlichkeiten" und damit ebenfalls gesondert von den übrigen Rückstellungen zu führen ist. Diese Provisionen sollen nach der Definition des PGC für Ausgaben bei Wandlung, Instandhaltungs- und Wartungsgarantien sowie für ähnliche Konzepte gebildet werden. Als ähnliches Konzept wird von der AECA die Minderung erwähnt.[642] Teilweise wird auf die in der Literatur vertretene Auffassung verwiesen, dass diese Provisionen unter die Rückstellungsdefinition des Art. 188.1 LSA fallen[643] und deswegen durch die Sonderbehandlung im PGC ein Verstoß dieser Rechtsverordnung gegen höherrangiges Recht festgestellt.[644] Dabei werden allerdings die Kontobewegungen nicht berücksichtigt, die in Teil 3 PGC für die Untergruppe 49 mit dem Titel „*provisiones por operaciones de tráfico*" vorgesehen werden: In dieser Untergruppe wird die *provisión para otras operaciones de tráfico* zunächst bereits begrifflich von den Wertveränderungen wegen Insolvenzen (*provisiones para insolvencias*) abgegrenzt, die in derselben Untergruppe aufgeführt werden. Im Gegensatz zu den letzteren stehen die *provisiones para otras operaciones de tráfico* zudem nicht auf der Aktivseite der Bilanz, sondern auf der Passivseite; sie mindern also nicht Aktiva wie die Aktivprovisionen für Insolvenzen, sondern fallen in Höhe der jährlichen Teilbeträge (*dotaciones*) als Aufwand an.[645] Im Unterschied zu den sonstigen Rückstellungen werden die erfolgswirksamen *provisiones para otras operaciones de tráfico* nicht in den jeweiligen speziellen Aufwandskonten gebucht (beispielsweise Konto 622 PGC – *reparaciones y conservación* für die Rückstellung für Großreparaturen), sondern im eigenen Konto 695 PGC.[646] Im Ergebnis ist also der Untergruppe 49 des Teil 3 PGC zu entnehmen, dass die *provisiones para otras operaciones de tráfico* abgesehen von der unterschiedlichen Buchungstechnik genauso behandelt werden wie die übrigen Rückstellungen, weshalb ein Verstoß gegen höherrangiges Recht nicht ersichtlich ist. Gleiches gilt für die oben erwähnten Provisionen für Verluste aus Bauarbeiten. Warum diese Provi-

---

642 AECA, Gastos, 31.

643 *Castrillo Lara*, Contingencias contables, 88 f.

644 *Sasse*, Rückstellungen, 167.

645 Siehe auch AECA, Provisiones, 49.

646 Worauf auch hingewiesen wird bei AECA, Provisiones, 53 f., wo die beiden Rückstellungsarten ansonsten gleich behandelt werden.

sionen dann im PGC nicht konsequent bei den anderen Rückstellungen stehen, ist zwar unklar, jedoch von untergeordneter Bedeutung.

Neben den genannten *provisiones para pérdidas* existieren auch in der spanischen Rechnungslegung Konstellationen, die in Deutschland in die Kategorie der Verlustrückstellungen fallen. Da diese so behandelt werden wie Verbindlichkeitsrückstellungen, wurde in Spanien keine eigenständige, mit den deutschen Verlustrückstellungen vergleichbare Kategorie geschaffen. Zu berücksichtigen ist in diesem Zusammenhang, dass in Deutschland zu Verlustrückstellungen führende Konstellationen in Spanien wegen des Korrelationsprinzips oft eine Frage der Einnahmerealisation und nicht der Rückstellungsbildung betreffen.[647]

Nach dem Unterkonto 141 PGC sind schließlich Rückstellungen zu bilden für solche Steuerverbindlichkeiten, deren Betrag hinsichtlich ihrer Höhe oder des Zeitpunkts ihres Eintritts unsicher ist. Bei diesen Rückstellungen handelt es sich um einen Unterfall der bereits erwähnten Rückstellungen für Haftungsfälle i.S.d. Kontos 142 PGC und damit der Verbindlichkeitsrückstellungen mit dem einzigen Unterschied, dass die Verpflichtung gegenüber der Finanzverwaltung besteht. Die eigenständige Regelung der Steuerrückstellungen im Konto 141 PGC ist deshalb überflüssig.[648] Diese Steuerrückstellungen (*provisiones para impuestos*) sind nicht zu verwechseln mit den passiven latenten Steuern (*impuestos diferidos*) i.S.d. Unterkontos 479 PGC, die zeitlich begrenzte Unterschiede zwischen dem handelsrechtlichen und dem steuerrechtlichen Jahresergebnis widerspiegeln sollen. Als Auslöser dieser temporären Unterschiede kommen u.a. Änderungen des Steuertarifs, Schwankungen in der Steuergesetzgebung hinsichtlich der abziehbaren Aufwendungen oder der maximalen Zeiträume des Verlustausgleichs sowie die rein steuerlichen Vergünstigungen[649] in Betracht.[650] Für solche passiven latenten Steuern sind keine Rückstellungen zu bilden,[651] sondern sie sind als Verbindlichkeiten zu bilanzieren.

(δ) Fazit

Handelsrechtlich bleibt also festzuhalten, dass Art. 188 LSA im Gegensatz zu § 249 HGB nicht zwischen Verbindlichkeits- und Aufwandsrückstellungen unterscheidet. Zudem findet eine Differenzierung zwischen Wahl- und Pflichtrück-

---

647 *Sasse*, Rückstellungen, 167.

648 AECA, Provisiones, 37.

649 Wie bereits erläutert, führen diese rein steuerlichen Vergünstigungen wegen der nicht vorhandenen umgekehrten Maßgeblichkeit zu Differenzen zwischen dem handelsrechtlichen Ergebnis und der steuerlichen Bemessungsgrundlage.

650 *Malvárez Pascual/Martín Zamora*, IS, 511.

651 *Sasse*, Rückstellungen, 185; a.A. *Dicken*, Spanisches Bilanzrecht, 36 f.

stellungen nicht statt, die spanische Rechnungslegung kennt nur Pflichtrückstellungen. Ansonsten stimmt die allgemeine Rückstellungsdefinition in den beiden Vergleichsländern überein: Gemeinsame Voraussetzung ist die wirtschaftliche Verursachung der zukünftigen Verpflichtung bzw. des zukünftigen Aufwands in dem letzten oder einem früheren Wirtschaftsjahr. Während § 249 HGB einzelne Rückstellungsarten wie die Instandhaltungsrückstellung hervorhebt, begnügt sich Art. 188 LSA mit einer generellen Definition. Dafür schlüsselt der PGC einzelne Rückstellungsarten auf, in denen sich auch die verschiedenen Rückstellungsarten nach deutschem Verständnis wiedererkennen lassen. Der PGC ist jedoch insoweit nicht abschließend, sodass letztlich für die Zulässigkeit einer Rückstellungsbildung stets auf Art. 188 LSA zurückzugreifen ist.

(d) Die steuerrechtlich zulässigen Rückstellungen

(α) Rückstellungen nach dem EStG

Steuerrechtlich wird aus dem Passivierungswahlrecht für Instandhaltungsrückstellungen i.S.d. § 249 Abs. 1 S. 3 HGB und für Aufwandsrückstellungen i.S.d. § 249 Abs. 2 HGB ein Passivierungsverbot. Dagegen ist der Ansatz der Verbindlichkeitsrückstellungen sowie der Aufwandsrückstellungen des § 249 Abs. 1 S. 2 Nr. 1 HGB handelsrechtlich verpflichtend und deshalb grundsätzlich auch für das Steuerrecht maßgeblich.[652] Folge der umgekehrten Maßgeblichkeit ist, dass das steuerrechtliche Wahlrecht für Pensionsrückstellungen gemäß § 6a EStG wegen der handelsrechtlichen Passivierungspflicht für Verbindlichkeitsrückstellungen i.S.d. § 249 Abs. 1 HGB zu einer Passivierungspflicht wird. Steuerrechtlich ausdrücklich geregelte Passivierungsverbote gelten gemäß § 5 Abs. 4a EStG für Verlustrückstellungen sowie gemäß § 5 Abs. 4b S. 1 EStG für Rückstellungen für in künftigen Wirtschaftjahren zu aktivierende Anschaffungs- oder Herstellungskosten. Schließlich sieht § 5 Abs. 2a EStG ein Passivierungsverbot vor für Rückstellungen für Verbindlichkeiten, die nur aus künftigen, noch nicht entstandenen Einnahmen oder Gewinnen zu erfüllen sind. Rückstellungen für die Verletzung fremder Patent-, Urheber- oder ähnlicher Schutzrechte sowie Rückstellungen für Zuwendungen anlässlich von Dienstjubiläen dürfen steuerrechtlich gemäß § 5 Abs. 3, 4 EStG nur unter bestimmten Voraussetzungen gebildet werden.

Zusammenfassend bleibt also für die steuerrechtliche Anerkennung von Rückstellungen festzuhalten, dass zunächst ihrem Charakter als Pflicht- oder Wahlrückstellung entscheidende Bedeutung zukommt. Erst in einem zweiten Schritt bestehen steuerrechtliche Passivierungsverbote sowie Passivierungsbeschrän-

---

652 BFH Beschl. v. 3.02.1969 – GrS 2/68, BStBl. II 1969, 291, 293, siehe zu dieser Einschränkung des Maßgeblichkeitsprinzips bereits oben ab S. 65.

kungen für einige handelsrechtliche Pflichtrückstellungen. In der Steuerbilanz sind somit Rückstellungen zu bilden für ungewisse Verbindlichkeiten einschließlich Pensionszusagen ab 1987, für unterlassene Instandhaltungsaufwendungen, die im folgenden Geschäftsjahr innerhalb von drei Monaten nachgeholt werden, für unterlassene Abraumbeseitigungsaufwendungen, die im folgenden Geschäftsjahr nachgeholt werden, sowie für Kulanzgewährleistungen. Insbesondere Aufwandsrückstellungen sind also steuerrechtlich weitgehend unzulässig, was auf die schwierige Überprüfbarkeit ihrer jeweiligen Berechtigung sowie auf die dadurch resultierenden Manipulationsmöglichkeiten des Bilanzierenden zurückzuführen ist.

(β) Rückstellungen nach dem TRLIS

Das spanische Steuerrecht folgt einer anderen Systematik. Art. 13.1 TRLIS[653] schließt die steuerrechtliche Zulässigkeit von Rückstellungen generell aus, während Art. 13.2 und .3 TRLIS einzelne Rückstellungen aufzählen, die als Ausnahme von der Regel steuerrechtlich zulässig sind.

Dieses Verständnis des Art. 13.1 TRLIS ist nicht unumstritten. Eine Literaturansicht stützt sich auf seinen Wortlaut, in dem die Passivprovisionen für *sichere* Aufwendungen, Verbindlichkeiten oder Verluste, die lediglich ihrer Höhe nach unbestimmt sind, nicht erwähnt werden. Nach einem Umkehrschluss seien sie deshalb steuerrechtlich zulässig, das generelle Passivierungsverbot des Art. 13.1 TRLIS gelte vorbehaltlich der noch darzustellenden Ausnahmen der nachfolgenden Absätze 2 und 3 nur für die Passivprovisionen für *vorhersehbare* Risiken, *mögliche* Verluste und *wahrscheinliche* Aufwendungen und Verbindlichkeiten.[654] Die Gegenansicht überzeugt jedoch mit der Argumentation, dass die Absätze 2 und 3 abschließend diejenigen *sicheren* Rückstellungen enthalten, welche nach einem Umkehrschluss aus Art. 13.1 TRLIS steuerrechtlich zulässig sein sollen.[655] Wie nämlich im Anschluss zu sehen sein wird, enthält Art. 13.2 TRLIS insbesondere sichere Rückstellungen und damit solche, die wegen bereits eingetretener Tatsachen und auf Grundlage objektivierender Merkmale zu bilden sind.

---

653 Art. 13.1 TRLIS: *No serán deducibles las dotaciones a provisiones para la cobertura de riesgos previsibles, pérdidas eventuales, gastos o deudas probables.*

654 *Clavijo Hernández*, in: Fernández Junquera, IS, 383; *López-Santacruz Montes*, in: Lefebvre, IS, Rn. 1829 f.

655 *Corona Romero*, in: Rubio Guerrero, IS, 233 f. m.w.N.; *Malvárez Pascual/Martín Zamora*, IS, 472 f.; *Capdevila*, in: Laorden/Arqués, IS, 552 f.; *Báez Moreno*, Normas Contables e IS, 143; im Ergebnis ebenso *Courage*, in: Mennel/Förster, Steuern in Europa, Amerika und Asien, Länderteil Spanien, Rn. 323; *Lüdemann/Echevarria/Hruschka*, Investitionen in Spanien, Rn. 148; *Sasse*, Rückstellungen, 108.

Allgemein setzt also die steuerrechtliche Zulässigkeit einer Rückstellung das Eingreifen eines Ausnahmetatbestandes des Art. 13.2 TRLIS voraus; zusätzlich darf kein Abzugsverbot i.S.d. Art. 14 TRLIS vorliegen. Gemäß Art. 13.2 TRLIS werden die folgenden Rückstellungen steuerrechtlich zugelassen:

Gemäß Art. 13.2 a) TRLIS werden Rückstellungen für laufende Rechtsstreite, Entschädigungen oder ausstehende Zahlungen (*provisión para responsabilidades*) i.S.d. Unterkontos 142 PGC[656] anerkannt. Die steuerrechtlichen Voraussetzungen sind im Vergleich zum Konto 142 PGC insoweit enger, als erstens ein sicheres Eintreten des Haftungsfalls gefordert wird – nur die Höhe der Zahlung darf noch nicht endgültig feststehen –, und zweitens der Haftungsfall und die daraus resultierende Verbindlichkeit nachweisbar (*justificable*) sein muss. Ein nur wahrscheinlich (*probable*) eintretender Verlust reicht steuerrechtlich also für eine entsprechende Rückstellung nicht aus. Einzige Ausnahme davon ist ein drohender Verlust wegen eines laufenden Rechtsstreits, der wie nach Handelsrecht nur möglich (*posible*) sein muss.[657] Diese Ausnahme für laufende Rechtsstreite gilt auch für die zweite Voraussetzung der Nachweisbarkeit des Haftungsfalls,[658] welche also für Entschädigungen und sonstige Haftungsfälle gilt. Die Nachweisbarkeit wird nicht weiter definiert, gemeint sind wohl alle zulässigen Beweismittel, die beispielsweise eine vertragliche Schadensersatzklausel samt Erfüllung des darin enthaltenen Tatbestands belegen.[659] Der Begriff „Rechtsstreit" (*litigio*) ist weit auszulegen in der Weise, dass darunter auch schiedsgerichtliche Verfahren zu verstehen sind.[660]

Nachweisbare Entschädigungen (*indemnizaciones debidamente justificadas*) wegen vorsätzlich oder fahrlässig verursachter Schäden bei einer natürlichen oder juristischen Person können eine vertragliche oder gesetzliche Grundlage haben. Entsprechende Rückstellungen werden steuerrechtlich anerkannt, wenn der Schaden eingetreten ist und die Haftung dafür akzeptiert wurde, die Höhe der Entschädigung aber noch nicht feststeht.[661]

Eine Besonderheit besteht darin, dass das steuerrechtliche Konzept der *provisiones para responsabilidades* nicht nur die handelsrechtlich im Konto 142 PGC vorgesehenen Rückstellungen umfasst, sondern zusätzlich die handelsrechtlich

---

656 Wie gesehen, entsprechen sie den Verbindlichkeitsrückstellungen nach deutschem Verständnis, siehe oben ab S. 149.

657 *Clavijo Hernández*, in: Fernández Junquera, IS, 385 f.

658 *Gaceta Fiscal*, GF 144/1996, 143, 147.

659 *Clavijo Hernández*, in: Fernández Junquera, IS, 386.

660 *Clavijo Hernández*, in: Fernández Junquera, IS, 384.

661 *Clavijo Hernández*, in: Fernández Junquera, IS, 385 f.

im Konto 141 PGC enthaltenen Rückstellungen für Steuern,[662] womit allerdings nicht latente Steuern gemeint sind, sondern wie oben bereits erwähnt hinsichtlich des Zeitpunkts ihres Eintritts oder ihrer Höhe unsichere Steuern. Damit wird im TRLIS die oben angesprochene überflüssige eigenständige Regelung der Steuerrückstellungen vermieden. Neben den Voraussetzungen des Art. 13.2 a) TRLIS ergibt sich für die steuerliche Anerkennung dieser Steuerrückstellungen eine zusätzliche Einschränkung daraus, dass die zurückgestellte Steuer selbst eine abziehbare Aufwendung sein muss. Dies ist beispielsweise nicht der Fall bei der Körperschaftsteuer wegen Art. 14.1 b) TRLIS,[663] wohl aber insbesondere bei indirekten Steuern wie der spanischen Umsatzsteuer (*Impuesto sobre el Valor Añadido*, IVA).[664]

Hinsichtlich ihrer steuerrechtlichen Anerkennung ist all diesen Rückstellungen für laufende Rechtsstreite, Entschädigungen oder ausstehende Zahlungen gemein, dass sie nicht für nichtabziehbare Aufwendungen i.S.d. Art. 14 TRLIS gebildet werden können.[665] Dies ist beispielsweise bei einem laufenden Rechtsstreit dann der Fall, wenn er über eine Strafe (*sanción*) geführt wird,[666] weil insoweit Art. 14.1 c) TRLIS greift.

Nach Art. 13.2 b) TRLIS zulässig sind Rückstellungen für die Kosten der Wiederherrichtung von Wirtschaftsgütern des materiellen Anlagevermögens zwecks ihrer Rückgabe an den Konzessionsgeber sowie für den durch diese Rückgabe eintretenden Verlust des betroffenen Wirtschaftsguts (*provisión para el fondo de reversión*), wie gesehen handelsrechtlich geregelt im Unterkonto 144 PGC. Die Rückgabekosten bestehen aus den gesamten Investitionen in das betroffene Wirtschaftsgut zwischen seiner Inbetriebnahme und seiner Rückgabe an den Konzessionsgeber, wobei handels- wie steuerrechtlich die in dieser Zeit vorgenommenen Abschreibungen abzuziehen sind, um eine durch diese Rückstellung

---

662 *Corona Romero*, in: Rubio Guerrero, IS, 236; *López-Santacruz Montes*, in: Lefebvre, IS, Rn. 1848.

663 Entsprechend der deutschen Regelung in § 275 Abs. 2 Nr. 18, 19 HGB ist die Körperschaftsteuer gemäß Art. 189 LSA i.V.m. Konto 630 PGC handelsrechtlich Aufwand, während die Einkommensteuer für die Einkommensteuersubjekte im privaten Bereich anfällt und damit kein Aufwand ist. In Deutschland wird die Körperschaftsteuer als nichtabziehbare Aufwendung gemäß § 10 Nr. 2 KStG bei der Einkommensermittlung außerhalb des Jahresabschlusses dem Gewinn wieder hinzugerechnet, in Spanien geschieht dies gemäß Art. 14.1 b) TRLIS. Vgl. zur spanischen Regelung *Pérez Royo*, IRPF, 247 und *Pascual Pedreño*, IS, 542 ff., zu deutschen Regelung *Thiel/Lüdtke-Handjery*, Bilanzrecht, Rn. 194.

664 *Malvárez Pascual/Martín Zamora*, IS, 511 ff.

665 *López-Santacruz Montes*, in: Lefebvre, IS, Rn. 1841.

666 *López-Santacruz Montes*, in: Lefebvre, IS, Rn. 1845.

nicht beabsichtigte Verdoppelung des Aufwands zu vermeiden.[667] Damit richten sich die Rückgabekosten nach dem Buchwert des Wirtschaftsguts im Zeitpunkt der Rückgabe zuzüglich der vom Konzessionsgeber geforderten Reparaturkosten;[668] sie sind dann auf die einzelnen Jahre der Laufzeit der Konzession zu verteilen.

Steuerlich anerkannt werden gemäß Art. 13.2 c) TRLIS Rückstellungen für Großreparaturen an Schiffen und Flugzeugen (*provisión para grandes reparaciones*), die als Folge der obligatorischen Generaluntersuchungen zu erwarten sind.

Gleiches gilt gemäß Art. 13.2 d) TRLIS für außerordentliche Reparaturen von Vermögensgegenständen, Schiffe und Flugzeuge ausgenommen (*provisión para reparaciones extraordinarias*). Reparaturen sind außerordentlich, wenn sie seltener als jährlich auftreten.[669]

Daneben sind in Art. 13.2 d) TRLIS die Rückstellungen für Aufwendungen für die Beendigung vorübergehender wirtschaftlicher Aktivitäten (*provisión de gastos de abandono de explotaciones económicas de carácter temporal*) geregelt. Mit vorübergehenden wirtschaftlichen Aktivitäten sind zeitlich befristete Aktivitäten gemeint, die im Zeitpunkt ihrer Beendigung Kosten verursachen, wie z.B. die Abbaukosten nach einem Kultur- oder Sportereignis.[670]

Beide Rückstellungsarten des Art. 13.2 d) TRLIS sind nur dann zulässig, wenn sie auf einem Plan i.S.d. Art. 10-14 RIS basieren, der vom Steuerpflichtigen vorgeschlagen und von der Finanzverwaltung akzeptiert wurde. Ihre handelsrechtliche Regelung findet sich in Konto 143 PGC.

Die zuletzt genannten Rückstellungsarten für Großreparaturen, für außerordentliche Reparaturen sowie für die Beendigung vorübergehender wirtschaftlicher Tätigkeiten sind mit Aufwandsrückstellungen nach deutschem Verständnis vergleichbar. Während in Deutschland Aufwandsrückstellungen steuerrechtlich jedoch nur in der Form von Rückstellungen für innerhalb von drei Monaten nachgeholte Instandhaltungsaufwendungen sowie von Rückstellungen für Abraumbeseitigung anerkannt werden, ist die steuerrechtliche Regelung des Art. 13 TRLIS großzügiger: Insbesondere Rückstellungen für die genannten Großreparaturen sind auch steuerrechtlich zulässig.

---

667 Normen 3 und 4 der *Resolución de 21 de enero de 1992 del Presidente del ICAC por la que se dictan normas de valoración del inmovilizado inmaterial*, http://www.icac.mineco.es/consultas; *Clavijo Hernández*, in: Fernández Junquera, IS, 387.

668 *Capdevila*, in: Laorden/Arqués, IS, 562.

669 *Clavijo Hernández*, in: Fernández Junquera, IS, 391.

670 *Clavijo Hernández*, in: Fernández Junquera, IS, 393.

In Art. 13.2 e) und f) werden auch steuerlich Rückstellungen vorgesehen, die von Versicherungsunternehmen und von sog. gegenseitigen Garantiegesellschaften in Höhe der erwarteten Inanspruchnahme gebildet werden (*provisiones técnicas realizadas por entidades aseguradoras y sociedades de garantía recíproca*). Letztere Gesellschaften werden von Unternehmen einer Wirtschaftsbranche gegründet und bürgen mit einem Fonds im Bedarfsfall für einzelne Unternehmen.[671]

Schließlich sind in Art. 13.2 g) TRLIS Rückstellungen für Garantien (*provisión para cobertura de garantías de reparación y revisión y para cobertura de gastos accesorios por devoluciones de ventas*) erfasst, deren Höhe aus der durchschnittlichen Inanspruchnahme in den beiden vorangegangenen Jahren entsprechend der Anzahl der gerade laufenden Garantien zu ermitteln ist. Sie entsprechen handelsrechtlich den oben angesprochenen Rückstellungen für andere schwebende Geschäfte (*provisiones para otras operaciones de tráfico*), vgl. Konto 499 PGC.

Zusammenfassend ist diesen ausnahmsweise von Art. 13.2 TRLIS zugelassenen Rückstellungen gemein, dass sie weitgehend in Form der entsprechenden Regelungen des PGC anerkannt werden, wobei einige Unterschiede bestehen insbesondere hinsichtlich ihrer Höhe und hinsichtlich der Einbeziehung der Finanzverwaltung. Generell wird durch Art. 13 TRLIS bezweckt, die handelsrechtlich gegebenen Freiheiten des Steuerpflichtigen in der Passivierung von Rückstellungen dahingehend zu beschränken, dass steuerrechtlich bestimmte objektive Anhaltspunkte dafür vorliegen müssen, dass der jeweilige Verlust bzw. Aufwand droht.

(γ) Fazit

Berücksichtigt man die Erfahrungen aus dem deutschen Steuerrecht, dass nämlich bei Ansatz und Bewertung von Rückstellungen eine „Hauptkampflinie“[672] zwischen Fiskus und Steuerpflichtigen verläuft und selbst der BFH die entsprechende Rechtsprechung als unübersichtlich erachtet,[673] so hat die Systematik des Art. 13 TRLIS durchaus Vorteile, Rückstellungen steuerrechtlich nur ausnahmsweise und unter objektivierten Voraussetzungen zuzulassen. Auf diese Weise wird der Steuerpflichtige deutlich in seinem Spielraum beschnitten und

671 Diese Gesellschaften sind im *Ley 1/1994, de 11 de marzo, sobre Régimen Jurídico de las Sociedades de Garantía Recíproca (BOE 12 de marzo)* geregelt, vgl. auch *Lüdemann/Echevarría/Hruschka*, Investitionen in Spanien, Rn. 148.

672 *Hennrichs*, DStJG 2001, 301, 321.

673 „Kein geschlossenes Bild“ der Rechtsprechung, BFH, Beschl. vom 26.05.1993 – X R 72/90, BStBl. II 1993, 855, 861.

damit in seinen bilanzpolitischen Möglichkeiten eingeschränkt, die Höhe des steuerpflichtigen Gewinns zu beeinflussen. Entsprechend wenige Gerichtsurteile zu der steuerrechtlichen Anerkennung von Rückstellungen sind in Spanien seit Geltung des durch die Körperschaftsteuerreform von 1995 eingeführten Art. 13 TRLIS zu finden.

Dem deutschen Steuerrecht ist eine allgemeine Rückstellungsvorschrift wie Art. 13.1 TRLIS fremd. Es finden sich lediglich punktuelle Regelungen einzelner Rückstellungen, insoweit ist also die handelsrechtliche Rückstellungssystematik in stärkerem Maße für das Steuerrecht maßgeblich als in Spanien. Eine bedeutende Einschränkung ergibt sich allerdings aus der ständigen Rechtsprechung des Bundesfinanzhofs, dass handelsrechtliche Passivierungswahlrechte steuerrechtlich zu einem Passivierungsverbot führen, soweit nicht auch steuerrechtlich ein Wahlrecht besteht,[674] weswegen die Wahlrückstellungen des § 249 Abs. 1 S. 3, Abs. 2 HGB steuerrechtlich keine Berücksichtigung finden. Betroffen sind bis auf wenige Ausnahmen die Aufwandsrückstellungen, welche im Gegensatz zum spanischen Steuerrecht weitgehend unzulässig sind.

Im Ergebnis lässt sich festhalten, dass trotz unterschiedlicher Systematik in beiden Vergleichsländern Verbindlichkeitsrückstellungen steuerrechtlich weitgehend anerkannt werden, Aufwandsrückstellungen dagegen nur in bestimmten, in Spanien etwas großzügiger gewährten Fällen.

(3) Rücklagen – *reservas*

(a) Offene Rücklagen

In beiden Vergleichsländern gehören die offenen Rücklagen (*reservas*) handelsrechtlich zum Eigenkapital. Ihre Bildung ist eine Maßnahme der Gewinnverwendung, erfasst werden grundsätzlich bereits versteuerte Gewinne.

In Deutschland wie in Spanien sind die unterschiedlichsten Formen offener Rücklagen denkbar. Die gesetzlichen Rücklagen i.S.d. § 150 Abs. 1, 2 AktG entsprechen der *reserva legal* gemäß Konto 112 PGC i.V.m. Art. 214 LSA; die satzungsmäßigen Rücklagen sind vergleichbar mit den *reservas estatutarias* des Kontos 116 PGC; die freien Rücklagen i.S.d. § 58 AktG entsprechen der *reserva voluntaria* des Kontos 117 PGC.

Grundsätzlich dürfen offene Rücklagen nur aus festgestellten und versteuerten Gewinnen gebildet werden. In Deutschland werden allerdings in Einzelfällen

674 BFH, Beschl. v. 3.02.1969 – GrS 2/68, BStBl. II 1969, 291, 293; Urt. v. 28.04.1971 – I R 39, 40/70, BStBl. II 1971, 601. 603; Urt. v. 26.05.1971 – IV R 58/70, BStBl. II 1971, 704, 707; Urt. v. 20.01.1983 – IV R 168/81, BStBl. II 1983, 375.

aus Billigkeitserwägungen und insbesondere als wirtschaftspolitisches Förderungsinstrument steuerfreie Rücklagen ermöglicht.[675] Dies ist etwa der Fall bei der Rücklage für Ersatzbeschaffung i.S.d. Einkommensteuerrichtlinie 6.6 (R 6.6 EStR 2005), der Rücklage für die Veräußerung bestimmter Anlagegüter i.S.d. § 6 b EStG und der Akkumulationsrücklage i.S.d. § 58 Abs. 2 EStG. Die in diese Rücklagen eingestellten Gewinne sind erst später bei Auflösung der Rücklage zu versteuern, es handelt sich also um eine Steuerstundung.[676] Die auf diese Weise in Deutschland durch steuerfreie Rücklagen gesetzten Steueranreize werden in Spanien durch andere Mechanismen verwirklicht, welche im Folgenden erläutert werden.

(b) Stille Rücklagen

Auch hinsichtlich der stillen Rücklagen bzw. stillen Reserven (*reservas ocultas*) bestehen in den Vergleichsländern weitgehende Gemeinsamkeiten. Im Gegensatz zu den offenen Rücklagen werden sie nicht in der Bilanz ausgewiesen. Sie sind das Ergebnis einer steuerlich zulässigen Unterbewertung von aktiven Wirtschaftsgütern oder einer Überbewertung von Schulden. Ein steuerlich erfasster Ertrag entsteht erst bei einer Aufdeckung der stillen Rücklage, etwa bei einer Veräußerung des unterbewerteten Wirtschaftsguts oder des Betriebs oder bei Erlöschen der überbewerteten Verbindlichkeit.

In Deutschland ist ähnlich wie bei offenen Rücklagen ein Steuerstundungseffekt in der Weise denkbar, dass aufgedeckte stille Reserven steuerfrei in eine Rücklage eingestellt werden können; die aufgedeckten stillen Reserven werden dann durch eine spätere anschaffungskostenmindernde Auflösung der Rücklage auf ein anderes Wirtschaftsgut übertragen.[677] Dies ist etwa möglich bei der Rücklage für Ersatzbeschaffung i.S.d. R 6.6 EStR 2005 sowie bei der Reinvestitionsrücklage i.S.d. § 6 b EStG.

Ein mit der Reinvestitionsrücklage des § 6 b EStG vergleichbarer Steueranreiz war die im spanischen Steuerrecht vorgesehene Steuerstundung reinvestierter außerordentlicher Gewinne (*reinversión de beneficios extraordinarios*) des Art. 21 LIS a.F. Danach waren Erträge aus der entgeltlichen Übertragung von Vermögensgegenständen des Anlagevermögens und von Beteiligungen von mindestens 5 %, welche seit mindestens einem Jahr zum Vermögen des Unternehmens gehört haben, bei der Ermittlung der Bemessungsgrundlage zunächst nicht erfasst, wenn sie innerhalb von drei Jahren in entsprechende Vermögensgegenstände reinvestiert werden. Es handelte sich nicht um eine Steuerfreistel-

---

675 *Winnefeld*, Bilanz-Handbuch, Rn. D 1792.

676 *Weber-Grellet*, in: Schmidt, EStG, § 5 Rn. 497.

677 *Knobbe-Keuk*, Bilanz- und Unternehmenssteuerrecht, 105 f.

lung, sondern lediglich um eine Steuerstundung, weil diese Erträge gemäß Art. 21.3 LIS a.F. zu gleichen Teilen auf die Bemessungsgrundlagen der sieben folgenden Jahre bzw. gegebenenfalls der Abschreibungsjahre hinzugerechnet wurden. Als Folge dieser Steuerstundung war die Bemessungsgrundlage des laufenden Wirtschaftsjahrs geringer als der handelsrechtliche Jahresüberschuss. Die Differenz wurde im Konto 479 PGC für latente Steuern (*impuesto sobre beneficios diferido*) in der Gruppe der Verbindlichkeiten gebucht und in den Folgejahren entsprechend der fortschreitenden Hinzurechnung der Erträge zur steuerlichen Bemessungsgrundlage wieder aufgelöst.

Wie bereits erwähnt, wurde diese Regelung mit Wirkung ab 2002 durch Art. 42 TRLIS abgelöst. Nunmehr wird unter ähnlichen Voraussetzungen ein Abzug von der tariflichen Körperschaftsteuer in Höhe von 20 % der entsprechenden Erträge vorgenommen.

Im spanischen Steuerrecht sind somit steuerliche Anreize, die nach der deutschen Systematik durch steuerfreie Rücklagen gesetzt werden, in anderem steuertechnischen Gewand zu finden.

(4) Passive Rechnungsabgrenzungsposten – *ajustes por periodificación del pasivo*

Passive Rechnungsabgrenzungsposten sind gemäß § 250 Abs. 2 HGB und gemäß § 5 Abs. 5 S. 1 Nr. 2 EStG für Einnahmen zu bilden, soweit sie Ertrag für eine bestimmte Zeit nach dem Bilanzstichtag sind.

In Spanien gilt entsprechendes gemäß Art. 186.2 LSA i.V.m. Art. 10.3 TRLIS.

e) Bewertung – *valoración*

Während das deutsche Handelsrecht grundsätzlich in die Ansatzvorschriften der §§ 246-251 HGB und in die Bewertungsvorschriften der §§ 252-256 HGB unterteilt ist, sind die Vorschriften über Ansatz (*reconocimiento*) und Bewertung (*valoración*) in der spanischen Systematik nicht klar voneinander getrennt. Beispielsweise finden sich in Teil 5 PGC, der mit „Bewertungsvorschriften" übertitelt ist, u.a. die wichtigsten Ansatzvorschriften zum immateriellen Anlagevermögen.

aa) Ausgangswerte

Die steuerrechtliche Bewertung richtet sich in Deutschland wegen des steuerrechtlichen Bewertungsvorbehalts in erster Linie nach den §§ 5 Abs. 6, 6 ff. EStG. Nur in Ausnahmefällen wird auf die handelsrechtlichen Grundsätze ordnungsgemäßer Buchführung der §§ 252-257 HGB zurückgegriffen, wenn die steuerrechtliche Regelung lückenhaft ist.[678] Ein Beispiel für diese Systematik sind die Anschaffungs- oder Herstellungskosten, welche gemäß § 6 Abs. 1 Nr. 1 und Nr. 2 EStG steuerlicher Ausgangswert der Bewertung des Anlage- und Umlaufvermögens sind, steuerrechtlich jedoch nicht definiert werden. Daher kommt die handelsrechtliche Definition des § 255 Abs. 1 HGB zur Anwendung, wonach Anschaffungskosten die einem Vermögensgegenstand einzeln zuzuordnenden Aufwendungen sind, die geleistet werden, um einen solchen Vermögensgegenstand zu erwerben und ihn in einen betriebsbereiten Zustand zu versetzen, abzüglich der Anschaffungspreisminderungen wie Boni oder Skonti.

Zu den Anschaffungskosten zählen gemäß § 255 Abs. 1 S. 2 HGB auch alle Nebenkosten und damit diejenigen Kosten, die durch die Anschaffung verursacht worden sind. Von der Anschaffung ist allerdings die Finanzierung zu trennen, weshalb Zinsen, Finanzierungskosten oder Kosten der Kreditbeschaffung für zum Zwecke des Erwerbs aufgenommene Kredite nicht zu den Anschaffungskosten gehören.[679]

Herstellungskosten sind gemäß § 255 Abs. 2 HGB die Aufwendungen, die durch den Verbrauch von Gütern und die Inanspruchnahme von Diensten für die Herstellung eines Vermögensgegenstands, seine Erweiterung oder für eine über seinen ursprünglichen Zustand hinausgehende wesentliche Verbesserung entstehen. Dazu gehören neben den Material- und Fertigungseinzelkosten auch die nicht direkt dem einzelnen Produkt zuzurechnenden Material- und Fertigungsgemeinkosten. Fremdkapitalzinsen dürfen gemäß § 255 Abs. 3 HGB nur dann zu den Herstellungskosten gezählt werden, soweit ein direkter Zusammenhang zwischen dem hergestellten Vermögensgegenstand und dem aufgenommenen Fremdkapital besteht und soweit sie während der Herstellung anfallen.

Der Teilwert ist gemäß § 6 Abs. 1 Nr. 1 S. 3 EStG der Betrag, den ein Erwerber des ganzen Betriebs im Rahmen des Gesamtkaufpreises für das einzelne Wirtschaftsgut ansetzen würde unter der Prämisse, dass er den Betrieb fortführt. Bedeutung erlangt der Teilwert als Ausnahme vom Anschaffungskostenprinzip bei Entnahmen und Einlagen, beim Ansatz der Wirtschaftsgüter bei Betriebseröffnung und Betriebserwerb sowie bei der Teilwertabschreibung[680] und -zuschreibung. Die Bewertung mit dem Teilwert hat den Zweck, betriebszugehörige Wirtschaftsgüter nur in der Höhe zu bewerten und damit den Steuerpflichtigen nur in der Höhe zu belasten, wie es dem Gesamtwert des Unternehmens ent-

678 *Ehmcke*, in: Blümich, EStG, § 6 Rn. 34.
679 *Ellrott/Brendt*, Beck'scher Bilanz-Kommentar, § 255 HGB Rn. 500 ff.
680 Siehe zur Teilwertabschreibung unten ab S. 186.

spricht. Zudem dient der Teilwert als Bewertungsuntergrenze und damit der Vermeidung von willkürlichen stillen Reserven durch Unterbewertungen.[681]

Im Unterschied zum Teilwert ist der gemeine Wert des § 9 Abs. 2 S. 1 BewG von der Betriebszugehörigkeit unabhängig. Er richtet sich nach dem Einzelveräußerungspreis im gewöhnlichen Geschäftsverkehr und entspricht so dem Verkehrswert. Von Bedeutung ist der gemeine Wert etwa für die Ermittlung eines Betriebsaufgabegewinns i.S.d. § 16 Abs. 3 S. 7 EStG. Zudem ist er regelmäßig Untergrenze bei der Schätzung des Teilwerts, Obergrenze bilden bei dieser Schätzung regelmäßig die Wiederbeschaffungskosten.[682]

Grundregel der Bewertung in Spanien ist – wie in Deutschland – die Bewertung mit den historischen Kosten (*coste histórico*) in Form der Anschaffungskosten (*coste de adquisición*) oder der Herstellungskosten (*coste de producción*), vgl. Art. 38.1 f) CCom, Art. 195 f. LSA, Teil 1 Ziffer 2 PGC sowie Teil 5 Ziffern 2, 4 und 13 PGC.

Anschaffungskosten sind der Kaufpreis inklusive der indirekten Steuern sowie aller Anschaffungsnebenkosten (*gastos accesorios*), die für die Herstellung der Nutzungsfähigkeit (*su puesta en condiciones de funcionamiento*) des materiellen Anlagevermögens bzw. zur Rentabilität des immateriellen Anlagevermögens anfallen. Zu den Anschaffungsnebenkosten zählen gemäß Teil 5 Ziffer 2.2 PGC u.a. Abbruchkosten, Transportkosten, Zölle, Versicherungen sowie Installations- und Montagekosten.

Herstellungskosten sind neben den Anschaffungskosten der Einzelbestandteile des hergestellten Wirtschaftsguts alle Kosten, die diesem direkt zuzurechnen sind sowie anteilig die auf das Wirtschaftsjahr der Produktion entfallenden indirekten Kosten. Für die Nebenkosten gilt das zu den Anschaffungskosten Gesagte.[683] Damit ist der Begriff der Herstellungskosten selbst enger als in Deutschland; er umfasst in Spanien nicht die Erweiterung oder Verbesserung eines bereits bestehenden Vermögensgegenstands. Allerdings werden Aufwendungen für die Erweiterung, die Modernisierung oder die Verbesserung (*costes de una ampliación, modernización o mejora*) beim jeweiligen Vermögensgegenstand aktiviert, wenn sie eine Erhöhung der Produktivität, Kapazität oder Effizienz oder eine Verlängerung der Lebensdauer des Vermögensgegenstands bewirken.[684]

---

681 *Ehmcke*, in: Blümich, EStG, § 6 Rn. 546.
682 *Glanegger*, in: Schmidt, EStG, § 6 Rn. 226.
683 *Malvárez Pascual/Martín Zamora*, IS, 147 f.
684 AECA, *Inmovilizado material*, 39.

Finanzierungskosten (*gastos financieros* oder auch *intereses intercalarios*) können nach der zweiten Bewertungsregel des PGC sowie nach der einschlägigen *resolución* des ICAC[685] im Rahmen der Herstellungskosten und – im Gegensatz zur deutschen Systematik – auch der Anschaffungskosten angesetzt werden, soweit sie bis zur Nutzungsfähigkeit des angeschafften Gegenstandes des Anlagevermögens entstanden sind; Höchstgrenze ist dann der Marktwert (*valor de mercado*) des jeweiligen Vermögensgegenstandes. Darüber hinaus dürfen Finanzierungsaufwendungen aktiviert werden, die nicht direkt der Finanzierung einer bestimmten Anschaffung oder Herstellung dienen.

Der Begriff des Teilwerts existiert in der spanischen Systematik nicht. Ansatzweise vergleichbar ist der Handelswert (*valor venal*, wörtlich also käuflicher Wert). Dieser ist gemäß Teil 5 Norm 2.4 PGC als der Betrag definiert, den ein potentieller Käufer zu zahlen bereit wäre, wobei der Zustand des Gegenstandes und der Ort, an dem er sich befindet, zu berücksichtigen sind. Außerdem ist bei der Ermittlung des Handelswerts die Unternehmenslage einzubeziehen, von der weiteren Nutzung des Gegenstandes ist auszugehen. Anzusetzen ist der Handelswert für unentgeltlich erworbene Vermögensgegenstände.[686] Neben seiner im Vergleich zum deutschen Teilwert untergeordneten Rolle in der spanischen Rechnungslegung unterscheidet sich der *valor venal* darin von seinem deutschen Pendant, dass nicht von einem Käufer des ganzen Unternehmens ausgegangen wird, sondern von einem Erwerber des einzelnen Vermögensgegenstandes.

bb) Vereinfachte Bewertungsmethoden für das Umlaufvermögen

Wenn die Anschaffungs- oder Herstellungskosten von Vermögensgegenständen des Vorratsvermögens nicht eindeutig zugeordnet werden können, ermöglicht Teil 5 Norm 13.4 PGC ein Abweichen vom Grundsatz der Einzelbewertung. In einem solchen Fall ist grundsätzlich die Bewertung mit dem gewogenen Durchschnittswert (*método del precio medio o coste medio ponderado*) vorgesehen, zulässig ist aber auch die Bewertung nach den Verbrauchsfolgefiktionen *Last in – first out* (LIFO) bzw. *First in – first out* (FIFO). Zudem ist unter bestimmten Voraussetzungen der Ansatz mit einer gleichbleibenden Menge und die Bewertung mit dem Festwert (*cantidad y valor fijos*) möglich.

---

685 Einführung sowie Normen 2 und 3 der *Resolución de 9 de mayo de 2000 del Presidente del ICAC por la que se establecen criterios para la determinación del coste de producción*, http://www.icac.mineco.es/consultas.

686 Norm 1 Ziffer 1.1 a) der *Resolución de 30 de julio de 1991 del Presidente del ICAC por la que se dictan normas de valoración del inmovilizado material*, http://www.icac.mineco.es/consultas.

Unterschiede zur deutschen Regelung in § 256 HGB, § 6 Abs. 1 Nr. 2a EStG bestehen kaum. Anders als in Spanien ist die Bewertung mit dem gewogenen Durchschnitt auch bei Vermögensgegenständen des Sachanlagevermögens zulässig, §§ 240 Abs. 4, 256 HGB. Außerdem ist bei Einzelhandelsunternehmen die Methode der retrograden Ermittlung bzw. das Verkaufswertverfahren in den Fällen möglich, in denen Waren schon beim Einkauf mit dem Verkaufspreis ausgezeichnet werden.[687]

cc) Forderungen und Verbindlichkeiten

Forderungen sind handels- und steuerrechtlich mit den Anschaffungskosten i.S.d. § 255 Abs. 1 HGB anzusetzen, bei Begründung einer Geldforderung durch Vertrag mit dem Nennbetrag. Gegebenenfalls kommt ein Ansatz mit dem niedrigeren Teilwert in Betracht.[688] Verbindlichkeiten sind handelsrechtlich gemäß § 253 Abs. 1 S. 2 HGB mit ihrem Rückzahlungsbetrag bzw. Erfüllungsbetrag anzusetzen. Dabei handelt es sich um den Betrag, den der Schuldner zur Erfüllung der Verpflichtung aufbringen muss. Steuerrechtlich sind sie gemäß § 6 Abs. 1 Nr. 3 EStG gegebenenfalls mit dem niedrigeren Teilwert anzusetzen; zudem enthält die Vorschrift ein Abzinsungsgebot für unverzinsliche Verbindlichkeiten mit einer Laufzeit von mehr als einem Jahr, die nicht auf einer Anzahlung oder Vorausleistung beruhen.

Nach Teil 5 Norm 12 PGC sind Forderungen und Verbindlichkeiten mit dem Nennwert (*valor nominal*) zu bewerten. Bei einer Restlaufzeit von Forderungen von über einem Jahr wird dem Nennwert der Aktivseite auf der Passivseite der Zinsanteil in der Untergruppe 27 PGC – auf mehrere Jahre zu verteilende Erträge (*ingresos a distribuir en varios ejercicios*) – gegenübergestellt, was zu einer indirekten Abzinsungspflicht[689] führt. Umgekehrt verhält es sich mit den Verbindlichkeiten, der Zinsanteil erscheint hier in der Untergruppe 13 PGC – auf mehrere Jahre zu verteilende Aufwendungen (*gastos a distribuir en varios ejercicios*) – auf der Aktivseite.

dd) Rückstellungen

Rückstellungen sind handelsrechtlich gemäß § 253 Abs. 1 S. 2 HGB nur mit dem Betrag anzusetzen, der nach vernünftiger kaufmännischer Beurteilung notwendig ist. Grundlage dafür ist bei Verbindlichkeitsrückstellungen der voraussichtliche Erfüllungsbetrag, also der voraussichtlich zur Erfüllung der ungewis-

---

687 *Glanegger*, in: Schmidt, EStG, § 6 Rn. 320; *Knobbe-Keuk*, Bilanz- und Unternehmenssteuerrecht, 166.

688 *Glanegger*, in: Schmidt, EStG, § 6 Rn. 361.

689 *Dicken*, Spanisches Bilanzrecht, 56.

sen Verbindlichkeit aufzubringende Betrag. Aufwandsrückstellungen liegt dagegen keine Verbindlichkeit zugrunde, sodass sie nach vernünftiger kaufmännischer Beurteilung mit den Vollkosten als Wertobergrenze anzusetzen sind.[690]

Steuerrechtlich sieht § 6 Abs. 1 Nr. 3a EStG einschränkende Besonderheiten vor, insbesondere ist gemäß Nr. 3a a) bei Rückstellungen für gleichartige Verpflichtungen die Wahrscheinlichkeit zu berücksichtigen, dass der Steuerpflichtige nicht für die vollständige Summe in Anspruch genommen wird. Zudem sind gemäß Nr. 3a c) bei der Bewertung der Rückstellung wertmindernd die mit der Erfüllung der Verpflichtung verbundenen Vorteile einzurechnen. Nach Nr. 3a e) sind Rückstellungen wie Verbindlichkeiten abzuzinsen.

Nach Art. 198 LSA darf der Rückstellungsbetrag nicht den Wert der Risiken und Aufwendungen übersteigen, die der Rückstellung zugrunde liegen. Bei Verbindlichkeitsrückstellungen ist der Erfüllungsbetrag anzusetzen, eine Abzinsung der Rückstellung findet regelmäßig nicht statt. Bei Sachleistungsverpflichtungen erfolgt die Berechnung des Erfüllungsbetrags auf Vollkostenbasis.[691] Frühere Erfahrungen mit ähnlichen Rückstellungen sind bei der Bewertung zu berücksichtigen; soweit diese nicht vorhanden sind, sind die veranschlagten Kosten sowie die Branchenerfahrung zugrunde zu legen.[692] Steuerrechtliche Bewertungsvorschriften wie die Einschränkungen des § 6 Abs. 1 Nr. 3a EStG existieren nicht.

ee) Wertveränderungen – *correcciones de valor*

Nicht jede Wertveränderung führt zu einem Abweichen vom Anschaffungskostenprinzip. Wertminderungen sind in den Vergleichsländern nur dann auszuweisen, wenn die nachfolgend dargestellten Voraussetzungen einer Wertveränderung (*corrección de valor*) vorliegen. Wertsteigerungen werden erst bei ihrer Realisation aufgedeckt und vorher unter bestimmten Voraussetzungen nur dann berücksichtigt, wenn ihnen eine Berichtigung auf einen die Anschaffungskosten unterschreitenden Wert vorausging.[693]

(1) Begrifflichkeiten

In Deutschland wird handelsrechtlich gemäß § 253 Abs. 2 HGB zwischen planmäßigen und außerplanmäßigen Abschreibungen unterschieden. Nach den steuerrechtlichen Spezialregelungen der §§ 6 f. EStG entsprechen die planmäßigen

690 *Hoyos/M. Ring*, in: Beck'scher Bilanz-Kommentar, § 253 HGB Rn. 151 und 164.
691 *Sasse*, Rückstellungen, 180.
692 AECA, Provisiones, 25.
693 Die ist etwa der Fall beim Wertaufholungsgebot gemäß § 6 Abs. 1 Nr. 1 S. 4 EStG nach zuvor erfolgter Teilwertabschreibung.

Abschreibungen insbesondere den Absetzungen für Abnutzung (AfA) und daneben den Absetzungen für Substanzverringerung des § 7 Abs. 6 EStG; die Absetzungen für Substanzverringerung haben jedoch einen sehr eingeschränkten Anwendungsbereich auf Betriebe, die einen Verbrauch der Substanz mit sich bringen, wie z.B. Steinbrüche. Die außerplanmäßigen Abschreibungen finden ihre steuerrechtliche Entsprechung vor allem in den Absetzungen für außergewöhnliche technische oder wirtschaftliche Abnutzung (AfaA) und den Teilwertabschreibungen[694], daneben in den Sonderabschreibungen etwa gemäß §§ 7f, 7g EStG und erhöhten Absetzungen etwa gemäß §§ 7b-7d, 7h-7k EStG.[695]

Im spanischen Recht ist dagegen die Terminologie in Handels- und Steuerrecht einheitlich. Zu unterscheiden sind Abschreibungen (*amortizaciones*), Aktivprovisionen (*provisiones de activo*) sowie außerordentliche Aufwendungen für endgültige Wertverluste (*gastos extraordinarios por pérdidas definitivas o permanentes*). Kriterien für die Differenzierung sind die Ursache, die Regelmäßigkeit und die Dauer des Wertverlustes: Während die Abschreibungen den Wertverlust der Vermögensgegenstände widerspiegeln, der mit ihrem Einsatz für die unternehmerische Tätigkeit zusammenhängt, werden von den Aktivprovisionen unternehmensfremde Ursachen wie ein allgemeiner Preisverfall erfasst. Während Abschreibungen systematisch vorzunehmen sind wegen der Folgen des Zeitablaufs für den Zustand oder Nutzen des abzuschreibenden Wirtschaftsguts, resultieren Aktivprovisionen aus spontanen oder zufälligen Wertverlusten, die umkehrbar sind.[696] Unumkehrbare Wertverluste spiegeln sich wiederum in den außerordentlichen Aufwendungen für endgültige Wertverluste wider.[697]

Während die AfA wie im Anschluss erläutert weitgehend mit den *amortizaciones* übereinstimmen, sind die AfaA und die Teilwertabschreibung mit den *provisiones de activo* und den außerordentlichen Aufwendungen für endgültige Wertverluste vergleichbar.

(2) Absetzungen für Abnutzung – *amortizaciones*

Gemäß § 253 Abs. 2 S. 1, 2 HGB i.V.m. §§ 6 Abs. 1 Nr. 1, 7 EStG sind abnutzbare Wirtschaftsgüter des Anlagevermögens, deren Verwendung oder Nutzung sich erfahrungsgemäß über mehr als ein Jahr erstreckt, abzusetzen. Die steuer-

---

694 Siehe zur Teilwertabschreibung unten ab S. 186.

695 *Brandis*, in: Blümich, EStG, § 7 Rn. 40 f.; *Knobbe-Keuk*, Bilanz- und Unternehmenssteuerrecht, 187; *Thiel/Lüdtke-Handjery*, Bilanzrecht, Rn. 623.

696 *Clavijo Hernández*, in: Fernández Junquera, IS, 349, 355; *Malvárez Pascual/Martín Zamora*, IS, 451.

697 *Clavijo Hernández*, in: Fernández Junquera, IS, 349, 356.

rechtlichen Absetzungsvorschriften sind weitgehend eigenständig gegenüber den handelsrechtlichen Abschreibungsregelungen.[698]

Die steuerrechtliche Regelung des § 7 EStG kombiniert zwei Ansätze, den Zweck der Absetzungen für Abnutzung (AfA) zu erklären: Nach der Aufwandsverteilungsthese als Ausdruck der dynamischen Bilanztheorie soll durch die AfA der Aufwand für das Wirtschaftsgut auf die Perioden der wirtschaftlichen Nutzung verteilt werden; § 7 EStG nimmt die voraussichtliche Nutzungsdauer als Grundlage für die systematische Absetzung für Abnutzung unabhängig vom tatsächlichen Wertverzehr. Dagegen soll nach der auf der statischen Bilanztheorie basierenden Wertverzehrthese durch die AfA der Wertverzehr des Wirtschaftsguts berücksichtigt werden.[699] Durch die Kombination der beiden Ansätze haben Absetzungen für Abnutzung den Zweck, „den Wertverzehr eines Wirtschaftsguts durch eine periodengerechte Aufwandsverteilung zu berücksichtigen".[700] Wegen der gesetzlichen Ausgestaltung der AfA unabhängig vom tatsächlichen Wertverzehr des Wirtschaftsguts überwiegt jedoch die Aufwandsverteilungsthese.[701] Der Aufwand wird verteilt, indem erst die jährliche AfA erfolgswirksam ist, während die Aktivierung der Aufwendungen für das erworbene Wirtschaftsgut steuerneutral erfolgt.

Gemäß Art. 39.1 CCom sind die Gegenstände des Anlagevermögens und des Umlaufvermögens mit zeitlich begrenzter Nutzungsdauer systematisch auf diese Nutzungsdauer abzuschreiben. Dem entsprechen die Definitionen in Teil III, Gruppe 28 PGC zu den Abschreibungen des Anlagevermögens (*amortización acumulada del inmovilizado*), wobei ausdrücklich der Einsatz im Produktionsprozess als Voraussetzung genannt wird.

Steuerrechtlich richten sich die Abschreibungen wegen des Maßgeblichkeitsprinzips des Art. 10.3 TRLIS grundsätzlich nach Handelsrecht, vorbehaltlich der speziellen steuerrechtlichen Regelungen des Art. 11 TRLIS. Nach Art. 11.1 TRLIS sind als Abschreibungen diejenigen Beträge abziehbar, die dem tatsächlichen Wertverlust entsprechen, welchem die verschiedenen Vermögensgegens-

698 *Knobbe-Keuk*, Bilanz- und Unternehmenssteuerrecht, 189; vgl. zu der nicht aufeinander abgestimmten Terminologie von Handels- und Steuerrecht *Brandis*, in: Blümich, EStG, § 7 Rn. 41; im spanischen Recht wird einheitlich der Betriff „*amortizaciones*" verwendet, der im Folgenden stets mit „Absetzungen" übersetzt wird.

699 *Lang*, in: Tipke/Lang, Steuerrecht, § 9 Rn. 386; *Kulosa*, in: Schmidt, EStG, § 7 Rn. 2 f.; *Brandis*, in: Blümich, EStG, § 7 Rn. 30, 32.

700 BFH, Urt. v. 27.06.78 – VIII R 12/72, BStBl. II 79, 38, 39; Urt. v. 15.4.90 – IV R 30/88, BStBl. II 90, 623; *Brandis*, in: Blümich, EStG, § 7 Rn. 32.

701 Für die Kombination der beiden Ansätze unter Überwiegen der periodengerechten Verteilung auch aus handelsrechtlicher Perspektive vgl. *Hoyos/M. Ring*, in: Beck'scher Bilanz-Kommentar, § 253 HGB Rn. 202.

tände wegen ihres Betriebs, Gebrauchs, Genusses oder Überalterung unterliegen.[702] Der Verweis des Gesetzeswortlauts auf den tatsächlichen Wertverlust der Vermögensgegenstände ändert nichts daran, dass dieser tatsächliche Wertverlust nicht nachgewiesen werden muss, sondern wie in Deutschland abhängig von der anzuwendenden Abschreibungsmethode geschätzt wird.[703] Anders als im deutschen Steuerrecht sind die steuerrechtlichen Abschreibungsvorschriften des TRLIS nicht weitgehend losgelöst vom Handelsrecht, sondern lehnen sich an die handelsrechtlichen Abschreibungsvorschriften an.

(a) Absetzungsfähige Aktiva

Abgesetzt werden können gemäß §§ 6 Abs. 1 Nr. 1, 7 Abs. 1 S. 1 EStG nur abnutzbare Wirtschaftsgüter des Anlagevermögens, deren Verwendung oder Nutzung durch den Steuerpflichtigen zur Erzielung von Einkünften sich erfahrungsgemäß auf einen Zeitraum von mehr als einem Jahr erstreckt; bei nicht abnutzbaren Wirtschaftsgütern des Anlagevermögens und bei Wirtschaftsgütern des Umlaufvermögens kommt steuerrechtlich allenfalls eine Teilwertabschreibung[704] in Betracht. Abnutzbar ist ein Wirtschaftsgut, dessen Nutzbarkeit durch den Steuerpflichtigen sich auf einen begrenzten Zeitraum erstreckt.[705] Bilanzierungshilfen, die wie etwa die Ingangsetzungs- und Erweiterungsaufwendungen i.S.d. §§ 269, 282 HGB handelsrechtlich abgeschrieben werden können, dürfen steuerrechtlich schon nicht aktiviert werden, da sie keine Wirtschaftsgüter sind.[706]

Zu den absetzungsfähigen abnutzbaren Wirtschaftsgütern des Anlagevermögens zählen grundsätzlich auch die abnutzbaren Wirtschaftsgüter des immateriellen Anlagevermögens. Abnutzbar sind immaterielle Wirtschaftsgüter insbesondere dann, wenn sie für ihren Inhaber nur zeitlich begrenzt verwertbar sind.[707] Allerdings ist bei der Qualifikation als immaterielles Wirtschaftsgut stets zu prüfen, ob nicht tatsächlich mehrere (Einzel-) Wirtschaftsgüter vorliegen, deren Abschreibungsfähigkeit dann separat festzustellen ist.[708]

---

702 Art. 11.1 TRLIS: *Serán deducibles las cantidades que, en concepto de amortización del inmovilizado material o inmaterial, correspondan a la depreciación efectiva que sufran los distintos elementos por funcionamiento, uso, disfrute u obsolescencia.*

703 Vgl. zu dieser im Anschluss noch im Einzelnen erläuterten Methodik Art. 11.1 Abs. 2 TRLIS und *Ortiz Calle*, Amortizaciones, 113 f.

704 Siehe zur Teilwertabschreibung unten ab S. 186.

705 *Kulosa*, in: Schmidt, EStG, § 7 Rn. 21; *Thiel/Lüdtke-Handjery*, Bilanzrecht, Rn. 619.

706 Siehe zu den Bilanzierungshilfen oben ab S. 139.

707 *Kulosa*, in: Schmidt, EStG, § 7 Rn. 29.

708 BFH, Urt. v. 28.05.1998 – IV R 48/97, BStBl. II 1998, 775, 776; *Kulosa*, in: Schmidt, EStG, § 7 Rn. 29.

Nach spanischem Recht kommen als absetzungsfähige Aktiva die Vermögensgegenstände des Anlagevermögens sowie die Bilanzierungshilfen in Betracht. In der Abschreibungsfähigkeit letzterer besteht also ein erster Unterschied zu den deutschen Abschreibungsregeln. Zwar wird in Art. 39 CCom hinsichtlich der abschreibungsfähigen Aktiva neben dem materiellen und immateriellen Anlagevermögen auch das Umlaufvermögen[709] erwähnt. Da die Abschreibung eines Vermögensgegenstandes auf seine Nutzungsdauer allerdings wie bei der Absetzung nach deutschem Recht voraussetzt, dass der Vermögensgegenstand mindestens ein Jahr im Betrieb verbleibt, spielen die theoretisch möglichen Abschreibungen für das regelmäßig nur kurzfristig im Unternehmen verbleibende Umlaufvermögen praktisch keine Rolle; in der handels- und steuerrechtlichen Literatur wird die Abschreibung von Vermögensgegenständen des Umlaufvermögens erst gar nicht angesprochen. Abschreibungsfähig ist ein Vermögensgegenstand des Anlage- oder Umlaufvermögens, wenn er eine begrenzte Nutzungsdauer hat, länger als ein Wirtschaftsjahr genutzt wird und im Eigentum des Unternehmens steht.[710] Entscheidend ist die ursprüngliche Absicht des Steuerpflichtigen, den Vermögensgegenstand für die Erzielung von Einkünften aus wirtschaftlichen Tätigkeiten einzusetzen und damit die ursprüngliche Zweckbestimmung; wird der Vermögensgegenstand temporär nicht zur Einkunftserzielung genutzt, ist dies für seine Abschreibungsfähigkeit ohne Bedeutung, solange er seine Nutzungsfähigkeit oder Zweckbestimmung nicht permanent verliert.[711]

Während sich steuerrechtlich hinsichtlich der Abschreibungsfähigkeit von Vermögensgegenständen des materiellen Anlagevermögens wegen des Verweises des Art. 10.3 TRLIS auf das Handelsrecht keine Besonderheiten ergeben, besteht eine der wichtigsten Neuerungen der Körperschaftsteuerreform von 1995 in der steuerlichen Anerkennung der Abschreibung der meisten Vermögensgegenstände des immateriellen Anlagevermögens.

Dabei bedient sich das TRLIS allerdings einer wenig übersichtlichen Systematik. So werden entgegen der üblichen Gesetzestechnik, vom Allgemeinen zum Speziellen zu kommen, in Art. 11.4 TRLIS die Voraussetzungen für die steuerrechtliche Anerkennung der Abschreibung des Firmenwerts definiert, die dann über Art. 11.5 TRLIS zunächst auch für die übrigen Vermögensgegenstände des immateriellen Anlagevermögens gelten, soweit sie unbefristet *(„que no tuviesen fecha cierta de extinción“*, also ohne Erlöschensdatum) sind. Nach Art. 11.4 a) und b) TRLIS müssen die Vermögensgegenstände des immateriellen Anlagevermögens entgeltlich erworben worden sein und die an der Übertragung beteiligten Parteien dürfen nicht zu derselben Unternehmensgruppe i.S.d. Art. 42

709 Siehe zum Anlage- und Umlaufvermögen oben ab S. 133.
710 *Gutiérrez/Villaró/San José*, in: Laorden/Arqués, IS, 328.
711 *Ortiz Calle*, Amortizaciones, 60.

CCom gehören. Der Firmenwert kann bei Vorliegen dieser Voraussetzungen bis zur maximalen Höhe pro Jahr von 1/20 seines Bilanzwerts abgeschrieben werden (in Deutschland jährlich 1/15, vgl. § 7 Abs. 1 S. 3 EStG), bei den übrigen Vermögensgegenständen des immateriellen Anlagevermögens liegt der jährliche Höchstbetrag bei 1/10 des Bilanzwerts.

Hinsichtlich der Abschreibung der befristeten übrigen Vermögensgegenstände des immateriellen Anlagevermögens, zu denen beispielsweise die Urheberrechte zählen, trifft das TRLIS keine Regelung. Im Umkehrschluss aus Art. 11.5 c) TRLIS sind sie linear auf ihre Nutzungsdauer abzuschreiben.[712] Problematisch ist, ob dazu trotz fehlender Regelung die genannten Voraussetzungen des Art. 11.4 a) und b) TRLIS vorliegen müssen, oder ob auch eine Abschreibung der selbst hergestellten Vermögensgegenstände des immateriellen Anlagevermögens mit befristeter Lebensdauer in Betracht kommt. Zum Teil wird letzteres bejaht, wobei die an die befristete oder unbefristete Lebensdauer des immateriellen Wirtschaftsguts anknüpfende Diskriminierung der unbefristeten Aktiva kritisiert wird.[713] Andere Autoren setzen deshalb die Voraussetzungen des Art. 11.4 a) und b) TRLIS und damit den entgeltlichen Erwerb von einem nicht zur selben Unternehmensgruppe gehörenden Unternehmen auch für die befristeten übrigen Vermögensgegenstände des immateriellen Anlagevermögens voraus,[714] was angesichts des ansonsten unstimmigen Ergebnisses als gerechtfertigt erscheint. An dieser Problematik zeigt sich deutlich, wie kompliziert die Systematik des Art. 11.4 und .5 TRLIS ist, vom Speziellen zum Allgemeinen zu kommen und nicht umgekehrt.

Liegen die allgemeinen Voraussetzungen des Art. 11.4 a) und b) TRLIS nicht vor, werden Abschreibungen der Vermögensgegenstände des immateriellen Anlagevermögens anerkannt, wenn der Steuerpflichtige ihren unumkehrbaren Wertverlust nachweist, vgl. Art. 11.4 und .5, jeweils letzter Absatz TRLIS.

Neben den genannten Vermögensgegenständen können auch die Bilanzierungshilfen (*ayudas contables*) abgeschrieben werden, weswegen sie in Spanien auch als abschreibungsfähige Aufwendungen (*gastos amortizables*) bezeichnet werden.[715] Mangels einer Sonderregelung im TRLIS werden die handelsrechtlichen Abschreibungen dieser Aufwendungen über Art. 10.3 TRLIS auch steuerrechtlich anerkannt.

---

712 *Gutiérrez/Villaró/San José*, in: Laorden/Arqués, IS, 427; *Delgado Gómez*, in: Rubio Guerrero, IS, 145.

713 *Malvárez Pascual/Martín Zamora*, IS, 406.

714 *Delgado Gómez*, in: Rubio Guerrero, IS, 145.

715 Siehe zu den Bilanzierungshilfen bereits oben ab S. 139.

Unterschiede zur deutschen Regelung sind also insbesondere die steuerliche Abschreibungsfähigkeit von Bilanzierungshilfen sowie die detaillierte wie komplizierte Regelung hinsichtlich der Abschreibungsfähigkeit von Vermögensgegenständen des immateriellen Anlagevermögens. Bemerkenswert ist in diesem Zusammenhang für die Abschreibungsfähigkeit von Vermögensgegenständen des immateriellen Anlagevermögens, dass ihr entgeltlicher Erwerb vorausgesetzt wird, was in Deutschland bereits bei der Frage ihrer Aktivierungsfähigkeit der Fall ist.

(b) Absetzungsbasis

Absetzungsbasis bzw. Bemessungsgrundlage der AfA sind die Anschaffungs- und Herstellungskosten. Ist der Verkauf des abgeschriebenen Wirtschaftsguts zu erwarten, so wird die Bemessungsgrundlage der AfA nicht um den voraussichtlichen Veräußerungserlös gekürzt; vielmehr wird die AfA auf die Nutzungsdauer des Wirtschaftsguts verteilt, ohne dabei die erwartete Veräußerung zu berücksichtigen. Von der Bemessungsgrundlage der AfA abzuziehen ist dagegen ein nach seiner betriebsgewöhnlichen Nutzungsdauer zu erwartender Schrottwert des Wirtschaftsguts, sofern er nach objektiven Kriterien ins Gewicht fällt.[716] Dies ist etwa bei einem Restwert eines Pkw in Höhe von 14 % nicht der Fall.[717] Die genannten Grundsätze gelten entsprechend für den Schlachtwert bei der Viehbewertung.[718]

Handelsrechtlich ist in Spanien der Ausgangspunkt der Abschreibung die Abschreibungsbasis (*base de amortización*) und damit der Wert, der sich aus der Differenz zwischen den Anschaffungskosten bzw. Herstellungskosten des Vermögensgegenstandes und seinem etwaigen Restwert (*valor residual*) ergibt. Der Restwert folgt, wenn der Vermögensgegenstand nach seiner Nutzung verkauft wird, aus dem zu erwartenden Veräußerungserlös abzüglich der durch den Verkauf verursachten Kosten. Nach dem Wesentlichkeitsgrundsatz wird dieser Restwert nur dann berücksichtigt, wenn er nicht unerheblich ist.[719]

Steuerrechtlich gilt entsprechendes gemäß Art. 1.2 RIS. Soll ein Gebäude abgeschrieben werden, so ist der Wert des Grundstücks vorher von den Anschaffungs- bzw. Herstellungskosten abzuziehen. Unterschiede hinsichtlich der Ab-

---

716 BFH, Urt. v. 7.12.67 – GrS 1/67, BStBl. II 68, 268, 270; Urt. v. 22.7.71 – IV R 74/66, BStBl. II 71, 800, 802; *Brandis*, in: Blümich, EStG, § 7 Rn. 246; *Kulosa*, in: Schmidt, EStG, § 7 Rn. 72.

717 BFH, Urt. v. 26.7.91 – VI R 82/89, BStBl. II 92, 1000, 1004.

718 BFH, Urt. v. 15.2.01 – IV R 19/99, BStBl. II 01, 549, 551 f.; *Brandis*, in: Blümich, EStG, § 7 Rn. 246 a.E.

719 *Malvárez Pascual/Martín Zamora*, IS, 325.

schreibungsbasis bestehen in den Vergleichsländern also nur in ihrer in Spanien vorzunehmenden Kürzung um den voraussichtlichen Veräußerungserlös.

(c) Absetzungsmethoden

Handelsrechtlich vorgenommene Abschreibungen sind für das Steuerrecht nur maßgeblich, soweit sie der steuerrechtlichen Sonderregelung des § 7 EStG nicht widersprechen. Wegen der formellen Maßgeblichkeit des § 5 Abs. 1 S. 2 EStG muss die Entscheidung für eine Absetzungsmethode bereits bei der Wahl der Abschreibungsmethode in der Handelsbilanz fallen.[720] Steuerrechtlich sind die folgenden Methoden möglich:

Die lineare AfA des § 7 Abs. 1 S. 1, Abs. 2 EStG ist anwendbar auf bewegliche, immaterielle und solche unbeweglichen Wirtschaftsgüter, die keine Gebäude sind, sog. AfA in gleichen Jahresbeträgen. Der jährliche AfA-Betrag bleibt bei der linearen Methode gleich hoch, entweder durch Anwendung eines gleichbleibenden Prozentsatzes auf die Anschaffungs- bzw. Herstellungskosten oder durch Anwendung eines steigenden Prozentsatzes auf den jeweiligen Buchwert.[721] Die betriebsgewöhnliche Nutzungsdauer ist zu schätzen, dabei kann auf die AfA-Tabellen des BMF[722] zurückgegriffen werden. Die Richtigkeit der Tabellen wird vermutet – Steuerpflichtige wie Finanzverwaltung können nur aufgrund besonderer Begründung von ihnen abweichen –, eine Bindung der Finanzgerichte besteht allerdings nicht.[723]

Bewegliche und abnutzbare Wirtschaftsgüter des Anlagevermögens – immaterielle Wirtschaftsgüter zählen nach h.M. nicht dazu – können neben der linearen Methode zudem nach Leistung, degressiv oder bei Geringwertigkeit auch sofort und im vollen Umfang abgesetzt werden:

Bei der AfA nach der Leistung i.S.d. § 7 Abs. 1 S. 6 EStG richtet sich die Absetzung nach zu schätzenden Leistungseinheiten oder Zeiteinheiten, welche die vom Wirtschaftsgut erbrachte Leistung oder die Arbeitsdauer des Wirtschaftsguts in den einzelnen Jahren der Nutzungsdauer (z.B. die Kilometerleistung eines Fahrzeugs oder die voraussichtlichen Arbeitsstunden einer Maschine in den einzelnen Jahren der Nutzungsdauer) ausdrücken.[724] Da pro Leistungs- bzw.

---

720 BFH, Urt. v. 24.1.1990 – I R 17/89, BStBl. II 1990, 681, 682 ff.; *Kulosa*, in: Schmidt, EStG, § 7 Rn. 15; *Thiel/Lüdtke-Handjery*, Bilanzrecht, Rn. 644.

721 *Brandis*, in: Blümich, EStG, § 7 Rn. 366.

722 Vgl. etwa BMF v. 15.12.2000, BStBl. I 2000, 1532 ff.

723 BFH, Urt. v. 19.11.1997 – X R 78/94, BStBl. II 1998, 59, 61; *Brandis*, in: Blümich, EStG, § 7 Rn. 352 f.; *Birk*, Steuerrecht, Rn. 837; *Thiel/Lüdtke-Handjery*, Bilanzrecht, Rn. 636.

724 *Kulosa*, in: Schmidt, EStG, § 7 Rn. 115.

Zeiteinheit gleiche Absetzungsbeträge festgelegt werden, ist die Methode insoweit eine Form der linearen Absetzungsmethode.[725] Die Vornahme der AfA nach der Leistung ist dann wirtschaftlich begründet i.S.d. § 7 Abs. 1 S. 6 EStG, wenn die Leistung des Wirtschaftsguts während der Nutzungsdauer regelmäßig erheblich schwankt und zu einem unterschiedlich starken Verschleiß des Wirtschaftsguts führt; der Steuerpflichtige muss den auf das einzelne Wirtschaftsjahr entfallenden Umfang der Leistung nachweisen.[726]

Erfolgt die Absetzung degressiv i.S.d. § 7 Abs. 2 EStG, so wird vom jeweiligen Restbuchwert des Wirtschaftsguts ein fester Prozentsatz abgezogen (sog. geometrisch-degressive Absetzung). Dadurch sind die Absetzungsbeträge in den ersten Jahren am höchsten, was sich dann allerdings in den Folgejahren wieder ausgleicht, sog. AfA in fallenden Jahresbeträgen. Dies ist für solche Wirtschaftsgüter sinnvoll, die in den ersten Jahren ihrer Nutzung einer stärkeren Abnutzung unterliegen bzw. schnell veralten.[727] Nach § 7 Abs. 2 S. 2 EStG in seiner aktuellen Fassung[728] ist der Höchstwert des jährlichen degressiven AfA-Betrags das Doppelte des linearen AfA-Satzes und maximal 20 % des jeweiligen Buchwertes. Dagegen ist die sog. arithmetisch-degressive Absetzung, bei welcher die Absetzung mit gleichmäßig fallenden Sätzen von den Anschaffungs- oder Herstellungskosten erfolgte, seit dem 1.1.1985 steuerrechtlich unzulässig.[729]

Geringwertige Wirtschaftsgüter des Anlagevermögens mit Anschaffungs- oder Herstellungskosten bis zu € 410 können gemäß § 6 Abs. 2 S. 1 EStG sofort abgeschrieben werden, d.h. ihre Anschaffungs- oder Herstellungskosten können im Jahr der Anschaffung oder Herstellung in vollem Umfang als Betriebsausgaben abgezogen werden. Diese Sonderregelung der AfA, welche nach der Gesetzessystematik zu § 7 EStG gehört,[730] gewährt dem Steuerpflichtigen ein Wahlrecht, das geringwertige Wirtschaftsgut nicht nach § 7 EStG, sondern sofort in voller Höhe als Betriebsausgabe abzusetzen.[731]

Für die Absetzung von Gebäuden und gleichgestellten Objekten wie Gebäudeteilen als selbstständige unbewegliche Wirtschaftsgüter, Eigentumswohnungen oder in Teileigentum stehenden Räumen gelten die Sonderregelungen der Ab-

---

725 *Brandis*, in: Blümich, EStG, § 7 Rn. 371.

726 *Brandis*, in: Blümich, EStG, § 7 Rn. 373 f.

727 *Kulosa*, in: Schmidt, EStG, § 7 Rn. 130 f.

728 Die Vorschrift unterliegt ständiger gesetzgeberischer Veränderung, vgl. *Brandis*, in: Blümich, EStG, § 7 Rn. 24 ff.

729 *Brandis*, in: Blümich, EStG, § 7 Rn. 429.

730 *Glanegger*, in: Schmidt, EStG, § 6 Rn. 455; *Ehmcke*, in: Blümich, EStG, § 6 Rn. 1100, 1108.

731 *Ehmcke*, in: Blümich, EStG, § 6 Rn. 1157.

sätze 4-5a der Vorschrift. Die Anordnung von Typisierungen bzw. von Staffelsätzen bezweckt die Vereinfachung und Vereinheitlichung der Berechnung der Nutzungsdauer für Gebäude und damit die Vermeidung von entsprechenden Konflikten.[732] So werden die Absetzungssätze für die lineare AfA in § 7 Abs. 4 EStG typisiert, es wird also eine bestimmte Nutzungsdauer unterstellt, wenn der Steuerpflichtige nicht eine andere tatsächliche Nutzungsdauer nachweist i.S.d. § 7 Abs. 4 S. 2 EStG. § 7 Abs. 5 EStG enthält die Staffeln für die degressive AfA, d.h. für die verschiedenen Absetzungszeiträume werden von Zeitraum zu Zeitraum abfallende Absetzungssätze festgelegt. Bei im Inland belegenen Gebäuden hat der Steuerpflichtige gemäß § 7 Abs. 5 S. 1 EStG ein Wahlrecht zwischen den typisierten Absetzungssätzen für die lineare AfA und den Staffelsätzen für die degressive AfA. Ein späterer Wechsel zwischen diesen beiden Methoden ist jedoch unzulässig.[733]

Auch nach spanischem Handelsrecht besteht die Wahl zwischen verschiedenen Abschreibungsmethoden. Der Buchführende hat dabei diejenige Methode anzuwenden, welche am ehesten dem Alterungsprozess des jeweiligen Vermögensgegenstandes entspricht.[734] Handelsrechtlich erschöpft sich die Regelung der Abschreibungsmethoden in der Aussage, dass die Abschreibungen systematisch auf die Nutzungsdauer der Vermögensgegenstände entsprechend ihres normalen Wertverlusts wegen ihrer Funktionsweise, ihrer Nutzung oder ihres Genusses, vorbehaltlich ihrer möglichen Veralterung, vorzunehmen ist.[735] Die folgenden Abschreibungsmethoden sind daher handelsrechtlich nicht geregelt, sondern wurden insbesondere von der handelsrechtlichen Lehre entwickelt und verbreitet.

Die lineare Abschreibungsmethode (*método lineal*) ist die wegen ihrer einfachen Berechnung in der Praxis am weitesten verbreitete Methode; die gleichmäßigen jährlichen Abschreibungsbeträge errechnen sich, indem man die Abschreibungsbasis durch die Nutzungsdauer des Vermögensgegenstandes teilt.

Daneben bestehen degressive Abschreibungsmethoden (*métodos regresivos*) und progressive Abschreibungsmethoden (*métodos progresivos*). Die sog. digitale Abschreibungsmethode (*amortización según números digitos*) kann degressiv oder progressiv sein, je nach Definition der die Berechnungsgrundlage bildenden Ziffern.[736] Auf bestimmte Vermögensgegenstände sind an der Häufigkeit

---

732 *Brandis*, in: Blümich, EStG, § 7 Rn. 456.

733 *Kulosa*, in: Schmidt, EStG, § 7 Rn. 176.

734 *Malvárez Pascual/Martín Zamora*, IS, 326.

735 So Teil 5 Ziffer 2.5 PGC zum materiellen Anlagevermögen.

736 Siehe dazu im Anschluss bei den steuerrechtlich zulässigen Abschreibungen und bei *Malvárez Pascual/Martín Zamora*, IS, 326 f.

ihrer Nutzung orientierte Methoden (*métodos de amortización basados en el nivel de actividad*) anwendbar; bei diesen wird die Abschreibungsbasis durch die Gesamtnutzungsdauer geteilt, um dann entsprechend der Nutzungsdauer im jeweiligen Wirtschaftsjahr abzuschreiben.[737] Sie entsprechen daher der AfA nach Leistung im deutschen Recht.

Steuerrechtlich existiert im Gegensatz zum Handelsrecht eine detaillierte Normierung der Abschreibungsmethoden in den Art. 11.1 TRLIS i.V.m. Art. 2-5 RIS. Danach werden unter bestimmten Voraussetzungen die folgenden Abschreibungsmethoden steuerrechtlich anerkannt:

Bei der Abschreibungsmethode nach offiziell anerkannten Abschreibungstabellen (*amortización según tablas de amortización oficialmente aprobadas*) i.S.d. Art. 2 RIS richtet sich der auf die Anschaffungs- bzw. Herstellungskosten anzuwendende Abschreibungskoeffizient nach den vom Gesetzgeber vorgegebenen Abschreibungstabellen, welche auf knapp 40 Seiten im Annex zum RIS zu finden sind. Diese Methode ähnelt der handelsrechtlichen linearen Methode, wobei steuerrechtlich gemäß Art. 2.1 RIS der maximale Koeffizient (der jeweils direkt den Tabellen zu entnehmen ist), minimale Koeffizient (der sich aus der Berechnung des jährlichen Koeffizienten aus der maximalen Abschreibungsdauer, welche jeweils direkt den Tabellen zu entnehmen ist, ergibt) oder ein zwischen diesen beiden liegender Koeffizient anzuwenden ist. Überwiegend wird in der spanischen Literatur[738] darauf hingewiesen, dass der Steuerpflichtige den Abschreibungskoeffizienten innerhalb der vorgegebenen Grenzen für jedes Jahr neu festlegen könne: Jedenfalls stehe der Wortlaut des Art. 2.1 RIS dem nicht entgegen, da sich daraus nicht ergebe, für welchen Zeitraum (für die voraussichtliche Nutzungsdauer oder nur für das jeweilige Jahr) der Steuerpflichtige den Koeffizienten nach offiziell anerkannten Abschreibungstabellen festlegen müsse; vielmehr impliziere Art. 2.1 RIS die Möglichkeit des jährlichen Wechsels des Abschreibungskoeffizienten, solange der Koeffizient sich zwischen den Minimal- und Maximalkoeffizienten bewege. Diese Auslegung wird vor dem Hintergrund der alten Gesetzesfassung von 1978[739] verständlich, die eine sog.

737 Bei einer Abschreibungsbasis von € 6.000.000, einer Gesamtnutzungsdauer von 200.000 Stunden und einer Nutzung im abgelaufenen Wirtschaftsjahr von 30.000 Stunden ergibt sich für dieses Wirtschaftsjahr eine Abschreibungsquote von (6.000.000/ 200.000) x 30.000 = € 900.000, vgl. das Beispiel bei *Malvárez Pascual/Martín Zamora*, IS, 330.

738 *Malvárez Pascual/Martín Zamora*, IS, 337; *Gutiérrez/Villaró/San José*, in: Laorden/Arqués, IS, 352; *Delgado Gómez*, in: Rubio Guerrero, IS, 134 f.; *Rosés López*, Partida Doble 2003, 76, 77.

739 Art. 13 f) *de la Ley 61/1978, de 27 de diciembre, del impuesto sobre sociedades (BOE 30 de diciembre 1978).*

irreguläre Abschreibungsmethode (*sistema de amortización irregular*) vorsah, welche der Steuerpflichtige an die sich ändernden Umstände anpassen konnte.[740] Dem steht allerdings nach der aktuellen Gesetzesfassung der Wortlaut des höherrangigen Art. 11.1 TRLIS[741] entgegen, der im Zusammenhang mit der Abschreibungsmethode nach offiziell anerkannten Abschreibungstabellen von einer linearen Abschreibung und damit von einer über die Nutzungsdauer einheitlichen Abschreibung spricht.[742] Die erstgenannte Auslegung mit der möglichen Konsequenz jährlich variierender Abschreibungskoeffizienten verstößt daher gegen den Gesetzesvorrang des Art. 8 a) LGT. M.E. ist deshalb die Auslegung des Art. 2.1 RIS vorzugswürdig, die dem höherrangigen Art. 11.1 TRLIS nicht widerspricht, nach der also ein linearer Koeffizient für die gesamte Nutzungsdauer des Wirtschaftsguts festzulegen ist. Dann würde die Abschreibungsmethode nach offiziell anerkannten Abschreibungstabellen im Übrigen auch der linearen Abschreibungsmethode des § 7 Abs. 1 S. 1, Abs. 2 EStG entsprechen, wogegen sie nach der herrschenden, gegenteiligen Literaturansicht dem spanischen Steuerpflichtigen durch die jährliche Möglichkeit der Festlegung eines anderen Abschreibungskoeffizienten eine größere Flexibilität einräumt.

Höhere Abschreibungsbeträge kann der Steuerpflichtige gemäß Art. 2.3 RIS für Vermögensgegenstände in Mehrschichtbetrieb sowie gemäß Art. 2.4 RIS für gebrauchte Vermögensgegenstände des materiellen Anlagevermögens ansetzen.

Die sog. Abschreibungsmethode nach konstantem Prozentsatz (*amortización según porcentaje constante*) des Art. 3 RIS geht von den Koeffizienten der soeben erläuterten Abschreibungsmethode nach Abschreibungstabellen aus. Wurde ein solcher Koeffizient von dem Unternehmen einmal gewählt, so ist dieser mit einem der Koeffizienten aus Art. 3.1 a)-c) RIS (1,5, 2 oder 2,5 je nach dem aus der Wahl des linearen Koeffizienten resultierenden Abschreibungszeitraum) zu multiplizieren, das Ergebnis ist dann auf die Abschreibungsbasis anzuwenden. Da die jährlichen Abschreibungsbeträge in den ersten Jahren der Nutzung wegen der erhöhten Abschreibungskoeffizienten sehr hoch sind und in den späteren Jahren entsprechend niedriger, ist die Abschreibungsmethode nach konstantem Prozentsatz degressiv. Die Methode entspricht damit der geometrisch-degressiven Abschreibung bzw. Absetzung nach deutschem Verständnis.

---

740 *Ortiz Calle*, Amortizaciones, 133 f.

741 Art. 11.1 TRLIS: *[...] Se considerará que la depreciación es efectiva cuando: a) Sea el resultado de aplicar los coeficientes de amortización lineal establecidos en las tablas de amortización oficialmente aprobadas.[...].*

742 *Ortiz Calle*, Amortizaciones, 134 f.; die oben zitierte herrschende Literaturmeinung erwähnt diesen Gesetzeswortlaut nicht.

Die sog. digitale Abschreibung (*método de la suma de dígitos* oder auch *amortización según números dígitos*) des Art. 4 RIS hat ihren Ausgangspunkt in einer den Abschreibungstabellen entnommenen Nutzungsdauer des Vermögensgegenstandes. Die Anschaffungs- bzw. Herstellungskosten werden durch die Summe der Jahresziffern (*suma de dígitos*) dividiert, der so erhaltene Degressionsbetrag wird in jedem Abschreibungsjahr mit der jeweiligen Jahresziffer multipliziert. Dabei wird im ersten Jahr mit der höchsten Jahresziffer begonnen, letztere vermindert sich dann jährlich um ein Jahr.[743] Ist die digitale Abschreibung nach dieser Vorgehensweise degressiv, so ist sie wie schon handelsrechtlich auch steuerrechtlich bei entsprechender Definition der Jahresziffern auch progressiv denkbar, wie sich aus der Möglichkeit der Umkehrung der Jahresziffern i.S.d. Art. 4.1 a) Abs. 3 RIS ergibt. Eine solche Methode ist in Deutschland als arithmetisch-degressive Abschreibungsmethode bzw. als digitale AfA bekannt und ist dort – wie bereits erwähnt – mittlerweile steuerrechtlich nicht mehr zulässig.

Ist abzusehen, dass Vermögensgegenstände des Anlagevermögens einem Wertverlust unterliegen, der mit Hilfe der bereits vorgestellten Abschreibungsmethoden nicht erfasst werden kann, so kann der Steuerpflichtige gemäß Art. 11.1 d) TRLIS i.V.m. Art. 5 RIS von der Finanzverwaltung spezielle Abschreibungspläne (*planes de amortización*) genehmigen lassen. Voraussetzung sind objektive Umstände technischer oder ökonomischer Art, deren Einfluss auf die Abnutzung der betreffenden Vermögensgegenstände durch die gesetzlich vorgesehenen Abschreibungsmethoden nicht zutreffend ausgedrückt werden. Dies kann beispielsweise der Fall sein, wenn der Steuerpflichtige bestimmte Wirtschaftsgüter nur während einer Zeitspanne funktionell nutzen kann, die geringer ist als ihre physische Nutzungsfähigkeit.[744] Ein entsprechender Antrag muss vom Steuerpflichtigen während der Herstellung des entsprechenden Vermögensgegenstands oder bis zum Ablauf von drei Monaten nach Abschreibungsbeginn gestellt werden, die zu begründende Entscheidung liegt im Ermessen der Finanzbehörde. Gemäß Art. 5.7 RIS gilt die Genehmigung als erteilt, wenn seit Antragseingang drei Monate ergebnislos verstrichen sind.

Schließlich verbleibt dem Steuerpflichtigen gemäß Art. 11.1 e) TRLIS die Möglichkeit, den tatsächlichen Wertverlust eines jeden abschreibungsfähigen Ver-

---

743 Bei Anschaffungskosten von € 1.500.000 und einer Nutzungsdauer von fünf Jahren ergibt sich eine Summe der Jahresziffern von 15 (5+4+3+2+1) und ein Degressionsbetrag von € 100.000 (1.500.000/15). Dies entspricht im ersten Jahr einem Abschreibungsbetrag von € 500.000 (100.000 x 5), im fünften Jahr einem Abschreibungsbetrag von € 100.000 (100.000 x 1), vgl. das Beispiel bei *Malvárez Pascual/Martín Zamora*, IS, 343 f.

744 *Ortiz Calle*, Amortizaciones, 143 f.

mögensgegenstandes nachzuweisen, ohne vorher einen der genannten Abschreibungspläne genehmigen lassen zu müssen. Wegen des schwierig zu führenden Nachweises, dass der Wertverlust eines Vermögensgegenstandes höher ist als er durch die vorgesehenen Abschreibungsmethoden ermittelt wird, ist dieses Instrument in der Praxis kaum anzutreffen.[745]

Frei abschreibbar (System der *libertad de amortización*) sind gemäß Art. 11.2 TRLIS u.a. Vermögensgegenstände des Anlagevermögens von sog. Mitarbeitergesellschaften (*sociedades laborales*)[746], von Bergbauunternehmen sowie materielles wie immaterielles Anlagevermögen bei Forschungs- und Entwicklungstätigkeiten i.S.d. Art. 35.1 TRLIS, Gebäude ausgenommen. Die freie Abschreibungsmethode gilt gemäß Art. 109 f. TRLIS mit einigen Besonderheiten auch für kleine Unternehmen (*empresas de reducida dimensión*) mit einem Jahresumsatz von weniger als € 6.000.000. Unter anderem können diese Unternehmen geringwertige Wirtschaftsgüter des materiellen Anlagevermögens mit einem Wert von bis zu € 601,01 frei abschreiben, und zwar einem Höchstbetrag pro Steuerperiode von € 12.020.024.[747] Die freie Abschreibungsmethode überlässt es dem Steuerpflichtigen, die Abschreibungsdauer und die Höhe der jährlichen Abschreibungsbeträge abweichend von den Abschreibungstabellen festzulegen. Die dadurch ermöglichte Steuerstundung ist ein erheblicher steuerlicher Anreiz und wird deshalb vom TRLIS nicht mehr so allgemein zugelassen, wie noch vor der Körperschaftsteuerreform von 1995: Vorher diente die freie Abschreibungsmethode noch häufig dazu, in Zeiten der Rezession Investitionen zu fördern und die Konjunktur wieder anzukurbeln; ein solcher allgemeiner Tatbestand, der für alle Körperschaftsteuersubjekte gilt, findet sich im heutigen TRLIS nicht mehr.[748]

Die freie Abschreibungsmethode ist innerhalb des spanischen Steuersystems in dem Punkt eine Besonderheit, dass sie völlig losgelöst von der handelsrechtlich bilanzierten Abschreibungsmethode angewandt werden kann. Da das handelsrechtliche Eintragungsprinzip hier nicht gilt und eine umgekehrte Maßgeblichkeit nicht existiert,[749] ergeben sich durch die steuerrechtlich beschleunigte Abschreibung in der Regel temporäre Differenzen zwischen der steuerlichen Bemessungsgrundlage und dem handelsrechtlichen Ergebnis, welche im Konto 479 PGC für gestundete Steuern auf Gewinne bzw. latente Steuern (*impuesto sobre*

---

745 *Malvárez Pascual/Martín Zamora*, IS, 366.

746 Die *sociedades laborales* sind Aktiengesellschaften oder GmbH, an denen die Belegschaft mindestens 50 % der Anteile hält, vgl. *Art. 1 de la Ley 4/1997, de 24 de marzo (BOE 25 de marzo), de Sociedades Laborales.*

747 Siehe zu diesem und anderen Steuervorteilen für kleine Unternehmen unten ab S. 195.

748 *Malvárez Pascual/Martín Zamora*, IS, 349.

749 Siehe zur umgekehrten Maßgeblichkeit in Spanien oben ab S. 81.

beneficios diferido) zu bilanzieren sind.[750] Die temporären Differenzen werden dann später durch die handelsrechtlichen Abschreibungen ausgeglichen: In den Folgejahren ist nämlich das handelsrechtliche Ergebnis und damit auch die steuerliche Bemessungsgrundlage jeweils um den Betrag zu erhöhen, um den das handelsrechtliche Ergebnis durch die handelsrechtlich vorgesehenen Abschreibungen vermindert wurde.[751] Auch bei der Übertragung eines betroffenen Vermögensgegenstands und seinem damit verbundenen Ausscheiden aus der Buchführung legt Art. 11.2, letzter Absatz TRLIS fest, dass die steuerliche Bemessungsgrundlage um den Betrag zu erhöhen ist, um den die freie steuerliche Abschreibung die handelsrechtliche Abschreibung übersteigt.[752] Diese steuerrechtliche Korrektur erfolgt unabhängig von der handelsrechtlichen Berechnung der Vermögensveränderung (Übertragungswert minus Buchwert).[753] Der Begriff *„amortización“* (eigentlich „Abschreibung“) wird in Art. 11.2, letzter Absatz TRLIS missverständlich verwendet; gemeint ist jedes Ausscheiden eines Vermögensgegenstandes aus der Buchführung, welches nicht durch seine Übertragung verursacht wird.[754]

Diese Abschreibungsmethoden gelten primär für das materielle Anlagevermögen, obwohl sie nach der Systematik des Art. 11.1 TRLIS auch für das immaterielle Anlagevermögen anwendbar sein müssten. Da die ersten drei Methoden aber auf den Abschreibungstabellen basieren, in denen das immaterielle Anlagevermögen nicht aufgelistet wird, bleiben nach teilweiser Ansicht für letzteres bei Vorliegen der entsprechenden Voraussetzungen nur die freie Abschreibung, die Abschreibungspläne sowie der Nachweis des tatsächlichen Wertverlustes.[755] Dies ist meines Erachtens nur formell richtig, da sich beim immateriellen Anlagevermögen die für seine Abschreibung notwendigen Daten zwar nicht aus den Tabellen ergeben, dafür aber aus den jährlichen Höchstbeträgen des Art. 11.4 und .5 TRLIS sowie aus der Nutzungsdauer des jeweiligen Vermögensgegenstandes. Die genannten Methoden sind also auf das immaterielle Anlagevermö-

---

750 Siehe zu den latenten Steuern auch oben ab S. 153.

751 Einzelheiten dazu bei *Pascual Pedreño*, IS, 673 f.

752 Wird beispielsweise ein Vermögensgegenstand des Anlagevermögens für € 10.000 veräußert, der für € 20.000 angeschafft wurde, handelsrechtlich zum Zeitpunkt der Veräußerung bereits über sechs Jahre linear zu € 2.000 jährlich, steuerrechtlich frei zu € 10.000, € 7.000 und € 3.000 und damit vollständig innerhalb der ersten drei Jahre abgeschrieben worden ist, so ergibt sich gemäß Art. 11.2, letzter Absatz TRLIS Folgendes: Da zum Veräußerungszeitpunkt die steuerrechtlichen freien Abschreibungsbeträge (insgesamt € 20.000) die handelsrechtlichen Abschreibungsbeträge (insgesamt € 12.000) um € 8.000 übersteigen, ist in der Steuerperiode der Veräußerung die steuerliche Bemessungsgrundlage um diesen Betrag zu erhöhen.

753 *Malvárez Pascual/Martín Zamora*, IS, 353.

754 *Malvárez Pascual/Martín Zamora*, IS, 354.

755 *Malvárez Pascual/Martín Zamora*, IS, 401 f.

gen entsprechend anwendbar.[756] Wegen des gemäß Art. 11.4 und .5 TRLIS für die meisten Vermögensgegenstände des immateriellen Anlagevermögens geltenden jährlichen Höchstbetrags für die Abschreibung in Höhe von 5 % oder 10 % des jeweiligen Buchwerts kommt eine höhere Abschreibung durch keine Abschreibungsmethode in Betracht. Einen Sonderfall bilden auch hier die befristeten übrigen Vermögensgegenstände des immateriellen Anlagevermögens, bei denen mangels gesetzlich vorgegebener Daten von den ersten drei Methoden nur die lineare Abschreibung auf die befristete Nutzungsdauer in Betracht kommt.[757]

Zusammengefasst bestehen in den Vergleichsländern Gemeinsamkeiten insbesondere hinsichtlich der linearen und der degressiven Abschreibungsmethode, wobei die arithmetisch-degressive Methode nur nach spanischem Steuerrecht zulässig ist. Für die Absetzung von Gebäuden bestehen in Deutschland die Sonderregelungen des § 7 Abs. 4-5a EStG, in Spanien schreiben die Abschreibungstabellen insoweit ähnliche Werte vor. Ein markanter Unterschied ist die in Spanien unter bestimmten Voraussetzungen zulässige freie Abschreibung, die dem Steuerpflichtigen einen weiten Spielraum einräumt.

(3) Sonstige Wertveränderungen

Als sonstige Wertveränderungen sollen diejenigen Korrekturen dargestellt werden, die im Gegensatz zu den Absetzungen für Abnutzung bzw. *amortizaciones* nicht planmäßig und systematisch erfolgen.

(a) AfaA und Teilwertabschreibung

Wie bereits erwähnt, untergliedern sich die im Handelsrecht als außerplanmäßige Abschreibungen i.S.d. § 253 Abs. 2 S. 3 HGB bekannten Wertveränderungen steuerrechtlich neben den Sonderabschreibungen und den erhöhten Abschreibungen in die AfaA und die Teilwertabschreibung.

Bei außergewöhnlicher technischer oder wirtschaftlicher Abnutzung sind nach § 7 Abs. 1 S. 7 EStG die AfaA zulässig – der Steuerpflichtige hat dann grundsätzlich ein Wahlrecht, ob die Regel-AfA fortgeführt oder die AfaA angewandt werden soll. Zwingend ist die Anwendung der AfaA nach h.M.[758] insbesondere, wenn das Wirtschaftsgut aus dem Betriebsvermögen ausscheidet oder vollständig nutzlos ist. Die außergewöhnliche Abnutzung ist technisch bei einer Beein-

---

756 *Gutiérrez/Villaró/San José*, in: Laorden/Arqués, IS, 402 ff.

757 *Delgado Gómez*, in: Rubio Guerrero, IS, 145.

758 BFH, Urt. v. 22.11.1968 – VI R 182/67, BStBl. II 1969, 160; Urt. v. 1.12.1992 – IX R 333/87, BStBl. II 1994, 12, 13; *Kulosa*, in: Schmidt, EStG, § 7 Rn. 126; *Brandis*, in: Blümich, EStG, § 7 Rn. 395; a.A. u.a. *Knobbe-Keuk*, Bilanz- und Unternehmenssteuerrecht, 200.

trächtigung der Substanz etwa durch Beschädigung oder Zerstörung. Eine außergewöhnliche wirtschaftliche Abnutzung liegt vor, wenn die wirtschaftliche Nutzungsfähigkeit über die normale Abnutzung hinaus beeinträchtigt wird, etwa durch Veralterung.[759] Grundsätzlich kann die AfaA neben der AfA durchgeführt werden, nicht jedoch bei degressiv abgeschriebenen beweglichen Anlagen i.S.d. § 7 Abs. 2 S. 4 EStG, für die zuvor zur linearen Absetzung gewechselt werden müsste.

Entfällt der Grund für eine AfaA, so ist gemäß § 7 Abs. 1 S. 7 HS 2 EStG eine Wertaufholung in Form einer Zuschreibung vorzunehmen.

Eine Teilwertabschreibung kommt zunächst bei Wertminderungen des abnutzbaren und nicht abnutzbaren Anlagevermögens in Betracht, bei denen weder AfA noch AfaA eingreifen. Nach dem eingeschränkten Niederstwertprinzip des § 253 Abs. 2 S. 3 HGB besteht grundsätzlich ein Wahlrecht zum Ansatz eines niedrigeren Wertes als die Anschaffungs- oder Herstellungskosten, welches sich bei einer voraussichtlich dauerhaften Wertminderung in eine Ansatzpflicht wandelt. Eine solche besteht handelsrechtlich gemäß § 253 Abs. 3 HGB auch bei Gegenständen des Umlaufvermögens, sog. strenges Niederstwertprinzip. Steuerrechtlich ist eine Teilwertabschreibung gemäß § 6 Abs. 1 Nr. 1 S. 2, Nr. 2 S. 2 EStG nur bei einer voraussichtlich dauerhaften Wertminderung möglich. In diesen Fällen besteht also wegen des Maßgeblichkeitsprinzips eine Pflicht zum Ansatz des niedrigeren Teilwerts, dagegen darf bei einer voraussichtlich vorübergehenden Wertminderung wegen der steuerrechtlichen Spezialregelung keine Teilwertabschreibung vorgenommen werden.[760] Die Bewertung mit dem niedrigeren Teilwert ist keine Abschreibung bzw. Absetzung im technischen Sinne, weswegen der Begriff „Teilwert*abschreibung*“ ungenau ist.[761]

Dauert die Teilwertminderung nicht nachweislich an, so besteht gemäß § 253 Abs. 5 HGB handelsrechtlich ein Wertaufholungswahlrecht – für Kapitalgesellschaften gemäß § 280 HGB ein Wertaufholungsgebot –, steuerrechtlich gemäß § 6 Abs. 1 Nr. 1 S. 4, Nr. 2 S. 3 EStG eine Wertaufholungspflicht.

AfaA und Teilwertabschreibung unterscheiden sich also wie folgt: Die AfaA sind im Gegensatz zur Teilwertabschreibung auf abnutzbare Wirtschaftsgüter des Anlagevermögens sowie auf Wertminderungen aus technischen oder wirtschaftlichen Gründen beschränkt und bei degressiver AfA ausgeschlossen. Da-

---

759 *Knobbe-Keuk*, Bilanz- und Unternehmenssteuerrecht, 200 f.; *Kulosa*, in: Schmidt, EStG, § 7 Rn. 123.

760 *Glanegger*, in: Schmidt, EStG, § 6 Rn. 217.

761 *Ehmcke*, in: Blümich, EStG, § 6 Rn. 542; *Fischer*, in: Kirchhof, EStG, § 6 Rn. 108.

für kann bei den AfaA der Teilwert unterschritten werden, außerdem ist sie auch bei der Kassenrechnung des § 4 Abs. 3 EStG möglich.

(b) *Provisiones de activo* und *gastos extraordinarios por pérdidas definitivas*

Wie bereits erwähnt, werden nach der spanischen Systematik reversible Wertverluste i.S.d. Art. 39.3 CCom in der Handelsbilanz getrennt von den betroffenen Aktiva als Berichtigungsposten auf der Aktivseite in Form von Aktivprovisionen (*provisiones de activo*) ausgewiesen; die jährlichen Wertverluste sind Aufwand in der Gewinn- und Verlustrechnung.[762] Steuerrechtlich sind die handelsrechtlich gebildeten Aktivprovisionen über Art. 10.3 TRLIS als abziehbare Aufwendungen zulässig, soweit sie nicht von den Einschränkungen des Art. 12 TRLIS erfasst werden; letztere sind weit weniger einschneidend als diejenigen für planmäßige Abschreibungen gemäß Art. 11 TRLIS.

Irreversible Wertverluste werden unmittelbar durch Neubewertung der betroffenen Aktiva und als außerordentliche Verluste (*gastos extraordinarios por pérdidas definitivas o permanentes*) im Rahmen der handelsrechtlichen Gewinn- und Verlustrechnung berücksichtigt. Steuerrechtlich bestehen für letztere keine Sonderregelungen, sodass die außerordentlichen Verluste über Art. 10.3 TRLIS anerkannt werden.

Der PGC sieht in seinen Untergruppen 29, 39, 49 und 59 Aktivprovisionen vor für Wertverluste des materiellen und immateriellen Anlagevermögens und des Umlaufvermögens, für Wertverluste von Wertpapieren sowie Aktivprovisionen für Insolvenzen. Nach der dem Art. 39 CCom, den Art. 195 f. LSA sowie Teil 5 Ziffern 2.2, 4, 8.2 und 13.4 PGC zu entnehmenden allgemeinen Regel sind die Aktivprovisionen als Wertveränderungen anzusetzen, um den zum Bilanzstichtag niedrigeren Marktwert oder sonstigen niedrigeren Wert (*valor inferior de mercado o cualquier otro valor inferior*) der von einem umkehrbaren Wertverlust betroffenen Aktiva auszuweisen. Die Ursache des Wertverlustes ist dabei nicht von Belang.

Steuerrechtlich nur unter Einschränkungen zulässig sind gemäß Art. 12.1 TRLIS die Aktivprovisionen für Wertverluste von Verlagsgütern sowie phonographi-

762 *Malvárez Pascual/Martín Zamora*, IS, 451.

schen und audiovisuellen Gütern[763] (*provisión por depreciación de fondos editoriales, fonográficos y audiovisuales*), gemäß Art. 12.2 TRLIS die Aktivprovisionen für (mögliche) Insolvenzen[764] (*provisión para insolvencias*), gemäß Art. 12.3 TRLIS die Aktivprovisionen für Wertverluste von Beteiligungen am Eigenkapital von Körperschaften, die nicht an einem Sekundärmarkt zugelassen sind[765] (*provisión por depreciación de valores representativos de los fondos propios de entidades que no coticen en un mercado secundario organizado*), sowie gemäß Art. 12.4 TRLIS die Aktivprovisionen für Wertverluste für festverzinsliche Wertpapiere, die an einer Börse zugelassen sind[766] (*provisión por depreciación de valores de renta fija admitidos a cotización en mercados secundarios organizados*). Die einzelnen steuerrechtlichen Einschränkungen zielen darauf, durch objektive Voraussetzungen die nach Handelsrecht bestehende große Freiheit der Steuerpflichtigen zur Wertkorrektur einzudämmen. Dabei bedient sich Art. 12 TRLIS lediglich engerer Voraussetzungen für einige der handelsrechtlich zulässigen Wertveränderungen, nicht des generellen Verbotes einer Wertberichtigung dem Grunde nach. Zudem werden die handelsrechtlichen Wertveränderungen für das Anlage- und das Umlaufvermögen nur teilweise erwähnt und damit steuerrechtlich – über Art. 10.3 TRLIS – fast vollständig anerkannt.

Art. 39.4 CCom sowie Art. 195.2 d, 196.2 LSA enthalten ein Gebot zur Wertaufholung (*recuperación de valor*) für den Fall, dass die Gründe für die Wertberichtigung auf den niedrigeren Wert weggefallen sind. Im PGC werden dadurch entstehende Überschüsse (*excesos*) von Aktivprovisionen in der Untergruppe 79 verbucht. Eine Wertaufholung ist nur bis zur Höhe der vorherigen Wertberichtigung möglich. Steuerrechtlich wird die handelsrechtliche Systematik durch

---

763 Dabei handelt es sich um eine Spezialform der Aktivprovision für Wertverluste des Umlaufvermögens; Unternehmen, die diese Güter produzieren, können so Wertverluste berücksichtigen, welche zwei Jahre nach der Publikation vermutet werden, wenn sie sich noch im Vorrat befinden, vgl. *Llansó*, in: Laorden/Arqués, IS, 453, 473; *Clavijo Hernández*, in: Fernández Junquera, IS, 349, 360; für die steuerrechtliche Anerkennung wird vorausgesetzt, dass sich die Produktionen seit zwei Jahren auf dem Markt befinden bzw. dass der Wertverlust nachgewiesen wird.

764 Bereits feststehende Insolvenzen führen nicht zu Aktivprovisionen, sondern zu außerordentlichen Verlusten, vgl. *Clavijo Hernández*, in: Fernández Junquera, IS, 349, 361; steuerrechtliche Voraussetzung ist u.a. der Ablauf von sechs Monaten seit Fälligkeit der Forderung oder die Eröffnung des Insolvenzverfahrens beim Schuldner.

765 Die Wertreduktion darf nicht größer sein als die Differenz zwischen dem theoretischen Buchwert der Beteiligung am Anfang und am Ende des Wirtschaftsjahrs, wobei Einlagen und ihre Zurückgewährung zu berücksichtigen sind.

766 Die Wertreduktion ist begrenzt auf den Gesamtwertverlust aller festverzinslichen Wertpapiere, die der Steuerpflichtige in den genannten Märkten besitzt, in dem Wirtschaftsjahr.

Art. 19.6 TRLIS bestätigt, der darüber hinaus zur Vermeidung eines Missbrauchs vorsieht, dass die Wertaufholung auch von einem verbundenen Unternehmen vorzunehmen ist, dem die betroffenen Aktiva nach der Wertberichtigung übertragen worden sind.

Die außerordentlichen Verluste (*gastos extraordinarios por pérdidas definitivas o permanentes*) resultieren gemäß Art. 39.3, letzter Halbsatz CCom aus unumkehrbaren und damit bereits realisierten Wertverlusten. Sie mindern deshalb direkt den Wert der betroffenen Aktiva und erscheinen auf der Passivseite der Gewinn- und Verlustrechnung. Im PGC sind diese außerordentlichen Verluste für das Anlagevermögen in den Konten 670 und 671 vorgesehen. Steuerrechtlich ergeben sich keine Abweichungen.

(c) Vergleich der sonstigen Wertveränderungen

Die sonstigen Wertveränderungen in den Vergleichsländern lassen sich nur schwer miteinander vereinbaren. Abgesehen vom in Spanien nicht bekannten Teilwert unterscheidet sich die Teilwertabschreibung zumindest steuerrechtlich von der Aktivprovision dadurch, dass sie nur bei voraussichtlich dauernden Wertverlusten zu bilden ist, die Aktivprovision nur bei voraussichtlich vorübergehenden Wertverlusten. Eine Gemeinsamkeit besteht darin, dass jeweils die Ursache der Wertminderung und die Abnutzbarkeit der Vermögensgegenstände ohne Bedeutung sind. In dieser Gemeinsamkeit der Teilwertabschreibung mit der Aktivprovision liegt wiederum der Unterschied zwischen AfaA und Aktivprovision.

Die Teilwertabschreibung ähnelt also am ehesten den außerordentlichen Verlusten, für welche allerdings keine Wertaufholung vorgesehen ist. Die Aktivprovision kann wegen ihrer Beschränkung auf vorübergehende Wertminderungen einerseits und der beliebigen Ursache der Wertminderung andererseits nicht zugeordnet werden.

Folglich können nur die sonstigen Wertveränderungen der Vergleichsländer insgesamt miteinander verglichen werden. Eine Gemeinsamkeit ist dabei das jeweilige Wertaufholungsgebot bei Teilwertabschreibung, AfaA und Aktivprovision. Das deutsche Steuerrecht ist hinsichtlich der sonstigen Wertveränderungen insoweit enger als sein spanisches Pendant, als voraussichtlich vorübergehende Wertminderungen nur zu berücksichtigen sind, wenn die Voraussetzungen der außergewöhnlichen wirtschaftlichen oder technischen Abnutzung der AfaA vorliegen. Dauerhafte und unumkehrbare Wertminderungen werden in Spanien zudem als realisierte Verluste angesehen, für die im Gegensatz zu den Teilwertabschreibungen keine Wertaufholung vorgesehen ist.

5. Sonderregelungen des TRLIS

Der siebte Titel des TRLIS enthält verschiedene Sonderregelungen (*regímenes tributarios especiales*), auf die teilweise weiter oben schon verwiesen wurde und von denen die bedeutenderen im Folgenden dargestellt werden.[767]

a) Steuertransparenz und vermögensverwaltende Gesellschaften

Mit der Streichung der sog. vermögensverwaltenden Gesellschaften (*sociedades patrimoniales*, wörtlich übersetzt also Vermögensgesellschaften), welche der sog. Steuertransparenz (*transparencia fiscal*)[768] nachgefolgt waren, wurde durch die Einkommensteuerreform von 2007 eine Besonderheit des spanischen Steuerrechts abgeschafft.[769] Unter der Steuertransparenz i.S.d. Art. 72-74 LIRPF von 1998 i.V.m. Art. 75-77 LIS von 1995 war ein Konzept zur Durchbrechung der Abschirmwirkung von bestimmten juristischen Personen[770] zu verstehen, das erstmals im LIRPF von 1978 eingeführt wurde, um die Umgehung des progressiven Steuertarifs des LIRPF zu vermeiden[771] und das Problem der Doppelbesteuerung des Gewinns von kleinen und mittleren Körperschaften zu lösen.[772] Technisch geschah dies bis zur Teilreform des LIRPF sowie des TRLIS von 2002 dadurch, dass die in Spanien grundsätzlich gegebene zivilrechtliche

---

767 Um den Rahmen dieser Arbeit nicht zu sprengen, wird auf eine Darstellung der Besteuerung von Konzernen i.S.d. Art. 64 ff. TRLIS sowie von Holdinggesellschaften i.S.d. Art. 116 ff. TRLIS verzichtet und auf die folgende spezielle Literatur verwiesen: Zur Konzernbesteuerung vgl. *Lüdemann/Echevarría/Hruschka*, Investitionen in Spanien, Rn. 72, zur Besteuerung von Holdinggesellschaften vgl. *Schnieder*, IStR 1997, 68, 72 f.; *Herzig/Wagner*, IStR 2003, 222 ff. sowie zur alten Rechtslage *Boeker*, Gewinnermittlung, 46 f.

768 Diese wurde bereits durch die Teilreform des TRLIS von 2002 (*Ley 46/2002, de 18 de septiembre, de reforma parcial sobre el Impuesto sobre la Renta de las Personas Físicas y por la que se modifican las Leyes de los Impuestos sobre Sociedades y sobre la Renta de no Residentes, BOE núm. 303, de 19 diciembre 2002, 44622 ff.*) abgeschafft, vgl. zu den Details *Gómez Mourelo*, Partida Doble 2003, 66, 71, 73 ff.; *Cazorla Prieto/Peña Alonso*, Reforma 2002, 154.

769 Allerdings wurde gleichzeitig die 22. Übergangsbestimmung des TRLIS eingefügt, nach deren Abs. 1 die Regelung der *sociedades patrimoniales* für Wirtschaftsjahre, die im Jahre 2006 begannen und im Jahre 2007 enden, fortgilt. Deswegen folgt ein Überblick über diese Regelung.

770 Dazu zählten Investment- und Holdinggesellschaften. Kennzeichen dieser Gesellschaften war insbesondere, dass mehr als die Hälfte ihrer Aktiva aus Wertpapieren bestanden oder nicht zum Betriebsvermögen von wirtschaftlichen Tätigkeiten gehörten.

771 Es sollte vermieden werden, dass Einkommensteuersubjekte mit hohen Einkünften die progressive Besteuerung nach dem LIRPF hinauszögerten bzw. teilweise vermieden, indem sie Teile ihrer Einkünfte in Zwischengesellschaften leiteten, die dem niedrigeren Steuersatz des LIS unterlagen, vgl. *Querol García*, Partida Doble 2005, 58.

772 *Pérez Royo*, IRPF, 410; *Querol García*, Partida Doble 2005, 58 f.

Rechtsfähigkeit von Körperschaftsteuersubjekten unter bestimmten Voraussetzungen für steuerliche Zwecke nicht berücksichtigt wurde. Seiner Wirkung nach ähnelte die Steuertransparenz dem deutschen Anrechnungsverfahren, da die Doppelbesteuerung der Dividenden beim Anteilseigner vermieden wurde, was im Übrigen dem allgemeinen spanischen Anrechnungsverfahren nicht vollständig gelang. Allerdings war die Steuertransparenz nur auf die genannten Gesellschaften anwendbar und damit auf Gesellschaften, bei denen der spanische Gesetzgeber den vorrangigen Zweck der steuerlichen Abschirmwirkung vermutete. Diese Systematik wies Parallelen zu § 7 AStG auf, der eine ähnliche Vorgehensweise für bestimmte Einkünfte von niedrig besteuerten ausländischen Gesellschaften vorsieht.[773] Von der deutschen Mitunternehmerschaft unterschied sich die Steuertransparenz grundlegend dadurch, dass die transparenten Gesellschaften – zumindest in der jüngsten Version der Steuertransparenz – Körperschaftssteuersubjekte waren. Zudem war die Anwendbarkeit der Steuertransparenz nicht auf Personengesellschaften begrenzt.

Die Definition der vermögensverwaltenden Gesellschaft – also einer Gesellschaft, deren Funktion aus dem bloßen Verwalten von Wirtschaftsgütern oder Werten (*mera tenencia de bienes y valores*) besteht – in Art. 61.1 und .2 TRLIS a.F. entsprach einem Teil der ehemaligen Definition der steuertransparenten Gesellschaft in Art. 75.1 LIS a.F., nämlich den dort umschriebenen Investment- und Holdinggesellschaften. Kennzeichen der vermögensverwaltenden Gesellschaften war also, dass mehr als die Hälfte ihrer Aktiva aus Wertpapieren bestanden oder kein Betriebsvermögen waren. Zudem durfte die Gesamtheit der Gesellschafter nicht aus juristischen Personen bestehen, es sei denn, sie waren ihrerseits vermögensverwaltende Gesellschaften.

Die grundlegende Neuerung im Vergleich zur vorherigen Regelung bestand darin, dass die Einkünfte der vermögensverwaltenden Gesellschaften nicht – wie noch bei der Steuertransparenz – unter Vernachlässigung der juristischen Person direkt den Gesellschaftern zugerechnet wurden, sondern vielmehr als Einkünfte der Gesellschaft selbst ausschließlich dem TRLIS unterlagen.[774] Es handelte sich um eine Definitivbesteuerung, so dass gemäß Art. 62.1 a) TRLIS a.F. auch die Ausschüttungen einer vermögensverwaltenden Gesellschaft an eine dem LIRPF unterliegende natürliche Person nicht von der Einkommensteuer erfasst wurden. Dagegen wurden Ausschüttungen an ein Körperschaftsteuersubjekt bzw. an ein Steuersubjekt des LIRNR mit Betriebsstätte vom TRLIS a.F. erfasst, die Dop-

---

773 *Lüdemann/Echevarria/Hruschka*, Investitionen in Spanien, Rn. 155 ff., 165; ausführlich zu einer älteren Version der Steuertransparenz *Schnieder*, Span. KSt., 88 f., 102 ff.

774 *Querol Garcia*, Partida Doble 2005, 58, 63; Beispiele zum neuen System bei *Caro Cebrián/Garcia Garcia*, Partida Doble 2003, 18, 23.

pelbesteuerung sollte dann durch den Abzug des Art. 30.1 TRLIS a.F. vermieden werden.

Obwohl die Definitivbesteuerung nach dem TRLIS a.F. erfolgte, richtete sich die Ermittlung der Bemessungsgrundlage der vermögensverwaltenden Gesellschaft gemäß Art. 61.3 a) TRLIS a.F. vorbehaltlich einiger Besonderheiten nach dem LIRPF. Ungewöhnlich war bei der für Einkünfte aus wirtschaftlichen Tätigkeiten allein zulässigen normalen direkten Ermittlungsmethode der zwischen dem TRLIS und dem LIRPF hin- und herspringende Gesetzesverweis: So verwies Art. 61.3 a) Nr. 1 TRLIS a.F. auf Art. 28 ff. LIRPF (Art. 26 ff. TRLIRPF), diese verwiesen zurück auf Art. 10 ff. TRLIS, welche dann schließlich auf das buchhalterische Ergebnis nach den handelsrechtlichen Vorschriften weiterleiteten. Für die Ermittlung dieser Einkünfte aus wirtschaftlichen Tätigkeiten bestanden also grundsätzlich keine Unterschiede zu natürlichen oder den übrigen juristischen Personen. Ausnahmen hinsichtlich verschiedener Abzüge bestanden gemäß Art. 61.3 a) Nr. 3 TRLIS a.F., wenn einer der Gesellschafter Nichtansässiger oder Steuersubjekt des TRLIS war.

Anknüpfend an die Einkünfteermittlung wurde – wie bei natürlichen Personen im Anwendungsbereich des LIRPF – auch bei den vermögensverwaltenden Gesellschaften gemäß Art. 61.3 Nr. 1 TRLIS a.F. zwischen einer generellen und einer speziellen Bemessungsgrundlage unterschieden,[775] wobei u.a. die Regelungen über das persönliche und familiäre Existenzminimum unberücksichtigt blieben. Gemäß Art. 61.3 b) TRLIS war der Steuersatz linear und betrug 40 % für die allgemeine Bemessungsgrundlage sowie 15 % für die spezielle Bemessungsgrundlage. Damit wurden ähnlich wie im heutigen LIRPF Einkünfte aus langfristigen Vermögensgewinnen und -verlusten begünstigt, ansonsten handelte es sich um einen relativ hohen Steuersatz.[776] Auch für den Verlustausgleich wurde gemäß Art. 61.3 a) Nr. 4 TRLIS a.F. auf das TRLIRPF verwiesen, wodurch er im Vergleich zum generellen Verlustausgleich nach dem TRLIS a.F. deutlich eingeschränkt wurde: Der Verlustabzug der Art. 25.1, 10.1 TRLIS a.F. für Körperschaften ermöglichte den Ausgleich einmal besteuerter negativer Bemes-

---

775 Gemäß Art. 39 Abs. 1, 40.1 TRLIRPF bestand der allgemeine Teil der Bemessungsgrundlage eines Veranlagungszeitraums (*parte general*) aus den gesamten Einkünften des Steuerpflichtigen, ausgenommen die Vermögensgewinne und -verluste, deren Erzeugung länger als ein Jahr dauert. Der spezielle Teil der Bemessungsgrundlage eines Veranlagungszeitraums (*parte especial*) umfasste gemäß Art. 40.1 TRLIRPF die langfristigen Vermögensgewinne und -verluste mit einem Entstehungszeitraum von mehr als einem Jahr.

776 Bei langfristigen Vermögensgewinnen betrug der Steuersatz wie bei Einzelunternehmern (15 %). Ansonsten lag der proportionale Satz von 40 % über dem allgemeinen proportionalen Satz des TRLIS a.F. (35 %) und im oberen Bereich des progressiven Einkommensteuertarifs (15 %-45 %).

sungsgrundlagen (*bases imponibles negativas que hayan sido objeto de liquidación o autoliquidación*) mit den positiven Bemessungsgrundlagen der unmittelbar nachfolgenden 15 Jahre. Es handelte sich also um einen Verlustvortrag in unbegrenzter Höhe, der lediglich zeitlich beschränkt war. Im Gegensatz dazu sah Art. 38 TRLIRPF a.F. nur den eingeschränkten Ausgleich von Verlusten der verschiedenen Einkunftsarten über einen Zeitraum von vier Jahren vor.

Im Ergebnis wurden die Einkünfte der vermögensverwaltenden Gesellschaften wie bei Einkommensteuersubjekten ermittelt, besteuert wurden sie aber ausschließlich nach der Körperschaftsteuer. Zweck des Konzepts der vermögensverwaltenden Gesellschaft war es, die Attraktivität der steuerlichen Abschirmwirkung von Körperschaften zu vermindern. Im Gegensatz zur Vorgängerregelung der Steuertransparenz blieb zwar die Abschirmwirkung erhalten, die Einkünfte einer vermögensverwaltenden Gesellschaft unterlagen aber einem hohen Steuersatz, zudem war durch den Verweis auf das TRLIRPF der Verlustausgleich eingeschränkt. Außerdem waren einige Abzüge nicht zulässig, die ein Einzelunternehmer bei entsprechenden Einkünften vornehmen konnte. Durch die am TRLIRPF orientierte Definitivbesteuerung der vermögensverwaltenden Gesellschaften nach dem TRLIS und die anschließende Steuerfreiheit der Ausschüttungen einer vermögensverwaltenden Gesellschaft an ihre Gesellschafter wurde ein steuerlicher Effekt erzielt, als ob der Gesellschafter die Einkünfte der vermögensverwaltenden Gesellschafter selbst erzielt hätte. Allerdings musste er dabei die genannten Nachteile in Kauf nehmen.

Nach der einleitenden Gesetzesbegründung der Einkommensteuerreform von 2007 konnten die Regelungen über die vermögensverwaltende Gesellschaft deshalb ersatzlos gestrichen werden, weil das reformierte LIRPF Kapitaleinkünfte einheitlich und unabhängig von ihrer Quelle besteuert und weil keine Verrechnung zwischen Körperschaftsteuer und Einkommensteuer mehr stattfindet:[777] Gemäß Art. 21 ff., 66.1, 76 LIRPF unterliegen Dividenden einem besonderen, einheitlichen Steuersatz für Kapitaleinkünfte in Höhe von 18%. Es besteht also für den Steuerpflichtigen keine Möglichkeit mehr, durch eine zwischengeschaltete Körperschaft einen Besteuerungsaufschub für nichtgewerbliche Einkünfte zu erreichen.

Eine deutsche Entsprechung für die *sociedad patrimonial* ist nicht ersichtlich. Dies dürfte an der grundlegend verschiedenen Konzeption der Steuersubjekte in Deutschland liegen, wo Personengesellschaften und damit Mitunternehmerschaften als Investmentzielgesellschaften genutzt werden.

777 Siehe auch *Cordón Ezquerro*, EF 2006, 3, 23 ff.

b) Steueranreize für Kleinunternehmen

Die Art. 108-114 TRLIS enthalten eine Reihe von Steueranreizen für Kleinunternehmen (*incentivos fiscales para las empresas de reducida dimensión*). Damit weicht der spanische Gesetzgeber bewusst von seinem sonstigen Leitbild einer unternehmensformneutralen Besteuerung ab, um die in Spanien am häufigsten auftretenden Unternehmen zu fördern.[778]

Die verschiedenen Steueranreize setzen voraus, dass ein Unternehmen die allgemeinen Voraussetzungen des Art. 108 TRLIS erfüllt. So muss der Nettoumsatz i.S.d. Art. 191 LSA der vorhergehenden Steuerperiode unter 6.000.000 € liegen. Diese Grenze gilt auch für alle Körperschaften bzw. Einzelunternehmer zusammen im Rahmen einer Unternehmensgruppe i.S.d. Art. 42 CCom.

Die bereits erläuterte freie Abschreibungsmethode ist gemäß Art. 109.1 TRLIS an die Voraussetzung geknüpft, dass in dem Unternehmen Arbeitsplätze geschaffen werden: So muss sich die Durchschnittszahl der Angestellten in den 24 Monaten nach Ingebrauchnahme des abzuschreibenden Wirtschaftsguts erhöhen im Vergleich zu den 12 vorhergehenden Monaten; diese erhöhte Durchschnittszahl muss sich während weiterer 24 Monate halten. Auch die maximale Höhe der freien Abschreibungen pro Steuerperiode errechnet sich im Verhältnis zur genannten Erhöhung der Durchschnittszahl der Angestellten, indem diese Erhöhung mit € 90.151,82 zu multiplizieren ist. Geringwertige Wirtschaftsgüter des materiellen Anlagevermögens mit einem jeweiligen Wert bis zu € 601,01 können gemäß Art. 110 TRLIS pro Steuerperiode bis zu einem Höchstbetrag von € 12.020,24 frei abgeschrieben werden.

Nach Art. 111.1 TRLIS können neue Wirtschaftsgüter des materiellen Anlagevermögens sowie die Wirtschaftsgüter des immateriellen Anlagevermögens mit einem pauschal um 1,5 erhöhten maximalen linearen Abschreibungskoeffizienten abgeschrieben werden, sog. beschleunigte Abschreibung (*amortización acelerada*).

Wie im Rahmen der – in Spanien nicht existenten – umgekehrten Maßgeblichkeit bereits erwähnt, sind die freie und die beschleunigte Abschreibung rein steuerliche Vergünstigungen, die gemäß Art. 19.3, 111.6 TRLIS nicht abhängig sind von ihrer vorherigen Aufnahme in die handelsrechtliche Gewinn- und Verlustrechnung.

Einen pauschalen Abzug in Höhe von bis zu 1 % der existierenden Forderungen eines Unternehmens gewährt Art. 112 TRLIS, um dem Insolvenzrisiko zu be-

---

778 *Capdevila*, in: Laorden/Arqués, IS, 2103.

gegnen. Diese Regelung gilt neben dem allgemeinen System der Wertberichtigung des Art. 12.2 TRLIS und damit nur für diejenigen Forderungen, die von letzterem nicht erfasst werden. Es handelt sich also um eine Erleichterung der Wertberichtigung im Vergleich zur allgemeinen Norm.

Schließlich ermöglicht Art. 113 TRLIS eine beschleunigte Abschreibung (Faktor 3) von Wirtschaftsgütern des Anlagevermögens, welche aus dem Anlagevermögen ausgeschiedene Wirtschaftsgüter ersetzen und in welche Erlöse aus den entsprechenden Verkäufen reinvestiert wurden. Gemäß Art. 114 TRLIS gilt zudem für Kleinunternehmen ein reduzierter Steuersatz.

6. Besonderheiten für Einzelunternehmer in Spanien

Bei der Gewinnermittlung der spanischen Einzelunternehmer wirkt sich wieder ein grundlegender Unterschied zwischen Einkommensbegriff und Bemessungsgrundlage des LIRPF und des TRLIS aus. Einzelunternehmer erzielen im Gegensatz zu Körperschaftsteuersubjekten bei Ausübung ihrer gewerblichen Tätigkeit typischerweise Einkünfte aus zwei Einkunftsarten, die jeweils unterschiedlichen Ermittlungsmethoden unterliegen. Neben die Einkünfte aus wirtschaftlichen Tätigkeiten treten die Einkünfte aus Vermögensgewinnen und -verlusten.

a) *Actividades económicas*

Gemäß Art. 28.1 LIRPF[779] wird für die Ermittlung der Nettoeinkünfte der wirtschaftlichen Tätigkeiten im Wege der direkten Ermittlungsmethode auf das spanische Körperschaftsteuergesetz verwiesen. Von dieser Verweisung unberührt bleiben für die *estimación directa* die Sonderregelungen des Art. 30 LIRPF. Die sonstigen Ermittlungsmethoden gerade für Einzelunternehmer werden unten im Rahmen der vereinfachten Ermittlungsmethoden erörtert.

aa) Erträge und Aufwendungen

Für die Erträge und Aufwendungen gilt wegen des doppelten Verweises bei Einzelunternehmern – Art. 28.1 LIRPF verweist auf Art. 10.3 TRLIS, welcher weiter auf das Handelsrecht verweist – grundsätzlich das bereits oben bei den Körperschaften Gesagte, dass als Ausgangspunkt die Haben- bzw. Sollseite der Gewinn- und Verlustrechnung des Teil 4 PGC maßgeblich ist. Abweichungen ergeben sich in erster Linie daraus, dass Einzelunternehmer im Gegensatz zu Gesellschaften den unterschiedlichen Einkunftsarten des LIRPF unterliegen, und

---

779 Art. 28.1 Abs. 1 LIRPF: *El rendimiento neto de las actividades económicas se determinará según las normas del Impuesto sobre Sociedades, sin perjuicio de las reglas especiales contenidas en este artículo, en el artículo 30 de esta Ley para la estimación directa, y en el artículo 31 de esta Ley para la estimación objetiva.*

dass nur für die Einkunftsart der wirtschaftlichen Tätigkeiten auf das TRLIS verwiesen wird. So sind etwa die neben dem Hauptbetrieb erzielten Erträge für Einzelunternehmer in der Regel in andere Einkunftsarten einzuordnen, etwa die Vermietung von Privatvermögen in die Einkünfte aus Kapital. Ähnliches gilt bei einer Veräußerung von Gütern des Anlagevermögens, woraus sich bei Einzelunternehmern Einkünfte aus Vermögensgewinnen und -verlusten ergeben.[780]

bb) Sonstiges

Im Rahmen des Verweises auf das TRLIS sind nicht nur die Vorschriften der Art. 10-25 TRLIS über die Ermittlung der Bemessungsgrundlage auf Einzelunternehmer anwendbar, sondern auch diejenigen Sonderreglungen (*regímenes especiales*) der Art. 47-123 TRLIS, die nicht ausschließlich juristische Personen betreffen. Dazu zählen neben den Steueranreizen für Kleinunternehmen der Art. 108 ff. TRLIS vor allem die Regelungen des Art. 115 TRLIS zum Leasing und der Art. 97 ff. TRLIS zu Investitionen in den Bergbau.[781]

b) *Ganancias y pérdidas patrimoniales*

Wie bei den übrigen Einkunftsarten wird die Bemessungsgrundlage gemäß Art. 16.1 LIRPF auch hinsichtlich der Vermögensgewinne und -verluste grundsätzlich durch die direkte Methode ermittelt. Die Quantifizierung der *plusvalías* ist im Anschluss an den Steuertatbestand des Art. 33 LIRPF geregelt, nämlich in den Art. 34-39 LIRPF i.V.m. Art. 38 RIRPF. Den allgemeinen Regeln des Art. 34 LIRPF folgen dabei die speziellen Bewertungsvorschriften.

aa) Grundregel

Nach der Grundregel des Art. 34.1 LIRPF ergeben sich die Vermögensgewinne oder -verluste bei entgeltlichen oder unentgeltlichen Übertragungen (*transmisión onerosa o lucrativa*) von Vermögensgegenständen des Steuerpflichtigen aus der Differenz zwischen Anschaffungskosten (*valor de adquisición*) und Veräußerungs- bzw. Übertragungswert (*valor de transmisión*). In den übrigen Fällen ist der Markwert (*valor de mercado*) der Vermögensgegenstände bzw. Teile von diesen maßgeblich. Mit diesen übrigen Fällen sind neben der Eingliederung von Vermögensgegenständen oder Rechten in das Vermögen des Steuerpflichtigen ohne vorherige Übertragung (wie z.B. Spielgewinne) auch die nicht gerechtfer-

---

780 *Pérez Royo*, IRPF, 237 ff.

781 *López Berenguer*, IRPF, 217; *Nieto Montero*, in: Yebra Martul-Ortega/García Novoa/López Díaz, IRPF, 385 ff.

tigten Vermögensgewinne gemeint. In beiden Fällen existieren keine Anschaffungskosten, so dass auf den Marktwert zurückgegriffen wird.[782]

Wurden an dem übertragenen Vermögensgegenstand Verbesserungen (*mejoras*) vorgenommen, so sind diese gemäß Art. 34.2 LIRPF im Veräußerungs- bzw. Übertragungswert gesondert auszuweisen, um die spätere Anwendung der im Anschluss dargestellten Koeffizienten zur Korrektur der Inflation zu ermöglichen.

(1) Anschaffungskosten und Veräußerungswert bei entgeltlichen Übertragungen

Die Anschaffungskosten setzen sich gemäß Art. 34.1 LIRPF zusammen aus dem tatsächlich zur Anschaffung eingesetzten Betrag, den Kosten für Investitionen in die angeschafften Vermögensgegenstände bzw. den Kosten für Verbesserungen von den angeschafften Vermögensgegenständen sowie den zum Anschaffungsvorgang gehörenden und vom Käufer zu tragenden Ausgaben und Steuern, Zinsen (*intereses*) ausgeschlossen. Zu den genannten Ausgaben gehören insbesondere etwaige Notariats- und Grundbuchkosten, zu berücksichtigende Steuern sind vor allem die Steuer auf entgeltliche Vermögensübertragungen (*Impuesto sobre las Transmisiones Patrimoniales Onerosas*) sowie die Umsatzsteuer (IVA).[783]

Von den Anschaffungskosten abzuziehen sind gemäß Art. 35.1 Abs. 2 LIRPF i.V.m. Art. 38 RIRPF auch die vorgenommenen Abschreibungen,[784] wobei gemäß Art. 38.1 RIRPF unabhängig von ihrer tatsächlichen Vornahme die kleinstmögliche Abschreibung (*amortización mínima*) abzuziehen ist. Unter letzterer ist dabei entweder die Abschreibung über den maximalen Abschreibungszeitraum oder ein eventuell vorgeschriebener fester Prozentsatz zu verstehen. Werden Gegenstände des Anlagevermögens von wirtschaftlichen Tätigkeiten übertragen, so ergeben sich die Anschaffungskosten gemäß Art. 38.2 RIRPF aus dem Buchwert (*valor contable*) unter Berücksichtigung der möglichen Abschreibungen bzw. der genannten kleinstmöglichen Abschreibungen. Diese Vorschriften über die Abschreibungen betreffen insbesondere Unternehmer, maß-

---

782 *Martín Delgado*, in: Yebra Martul-Ortega/García Novoa/López Díaz, IRPF, 430 f.; *López Berenguer*, IRPF, 285.

783 *López Berenguer*, IRPF, 286.

784 Insoweit besteht eine Übereinstimmung zur deutschen Systematik des § 23 Abs. 3 S. 4 EStG, vgl. auch *Marín-Barnuevo Fabo/Ehmcke*, StuW 1999, 295, 302, Fn. 66.

geblich sind die in der jeweiligen Gewinnermittlungsart einschlägigen Abschreibungstabellen.[785]

Zum Ausgleich der Inflation sind die Anschaffungskosten bei unbeweglichen Wirtschaftsgütern gemäß Art. 35.2 LIRPF durch Koeffizienten zu aktualisieren, die im jeweiligen Haushaltsgesetz (*Ley de Presupuestos Generales del Estado*) festgelegt werden.[786] Dabei ist für die Anwendung des Koeffizienten auf die Abschreibungen das den letzteren entsprechende Jahr entscheidend, für die restlichen Elemente der Anschaffungskosten das Jahr der Zahlung. Verfassungsrechtlich problematisch ist die Tatsache, dass seit 1999 die Inflationsbereinigung nur noch bei unbeweglichen Vermögensgegenständen möglich ist, während bei anderen Vermögensgegenständen nun gemäß Art. 35.2 LIRPF ohne jede Korrektur die Anschaffungskosten maßgeblich sind;[787] dies dürfte mit dem Leistungsfähigkeitsprinzip kaum zu vereinbaren sein, wegen der prozessualen Schwierigkeiten in der Praxis[788] wird sich das Verfassungsgericht allerdings mit dieser Frage nicht so schnell beschäftigen müssen.

Der Veräußerungswert ist gemäß Art. 35.3 LIRPF der tatsächlich bei der Veräußerung angefallene Betrag. Abzuziehen sind die bei den Anschaffungskosten genannten Ausgaben und Steuern, wenn sie vom Verkäufer übernommen wurden. Ist der tatsächlich gezahlte Betrag geringer als der Marktwert, so gilt letzterer. Diese Regelung dient als Abschreckung vor von den Steuerpflichtigen fingierten Preisen: Wenn die Finanzverwaltung nicht nachweisen kann, dass der tatsächlich gezahlte Preis höher als der deklarierte Preis war, so bleibt ihr die Bezugnahme auf den (höheren) Marktpreis. Diese Regelung wird als nicht mit dem Leistungsfähigkeitsprinzip vereinbar und systemfremd kritisiert, vorge-

---

785 Pérez Royo, IRPF, 343 f.; siehe zu den Abschreibungen in der direkten Ermittlungsmethode oben ab S. 172, in der vereinfachten direkten Ermittlungsmethode unten ab S. 214 sowie in der objektiven Ermittlungsmethode unten ab S. 227.

786 Die Koeffizienten für das Jahr 2004 finden sich in Art. 57 *Ley 61/2003, de 30 de diciembre, de Presupuestos Generales del Estado para el año 2004 (BOE 31-12-2003)*: Gem. Art. 57.1 gelten für nicht zum Anlagevermögen wirtschaftlicher Tätigkeiten gehörende unbewegliche Vermögensgegenstände je nach dem Jahr der Anschaffung Koeffizienten zwischen 1,1461 (bis zum Jahr 1994) und 1,0000 (für das Jahr 2004). Gem. Art. 57.2 wird für unbewegliche Vermögensgegenstände des Anlagevermögens wirtschaftlicher Tätigkeiten auf Art. 58 verwiesen, nach dem die Koeffizienten von 2,0150 (bis zum 01. Januar 1984) bis 1,0000 (für das Jahr 2004) variieren.

787 *Marín-Barnuevo Fabo/Ehmcke*, StuW 1999, 295, 299.

788 Siehe zum Leistungsfähigkeitsprinzip und seiner prozessualen Durchsetzung oben ab S. 9.

schlagen wird das Festhalten am tatsächlich bei der Veräußerung angefallene Betrag, dessen Deklaration von der Finanzverwaltung überprüft werden kann.[789]

(2) Unentgeltliche Übertragungen

Für die unentgeltlichen Übertragungen gelten gemäß Art. 36 LIRPF die Regeln der entgeltlichen Übertragungen, wobei als tatsächlich gezahlter Betrag der jeweiligen Werte derjenige angenommen wird, der sich aus der Anwendung der Vorschriften des Schenkungs- und Erbschaftsteuergesetzes[790] ergibt. Der Rückgriff auf die Bewertungsvorschriften des Schenkungs- und Erbschaftssteuergesetzes ist deshalb sinnvoll, weil ansonsten bei unentgeltlichen Übertragungen in Ermangelung einer Gegenleistung eigene Bewertungsregelungen des LIRPF erforderlich wären.[791] Im Fall der unentgeltlichen Übertragung von Unternehmen oder Anteilen an einem solchen i.S.d. Art. 33.3 c) LIRPF tritt der Beschenkte hinsichtlich der Werte und der Anschaffungszeitpunkte der betroffenen Wirtschaftsgüter in die Position des Schenkers ein.[792] Dies entspricht der deutschen Rechtslage beim unentgeltlichen Erwerb betrieblicher Einheiten nach § 6 Abs. 3 EStG.

bb) Spezielle Bewertungsregeln

Schließlich enthält Art. 37 LIRPF Bewertungsregeln für spezielle Übertragungstatbestände. Zu letzteren gehören beispielsweise die Übertragung von Beteiligungen am Stammkapital von Gesellschaften, die Übertragung von Beteiligungen an vermögensverwaltenden Gesellschaften, die Sacheinlagen in Gesellschaften, die Trennung von Gesellschaftern bzw. die Auflösung einer Gesellschaft, der Tausch von Wirtschaftsgütern oder Rechten, das Erlöschen von Leibrenten, die Übertragung eines Vermögensgegenstandes bei gleichzeitiger Vereinbarung einer Leibrente und die Übertragung oder das Erlöschen eines Nießbrauchs. Für Unternehmer von Bedeutung ist insbesondere die Vorschrift des Art. 37.1 n) LIRPF, nach der sich bei der Übertragung von Gegenständen des Anlagevermögens die Anschaffungskosten nach dem Buchwert richten. Von der außerdem eröffneten Möglichkeit, Besonderheiten hinsichtlich der Abschreibungen in der Durchführungsverordnung zu regeln, wurde in Gestalt des soeben bereits erwähnten Art. 38.2 RIRPF Gebrauch gemacht.

---

789 *Pérez Royo*, IRPF, 347 f.

790 *Ley 29/1987, de 18 de diciembre, del impuesto sobre sucesiones y donaciones (BOE de 19 de diciembre, núm. 303, 37402 ff.).*

791 *Martín Delgado*, in: Yebra Martul-Ortega/García Novoa/López Díaz, IRPF, 433.

792 Siehe zur unentgeltlichen Übertragung eines Unternehmens oder seiner Anteile oben ab S. 29.

Für Fusionen (*fusiones*), Aufspaltungen (*escisiones*), Einlagen von Aktiva (*aportaciones de activos*) oder für den Aktientausch (*canje de valores*) verweist Art. 37.3 LIRPF auf die speziellen Regelungen der Art. 83-96 TRLIS. Unter anderem regelt Art. 84 TRLIS die Fälle, in denen der Übertragungsvorgang steuerneutral erfolgt: Dies ist beispielsweise dann der Fall, wenn die Übertragung in Spanien befindlicher Wirtschaftsgüter zwischen in Spanien ansässigen Unternehmen erfolgt – der spätere Zugriff der spanischen Steuerbehörden auf etwaige stille Reserven soll so gewährleistet werden.

IV. Vereinfachte Ermittlungsmethoden

Um den Steuerpflichtigen die Gewinnermittlung zu erleichtern, existieren in Spanien die Option einer Kassenrechnung, die vereinfachte direkte Ermittlungsmethode sowie die objektive Ermittlungsmethode. Das gleiche Ziel wird in Deutschland durch die Überschussrechnung des § 4 Abs. 3 EStG verfolgt.

1. Die Kassenrechnung des § 4 Abs. 3 EStG

Gemäß § 4 Abs. 3 S. 1 EStG können Steuerpflichtige, die nicht verpflichtet sind, Bücher zu führen und dies auch nicht freiwillig tun, als Gewinn die Differenz zwischen Betriebseinnahmen und Betriebsausgaben ansetzen. Es handelt sich um eine vereinfachte Form der Gewinnermittlung nach § 4 Abs. 1 EStG.

Für eine solche Überschussrechnung können sich entscheiden Land- und Forstwirte, die nicht buchführungspflichtig sind nach den §§ 140, 141 AO, nicht nach § 141 AO buchführungspflichtige Gewerbetreibende außerhalb des Anwendungsbereichs des § 5 Abs. 1 EStG sowie Selbstständige i.S.d. § 18 EStG, welche jeweils auch nicht freiwillig Bücher führen.

Im Unterschied zur Gewinnermittlung nach den §§ 4 Abs. 1, 5 Abs. 1 EStG wird der Gewinn in der Kassenrechnung nicht periodengerecht ermittelt. Vielmehr gilt das Zu- und Abflussprinzip des § 11 EStG. Entscheidend für die zeitliche Erfassung der Betriebseinnahmen ist damit ihr Zufluss, bei den Betriebsausgaben ist der Zeitpunkt ihrer Leistung maßgeblich. Auf diese Weise werden grundsätzlich alle Geschäftsvorfälle nur einfach als Betriebseinnahme oder –ausgabe erfasst. Elemente einer periodengerechten Gewinnermittlung wie Rechnungsabgrenzungsposten, Forderungen, Verbindlichkeiten oder Rückstellungen spielen daher grundsätzlich keine Rolle.

Allerdings verlangt der Grundsatz der Gesamtgewinngleichheit[793], dass sich der Gewinn von der Eröffnung bis zur Aufgabe oder Veräußerung des Betriebs (Totalgewinn) zwischen der Kassenrechnung und der Gewinnermittlung nach § 4 Abs. 1 EStG trotz des unterschiedlichen Periodengewinns nicht unterscheidet. Dieses Ziel soll zunächst nach der ausdrücklichen gesetzlichen Regelung der Behandlung bestimmter Wirtschaftsgüter abweichend vom Zu- und Abflussprinzip in § 4 Abs. 3 S. 3 ff. EStG erreicht werden – insbesondere also durch die Anwendbarkeit der AfA-Vorschriften und den damit verbundenen Ausschluss des sofortigen Betriebsausgabenabzugs sowie durch die Festlegung eines späteren Zeitpunkts als den der tatsächlichen Betriebsausgabe für die Berücksichtigung der Anschaffungs- und Herstellungskosten bestimmter Wirtschaftsgüter –

---

793 BFH, Beschl. v. 4.07.1990 – GrS 1/89, BStBl. II 1990, 830, 834.

entscheidend ist danach erst der Zeitpunkt der Veräußerung bzw. Entnahme.[794] Teilweise werden im Interesse der Gesamtgewinngleichheit über die genannten Fälle hinaus auch ohne Geldfluss Wertveränderungen im Vermögensbereich berücksichtigt. So können Gewinnermittler nach § 4 Abs. 3 EStG stille Reserven bilden und auflösen[795] sowie nach einer Änderung in der BFH-Rechtsprechung auch gewillkürtes Betriebsvermögen haben.[796] Zudem werden Darlehensgeschäfte wie auch im Rahmen des Bestandsvergleichs erfolgsneutral abgewickelt,[797] d.h. die Geldbewegungen anlässlich der Darlehensgewährung, Darlehensaufnahme und der Tilgungen werden nicht berücksichtigt, einzig für die Zinsen gilt das Zu- und Abflussprinzip. Auch bei der Einnahmen- Überschussrechnung sind Entnahmen und Einlagen gemäß § 4 Abs. 1 S. 2-5 EStG und damit wie Betriebseinnahmen und Betriebsausgaben zu behandeln;[798] Geldeinlagen und Geldentnahmen bleiben allerdings in der Überschussrechnung unberücksichtigt, weil wegen der Erfassung von betrieblichen Geldzuflüssen als Betriebseinnahmen und von betrieblichen Geldabflüssen als Betriebsausgaben eine zusätzliche erfolgswirksame Erfassung von Geldbestandsveränderungen (als Folge von Geldeinlagen und Geldentnahmen) für die Ermittlung des Überschusses nicht notwendig ist.[799]

Seit 2005 ist der Überschuss gemäß §§ 60 Abs. 4, 84 Abs. 3 c EStDV nach amtlichem Vordruck[800] zu ermitteln, welcher die Kontrolle durch die Finanzverwaltung erleichtern soll, für den Steuerpflichtigen aber gewöhnungsbedürftig ist.[801] Die trotzdem gegebene buchungstechnische Einfachheit der Kassenrechnung im Vergleich zum Betriebsvermögensvergleich folgt aus der nicht erforderlichen

---

794 Die neue Fassung des Satzes 4 (Ausdehnung auch auf Wertpapiere, Anteile an Kapitalgesellschaften und vergleichbare nicht verbriefte Forderungen und Rechte sowie Grund und Boden bzw. Gebäude im Umlaufvermögen) richtet sich gegen ein bisher mögliches Steuersparmodell, welches sich auf den Sofortabzug bei Anschaffungen im Umlaufvermögen stützte, vgl. *Heinicke*, in: Schmidt, EStG, § 4 Rn. 373.

795 *Groh*, FR 1986, 393, 396.

796 BFH, Urt. v. 2.10.2003 – IV R 13/03, BStBl. II 2004, 985, 986 f.; *Heinicke*, in: Schmidt, EStG, § 4 Rn. 14, 167.

797 Fällt eine Darlehensforderung endgültig aus, muss im betreffenden Jahr eine gewinnmindernde Ausbuchung erfolgen, vgl. BFH, Urt. v. 2.9.1971 – IV 342/65, BStBl. II 72, 334 f.; Urt. v. 31.5.2005 – X R 36/02, BStBl. II 05, 707, 709; *Heinicke*, in: Schmidt, EStG, § 4 Rn. 383 f.; *Ramb/Schneider*, Einnahme- Überschussrechnung, 249.

798 BFH, Urt. v. 31.10.1978 – VIII R 196/77, BStBl. II 1979, 401, 402 f.; Urt. v. 16.1.1975 – IV R 180/81, BStBl. II 1975, 526, 529; *Wied*, in: Blümich, § 4 Rn. 191; *Ramb/Schneider*, Einnahme- Überschussrechnung, 276 und 291 f.

799 *Wied*, in: Blümich, § 4 Rn. 192; *Heinicke*, in: Schmidt, EStG, § 4 Rn. 342; *Ramb/Schneider*, Einnahme- Überschussrechnung, 277 und 292.

800 BMF v. 10.02.2005, BStBl. I 2005, 320 ff.

801 *Wied*, in: Blümich, EStG, § 4 Rn. 140 m.w.N.

Kassenführung, den nicht notwendigen Bestandskonten sowie der nicht vorausgesetzten Inventur.[802] Problematisch sind dagegen vor allem die Zufälligkeiten des Zahlungszeitpunktes: Wegen des progressiven Steuertarifs kann es einschneidende Auswirkungen für den Kassenrechner haben, in welche Steuerperiode eine Zahlung fällt. Teilweise wird er dies durch die „Verschiebung" von Gewinnen steuern können,[803] fraglich ist deshalb die Vereinbarkeit solcher Gestaltungen mit der im positiven Zahlungsüberschuss ausgedrückten steuerlichen Leistungsfähigkeit sowie mit § 42 Abs. 1 AO.[804] Die Rechtsprechung stellt an einen Gestaltungsmissbrauch im Sinne letztgenannter Vorschrift hohe Anforderungen: Dazu muss dem Zahlungszeitpunkt eine Vereinbarung zugrunde liegen, der gewählte Zeitpunkt muss zudem willkürlich erscheinen sowie keinen Bezug zum wirtschaftlichen Hintergrund haben. Grundsätzlich wurden die Spielräume des Steuerpflichtigen jedoch vom Gesetzgeber bewusst in Kauf genommen, um eine vereinfachte Form der Gewinnermittlung zu schaffen.[805]

2. Die Kassenrechnung in Spanien

Auch im spanischen Steuerrecht existiert eine Kassenrechnung, die allerdings in ihrer gesetzestechnischen Stellung und in der ihr in der Literatur geschenkten Aufmerksamkeit nicht an die Überschussrechnung des § 4 Abs. 3 EStG heranreicht. Dabei haben in Spanien auch die Steuersubjekte des TRLIS die – wenn auch sehr eingeschränkte – Möglichkeit, ihre Bücher nach dem Kassenprinzip zu führen.

a) Die Kassenrechnung des LIRPF

Nach Art. 14.1 b) LIRPF i.V.m. Art. 6.2 Nr. 1, 67.3 bis .6 RIRPF können bestimmte Steuerpflichtige mit erleichterten Buchführungspflichten für die zeitliche Zurechnung ihrer Erträge und Aufwendungen aus der Gesamtheit ihrer wirtschaftlichen Tätigkeiten die Anwendung des Kassenprinzips (*criterio de cobros y pago* bzw. *criterio de caja*) wählen. Dahinter verbirgt sich eine zusätzliche

---

802 *Heinicke*, in: Schmidt, EStG, § 4 Rn. 372.

803 *Birk*, Steuerrecht, Rn. 865; *Pickert*, DB 1994, 1581, 1583 ff.

804 *Wied*, in: Blümich, EStG, § 4 Rn. 154; *Ehrhardt-Rauch*, DStZ 01, 423, 427; *Dziadkowski*, BB 2000, 399, 400.

805 BFH, Urt. v. 23.9.1986 – IX R 113/82, BStBl. II 1987, 219, 220; Urt. v. 12.7.1990 – IV R 137-138/89, BStBl. II 1991, 13, 14; FG Düsseldorf, Urt. v. 23.4.1999 – 18 K 4262/95 E (rechtskräftig), EFG 1999, 964, 965; *Wied*, in: Blümich, EStG, § 4 Rn. 154.

Gewinnermittlungsart, was wegen des diesbezüglichen Schweigens des Art. 16.2 LIRPF überrascht.[806]

Von dieser Regelung des LIRPF sind Kaufleute ausgeschlossen, welche die normale direkte Ermittlungsmethode anwenden und eine Buchführung nach dem CCom führen i.S.d. Art. 67.2 RIRPF. Sie unterliegen über den Verweis des Art. 28.1 LIRPF den Vorschriften des TRLIS, nach denen das Kassenprinzip – wie im Anschluss an die Kassenrechnung des LIRPF erläutert – nur unter eingeschränkten Voraussetzungen anwendbar ist.[807]

Dagegen ist die Kassenrechnung des LIRPF gemäß Art. 6.2 Nr. 1 RIRPF auf Gewerbetreibende anwendbar, die keine Kaufleute sind oder die sich im Anwendungsbereich der vereinfachten direkten Ermittlungsmethode oder der objektiven Ermittlungsmethode bewegen, sowie auf Selbstständige in beiden Modalitäten der direkten Ermittlungsmethode oder in der objektiven Ermittlungsmethode. Sobald der Steuerpflichtige auch nur in einer seiner wirtschaftlichen Tätigkeiten den Buchführungspflichten für die normale direkte Ermittlungsmethode i.S.d. Art. 67.2 RIRPF oder den Buchführungspflichten nach dem Handelsgesetzbuch unterliegt, wird ihm gemäß Art. 6.2 Nr. 3 RIRPF die Wahl des Kassenprinzips verwehrt.

Innerhalb des genannten Anwendungsbereichs der Kassenrechnung des LIRPF hat der Steuerpflichtige gemäß Art. 6.2 Nr. 2 Abs. 1 RIRPF[808] die Wahl, das Kassenprinzip auf die zeitliche Zurechnung der Erträge und Aufwendungen anzuwenden. Gemäß Art. 6.2 Nr. 1 Abs. 2 RIRPF gilt die Wahl des Kassenprinzips als von der Finanzverwaltung genehmigt i.S.d. Art. 19.2 TRLIS, wenn der Steuerpflichtige die Ausübung seiner Option in der entsprechenden Steuererklärung erkennen lässt. Folglich hat die Finanzverwaltung keinen Einfluss auf die Wahl des Steuerpflichtigen.[809] Optiert der Steuerpflichtige für das Kassenprinzip, so muss er dieses für mindestens drei Jahre anwenden. Dies gilt gemäß Art. 6.2 Nr. 2 RIPRF allerdings nicht für Gewerbetreibende, die nach der Ausübung des Wahlrechts in die normale Modalität der direkten Ermittlungsmethode wechseln und so den Buchführungspflichten des Art. 67.2 RIRPF unterliegen.

---

806 Wegen dieser etwas versteckten Möglichkeit der Kassenrechnung trifft die Annahme, das spanische Steuerrecht kenne eine Überschussrechnung im Sinne einer Kassenrechnung nicht, also nicht zu; so aber *Ehrhardt-Rauch*, DStZ 2001, 423, 425.

807 *Villaverde Gómez*, in: Yebra Martul-Ortega/García Novoa/López Díaz, IRPF, 218 f.

808 Art. 6.2 Nr. 2 Abs. 1 RIRPF: *Los contribuyentes [...] podrán optar por el criterio de cobros y pagos para imputar temporalmente los ingresos y gastos de todas sus actividades económicas.*

809 *Pérez Royo*, IRPF, 306.

Zur genauen Funktionsweise der Kassenrechnung ist weder den genannten gesetzlichen Regelungen noch der spanischen Steuerrechtsliteratur etwas zu entnehmen.[810] Fest steht also nur, dass das Kassenprinzip anzuwenden ist. Nach dem *criterio de cobros y pago* bzw. *criterio de caja* werden die Erträge und Aufwendungen nicht dem Veranlagungszeitraum ihrer Verursachung zugeordnet, wie es beim *principio de devengo* der Fall ist. Vielmehr werden sie im Zeitpunkt des tatsächlichen Geldflusses erfasst. Der Begriff des Ertrags (*ingreso*) wird also dem der Einnahme (*cobro*), der Begriff des Aufwands (*gasto*) wird dem der Ausgabe (*pago*) gleichgestellt.[811]

Mangels gesetzlicher Einschränkungen dieses Kassenprinzips ist deshalb davon auszugehen, dass es sich um eine reine Geldrechnung handelt, die Betriebseinnahmen und Betriebsausgaben miteinander verrechnet. Dabei wird jeder Geschäftsvorfall nur einfach erfasst, Instrumente der Periodisierung wie Forderungen, Abgrenzungsposten, Verbindlichkeiten und Rückstellungen finden keine Anwendung. Für diese Annahme sprechen die untergeordnete Rolle der Kassenrechnung nach dem LIRPF im spanischen Steuersystem und die damit verbundenen Vereinfachungseffekte.

Bei alledem ist zu berücksichtigen, dass Übertragungen von Wirtschaftsgütern des Anlagevermögens bei der soeben dargestellten Kassenrechnung außer Acht gelassen werden müssen: Sie werden gemäß Art. 28.2 LIRPF von der Einkunftsart der Vermögensgewinne und -verluste erfasst, sind also von vornherein nicht Gegenstand der Kassenrechnung. Die Wahl des Kassenprinzips bleibt auf die Einkünfte aus wirtschaftlichen Tätigkeiten beschränkt und gilt nicht für die Einkünfte aus Vermögensgewinnen und -verlusten.[812] In diesem Zusammenhang ist weder gesetzlich geregelt noch in der Literatur erörtert und damit fraglich, ob für die Wirtschaftsgüter des Anlagevermögens bei Wahl des Kassenprinzips in der Einkunftsart der *actividades económicas* die Abschreibungsvorschriften[813] gelten – eine mit § 4 Abs. 3 S. 3 EStG vergleichbare Regelung existiert nicht. Von der Beantwortung dieser Frage hängt auch die Berechnung der Anschaffungskosten der Wirtschaftsgüter des Anlagevermögens im Rahmen der Vermögensgewinne und -verluste ab: Gemäß Art. 35.1 b) Abs. 2 LIRPF i.V.m. Art. 38.2 RIRPF mindern die steuerlich zulässigen (d.h. mangels eigener Ab-

---

810 Vielmehr beschränkt man sich auf die Auflistung ihrer Voraussetzungen, vgl. etwa *Cayón Galiardo*, in: Orón Moratal, IRPF, Art. 27, 208 f.; *Pérez Royo*, IRPF, 305.

811 *Pascual Pedreño*, IS, 221.

812 *Pérez Royo*, IRPF, 402.

813 Siehe zu den Abschreibungsvorschriften der *estimación directa normal* (gilt im Zusammenhang mit dem Kassenprinzip nur für Selbstständige) oben ab S. 172, der *estimación directa simplificada* unten ab S. 214 und der *estimación objetiva* unten ab S. 227.

schreibungsvorschriften der Vermögensgewinne und -verluste: nach den Vorschriften der *actividades económicas* steuerlich zulässigen) Abschreibungen die Anschaffungskosten. Da die Wahl des Kassenprinzips wie erläutert für Steuerpflichtige möglich ist, die trotz der für sie geltenden vereinfachten Buchführungspflichten des Art. 67.3 bis. 6 RIRPF ein Buch über Investitionsgüter (*libro registro de bienes de inversión*) führen müssen, welches Grundlage für die Vornahme von Abschreibungen ist (vgl. Art. 67.7 RIRPF), ist m.E. von einer Anwendbarkeit der Abschreibungsvorschriften auf die Wirtschaftsgüter des Anlagevermögens auszugehen.

b) Anwendbarkeit des Kassenprinzips nach dem TRLIS

Körperschaftsteuersubjekte können gemäß Art. 19.2 TRLIS i.V.m. Art. 31 f. RIS ausnahmsweise von der zeitlichen Zuordnung bestimmter Einnahmen und Ausgaben nach dem *principio de devengo* abweichen und insoweit das Kassenprinzip anwenden.

Handelsrechtlich ist die Entscheidung über diesen Wechsel gemäß Art. 34.4, 38.2 CCom[814] dem Steuerpflichtigen überlassen, ihn treffen lediglich Informationspflichten im Anhang (*memoria*). Das einzige handelsrechtliche Hindernis für einen Wechsel zur Kassenrechnung ist rein praktischer Natur und ergibt sich daraus, dass die Wirtschaftsprüfer die Art. 34.4, 38.2 CCom restriktiv auslegen und damit der Kassenrechnung zurückhaltend gegenüberstehen.[815]

Dagegen setzt die steuerrechtliche Wirksamkeit dieser handelsrechtlich vorgesehenen Möglichkeit neben deren handelsrechtlichen Anwendung voraus, dass die Abweichung für die Darstellung des Vermögens, der finanziellen Situation und der Ergebnisse des Unternehmens nach dem Grundsatz des *imagen fiel* notwendig ist. Dies wiederum wird auf Antrag von der Finanzverwaltung geprüft und steht gemäß Art. 31.6 RIS in ihrem Ermessen;[816] im Vergleich zum Handelsrecht unterliegt die Anwendung des Kassenprinzips also schärferen Voraussetzungen. Ein entsprechender Antrag des Steuerpflichtigen hat gemäß Art. 31.2 RIS eine Beschreibung der von der Abweichung betroffenen Einnahmen und Ausgaben, des abweichend angewandten Kriteriums der zeitlichen Zurechnung und seiner Auswirkung auf die Höhe der Steuer sowie die Begründung vor dem Hintergrund des *imagen fiel* zu enthalten. Der Antrag muss spätestens sechs

---

814 Dort geregelt sind das *imagen fiel* als übergeordnetes Prinzip, welches also die Nichtanwendung gesetzlicher Bestimmungen rechtfertigen kann, sowie die Abweichung von den Grundsätzen ordnungsgemäßer Buchführung in Ausnahmefällen.

815 *Capdevila*, in: Laorden/Arqués, IS, 834; AECA, Ingresos, 27 f.

816 Die Entscheidung der Finanzverwaltung ist ein Verwaltungsakt (*acto administrativo*) und kann daher angefochten werden, vgl. *Capdevila*, in: Laorden/Arqués, IS, 836.

Monate vor Ende derjenigen Steuerperiode eingereicht werden, in der das abweichende zeitliche Zurechnungskriterium erstmals angewandt werden soll. In einer Anhörung kann der Steuerpflichtige seinen Antrag auch noch um Dokumente oder Anmerkungen ergänzen. Ergeht kein Beschluss der Finanzverwaltung innerhalb von sechs Monaten, so gilt die Genehmigung gemäß Art. 31.7 RIS als erteilt.

Auf den ersten Blick schwer verständlich ist die Einschränkung des Art. 31.2 d) RIS, die Anwendung eines anderen Periodisierungsprinzips dürfe nicht zu einer niedrigeren Besteuerung führen, was aber bei einem Wechsel zum Kassenprinzip und einer damit verbundenen Verzögerung der Erzielung der Erträge bis zur tatsächlichen Zahlung im betreffenden Wirtschaftsjahr der Fall ist und auch insgesamt nicht ausgeschlossen werden kann, wenn etwa in späteren Steuerperioden niedrigere Steuersätze eingeführt werden. Legt man die Vorschrift jedoch teleologisch aus, so soll durch sie die versteckte Gewährung von Steuervergünstigungen durch die Genehmigung von Periodisierungsprinzipien, die denen des CCom und des PGC nicht ähneln und zu einer niedrigeren Besteuerung führen, verhindert werden; die typischen Anwendungsfälle des Kassenprinzips sollen dadurch nicht beschränkt werden.[817] Teilweise wird auch darauf hingewiesen, dass die Anwendung des Kassenprinzips lediglich zu einer Veränderung der Besteuerung durch ihren Aufschub (*diferimiento*) führe und nicht zu einer niedrigeren Besteuerung.[818]

Im Unterschied zu den Steuersubjekten des LIRPF können Körperschaftsteuersubjekte das Kassenprinzip nicht generell für alle Einnahmen und Ausgaben beantragen. Vielmehr ist dies nur für bestimmte Operationen möglich, bei denen eine Buchführung nach dem *principio de devengo* die Darstellung des Unternehmens nach dem *imagen fiel* gefährden würde. Dies kann insbesondere der Fall sein bei Wirtschaftssektoren wie etwa dem pharmazeutischen Sektor oder dem Bausektor, die häufig mit der Staatsverwaltung Verträge schließen: Der Verwaltung werden in diesen Verträgen derartig lange Zahlungsfristen eingeräumt, dass die Erfassung der Einnahmen im Veranlagungszeitraum des Verkaufs oder der Dienstleistung nach dem *principio de devengo* nicht die wahre Vermögenslage des Unternehmens widerspiegeln würde.[819] Das TRLIS sieht also anders als das LIRPF nicht die Möglichkeit einer Kassenrechnung vor, sondern vielmehr die Möglichkeit einer vereinzelten Anwendung des Kassenprinzips.

---

817 *García Novoa*, in: Yebra Martul-Ortega/García Novoa/López Díaz, IS, 187, 244.
818 *Sanz Gadea*, EF 200/1999, 47, 103.
819 *Capdevila*, in: Laorden/Arqués, IS, 831 f.

c) Vergleichbarkeit mit der Kassenrechnung nach § 4 Abs. 3 EStG

Als Vergleichsobjekt für die Kassenrechnung nach § 4 Abs. 3 EStG kommt nur die Kassenrechnung nach dem LIRPF in Betracht; die Anwendung des Kassenprinzips für einzelne Erträge und Aufwendungen nach dem TRLIS ist keine eigenständige Gewinnermittlungsmethode.

Der erste Unterschied zwischen den beiden Modellen einer Kassenrechnung liegt in ihrer unterschiedlichen Bedeutung in der Gesetzessystematik: Während die Kassenrechnung nach dem LIRPF in dieser Hinsicht eine Randerscheinung ist, ist die Kassenrechnung des EStG an zentraler Stelle neben den übrigen Gewinnermittlungsmethoden geregelt. Die deutsche Kassenrechnung wird teilweise sogar als zukünftiger Ersatz für den Betriebsvermögensvergleich vorgeschlagen.[820] Die bedeutendere Rolle der deutschen Kassenrechnung dürfte letztlich auch darauf zurückzuführen sein, dass das LIRPF mit der *estimación directa simplificada* und der *estimación objetiva* weitere vereinfachte Gewinnermittlungsmethoden bereithält.

Folge der nur spärlichen Regelung der Kassenrechnung nach dem LIRPF ist auch, dass das Kassenprinzip dort uneingeschränkt gilt. Demgegenüber enthält § 4 Abs. 3 S. 2-5 EStG zahlreiche Durchbrechungen dieses Prinzips. Zudem führt in Deutschland der Grundsatz der Gesamtgewinngleichheit zu weiteren Einschränkungen des Kassenprinzips, was die Kassenrechnung eines Teils ihres Vereinfachungseffekts beraubt.

Aber auch die Übersichtlichkeit der spanischen Kassenrechnung leidet darunter, dass Vermögensveränderungen des Anlagevermögens zwar nicht von ihr selbst berücksichtigt werden, wohl aber von der separaten Einkunftsart der Vermögensgewinne und -verluste. M.E. besteht in der Abschreibung der Wirtschaftsgüter des Anlagevermögens eine Gemeinsamkeit zur deutschen Regelung in § 4 Abs. 3 S. 3 EStG.

3. *Estimación directa simplificada*

Die vereinfachte Modalität der direkten Ermittlungsmethode hat mit deren normaler Modalität die grundlegende Gemeinsamkeit, dass auch bei ihr die durch den Steuerpflichtigen angegebenen Daten unmittelbar zur exakten Berechnung der Bemessungsgrundlage herangezogen werden. Sie soll dabei bestimmten Steuerpflichtigen Erleichterungen hinsichtlich formeller Verpflichtungen und der Ermittlung der Bemessungsgrundlage gewähren. Von den daraus resultie-

820 *Herzig/Hausen*, DB 2004, 1, 2 ff.; *Weber-Grellet*, DStR 1998, 1343, 1348 f.

renden Besonderheiten abgesehen gelten gemäß Art. 28 RIRPF die Vorschriften über die *estimación directa normal*.

Die *estimación directa simplificada* wurde durch die Teilreform des Einkommensteuergesetzes von 1997[821] eingeführt und durch die Einkommensteuerreform von 1998 übernommen. Seitdem ist sie geregelt in Art. 16.2 a), 30 Nr. 4 LIRPF i.V.m. Art. 26-29 RIRPF. Vorher existierte nur die normale Modalität der *estimación directa*, die vereinfachte Modalität sollte die damals noch bestehende objektive Ermittlungsmethode nach Koeffizienten (*estimación objetiva por coeficientes*)[822] ablösen. Für ein besseres Verständnis der Systematik und der Vorteile der *estimación directa simplificada* ist zunächst ein Überblick über die Vorgängerregelung nötig, die damals bereits als eine vereinfachte Form der direkten Ermittlungsmethode bezeichnet wurde.[823]

a) Die *estimación objetiva por coeficientes* als Vorgängerregelung

Die objektive Ermittlungsmethode nach Koeffizienten war neben der weiterhin existierenden *estimación objetiva por signos, índices y módulos*[824] in den Art. 68 f. LIRPF a.F.[825] i.V.m. Art. 29 f. RIRPF a.F.[826] geregelt.

Der Anwendungsbereich erstreckte sich gemäß Art. 69.2 LIRPF a.F. i.V.m. Art. 29.1 a) und b) RIRPF a.F. auf kleine und mittlere Unternehmen mit einem Umsatz von umgerechnet bis zu ca. € 300.000 für Gewerbetreibende und mit Einnahmen bis zu einer Höhe von € 30.000 für Selbstständige. Übte der Steuerpflichtige den ihm gemäß Art. 20 RIRPF a.F. möglichen Verzicht auf die objektive Ermittlungsmethode (und damit auf ihre beiden Unterarten bzw. Modalitäten) aus, so war die direkte Ermittlungsmethode anwendbar.

Die Ermittlung der Nettoeinkünfte begann gemäß Art. 30.1 RIRPF a.F. mit dem ersten Schritt, dass vom Umsatz des Unternehmens bestimmte getätigte Ausgaben u.a. für Personalkosten, für den Kauf von Waren, für Wasser und Energie oder für die Miete der Geschäftsräume abgezogen wurden. In einem zweiten

---

821 Art. 1.4 *Ley 66/1997, de 30 de diciembre, de medidas fiscales, administrativas y del orden social (BOE 31 diciembre 1997, núm. 313,* 38517*)*, Art. 1.1 *Real Decreto 37/ 1998, del 16 de enero (BOE 17 enero 1998, núm. 15,* 1831*)*, sowie *Órdenes Ministeriales de 13 de febrero y 27 de marzo de 1998 (BOE 14 febrero 1998, núm. 39, 5358* und *28 marzo 1998, núm. 75, 10544).*

822 Siehe zur heutigen Form der objektiven Methode unten ab S. 222.

823 *Peña Alonso*, Crónica Tributaria 64/1992, 89, 105.

824 Siehe zur heutigen *estimación objetiva por signos, indices y modulos* unten ab S. 218.

825 *LIRPF 18/1991, de 6 de junio (BOE 7 junio 1991, núm. 136, 18665).*

826 *Real Decreto 1841/1991, de 30 diciembre, por el que se aprueba el RIRPF y se modifican otras normas tributarias (BOE 31 diciembre 1991, núm. 313, 41916).*

Schritt wurden sodann von diesem so erhaltenen positiven Betrag der Teilbetrag abgezogen, der nach Anwendung eines bestimmten, von der jeweiligen Aktivität abhängigen Koeffizienten entstand: Als Koeffizienten festgelegt waren 20 % für die Tätigkeiten der Fabrikation, des Bergbaus und der Konstruktion, 15 % für die Tätigkeiten des Handels, der Land- und Forstwirtschaft und für Dienstleistungen sowie 10 % für die selbstständigen Tätigkeiten.

Die nach der damaligen Regelung noch von den *actividades económicas* erfassten Vermögensveränderungen des Anlagevermögens galten grundsätzlich bereits durch die soeben dargestellte Berechnung der Nettoeinkünfte als abgegolten. Ausnahmen bestanden gemäß Art. 22 RIRPF a.F. für Immobilien, Schiffe, das immaterielle Anlagevermögen sowie für außerordentliche Vermögensverminderungen etwa durch Brände oder Überschwemmungen. Dies hatte zur Folge, dass die eigentlich für das Anlagevermögen vorgesehenen Abschreibungen durch den pauschalen Betriebsausgabenabzug nach Koeffizienten bereits abgegolten waren.[827]

Neben diesem System der Koeffizienten konnten keine Betriebsausgaben mehr geltend gemacht werden. Ähnlich wie bei den Vermögensveränderungen des Anlagevermögens existierten jedoch Ausnahmen für außerordentliche Ausgaben, die nicht zum normalen Geschäftsablauf gehören. Um diese geltend zu machen, mussten die Ursachen wie Brände oder Überschwemmungen gemäß Art. 30.2 RIRPF a.F. innerhalb von 30 Tagen der zuständigen Finanzbehörde angezeigt werden, um ihre Überprüfung zu ermöglichen.

Trotz ihrer Bezeichnung als objektive Methode enthielt die *estimación objetiva por coeficientes* also durchaus Elemente der direkten Methode: Bevor der pauschale Betriebsausgabenabzug durchgeführt werden konnte, musste der Steuerpflichtige bestimmte, oben genannte Posten wie den Umsatz und bestimmte Ausgaben genau ermitteln. Dies ist ein entscheidender Unterschied zur damaligen wie heutigen *estimación objetiva por signos, índices y módulos* und eine Gemeinsamkeit mit der im Anschluss dargestellten Nachfolgeregelung der *estimación objetiva por coeficientes*, nämlich der *estimación directa simplificada*.

b) Anwendungsbereich der *estimación directa simplificada*

Die vereinfachte direkte Ermittlungsmethode ist gemäß Art. 16.2 a) LIRPF i.V.m. Art. 26 RIRPF vorbehaltlich ihrer noch zu erläuternden Subsidiarität zur

827 Dies war unabhängig von der bis zur Reform von 1998 geltenden Einbeziehung der Vermögensveränderungen des Anlagevermögens in die Einkunftsart der wirtschaftlichen Tätigkeiten bei der 1997 eingeführten *estimación directa simplificada* anders; wie im Anschluss dargestellt existierte lediglich eine vereinfachte Abschreibungstabelle.

objektiven Ermittlungsmethode anwendbar, wenn der Nettoumsatz des Steuerpflichtigen in der Gesamtheit seiner wirtschaftlichen Tätigkeiten im vergangenen Jahr € 600.000 nicht überstiegen hat oder der Steuerpflichtige sich im ersten Jahr seiner wirtschaftlichen Tätigkeit befindet. Damit ist die Grenze des Nettoumsatzes im Vergleich zur Vorgängerregelung der *estimación objetiva por coeficientes* deutlich erhöht worden, was zusammen mit den im Anschluss dargestellten Voraussetzungen zur nicht unbedeutenden Rolle der *estimación directa simplificada* führt.

Insbesondere hat die vereinfachte Form der direkten Ermittlungsmethode im ersten Wirtschaftsjahr des Unternehmens in Ermangelung eines Nettoumsatzes als Maßstab gemäß Art. 26.2 Abs. 2 RIRPF automatisch[828] Vorrang vor der normalen direkten Ermittlungsmethode, sofern der Steuerpflichtige nicht auf die vereinfachte Form verzichtet. Ein solcher Verzicht führt gemäß Art. 27.1 Abs. 2 und .3 RIRPF mindestens für die drei folgenden Jahre zu einer Einkommensermittlung durch die normale direkte Methode, im Falle des Unterbleibens einer ausdrücklichen Wahl der vereinfachten direkten Ermittlungsmethode mit einer stillschweigenden jährlichen Verlängerung nach Ablauf der drei Jahre. Dagegen führt das Überschreiten der Höchstgrenze des Nettoumsatzes nur zu einem Ausschluss der vereinfachten Methode für das jeweils folgende Jahr;[829] fallen dieses Überschreiten der Höchstgrenze und ein Verzicht in demselben Wirtschaftsjahr zusammen, so gilt der Verzicht als nicht erfolgt.[830]

Ansonsten ist die Ermittlung der Bemessungsgrundlage durch die *estimación directa simplificada* subsidiär zur *estimación objetiva*;[831] nur bei Nichtanwendbarkeit der objektiven Ermittlungsmethode wegen fehlender Voraussetzungen, wegen der Höhe des Einkommens des Steuerpflichtigen oder wegen seines Verzichts auf die objektive Ermittlungsmethode ist Raum für die vereinfachte Ermittlungsmethode. Ein solcher Verzicht zieht – ähnlich der bereits erläuterten Systematik eines Verzichts auf die vereinfachte direkte Ermittlungsmethode – eine Nichtanwendbarkeit der *estimación objetiva* für drei Jahre nach sich, welche sich gemäß Art. 31.2 und .3 RIRPF automatisch jeweils um ein weiteres Jahr verlängert, wenn der Steuerpflichtige nicht ausdrücklich die *estimación objetiva* wählt. Ergebnis dieser Fristenregelung kann also sein, dass schlecht informierte Steuerpflichtige einmal auf die objektive Ermittlungsmethode verzichten, diesen Verzicht auch nach der dreijährigen Frist nicht zurücknehmen und bei Vorliegen der übrigen Voraussetzungen dauerhaft im Anwendungsbereich

---

828 Wiederum vorbehaltlich des im Anschluss erläuterten Anwendungsbereichs der speziellen objektiven Ermittlungsmethode.

829 *Nieto Montero*, in: Yebra Martul-Ortega, IRPF, 399.

830 *Cayón Galiardo*, in: Orón Moratal, IRPF, Art. 28, 227 f.

831 Siehe zum Anwendungsbereich der *estimación objetiva* unten ab S. 222.

der *estimación directa simplificada* verbleiben.[832] Diese Subsidiaritätsregelung betrifft allerdings nur Gewerbetreibende, da die *estimación objetiva* auf Selbstständige nicht anwendbar ist.

Betrachtet man die so festgelegte Subsidiarität der *estimación directa normal* zur *estimación directa simplificada* und der *estimación directa simplificada* zur *estimación objetiva*, so wird die normale Modalität der direkten Ermittlungsmethode bei den betroffenen Kleinunternehmen eher die Ausnahme sein. Die objektive Ermittlungsmethode wie die vereinfachte direkte Ermittlungsmethode sind also keine Phänomene, die nur wenige Steuerpflichtige betreffen. Im Gegenteil dürfte die normale Modalität der direkten Ermittlungsmethode nur von der Minderheit der Großunternehmen angewandt werden. Bei Einführung der *estimación directa simplificada* im Jahre 1997 gab die spanische Finanzverwaltung in diesem Zusammenhang die folgende optimistische Prognose ab: Von den damals 3,2 Millionen der Steuerpflichtigen mit Einkünften aus wirtschaftlichen Tätigkeiten ermittelten ca. 500.000 ihre Einkünfte mit der *estimación objetiva por coeficientes*. Addiere man dazu ca. 200.000 Gewerbetreibende, die bisher von der *estimación objetiva por modulos* erfasst waren sowie fast alle Gewerbetreibenden und Selbstständigen aus der ehemals einzigen Modalität der *estimación directa*, so komme man auf eine Zahl von fast 1,4 Millionen Steuerpflichtigen innerhalb der *estimación directa simplificada*.[833]

Ermittelt der Steuerpflichtige sein Nettoeinkommen aus einer seiner wirtschaftlichen Tätigkeiten durch die normale Variante der direkten Methode, so gilt dies auch für die übrigen wirtschaftlichen Tätigkeiten. Einzige Ausnahme ist die während des Jahres begonnene wirtschaftliche Tätigkeit, für die der Steuerpflichtige auf die vereinfachte Ermittlungsmethode verzichtet, Art. 26.3 RIRPF.

Schließlich findet die *estimación directa simplificada* gemäß Art. 29 RIRPF auch auf die Personenzusammenschlüsse ohne eigene Rechtspersönlichkeit des Art. 87 LIRPF[834] Anwendung, soweit diese nur aus natürlichen Personen bestehen, nicht einstimmig auf die vereinfachte Methode verzichtet wird und die übrigen genannten Voraussetzungen vorliegen.

c) Besonderheiten im Vergleich zur *estimación directa normal*

Die angestrebte Vereinfachung für die betroffenen Steuerpflichtigen, insbesondere für die kleinen und mittleren Unternehmen (*pequeñas y medianas empre-*

832 *Alonso González*, RIEE 1998, 471, 488.
833 Diese Prognose der *Agencia Estatal de Administración Tributaria* (AEAT) wird zitiert von *Alonso González*, RIEE 1998, 471, 480.
834 Siehe zu diesen Personenzusammenschlüssen oben ab S. 44.

sas, PYME), soll durch eine objektivere Ermittlung des Einkommens erreicht werden, also unter Vernachlässigung der tatsächlichen persönlichen Verhältnisse des Steuerpflichtigen. Ansatzpunkte dieser Vorgehensweise sind die Abschreibungen des materiellen Anlagevermögens, die abziehbaren Rückstellungen und die schwer nachweisbaren Betriebsausgaben. Zudem treffen den Steuerpflichtigen in der *estimación directa simplificada* weniger Buchführungspflichten als in der *estimación directa normal*.[835]

Die Abschreibungen des materiellen Anlagevermögens (*amortizaciones del inmovilizado material*) sind bei der vereinfachten Ermittlungsmethode gemäß Art. 28 Nr. 1 S. 1 RIRPF linear und werden durch eine besondere Abschreibungstabelle des Wirtschafts- und Finanzministeriums festgelegt.[836] Auffällig ist, dass diese Abschreibungstabelle mit ihren zehn Gruppen deutlich kürzer und damit übersichtlicher ausfällt als die in der normalen direkten Ermittlungsmethode anwendbare Abschreibungstabelle.[837] Zu diesen Gruppen zählen u.a. Gebäude und andere Konstruktionen mit einem maximalen linearen Koeffizienten (*coeficiente lineal máximo*) von 3 % bei einem maximalen Abschreibungszeitraum (*período máximo*) von 68 Jahren, Maschinen (12 %/18 Jahre), Computeranlagen und Software (26 %/10 Jahre), Werkzeuge (30 %/8 Jahre) sowie Installationen, Mobiliar, Geräte und das übrige materielle Anlagevermögen (10 %/20 Jahre).

Trotz dieser Abweichung vom Körperschaftsteuergesetz sind nach Art. 28 Nr. 1 S. 2 RIRPF auch auf diese Abschreibungen nach der vereinfachten Methode die speziellen Regelungen für Kleinunternehmen (*régimen especial de empresas de reducida dimensión*) i.S.d. Art. 113 TRLIS anwendbar, wodurch u.a. beschleunigte Abschreibungen ermöglicht werden.[838] Durch diese zusätzlichen Sonderregelungen können sich die Koeffizienten der vereinfachten Abschreibungstabelle noch einmal um die Hälfte erhöhen.[839] Ansonsten sind keine Abweichungen von der linearen Abschreibungsmethode möglich, insbesondere sind die übrigen Abschreibungsmethoden der normalen direkten Ermittlungsmethode ausgeschlossen.[840]

---

835 Siehe zu den Buchführungspflichten auch noch in der sich anschließenden Beurteilung sowie oben ab S. 105.

836 *Tabla de amortizaciones simplificada, aprobada por Orden de 27 de marzo de 1998 (BOE de 28 marzo, núm. 75*, 10544).

837 Siehe zu der Abschreibungstabelle in der *estimación directa normal* oben ab S. 178.

838 Siehe zu den Sonderregelungen für Kleinunternehmen oben ab S. 195.

839 *Pérez Royo*, IRPF, 282.

840 Siehe zu den übrigen Abschreibungsmethoden oben ab S. 178.

Im Umkehrschluss folgen im Anwendungsbereich der vereinfachten Ermittlungsmethode die Abschreibungen des immateriellen Anlagevermögens den Vorschriften der *estimación directa normal* und damit dem TRLIS, wozu natürlich ebenfalls die Regelungen für Kleinunternehmen gehören;[841] letztere sind also auch in der *estimación directa simplificada* auf Abschreibungen des immateriellen wie des materiellen Anlagevermögens anwendbar. In den Abschreibungsmöglichkeiten liegt einer der gravierenden Unterscheide zur früheren *estimación objetiva por coeficientes*, bei der solche neben dem pauschalen Betriebsausgabenabzug nicht vorgesehen waren.

Die abziehbaren Rückstellungen (*provisiones deducibles*) sowie die schwer nachweisbaren Aufwendungen (*gastos de difícil justificación*)[842] werden gemäß Art. 28 Nr. 2 RIRPF pauschal mit 5 %[843] der Nettoeinkünfte veranschlagt. Unter Nettoeinkünften ist dabei die Differenz zwischen den zurechenbaren Erträgen und den abziehbaren Aufwendungen – ausgenommen die abziehbaren Rückstellungen und die schwer nachweisbaren Aufwendungen – zu verstehen.[844] Die *gastos de difícil justificación* sind kein gesetzlich definierter Begriff. Es handelt sich vielmehr um solche Aufwendungen, deren Nachweis einen umfangreichen buchhalterischen Aufwand erfordern würde, von dem angesichts des pauschalen Abzugs nunmehr abgesehen werden kann. Diese Vorgehensweise ist dem spanischen Einkommensteuergesetz nicht ganz neu: Gemäß Art. 42 Nr. 2 b) LIRPF a.F. konnten bei Selbstständigen im Rahmen der *estimación directa* 1 % der Einkünfte für die *gastos necesarios de difícil justificación* abgezogen werden.

d) Beurteilung

Zwar werden mit den Abschreibungen und den Rückstellungen zwei Eckpfeiler der Periodisierung vereinfacht und dadurch begrenzt; wegen des überschaubaren Umfangs dieser Besonderheiten ist jedoch festzustellen, dass sich die *estimación directa simplificada* nur sehr eingeschränkt von der normalen Modalität der direkten Ermittlungsmethode abhebt.

Bei aller Kritik an der Notwendigkeit und bei allen Zweifeln an der Eigenständigkeit der vereinfachten direkten Ermittlungsmethode[845] ist zu berücksichtigen,

---

841 *Cazorla Prieto/Peña Alonso*, IRPF, 264.

842 Siehe zu den Rückstellungen oben ab S. 142 und zu den Betriebsausgaben oben ab S. 100.

843 Aus konjunkturellen Gründen beträgt der Pauschalabzug für Land- und Forstwirte nur in der Steuerperiode 2005 10 % der Nettoeinkünfte, *Disposición adicional única del Real Decreto 687/2005, de 10 de junio.*

844 *Pérez Royo*, IRPF, 283.

845 *Galapero Flores*, RDFHP 249/1998, 535, 546; *Nieto Montero*, in: *Yebra Martul-Ortega/García Novoa/López Díaz*, IRPF, 397 m.w.N.

wie es zu ihrer Einführung kam. Durch sie sollte die weggefallene Modalität der Koeffizienten der objektiven Ermittlungsmethode ersetzt werden. Dadurch wird insbesondere die Tendenz hin zu einem Mindestmaß von Buchführungspflichten bestärkt. Denn im Gegensatz zur *estimación objetiva por signos, índices y módulos* werden die Buchführungspflichten bei der *estimación directa simplificada* im Vergleich zur *estimación directa normal* lediglich erleichtert und fallen nicht gleich ganz weg.[846] Zwar waren auch bei der Vorläuferregelung der *estimación objetiva por coeficientes* gemäß Art. 67.5 RIRPF a.F. dieselben Bücher zu führen, der erforderliche Aufwand war aber wegen der in dieser Variante der objektiven Ermittlungsmethode noch nicht möglichen Abschreibungen und wegen der stärker pauschalierten Betriebsausgaben geringer. Durch die Schaffung der *estimación directa simplificada* mit ihrem breiten Anwendungsbereich werden also mehr Steuerpflichtige zur umfangreicheren Buchführung veranlasst, jedenfalls soweit sie nicht der weiterhin existierenden *estimación objetiva por signos, índices y módulos* unterliegen. Eine solche Entwicklung ist ganz im Sinne der Europäischen Kommission, die gegen eine mit der letztgenannten Methode vergleichbare objektive Gewinnermittlungsmethode in Frankreich den Einwand vorbrachte, der Vereinfachungseffekt bringe wegen der nicht erforderlichen Buchführung den Nachteil mit sich, keine Anreize zur Aneignung und Nutzung für die Betriebsführung sinnvoller Instrumente zu setzen.[847]

Die Frage, warum es sich bei der *estimación directa simplificada* trotz des in ähnlicher Form von der *estimación objetiva por coeficientes* bekannten pauschalen Abzugs der Aufwendungen überhaupt um eine direkte Ermittlungsmethode handle, stellt sich nur auf den ersten Blick. Denn es besteht ein beachtlicher Unterschied im Umfang des Gebrauchs der Pauschalmethoden: Auf diese wurde bei der *estimación objetiva por coeficientes* deutlich großzügiger zurückgegriffen als bei ihrer Nachfolgeregelung. So war neben dem pauschalen Abzug der Aufwendungen nur in wenigen Ausnahmefällen die Berücksichtigung weiterer Aufwendungen möglich, insbesondere wurden auch die Abschreibungen von der Pauschalisierung erfasst. Wie bereits erwähnt,[848] sind innerhalb eines Systems der direkten Ermittlung der Bemessungsgrundlage auch Methoden der Pauschalierung nicht ungewöhnlich, vor allem in einem so moderaten Rahmen wie bei der *estimación directa simplificada*. Die Grenze zu einer objektiven Ermittlungsmethode wird folglich nicht überschritten.[849]

---

846 Siehe zu den Buchführungspflichten oben ab S. 105.

847 Empfehlung der Kommission 94/390/EG vom 25.05.1994 zur Besteuerung der kleinen und mittleren Unternehmen (Amtsblatt L 177 v. 9.7.94, 0001-0019), Anlage I.2.

848 Siehe zu den Gewinnermittlungsmethoden oben ab S. 53.

849 *Alonso González*, RIEE 1998, 471, 483 f.

Des Weiteren wird durch die *estimación directa simplificada* der mit dem doppelten Verweis des LIRPF auf das TRLIS und auf das buchhalterische Ergebnis eingeschlagene Weg weiter verfolgt, die Besteuerung neutral zur Rechtsform des Steuerpflichtigen auszugestalten. Im Gegensatz zur *estimación objetiva* sind gemäß Art. 28 RIRPF i.V.m. Art. 28.1 LIRPF vorbehaltlich der Einschränkungen des LIRPF die Regelungen des Körperschaftsteuergesetzes auf die Steuerpflichtigen innerhalb der vereinfachten direkten Ermittlungsmethode anwendbar; durch die Schaffung dieser Ermittlungsmethode wird die Rechtsformneutralität also ausgeweitet. Letztlich erscheint zwar eine zweite Modalität der direkten Ermittlungsmethode als überflüssig, sie stellt aber immerhin eine Verbesserung im Vergleich zu ihrem Vorgängermodell dar. So kann sie als ein Schritt in die richtige Richtung angesehen werden, die Steuerpflichtigen zum Wechsel von der objektiven Ermittlungsmethode hin zur direkten Ermittlungsmethode zu bewegen.[850]

Die Grundidee der *estimación directa simplificada* war im Übrigen vor nicht allzu langer Zeit auch in Deutschland anzutreffen: Noch im Jahre 2003 sollte Kleinunternehmern mit Einkünften i.S.v. §§ 15, 18 EStG die Möglichkeit eingeräumt werden, im Rahmen ihrer Gewinnermittlung auf Antrag eine Pauschalierung der Betriebsausgaben vorzunehmen. Dieses Reformvorhaben wurde jedoch nicht umgesetzt.[851]

4. *Estimación objetiva*

Als objektive Ermittlungsmethode existiert momentan nur noch die *estimación objetiva por signos, índices y módulos*. Unter „objektiv" ist zu verstehen, dass bei der Ermittlung der Bemessungsgrundlage keine oder wenig Rücksicht auf den subjektiven Einzelfall genommen wird. Vielmehr bedient man sich im Gegensatz zur direkten Ermittlungsmethode standardisierter Indizes, um die wahrscheinlichen Einkünfte zu ermitteln. Die tatsächlichen Einkünfte des Steuerpflichtigen sind, zumindest in der aktuellen Version der *estimación objetiva*, ohne Belang.

Die *estimación objetiva por signos, índices y módulos* ist in den Art. 29, 16.2 b) LIRPF i.V.m. Art. 30-37 RIRPF sowie in der jährlichen Rechtsverordnung des

850 So auch der *Informe presentado por la Comisión para el Estudio y Propuesta de Medidas para la Reforma del IRPF, del 13 de febrero de 1998*, S. 172 der PDF-Datei, abrufbar unter www.ief.es unter *Publicaciones/Libros/Libros Blancos*.

851 *Heinicke*, in: Schmidt, EStG, 23. Aufl., § 4 Rn. 5.

Wirtschafts- und Finanzministers (*orden ministerial*) geregelt.[852] Die Regelungen des Einkommensteuergesetzes enthalten dabei wenig Substanzielles zur Ermittlungsmethode: Art. 31 LIRPF begnügt sich neben dem nahezu uneingeschränkten Verweis auf die Durchführungsverordnung sowie auf die Rechtsverordnung mit Vorgaben zum Anwendungsbereich der objektiven Ermittlungsmethode.

a) Rechtsentwicklung

In den Jahren vor der grundlegenden Reform des spanischen Einkommensteuergesetzes im Jahre 1978[853] wurde die Bemessungsgrundlage zunächst durch die objektive Ermittlungsmethode global ermittelt (*estimación objetiva global*),[854] 1973[855] kam die auch nach 1978 und bis heute weiterhin bestehende und im Anschluss dargestellte einzelne objektive Ermittlungsmethode (*estimación objetiva singular*, heute *estimación objetiva por signos, índices y módulos*) hinzu. Bei der globalen objektiven Ermittlungsmethode wurden Gruppen von Steuerpflichtigen gebildet, wie z.B. alle Steuerpflichtigen einer bestimmten Industrie in einer bestimmten Provinz oder einer bestimmten Berufskammer. Für diese Gruppen wurden dann entweder – gestützt auf wirtschaftliche Studien – die Nettoeinkünfte gemeinsam geschätzt (*evaluación global*) oder ein Abkommen über selbige geschlossen (*convenio colectivo*).[856] Solche Schätzungen und Abkommen wurden in Form von öffentlich-rechtlichen Verträgen durch Kommissionen vereinbart, die aus Vertretern der Finanzverwaltung sowie der Steuerpflichtigen gebildet wurden. Auf die konkreten Verhältnisse des einzelnen Steuerpflichtigen wurde dabei nur insoweit Rücksicht genommen, als auf den globalen Betrag bestimmte Zeichen, Indizes und Module angewandt wurden, beispielsweise die Zahl der angestellten Arbeitskräfte, der professionelle Ruf oder installierte Ma-

---

852 Siehe für das Jahr 2004 *Orden HAC/3313/2003, de 28 de noviembre, por la que se desarrollan para el año 2004 el régimen de estimación objetiva del impuesto sobre la renta de las personas físicas y el régimen especial simplificado del impuesto sobre el valor añadido*, BOE vom 29. November 2003; diese Rechtsverordnung unterscheidet sich nur in Nuancen von ihrer Vorgängerin, der *Orden HAC/225/2003*.

853 *Ley 44/1978, de 8 de septiembre, del IRPF (BOE 11 septiembre 1978, núm. 217, 21191)*, endgültig wurde die Möglichkeit dieser Methode durch die *Disposición derogatoria* i.V.m. Art. 4 *de la Ley 34/1980, de 21 de junio (BOE 27 junio 1980, núm. 154, 14647)* abgeschafft.

854 Vgl. etwa das *Decreto 3358/1967, de 23 de diciembre, por el que se aprueba el texto refundido de la ley del impuesto general sobre la renta de las personas físicas (BOE 18 marzo 1968, núm. 67, 4040)*.

855 *Decreto Ley 12/1973, de 30 de noviembre, sobre medidas coyunturales de política económica (BOE 1 diciembre 1973, núm. 288, 23255)*.

856 *Poveda Blanco*, Impuestos I, 1993, 125, 136.

schinen, um ihn auf die einzelnen Steuerpflichtigen der Gruppe aufzuteilen.[857] Hatte diese Ermittlungsmethode anfangs großen Erfolg in der Effektivität der Steuererhebung, so führte ihr vertraglicher Charakter und die daraus resultierende fortschreitende Nichterfüllung der gesetzlich vorgesehenen Pflichten der Steuerpflichtigen zu erneuten Steuerausfällen und deshalb schon vor der Abschaffung der globalen objektiven Ermittlungsmethode Schritt für Schritt zu ihrer Einschränkung.[858]

Von der Reform von 1978 an bis zur Reform des Einkommensteuergesetzes von 1991[859] war lediglich die sog. einzelne objektive Ermittlungsmethode (*estimación objetiva singular*) vorgesehen. Die Bezeichnung „einzeln" (*singular*) sollte diese Methode von der erwähnten globalen Ermittlungsmethode abgrenzen und zudem deutlich machen, dass durch sie die Bemessungsgrundlage für jeden Steuerpflichtigen individuell ermittelt wurde.[860] Die einzelne objektive Ermittlungsmethode unterteilte sich in die normale und in die vereinfachte Modalität (*estimación objetiva singular normal y simplificada*). Bei der normalen Modalität waren bestimmte Betriebsausgaben direkt von den zurechenbaren Einnahmen abzuziehen, während die übrigen Betriebsausgaben lediglich als Prozentsatz des Restbetrags und damit pauschal[861] berücksichtigt wurden, weswegen sich die normale Modalität nicht allzu deutlich von der direkten Ermittlungsmethode unterschied. Dagegen waren bei der vereinfachten Modalität die Verkaufszahlen (*cifra de ventas*) des Unternehmens Ausgangspunkt der Einkünfteermittlung: Zur Berechnung der Einkünfte wurde das Gehalt der im Unternehmen angestellten Arbeitskräfte (bzw. das Mindestgehalt, wenn kein bezahltes Personal angestellt war) mit dem Betrag multipliziert, der das Ergebnis der Division der Verkaufszahlen durch eine jährlich festgelegte Ziffer (so wurde etwa für das Jahr 1991 einheitlich für alle Branchen die Ziffer 3.162.300 festgelegt) war.[862] In der vereinfachten Modalität berechneten sich die Einkünfte damit sowohl aus tatsächlich ermittelten Werten (Verkaufszahlen und Gehalt der angestellten Arbeitskräfte), die allenfalls mittelbar Auskunft über die tatsächlichen Einkünfte des Steuerpflichtigen geben konnten, als auch aus einer jährlich vom Gesetzgeber pauschal festgelegten Ziffer.

Allein durch die Verdunkelung oder Reduktion der Verkaufszahlen konnte also die Einkommensteuer wie auch die Umsatzsteuer leicht verkürzt oder vermieden

---

857 *Ferreiro Lapatza*, in: Clavijo Hernández/Ferreiro Lapatza pp., Derecho Tributario, 31.

858 *Sainz de Brujanda*, Hacienda y Derecho, 262; *Ferreiro Lapatza*, in: Clavijo Hernández/Ferreiro Lapatza pp., Derecho Tributario, 32.

859 *LIRPF 18/1991, de 6 de junio (BOE 7 junio 1991, núm. 136, 18665).*

860 *Navarro Faure*, Palau 14 1993, 69, 70.

861 *Palao Taboada*, REDF 1974, 373, 380 ff.

862 *García-Fresneda Gea*, Impuestos, I, 1995, 1452, 1453.

werden.[863] Die Verkaufszahlen des jeweiligen Unternehmens waren jedenfalls durch die Finanzverwaltung nur durch gründliche und langwierige Verfahren überprüfbar. Zudem stieg die Unzufriedenheit unter den Steuerpflichtigen wegen der oftmals zu großen Unterschiede zwischen ermittelten und realen Einkünften und wegen der unterschiedslos für alle Arten von Gewerbebetrieben geltenden Ermittlungstechnik.[864] Eine Reform der objektiven Ermittlungsmethode war deshalb nur eine Frage der Zeit.

Wie bei der Darstellung der vereinfachten direkten Ermittlungsmethode erwähnt, existierten von der Reform von 1991 bis zur Teilreform von 1998[865] zwei objektive Ermittlungsmethoden. Dazu gehörte zum einen die Vorläuferregelung der heutigen vereinfachten direkten Ermittlungsmethode, die objektive Ermittlungsmethode nach Koeffizienten.[866] Diese ähnelte der früheren normalen Modalität der einzelnen objektiven Ermittlungsmethode. Zum anderen wurde die bis heute bestehende objektive Ermittlungsmethode nach Zeichen, Indizes und Modulen eingeführt. Letztere war nicht an eine frühere Methode angelehnt, sondern brachte vielmehr die radikale Neuerung mit sich, bei der Einkünfteermittlung gänzlich auf Daten zu verzichten, die in direkter Verbindung zu den realen Einkünften stehen. Anders als die objektive Ermittlungsmethode nach Koeffizienten und deren Vorgängerin, die einzelne objektive Ermittlungsmethode, basierte – und basiert heute noch – die objektive Ermittlungsmethode nach Zeichen, Indizes und Modulen also nicht mehr auf Verkaufszahlen, Käufen, Betriebsausgaben oder ähnlichen Gradmessern der tatsächlichen Einkünfte. Allein maßgeblich waren und sind vielmehr die im Folgenden dargestellten äußeren Merkmale der jeweiligen Tätigkeit wie beispielsweise die Zahl der Arbeitskräfte oder die Größe des Geschäftsraums, zu denen der reale Gewinn in keiner direkten Abhängigkeit steht. Darin ähnelt diese Ermittlungsmethode also wieder der früheren globalen objektiven Ermittlungsmethode.[867]

Neben dem Wechsel von der objektiven Ermittlungsmethode nach Koeffizienten zur vereinfachten direkten Ermittlungsmethode ist eine der wichtigsten, in der Einkommensteuerreform von 1998 übernommenen Neuerungen der Teilreform von 1998, dass dem Steuerpflichtigen bei der nunmehr einzigen objektiven Ermittlungsmethode Abschreibungen des registrierten Anlagevermögens ermöglicht werden.

---

863 *Gago Rodríguez*, RDFHP 214/1991, 751, 769.
864 *Poveda Blanco*, Impuestos I, 1993, 125, 137 f.
865 Art. 1.1 *Real Decreto 37/1998, de 16 de enero (BOE 17 enero 1998, núm. 15, 1831).*
866 Siehe zur objektiven Ermittlungsmethode nach Koeffizienten oben ab S. 211.
867 *Poveda Blanco*, Impuestos I, 1993, 125, 136.

b) Anwendbarkeit

Die *estimación objetiva por signos, índices y módulos* ist gemäß Art. 31.1 Nr. 1 LIRPF i.V.m. Art. 30.1 RIRPF grundsätzlich auf die wirtschaftlichen Tätigkeiten anwendbar, die in der ein- bis zweijährig neu erlassenen Rechtsverordnung des Finanzministers einzeln aufgelistet sind. Für den Inhalt dieser Rechtsverordnung macht Art. 31.2 LIRPF lediglich generelle Vorgaben: Kriterien für die Auflistung sollen danach u.a. das Wesen der Aktivitäten sein oder numerische Größen wie der Umsatz, die Zahl der Angestellten, der Betrag der Einkäufe sowie die Oberfläche des Betriebs bzw. das genutzte Anlagevermögen. Durch Art. 30.1 RIRPF wird klar gestellt, dass die objektive Ermittlungsmethode auf jede aufgelistete Tätigkeit gesondert angewandt wird.

aa) Grundsätzliche Anwendbarkeit auf die aufgelisteten Kleingewerbe

In der Rechtsverordnung werden Klein- und Kleinstgewerbetreibende aufgezählt, und zwar mit Verweis auf die Tarife der Gewerbesteuer (*las tarifas del Impuesto sobre Actividades Económicas*),[868] wo die jeweiligen Tätigkeiten und die umfassten Operationen teilweise noch näher definiert werden. Dazu gehören etwa die unabhängige Viehzucht (*ganadería independiente*), die Metall- und Kesselschmiede (*carpintería metálica y fabricación de estructuras metálicas y calderería*), das Bäckergewerbe (*industrias del pan y de la bollería*), die Herstellung von Holzmöbeln (*industria del mueble de madera*), die Druckerei (*impresión de textos o imágenes*), Restaurants mit bis zu zwei Inhabern (*tenedores*), Cafeterías, Cafés und Bars, Hotels oder Motels mit bis zu zwei Sternen (*estrellas*), Pensionen, Auto- und Fahrradwerkstätten, das Taxigewerbe, die Umzugsunternehmen (*servicio de mudanzas*), Schönheitssalons (*salones e institutos de belleza*) sowie insbesondere eine ganze Reihe von Einzelhändlern (*comercio al por menor* oder *minorista*) mit unterschiedlichen Sortimenten.

Welche wirtschaftlichen Operationen diese sog. selbstständigen Tätigkeiten (*actividades independientes*) umfassen, ist gemäß Art. 36.2 RIRPF in Übereinstimmung mit dem Gewerbesteuergesetz zu ermitteln, wobei auch die Rechtsverordnung selbst teilweise entsprechende Regelungen enthält. Beispielsweise sind laut Annex 2 der Rechtsverordnung bei Restaurants (Ziffer 671.4 und .5), Cafeterías (Ziffer 672.1, .2 und .3) und Bars (Ziffer 673.1 und .2) Einkunftsquellen wie Spielgeräten (etwa Billard- oder Kickertisch, Dartscheibe), Verkaufsständern mit Videos und CDs, Lotterien sowie Telefonservice Teil der jeweili-

868 Die Tarife sind geregelt im Annex 1 zum *Real Decreto Legislativo 1.175/1990, de 28 de septiembre, por el que se aprueban las tarifas y la instrucción del Impuesto sobre Actividades Económicas.*

gen Haupttätigkeit, sofern sie lediglich akzessorisch ausgeübt werden.[869] Gleiches gilt bei allen im Annex 2 aufgelisteten Tätigkeiten für den Tabakverkauf.[870] Akzessorisch ist eine Einkunftsquelle bzw. Tätigkeit dann, wenn die durch sie verursachten Einnahmen nicht mehr als 40 % der Einnahmen aus der Haupttätigkeit ausmachen.[871]

bb) Ausschlussgründe und Verzicht

Trotz Auflistung in der Rechtsverordnung gilt dies gemäß Art. 31.1 Nr. 3 LIRPF i.V.m. Art. 30.2 RIRPF i.V.m. Nr. 3.1 und Nr. 3.2 der Rechtsverordnung allerdings nur für die Steuerpflichtigen, bei denen die drei folgenden Voraussetzungen erfüllt sind:

Erstens dürfen die Einkünfte des Vorjahres nicht den Höchstbetrag von € 450.000 für die gesamten wirtschaftlichen Tätigkeiten bzw. von € 300.000 für die gesamten Tätigkeiten der Land- und Forstwirtschaft übersteigen. Bei der Berechnung dieser Beträge werden nur die Vorgänge berücksichtigt, welche im *libro registro de ventas y ingresos* einzutragen sind oder für welche Rechnungen auszustellen und aufzubewahren sind. Wurde die wirtschaftliche Tätigkeit erst im Vorjahr begonnen, so werden die Einkünfte auf das ganze Jahr hochgerechnet.

Zweitens darf das Vorjahresvolumen weder der Investitionen in das Umlaufvermögen noch der Inanspruchnahme von Dienstleistungen den Höchstbetrag von € 300.000 überschreiten, wobei die Beträge aus Unterverträgen (Subkontrakten) mit einberechnet werden. Wieder wird bei Notwendigkeit auf das komplette Vorjahr hochgerechnet.

Drittens dürfen die wirtschaftlichen Tätigkeiten weder vollständig noch teilweise außerhalb des territorialen Geltungsbereichs der Einkommensteuer i.S.d. Art. 4 LIRPF ausgeübt werden.

Zusätzliche Beschränkungen können gemäß Art. 32.1 Abs. 1, 2. Halbsatz RIRPF in der Rechtsverordnung vorgesehen werden. Neben den bereits vom Einkommensteuergesetz und von der Durchführungsverordnung bekannten Höchstbeträgen werden so in der Rechtsverordnung für jedes aufgelistete Gewerbe Größen (*magnitudes*) festgelegt, die nicht überschritten werden dürfen. Beispielsweise dürfen im Bäckereigewerbe nicht mehr als sechs Angestellte beschäftigt

869 Vgl. die jeweilige Anmerkung (*nota*) zu den genannten Tätigkeiten im Annex 2 der Rechtsverordnung.
870 Vgl. die gemeinsame Anmerkung (*nota común*) am Ende der Liste im Annex 2 der Rechtsverordnung.
871 Vgl. Nr. 1.2 Abs. 3 sowie Nr. 2.2 Abs. 3 der Rechtsverordnung.

sein, in Restaurants nicht mehr als zehn und in Cafes und Bars nicht mehr als acht. Gezählt werden auch unbezahlte Beschäftigte mit mindestens 1800 Arbeitsstunden pro Jahr, berechnet wird der Durchschnitt des Vorjahres. Erreicht ein unbezahlter Beschäftigter diese Zahl nicht, so wird er als Bruchteil entsprechend der Proportion seiner Arbeitsstunden zur Mindestzahl 1800 in die Berechnung miteinbezogen. Ebenso dürfen in einem Taxiunternehmen an jedem Tag höchstens drei Wagen eingesetzt werden, bei einem Umzugsunternehmen sind es höchstens fünf.[872]

Wenn eine dieser drei Voraussetzungen nicht gegeben ist, schließt Art. 32.1 RIRPF den Steuerpflichtigen mit Wirkung für ein Jahr von der objektiven Ermittlungsmethode aus.

Neben den Ausschlussgründen des Art. 30.2 RIRPF existieren auch noch der Ausschlussgrund der Inkompatibilität mit der bereits in einer der wirtschaftlichen Tätigkeiten des Steuerpflichtigen angewandten direkten Ermittlungsmethode, Art. 33 RIRPF, sowie der Ausschlussgrund des Verzichts auf eine bzw. der Ausschluss von einer der vereinfachten Methoden der allgemeinen Umsatzsteuer (*Impuesto sobre el Valor Añadido*, IVA) oder der kanarischen Umsatzsteuer (*Impuesto General Indirecto Canario*), Art. 34 RIRPF.

Ist danach die *estimación objetiva* grundsätzlich anwendbar, so steht dem Steuerpflichtigen auch der Verzicht i.S.d. Art. 31 RIRPF zur Verfügung. Dieser ist sowohl ausdrücklich im Dezember des Vorjahres möglich als auch konkludent durch die fristgemäße Steuervorauszahlung (*pago fraccionado*) nach den Vorschriften über die *estimación directa*. Wie bei der *estimación directa simplificada* wirkt auch der Verzicht auf die *estimación objetiva* für einen Mindestzeitraum von drei Jahren, welcher sich konkludent jährlich um ein weiteres Jahr verlängert bis zum Widerruf des Verzichts (*revocación*) durch den Steuerpflichtigen.

Verzichtet der Steuerpflichtige auf die objektive Ermittlungsmethode, so ist vorbehaltlich eines weiteren Verzichts bzw. eines dort greifenden Ausschlussgrundes die *estimación directa simplificada* anzuwenden, vgl. Art. 31.2 RIRPF. Gleiches gilt gemäß Art. 32.3 RIRPF für die genannten Ausschlussgründe.

Für die Personenzusammenschlüsse ohne eigene Rechtspersönlichkeit enthält Art. 37 RIRPF ähnliche Regelungen wie die bereits im Rahmen der *estimación directa simplificada* dargestellten.[873]

---

872 Vgl. Nr. 3.1 d) der Rechtsverordnung.

873 Siehe zur Anwendbarkeit der vereinfachten direkten Ermittlungsmethode auf die Personenzusammenschlüsse ohne eigene Rechtspersönlichkeit oben ab S. 212.

c) Ermittlung der Einkünfte

In Art. 28.1 LIRPF wird für die Ermittlung der Einkünfte aus wirtschaftlichen Tätigkeiten auf das spanische Körperschaftsteuergesetz verwiesen. Für die objektive Ermittlungsmethode, die in den Art. 31. 1 LIRPF i.V.m. Art. 30-37 RIRPF i.V.m. der Rechtsverordnung geregelt ist, gilt diesbezüglich eine Ausnahme. Im Gegensatz zur auf den ersten Blick ähnlichen Ausnahmeregelung für die vereinfachte direkte Ermittlungsmethode des Art. 30.2 Nr. 4 LIRPF sind die genannten Vorschriften über die objektive Ermittlungsmethode abschließend. Letztere wird also, anders als die vereinfachte direkte Ermittlungsmethode, vollständig von dem Verweis auf das Körperschaftsteuergesetz ausgenommen, sodass die folgenden Regeln der Gewinnermittlung gelten.

Die Ermittlung der Nettoeinkünfte durch die *estimación objetiva por signos, índices y módulos* ist ausnahmslos in der Rechtsverordnung geregelt. Generell sind danach die (Gesamt-) Nettoeinkünfte die Summe aller Nettoeinkünfte aus den in der Rechtsverordnung aufgelisteten Tätigkeiten.[874] Die Ermittlung der Nettoeinkünfte aus den einzelnen Tätigkeiten erfolgt in drei Schritten: Über die sog. vorläufigen Nettoeinkünfte und die sog. verminderten Nettoeinkünfte werden letztlich die sog. Nettoeinkünfte nach Modulen ermittelt. Anleitungen finden sich jeweils am Ende von Annex I und II der Rechtsverordnung. Dabei enthält Annex I für die Tätigkeiten aus Land- und Forstwirtschaft Besonderheiten im Vergleich zu den übrigen Tätigkeiten von Annex II.[875]

aa) Phase 1: Die vorläufigen Nettoeinkünfte (*El rendimiento neto previo*)

Die vorläufigen Nettoeinkünfte erlangt man, indem man die Summe der Mengen bildet, die den für die jeweilige Tätigkeit vorgesehenen Zeichen und Modulen entsprechen. Diese *cuantías de signos y módulos* wiederum werden berechnet, indem der für jede Einheit der Zeichen und Module (*unidad de signos y módulos*) festgelegte Betrag (*cantidad*) mit der Anzahl der entsprechenden Einheiten multipliziert wird, die im Rahmen der Tätigkeit beschäftigt oder genutzt werden bzw. installiert sind. Ist das Resultat keine ganze Zahl, so ist es bis auf zwei Stellen hinter dem Komma anzugeben.[876] Die für diese Berechnung benötigten Zeichen, Module, Einheiten und Beträge werden im Annex II der Rechtsverord-

874 Vgl. dazu am Ende des Annex II der Rechtsverordnung die *Instrucciones para la aplicación de los signos, índices o módulos en el impuesto sobre la renta de las personas físicas, normas generales, epígrafe 1.*

875 Der nachfolgenden allgemeinen Darstellung der Regelungstechnik folgt ein Rechenbeispiel.

876 Vgl. dazu am Ende des Annex II der Rechtsverordnung die *Instrucciones para la aplicación de los signos, índices o módulos en el impuesto sobre la renta de las personas físicas, normas generales, epígrafe 2.1.*

nung für jede einzelne Tätigkeit in tabellarischer Form dargestellt. Unter Modulen sind dabei die verschiedenen Merkmale zu verstehen, anhand derer die wahrscheinlichen Einkünfte aus der jeweiligen Tätigkeit berechnet werden sollen. Jede aufgelistete Tätigkeit verfügt über zwischen einem und sieben solcher Module; Module können z.B. sein Angestellte (teilweise unterteilt in bezahlt und unbezahlt), die Fläche des Geschäftsraums, Tische, die Anzahl der Sitze in einem Fahrzeug, der Stromverbrauch oder die mit einem Fahrzeug zurückgelegte Strecke. Einheiten sind dementsprechend u.a. die Person, der Quadratmeter oder das Kilowatt. Die Beträge werden jeweils am Ende einer Tabellenzeile in Euro ausgewiesen. Die einzelnen Module werden teilweise in der Anleitung noch einmal näher erläutert.[877]

bb) Phase 2: Die verminderten Nettoeinkünfte (*El rendimiento neto minorado*)

In der zweiten Phase der Ermittlung der sog. verminderten Nettoeinkünfte werden von den vorläufigen Nettoeinkünften die Minderungsbeträge (*minoraciones*) abgezogen, die in der Rechtsverordnung als Anreize zur Schaffung von Arbeitsplätzen oder zu Investitionen vorgesehen sind. Diese Beträge werden anhand der folgenden Koeffizienten ermittelt.

(1) Minderung für die Schaffung von Arbeitsplätzen

Der für die Schaffung von Arbeitsplätzen abzuziehende Betrag wird durch einen Koeffizienten bestimmt, der die Entwicklung der Anzahl der Arbeitsplätze im Unternehmen misst. Dazu wird – wie nachfolgend im Einzelnen erläutert – ein Koeffizient für den Zuwachs im Stellenplan mit einem Koeffizienten aus einer Stufentabelle über die Anzahl der beschäftigten Arbeitskräfte addiert.[878]

Den ersten Koeffizienten – für den Zuwachs im Stellenplan (*coeficiente por incremento del número de personas asalariadas*) – erhält man durch die Differenz der aktuellen Anzahl der bezahlten Arbeitskräfte (*personas asalariadas*)[879] und der entsprechenden Anzahl des Vorjahres; der so gewonnene positive Betrag ist mit 0,40 zu multiplizieren.

---

877 Vgl. dazu am Ende des Annex II der Rechtsverordnung die *Instrucciones para la aplicación de los signos, índices o módulos en el impuesto sobre la renta de las personas físicas, normas generales, epígrafe 2.1, núm. 1-15.*

878 Vgl. dazu am Ende des Annex II der Rechtsverordnung die *Instrucciones para la aplicación de los signos, índices o módulos en el impuesto sobre la renta de las personas físicas, normas generales, epígrafe 2.2, a).*

879 Diese sind definiert am Ende des Annex II der Rechtsverordnung die *Instrucciones para la aplicación de los signos, índices o módulos en el impuesto sobre la renta de las personas físicas, normas generales, epígrafe 2.1, núm. 2.*

Der zweite Koeffizient – für die Anzahl der beschäftigen Arbeitskräfte nach der Stufentabelle (*coeficiente establecido por tramos en función del número de personas empleadas en la actividad*) – ergibt sich durch die Anwendung der in der Rechtsverordnung enthaltenen Stufentabelle auf die Anzahl der bezahlten Arbeitskräfte. Dabei bleibt die für den ersten Koeffizienten errechnete Differenz unberücksichtigt, sofern es dort zu einem positiven Betrag und damit zur Multiplikation mit 0,40 kam. Die Stufen der Tabelle reichen von bis zu 1,00 bezahlten Arbeitskraft mit dem dann anzuwendenden Koeffizienten 0,1 bis zu mehr als 8,00 bezahlten Arbeitskräften mit dem zugehörigen Koeffizienten 0,3.

Durch die Addition dieser beiden Koeffizienten erhält man den Minderungskoeffizienten für die Schaffung von Arbeitsplätzen (*coeficiente de minoración*). Dieser Koeffizient ist dann mit dem Betrag zu multiplizieren, der bei der jeweiligen Tätigkeit für das Modul „bezahlte Arbeitskräfte" (*personal asalariado*) angegeben ist. Das Ergebnis ist schließlich der Betrag, der für die Schaffung von Arbeitsplätzen von den vorläufigen Nettoeinkünften abzuziehen ist.

(2) Minderung für getätigte Investitionen

Der Koeffizient für getätigte Investitionen ist der Abschreibungskoeffizient für das materielle wie immaterielle Anlagevermögen.[880] Zu diesem Zweck enthält die Rechtsverordnung eine eigene Abschreibungstabelle mit sechs Gruppen. Zu diesen gehören Gebäude und andere Konstruktionen (maximaler linearer Koeffizient 5 %, maximaler Zeitraum 40 Jahre), Geräte, Werkzeuge und Computerausrüstungen mit Software (40 %/5 Jahre), Boote (10 %/12 Jahre), Schiffe (10 %/25 Jahre), Transportmittel und das übrige materielle Anlagevermögen (25 %/8 Jahre) sowie das immaterielle Anlagevermögen (15 %/10 Jahre). Maßgeblich sind die Anschaffungs- oder Herstellungskosten, bei Gebäuden sind dabei die Kosten für den entsprechenden Grund und Boden außer Acht zu lassen. Auch bei gebraucht angeschafften Elementen des materiellen Anlagevermögens sind die Anschaffungskosten der Ausgangspunkt, allerdings nur bis zur Höhe des Betrags, der sich aus der Anwendung des maximalen linearen Koeffizienten und anschließender Verdoppelung ergibt. Die Abschreibung erfolgt für jedes Element des Anlagevermögens einzeln, abgeschrieben wird vom Zeitpunkt der Nutzungsfähigkeit[881] an.

880 Vgl. dazu am Ende des Annex II der Rechtsverordnung die *Instrucciones para la aplicación de los signos, índices o módulos en el impuesto sobre la renta de las personas físicas, normas generales, epígrafe 2.2, b).*

881 Der Zeitpunkt der Nutzungsfähigkeit beginnt bei materiellem Anlagevermögen mit der Funktionsfähigkeit (*desde su puesta en condiciones de funcionamiento*), bei immateriellem Anlagevermögen mit der Verwertbarkeit (*desde el momento en que estén en condiciones de producir ingresos*).

Wird ein Wirtschaftsgut des Anlagevermögens zur Nutzung überlassen unter Einräumung einer Kauf- oder Vertragsverlängerungsoption, so kann der Nutzer des Wirtschaftsguts mangels begründeter Zweifel an seiner Optionsausübung die Abschreibung wie ein Eigentümer vornehmen.

Neue, geringwertige Wirtschaftsgüter des materiellen Anlagevermögens mit einem Einzelwert von bis zu € 601,01 können frei (*libremente*) und damit sofort vollständig abgeschrieben werden bis zu einem jährlichen Höchstbetrag von € 3005,06.

cc) Phase 3: Die Nettoeinkünfte nach Modulen (*El rendimiento neto por módulos*)

Zu den Nettoeinkünften nach Modulen gelangt man durch die Anwendung der speziellen und allgemeinen Korrekturindizes (*índices correctores especiales y generales*) auf die verminderten Nettoeinkünfte. Dabei ist die Reihenfolge der Rechtsverordnung einzuhalten, unter Umständen ist ein nachfolgender Index auf den Betrag anzurechnen, der sich durch die bereits erfolgte Korrektur der verminderten Nettoeinkünfte durch einen vorhergehenden Index ergibt.[882]

(1) Spezielle Korrekturindizes

Die speziellen Korrekturindizes sind nur auf bestimmte, ausdrücklich in der Rechtsverordnung erwähnte Tätigkeiten anwendbar. So ist bei Einzelhändlern mit Presse- und Bücherkiosken auf öffentlichen Straßen der Index von der Lage des Kiosks abhängig: In Madrid und Barcelona beträgt der Index 1,0, in sonstigen Gemeinden mit mehr als 100.000 Einwohnern 0,95 sowie in den übrigen Gemeinden 0,80. Ähnliches gilt für Taxiunternehmen. Personentransport- und Reiseunternehmen haben ebenso wie Warentransport- und Umzugsunternehmen den Index 0,80, wenn sie nur über ein Fahrzeug verfügen.

(2) Allgemeine Korrekturindizes

Die allgemeinen Korrekturindizes sind bei Vorliegen der allgemeinen Voraussetzungen auf alle Tätigkeiten des Annex 2 anwendbar, soweit nicht eine der in der Rechtsverordnung vorgesehenen Subsidiaritätsregeln greift.

Der sog. Korrekturindex für Kleinunternehmen (*índice corrector para empresas de pequeña dimensión*) reicht von 0,70 (bei bis zu 2000 Einwohnern) über 0,75 (bei zwischen 2001 und 5000 Einwohnern) bis zu 0,80 (bei mehr als 5000 Ein-

---

882 Vgl. dazu am Ende des Annex II der Rechtsverordnung die *Instrucciones para la aplicación de los signos, índices o módulos en el impuesto sobre la renta de las personas físicas, normas generales, epígrafe 2.3.*

wohnern). Er ist an vier Voraussetzungen geknüpft, die Ausdruck der beschränkten Größe des Unternehmens sind: Der Inhaber des Unternehmens muss eine natürliche Person sein und die Tätigkeit in einer einzigen Geschäftsräumlichkeit ausüben. Zudem darf er höchstens ein Geschäftsfahrzeug mit einer Ladekapazität bis zu einer Tonne sowie keine bezahlten Arbeitskräfte einsetzen. Auch wenn diese Voraussetzungen gegeben sind, ist der Korrekturindex für Kleinunternehmen lediglich neben dem speziellen Korrekturindex für Einzelhändler mit Presse- und Bücherkiosken auf öffentlichen Straßen anwendbar; zu den anderen speziellen Korrekturindizes ist er subsidiär.

Der sog. Korrekturindex für Saisonunternehmen (*índice corrector de temporada*) gilt für Tätigkeiten, die insgesamt höchstens 180 Tage pro Jahr ausgeübt werden. Der Index beträgt 1,50 für eine Saison von bis zu 60 Tagen, 1,35 bei 61-120 Tagen sowie 1,25 bei 121-180 Tagen.

Der sog. Korrekturindex für Überschreitung (*índice corrector de exceso*) ist subsidiär zum Korrekturindex für Kleinunternehmen. Der Index beträgt 1,30 und ist auf den Differenzbetrag anwendbar, um den die verminderten Nettoeinkünfte – ohne oder mit Korrektur durch vorhergehende Indizes – den für jede Tätigkeit tabellarisch festgelegten Betrag überschreiten; dieser so korrigierte Überschuss ist dann dem festgelegten Betrag hinzuzurechnen. Der Betrag für normale Cafés und Bars ist beispielsweise € 19.084,78.

Der sog. Korrekturindex für die Aufnahme der Geschäftstätigkeit (*índice corrector por inicio de nuevas actividades*) tritt hinter dem Korrekturindex für Saisonunternehmen zurück und hat die folgenden Voraussetzungen: Die Tätigkeit muss frühestens zu Jahresbeginn begonnen worden sein, darf nicht bereits vorher unter anderer Bezeichnung ausgeübt worden sein und muss in einem eigenen, nur für diese Tätigkeit genutzten Geschäftsraum realisiert werden bei strikter Trennung von etwaigen anderen Tätigkeiten des Steuerpflichtigen. Auf das letztere Erfordernis wird seitens der Finanzverwaltung verzichtet, wenn für die Durchführung der Tätigkeit ein Geschäftsraum nicht nötig ist.[883] Sind diese Voraussetzungen gegeben, so beträgt der Index für das erste Jahr der Geschäftstätigkeit 0,80 und für das zweite 0,90.

---

883 *Resolución de la DGT de 19-10-1999 – consulta vinculante V0091-1999*, zu finden auf der Internetseite des Wirtschafts- und Finanzministeriums über die dortige Suchmaske auf http://www.meh.es/Portal/Temas/Normativa+y+doctrina/Doctrina/default.htm; *Pérez Royo*, IRPF, 294.

dd) Rechenbeispiel

Die aus deutscher Sicht ungewöhnliche Technik der objektiven Ermittlungsmethode soll mit Hilfe des folgenden Rechenbeispiels[884] verdeutlicht werden:

A ist Inhaber einer Bar (Ziffer 673.2 des ersten Abschnitts der Tarife des IAE), in der er zum 1.01.2004 zwei Angestellte beschäftigt. Zwei weitere Vollzeitarbeitskräfte werden im April 2004 eingestellt, sie erhalten einen unbefristeten Arbeitsvertrag und arbeiten im Jahr 2004 insgesamt 1400 Stunden. Die Bar hat einen Elektrizitätsvertrag über 20 Kilowatt, die Theke ist 30 Meter lang, wobei drei Meter für die Kellner reserviert sind, die zehn Vierpersonen- und acht Zweipersonentische bedienen. In der Bar befinden sich jeweils zwei Spielautomaten des Typs „A" und „B" sowie ein Verkaufständer für CDs und ein öffentliches Telefon. Die Frau des A arbeitet halbtags in der Küche, ohne bei der Sozialversicherung angemeldet zu sein. A hat in sein Buch über Wirtschaftsgüter die folgenden Vermögensgegenstände mit den folgenden Werten eingetragen:

- Die Barräume, die in seinem Eigentum stehen und einen Katasterwert (*valor catastral*) von € 60.000 haben, wobei € 18.000 dem Wert des Grund und Bodens entsprechen. Zum 31.12.2003 sind € 6.000 bereits abgeschrieben.
- Mobiliar im Wert von € 6.000, davon bereits zum 31.12.2003 abgeschrieben € 1.500.

Im Laufe des Jahres 2004 werden die folgenden Akquisitionen eingetragen:

- Gläser im Wert von € 450 (+ € 72 IVA), Kaufdatum 15.02.2004.
- Tischdecken und Servietten im Wert von € 300 (+ € 48 IVA), Kaufdatum 2.04.2004.
- Eine Kühlkammer im Wert von € 9.000 (+ € 1.440 IVA), Kaufdatum 1.10.2004.

Die Einkünfte des A aus der Bar im Jahr 2004 werden nach der objektiven Ermittlungsmethode nach Zeichen, Indizes und Modulen wie folgt berechnet:

Für die erste Phase der Ermittlung der vorläufigen Nettoeinkünfte ist zunächst die Anzahl der von A eingesetzten Einheiten zu zählen, die zu den verschiedenen Modulen seiner Aktivität gehören.

---

884 Dieses lehnt sich in vereinfachter und aktualisierter Form an das Beispiel an bei *Pérez Royo*, IRPF, 295 ff.

Für die hier einschlägige Kategorie „normale Cafés und Bars" (*otros cafés y bares, epígrafe IAE: 673.2*)[885] sind sieben Module mit den zugehörigen Einheiten und Beträgen in Euro vorgesehen: Bezahlte Arbeitskräfte (Einheit: Person; Betrag: € 1.643,93), unbezahlte Arbeitskräfte (Person; € 11.413,08), Stromstärke (vertraglich vereinbarte Kilowatt; € 94,48), Tische (Tisch; € 119,67), Länge der Theke (Meter; € 163,76), Maschinen des Typs „A" sowie Maschinen des Typs „B" (Maschine des Typs „A" bzw. „B"; € 806,23 bzw. € 2.947,75). Unbezahlte Arbeitskräfte müssen mindestens 1.800 Stunden pro Jahr im betroffenen Unternehmen gearbeitet haben, sonst werden sie proportional zu dieser Stundenzahl berücksichtigt; auch der Unternehmer selbst gehört zu dieser Gruppe. Bezahlte Arbeitskräfte müssen die tarifvertraglich vereinbarte Stundenzahl erfüllen bzw. ebenfalls mindestens 1.800 Stunden pro Jahr. Die Stromstärke ist die mit einem Elektrizitätsunternehmen vereinbarte. Unter Tischen sind solche für vier Personen zu verstehen, abweichende Tischgrößen sind entsprechend der Proportion zu berücksichtigen. Bei den Maschinen handelt es sich um (Glücks-) Spielgeräte, für welche auf eine entsprechende Durchführungsverordnung verwiesen wird. Für die Thekenlänge ist der Thekenteil von Bedeutung, welcher der Bewirtung der Gäste dient; dazu können auch zusätzliche Theken an den Wänden oder Säulen einer Bar gehören.[886]

Danach ergibt sich folgendes für die Anzahl der Einheiten pro Modul, die sodann jeweils mit dem für letzteres vorgesehenen Betrag multipliziert wird:

- unbezahlte Arbeitskräfte: 1,5, nämlich der Unternehmer selbst sowie seine halbtags arbeitende Frau. Multipliziert mit € 11.413,08 ergeben sich für das Modul „unbezahlte Arbeitskräfte" Nettoeinkünfte von <u>€ 17.119,62</u>.

- bezahlte Arbeitskräfte: 2 + 0,77 + 0,77 = 3,54, die beiden im April neu eingestellten Arbeiter mit ihrer Stundenzahl von lediglich 1.400 zählen proportional zu 1.800 Stunden mit 0,77,[887] die beiden schon vorhandenen Arbeitskräfte zählen voll, also jeweils mit 1. Also:
  3,54 x € 1.643,93 = <u>€ 5.819,51</u>.

885 In den Veranlagungszeiträumen 1992/1993 unterlagen dieser Kategorie der objektiven Ermittlungsmethode mit 117.205 von insgesamt 578.865 die meisten Steuerpflichtigen, gefolgt von den Lastkraftwagenfahrern mit 103.553, vgl. AEAT, Memoria 1993, Abbildung 15.

886 Vgl. dazu am Ende des Annex II der Rechtsverordnung die *Instrucciones para la aplicación de los signos, índices o módulos en el impuesto sobre la renta de las personas físicas, normas generales, epígrafe 2.1, núm. 1, 2, 6, 8, 13, 15.*

887 Es kommt dabei also allein auf die im Jahr gearbeiteten Stunden an, nicht etwa auf das Einstellungsdatum.

- Stromstärke: 20, also die 20 mit einem Elektrizitätsunternehmen vereinbarten Kilowatt, also 20 x € 94,48 = € 1.889,60.

- Länge der Theke: 27, von den 30 Metern sind die drei für die Kellner reservierten Meter abzuziehen, also 27 x € 163,76 = € 4.421,52.

- Tische: 14, die zehn Vierpersonentische zählen voll, die acht Zweipersonentische halb, also 14 x € 119,67 = € 1.675,38.

- Maschinen des Typs „A": 2, also 2 x € 806,23 = € 1.612,46.

- Maschinen des Typs „B": 2, also 2 x € 2.947,75 = € 5.895,50.

- Die Einkünfte aus dem Verkaufständer für CDs sowie dem öffentlichen Telefon werden als Einkünfte aus akzessorischen Tätigkeiten von den Nettoeinkünften aus den obigen Zeichen erfasst.

Die Summe der so erhaltenen Beträge ergibt die vorläufigen Nettoeinkünfte, die damit € 38.433,59 betragen.

In der zweiten Phase der Berechnung der verminderten Nettoeinkünfte sind die einschlägigen Koeffizienten anzuwenden:

- Minderung für die Schaffung von Arbeitsplätzen: Zunächst ist für den (Teil-) Koeffizienten für den Zuwachs im Stellenplan der Unterschied der Anzahl der bezahlten Arbeitskräfte zum Vorjahr festzustellen, wobei die in der ersten Phase ermittelten Einheiten zugrunde zu legen sind. Also 3,54 - 2 = 1,54. Multipliziert mit dem Koeffizienten 0,40 ergibt sich damit 0,62.

  Für den anderen (Teil-) Koeffizienten für die Anzahl der beschäftigen Arbeitskräfte nach der Stufentabelle bleibt der gerade berechnete Zuwachs unberücksichtigt. Für die verbliebenen zwei bezahlten Arbeitskräfte erhält man nach der Stufentabelle für die erste Stufe den Koeffizienten 0,10 und für die zweite Stufe den Koeffizienten 0,15, insgesamt also einen Koeffizienten für die Anzahl der beschäftigen Arbeitskräfte nach der Stufentabelle von 0,25. In der Addition beträgt somit der Koeffizient für die Schaffung von Arbeitsplätzen 0,62 + 0,25 = 0,87. Dieser Koeffizient ist sodann mit dem für das Modul „bezahlte Arbeitskräfte" vorgesehenen Betrag zu multiplizieren, um den Minderungsbetrag für die Schaffung von Arbeitsplätzen zu erhalten:

  0,87 x € 1.643,93 = € 1.430,22.

- Minderung für getätigte Investitionen: Hier sind die Abschreibungen des Anlagevermögens gemäß der Abschreibungstabelle der Rechtsverordnung vorzunehmen.

  - Barräume: € 60.000 - € 18.000 = € 42.000, € 42.000 x 0,05 = € 2.100.

  - Mobiliar: € 6.000 x 0,25 = € 1.500.

  - Gläser: € 450.

  - Tischdecken und Servietten: € 300.

  - Kühlkammer: € 9.000 x 0,25 x 3/12 = € 562,50.

  Die Summe in Höhe von € 4.912,50 ist der Minderungsbetrag für getätigte Investitionen. Abgeschrieben wurden die Anschaffungskosten, und zwar mit den maximalen Abschreibungskoeffizienten. Die während des Jahres 2004 angeschafften Gläser, Tischdecken und Servietten wurden vollständig abgeschrieben, da weder jeweils € 601,01 noch insgesamt € 3.005,06 überschritten wurden. Bei der Kühlkammer wurde davon ausgegangen, dass sie sofort nach ihrem Kauf zum 1.10.2004 in Betrieb genommen wurde (und damit von Anfang an nutzungs- bzw. funktionsfähig war).

Die verminderten Nettoeinkünfte erhält man schließlich, indem man die beiden soeben berechneten Minderungsbeträge von den vorläufigen Nettoeinkünften abzieht:

€ 38.433,59 - € 1.430,22 - € 4.912,50 = € 32.090,87.

Die dritte Phase besteht aus der Berechnung der Nettoeinkünfte nach Modulen. Vorliegend kommt von den verschiedenen Indizes einzig der allgemeine Korrekturindex für Überschreitung in Betracht. Für die hier einschlägige Kategorie der normalen Cafés und Bars ist als Grenzbetrag € 19.084,78 festgelegt. Der Überschuss ist mit dem Koeffizienten 1,30 zu multiplizieren, der dadurch erlangte Betrag ist dem Grenzbetrag hinzuzurechnen. Also sind die Nettoeinkünfte nach Modulen der folgende Betrag:

(€ 32.090,87 - € 19.084,78) x 1,30 + € 19.084,78 = € 35.992,70.

Die Nettoeinkünfte des A aus seiner Bar betragen also für das Jahr 2004 € 35.992,70.

ee) Besonderheiten für Land- und Forstwirtschaft

Zwar werden die Tätigkeiten der Land- und Forstwirtschaft (*actividades agricolas, ganaderas y forestales*) zunächst zusammen mit allen anderen Tätigkeiten in der Rechtsverordnung aufgelistet, und die Ermittlung der Nettoeinkünfte geschieht in den von den anderen Tätigkeiten bekannten drei Phasen, innerhalb letzterer gelten allerdings einige Besonderheiten.[888]

(1) Phase 1: Die vorläufigen Nettoeinkünfte

Die erste Phase der Ermittlung der vorläufigen Nettoeinkünfte enthält bereits den systematisch größten Unterschied im Vergleich zu den übrigen Tätigkeiten: Ausgangspunkt sind hier vom Steuerpflichtigen ausgewiesene Größen seiner realen – d.h. tatsächlich ermittelten – Erlöse, die sich nach der Art der Ausübung der jeweiligen Tätigkeit richten.

Werden im Rahmen der jeweiligen land- und forstwirtschaftlichen Tätigkeit Naturprodukte geliefert oder handelt es sich um akzessorische Tätigkeiten, so sind die gesamten, realen Einnahmen des Steuerpflichtigen inklusive Subventionen und Entschädigungen für die Berechnung maßgeblich. Sie sind dann mit dem sog. Index der Nettoeinkünfte (*índice del rendimiento neto*) zu multiplizieren, der für diese Art der Ausübung der Tätigkeit vorgesehen ist.

Werden dagegen Naturprodukte einer Bearbeitung, Verarbeitung oder einer Manufaktur unterzogen, so ist der Marktwert der bei diesem Vorgang eingesetzten Naturprodukte mit dem entsprechend festgelegten Index der Nettoeinkünfte (*índice de rendimiento neto en el supuesto de transformación, elaboración o manufactura*) zu multiplizieren. Entscheidend ist dabei der Marktwert zum Zeitpunkt der Eingliederung der Naturprodukte in den Arbeitsprozess.

Die beiden genannten Indizes werden jeweils bei den verschiedenen Tätigkeiten angegeben. Beispielsweise beträgt bei Zuchtbetrieben für Schweinefleisch und Geflügel (*ganadera de explotación de ganado porcino de carne y avicultura*) der erstgenannte Index 0,13, der zweitgenannte Index 0,23.

(2) Phase 2: Die verminderten Nettoeinkünfte

Bei den landwirtschaftlichen Tätigkeiten besteht zudem die Berechnung des *rendimiento neto minorado* aus nur einem Schritt, nämlich dem Abzug der Abschreibungen des materiellen wie immateriellen Anlagevermögens. Dafür wird

888 Diese sind zu finden im Annex I der Rechtsverordnung, insbesondere am Ende in den *Instrucciones para la aplicación de los signos, índices o módulos en el impuesto sobre la renta de las personas físicas.*

von Annex I auf die bereits erwähnte Abschreibungstabelle des Annexes II verwiesen, wobei für einige ausgewählte Elemente des Anlagevermögens eine eigene Abschreibungstabelle gilt. Die darin aufgezählten vier Gruppen werden gebildet durch Rinder, Schweine, Schafe und Ziegen (maximaler linearer Koeffizient 22 %, maximaler Abschreibungszeitraum 8 Jahre), Pferde und Obstbäume, ausgenommen Zitronenbäume (10 %/17 Jahre), Zitronenbäume und Weinberge (5 %/45 Jahre) sowie Olivenhaine (3 %/80 Jahre). Forstwirtschaftliche Tätigkeiten kommen nicht in den Genuss von Abschreibungen.

(3) Phase 3: Die Nettoeinkünfte nach Modulen

Auch bei den Tätigkeiten aus Land- und Forstwirtschaft werden die Nettoeinkünfte nach Modulen durch die Anwendung von Korrekturindizes auf die – ggf. schon durch vorhergehende Korrekturindizes veränderten – verminderten Nettoeinkünfte berechnet. Es bestehen sieben Korrekturindizes; diese unterscheiden sich allerdings von denen der übrigen Tätigkeiten: So sieht Annex I der Rechtsverordnung einen Korrekturindex für die ausschließliche Nutzung fremder Produktionsmittel (abgesehen von Grund- und Boden sowie den Fällen der Halb- oder Teilpacht, 0,75) vor sowie einen für bezahlte Arbeitskräfte (0,90 bei Personalkosten von mehr als 10 % der Gesamteinnahmen bis zu 0,75 bei Personalkosten von mehr als 40 % der Gesamteinnahmen; subsidiär zum erstgenannten Korrekturindex), einen für Anpflanzungen auf gemietetem bzw. gepachtetem Ackerland (0,90, anzuwenden auf die Einkünfte aus diesen Anbauungen), einen für die Viehzucht mit einem Anteil eingekauften Viehfutters von mehr als 50 % (0,75 bzw. 0,95 bei Schweinen und Geflügel), einen für ökologische Landwirtschaft (0,95), einen für Unternehmen mit vorläufigen Nettoeinkünften bis zu € 9447,91 (0,90) sowie einen für die Forstwirtschaft (0,80). Auf forstwirtschaftliche Tätigkeiten kann nur der letzte Korrekturindex angewendet werden.

ff) Außergewöhnlich belastende Umstände und generelle Reduktion

Um Härtefälle wegen des fiktiven Charakters der durch die objektiven Methode ermittelten Nettoeinkünfte zu vermeiden, sind in der Durchführungsverordnung sowie in der Rechtsverordnung drei Instrumente zur Berücksichtigung außergewöhnlich belastender Umstände vorgesehen.

Die erste Möglichkeit des Finanzministeriums, bei besonderen Vorkommnissen eine Reduktion der Zeichen, Indizes und Module generell für eine ganze Region vorzunehmen, findet sich dabei nur in Art. 35.4 Nr. 1 RIRPF.[889] Solche besonderen Vorkommnisse sind Brände, Überschwemmungen oder andere außergewöhnliche Umstände in einer bestimmten Region.

Des Weiteren kommt nach der Rechtsverordnung[890] auf fristgemäßen Antrag des Steuerpflichtigen eine Reduktion der Zeichen, Indizes und Module durch die zuständige Finanzbehörde in Betracht, wenn besondere Vorkommnisse die Ausübung der Tätigkeit schwerwiegend beeinträchtigen. Als besondere Vorkommnisse werden auch hier Brände und Überschwemmungen sowie darüber hinaus das Sinken eines Schiffes oder Bootes sowie große Pannen industrieller Anlagen genannt. Entsprechendes gilt für den Fall einer vorübergehenden Arbeitsunfähigkeit des Steuerpflichtigen, wenn er keine Arbeitskräfte beschäftigt. Eine Reduktion der Zeichen, Indizes und Module kann lediglich für die erst später fälligen Steuervorauszahlungen gewährt werden. Trotz des etwas unklaren Wortlauts der Durchführungsverordnung wie der Rechtsverordnung handelt sich nicht um eine Ermessensentscheidung der zuständigen Finanzbehörde, das „Ob" und „Wie" der Auszahlung hängen von den durch den Steuerpflichtigen bewiesenen Umständen ab.[891]

Die dritte Möglichkeit ist unter ähnlichen Voraussetzungen ein außerordentlicher Betriebsausgabenabzug, ähnlich also dem außerordentlichen Betriebsausgabenabzug bei der alten *estimación objetiva por coeficientes*.[892]

In einigen der Jahre seit Bestehen der objektiven Ermittlungsmethode nach Zeichen, Indizes und Modulen wurde den betroffenen Steuerpflichtigen generell eine zusätzliche Reduktion durch das jährliche Ergänzungsgesetz zum Haushaltsgesetz oder durch das Haushaltsgesetz selbst gewährt.[893] Aktuell ist dies allerdings nicht mehr der Fall.

---

889 Von dieser Möglichkeit machte das Finanzministerium in den *Ordenes de 10 de febrero de 1999 (BOE 23 febrero 1999, núm. 46, 7456), de 6 de mayo de 1999 (BOE 7 mayo de 1999, núm. 109, 17207) y de 8 de junio de 1999 (BOE 9 junio de 1999, núm. 137, 22066)* für bestimmte landwirtschaftliche Tätigkeiten der jeweils betroffenen Region Gebrauch.

890 Vgl. dazu Annex III der Rechtsverordnung mit seinen gemeinsamen Vorschriften (*normas comunes*).

891 *Nieto Montero*, in: Yebra Martul-Ortega/García Novoa/López Díaz, IRPF, 421.

892 Siehe zu außerordentlichen Betriebsausgaben bei der *estimación objetiva por coeficientes* oben ab S. 211.

893 Z.B. betrug für das Jahr 2000 die generelle Reduktion sieben Prozent mit einer möglichen Steigerung auf zwölf Prozent bei neu eingestellten Arbeitskräften, vgl. *Art. 2.1 Ley 55/1999 de Medidas Fiscales, Administrativas y de Orden Social (BOE 30-12-99).*

gg) Berücksichtigung von Subventionen

Als Gegenstück zur Reduktion der Zeichen, Indizes und Module bzw. zum außerordentlichen Betriebsausgabenabzug bei außergewöhnlich belastenden Umständen sind die Nettoeinkünfte nach Modulen zu erhöhen, wenn der Steuerpflichtige für seine Tätigkeit laufende Kapitalsubventionen erhält.

hh) Verhältnis zu den Vermögensgewinnen und -verlusten

Gemäß Art. 31.2 Nr. 2 LIRPF werden von den Vermögensgewinnen und -verlusten solche Vermögensgewinne nicht erfasst, die aus dem Unterschied der realen bzw. tatsächlichen Einkünfte aus der wirtschaftlichen Tätigkeit zu den durch die objektive Ermittlungsmethode errechneten Einkünfte entstehen. Dieser Differenzbetrag, die sog. fiskalischen Einkünfte (*rentas fiscales*),[894] ist, wie man dem soeben dargestellten fiktiven Charakter der objektiven Ermittlungsmethode entnehmen kann, keine Seltenheit, wenn nämlich bei Anwendung der objektiven Ermittlungsmethode ein steuerlicher Gewinn errechnet wird, der niedriger ist als der tatsächliche, handelsrechtlich errechenbare Gewinn. Ein Konflikt besteht dann im Verhältnis zu den sog. nicht gerechtfertigten Vermögensgewinnen und -verlusten, deren Besteuerung durch Art. 39 LIRPF sichergestellt werden soll.[895] Ohne die Regelung des Art. 31.2 Nr. 2 LIRPF könnten die fiskalischen Einkünfte aus der objektiven Ermittlungsmethode den nicht gerechtfertigen Vermögensgewinnen und -verlusten schnell unterfallen.[896] In einem solchen Fall kämen auf den Steuerpflichtigen nicht unerhebliche Beweisschwierigkeiten zu, um die Besteuerung seiner fiskalischen Einkünfte als nicht gerechtfertigte Vermögensgewinne zu vermeiden.[897]

d) Kritik

Die *estimación objetiva* wird im spanischen Schrifttum stark kritisiert, insbesondere vor dem Hintergrund des Leistungsfähigkeitsprinzips und des Gesetzesvorbehalts.

Zwar wird durch die Einräumung einer Reduktion der Zeichen, Indizes und Module bzw. eines außerordentlichen Betriebsausgabenabzugs bei außergewöhnlich belastenden Umständen versucht, dem Leistungsfähigkeitsprinzip Rechnung zu tragen. Allerdings ist diese Berücksichtigung der Ist-Leistungsfähigkeit des Steuerpflichtigen an das Vorliegen außergewöhnlicher Umstände geknüpft. Zu-

---

894 *Poveda Blanco*, Impuestos, I, 1993, 125, 141.

895 Siehe zu den nicht gerechtfertigten Vermögensgewinnen und -verlusten oben ab S. 38.

896 Zu dieser Problematik in einer früheren Gesetzesfassung ohne entsprechende Regelung vgl. *Zornoza Pérez*, Crónica Tributaria, 1984, 149, 156.

897 *Pérez Royo*, IRPF, 396 f.

dem wird selbst dann keine Gewinnermittlung auf der Grundlage der tatsächlichen Betriebseinnahmen und -ausgaben zugelassen, sondern lediglich die genannte Reduktion bzw. der außerordentliche Betriebsausgabenabzug; Ausgangspunkt bleiben auch dann die Beträge, die sich durch die Anwendung der Zeichen, Indizes und Module ergeben. Sogar bei Vorliegen durch den Steuerpflichtigen gesammelter Belege bleibt also auch in außergewöhnlichen Fällen eine Fiktion seiner Einkünfte.[898] Nicht die Ist-Leistungsfähigkeit des Steuerpflichtigen wird also besteuert, sondern seine Soll-Leistungsfähigkeit. Die Bezeichnung der objektiven Ermittlungsmethode als „Glücksspiel"[899] oder des in der spanischen Verfassung verankerten Leistungsfähigkeitsprinzips als inhaltsleere „Dekoration"[900] kommt damit nicht von ungefähr. So ist die durch diese Methode ermittelte Bemessungsgrundlage unabhängig von etwaigen Verlusten stets positiv, was der Methode einen konfiskatorischen Charakter verleiht.[901] Tatsächlich wird am Beispiel der objektiven Ermittlungsmethode einmal mehr deutlich, dass das spanische Leistungsfähigkeitsprinzip trotz seiner ausdrücklichen Erwähnung in der Verfassung noch nicht die Bedeutung seines deutschen Pendants hat.

Primärer Grund für die Einführung der objektiven Ermittlungsmethode nach Zeichen, Indizes und Modulen war die leichtere Kontrolle durch die Finanzverwaltung und die damit verbundene Einschränkung der Steuervermeidung und Gewährleistung eines Mindeststeueraufkommens. So betrugen nach den Statistiken der Finanzverwaltung im Jahre 1989 die durchschnittlichen Einkünfte aus Gewerbebetrieb lediglich 59,6 % der durchschnittlichen Einkünfte aus nichtselbstständiger Arbeit.[902] Ursache für dieses Ungleichgewicht waren die größeren Möglichkeiten der Gewerbetreibenden, ihre Einkommensteuer zu verkürzen oder gar vollständig zu vermeiden. Wie die Erfahrungen der Finanzverwaltung in den ersten Jahren nach der Einführung der objektiven Ermittlungsmethode nach Zeichen, Indizes und Modulen zeigen, ist die Akzeptanz unter den ihr unterliegenden Steuerpflichtigen groß.[903] Zudem können die Steuerpflichtigen die Gewinnermittlung nach der objektiven Methode freiwillig wählen, was einen

---

898 *Juan Lozano*, Estimación objetiva, 83, 90; *Navarro Faure*, Palau 14 1993, 69, 83.

899 „*Juego de azar*" bei *Banacloche Pérez*, Impuestos, I, 1992, Editorial, 1, 28.

900 „*Figura decorativa*" bei *García-Fresneda Gea*, Impuestos, I, 1995, 1452, 1479.

901 *Poveda Blanco*, Impuestos, I, 1993, 125, 143.

902 Durchschnittliche Einkünfte aus Gewerbebetrieb Ptas 1.018.296 (€ 6.134,23) bei 1.421.936 Steuerpflichtigen und durchschnittliche Einkünfte aus nichtselbstständiger Arbeit Ptas 1 706 252 (€ 10.278,63), Berechnung auf Grundlage der Daten aus *Ministerio de Economía y Hacienda*, Estadísticas, 87, 90.

903 In den Veranlagungszeiträumen 1992 und 1993 verzichteten im nationalen Durchschnitt lediglich 7 % auf die objektive Ermittlungsmethode, vgl. AEAT, Memoria 1993, Punkt 3.2.

gewissen Ausgleich für etwa eintretende Ungerechtigkeiten schafft.[904] Allerdings ist fraglich, ob der Steuerpflichtige selbst die Konsequenzen einer solchen Wahl übersehen kann, zudem erfolgt die Wahl durch Unterlassen,[905] er muss also tätig werden, um einer stärker am Leistungsfähigkeitsprinzip orientierte Gewinnermittlungsmethode zu unterliegen.

Einer unbestritten ungerechten Ermittlungsmethode wie der *estimación objetiva por signos, índices y módulos* ist trotz ihrer Vereinfachungseffekte die Bekämpfung der Ursachen für die mangelnde Steuerehrlichkeit der Unternehmer vorzuziehen: In Betracht kommen neben einer gleichmäßigen Steuererhebung durch eine größere Kontrolle der Steuerpflichtigen insbesondere die Minderung der Steuerlast, niedrigere Steuersätze, weniger betrugsanfällige Ausnahmeregelungen sowie ein transparenter und nachvollziehbarer Umgang mit den Steuergeldern.

Die zentralen Bestimmungen über die objektive Ermittlungsmethode finden sich in einer Rechtsverordnung des Wirtschafts- und Finanzministers. Dies führt dazu, dass die Bemessungsgrundlage der Einkommensteuer eines Steuerpflichtigen fast ausschließlich nach Kriterien der Finanzverwaltung bestimmt wird; dieser Zustand wird teilweise als eine fast vollständige Loslösung von Gesetzen[906] bezeichnet und als klarer Verstoß gegen den Gesetzesvorbehalt betrachtet.[907] Es stellt sich also die Frage, in welchem Ausmaß der spanische Gesetzgeber steuerliche Regelungen an die Verwaltung delegieren darf.[908]

Im Grundsatz hat das spanische Verfassungsgericht festgestellt, dass die entscheidenden und gestaltenden Elemente einer Steuer dem Gesetzesvorbehalt unterliegen.[909] Da die Einkommensteuer bei der objektiven Methode vollständig nach den Tabellen der *Orden Ministerial* berechnet wird, dürften letztere folglich nicht in einer Rechtsnorm so niedrigen Ranges enthalten sein. Allerdings hat das Verfassungsgericht bei anderer Gelegenheit das Gewicht des Gesetzesvorbehalts wieder abgeschwächt. Dabei hat es auf den breiten Entscheidungsspielraum des Steuergesetzgebers verwiesen und zugelassen, bei komplexen Sachverhalten wie einer steuerlichen Bemessungsgrundlage Teilregelungen der konkreten Ermittlung ihrer gestaltenden Elemente zu delegieren[910] – nach dieser

---

904 *Nieto Montero*, RDFHP 238/1995, 946-948.
905 *Orón Moratal*, in: Orón Moratal, IRPF, Art. 45, 368.
906 „*Deslegalización casi absoluta*“ bei *Pérez Royo*, IRPF, 283.
907 *Navarro Faure*, Palau 14 1993, 69, 79.
908 *Alonso González*, RIEE 1998, 471, 476 f.
909 *STC 179/1985, de 19 de diciembre, FJ 3°*, 572, 590 f.; siehe zum Gesetzesvorbehalt auch oben ab S. 12.
910 *TC, sentencia 221/1992, de 11 de diciembre, FJ 7°*, 1115, 1133 f.

Rechtsprechung liegt also kein Verstoß gegen das Prinzip des Gesetzesvorbehalts vor.

Problematisch ist, dass die objektive Ermittlungsmethode nach Zeichen, Indizes und Modulen nicht auf alle kleinen und mittleren Unternehmen anwendbar ist, sondern nur auf natürliche Personen. Dadurch werden die Unternehmen mit einer gesellschaftlichen Rechtsform benachteiligt, wodurch gegen das Prinzip der Rechtsformneutralität (*principio de generalidad bzw. neutralidad*) verstoßen wird.[911]

Sucht man im deutschen Steuerrecht nach Parallelen zur Systematik der objektiven Ermittlungsmethode, so wird man bei der Gewinnermittlung nach Durchschnittssätzen i.S.d. § 13a EStG, bei der Tonnagebesteuerung nach § 5a EStG sowie bei der Verprobung i.S.d. §§ 158-161 AO und der Steuerschätzung nach § 162 AO fündig.

Bei der Gewinnermittlung nach Durchschnittssätzen für Betriebe der Land- und Forstwirtschaft existieren mangels Buchführungspflicht keine direkten Anhaltspunkte für die Höhe des steuerlichen Gewinns. Veränderungen des Betriebsvermögens, Erträge und Aufwendungen oder Betriebseinnahmen und Betriebsausgaben des Wirtschaftsjahrs können nicht festgestellt werden. Als individuelle Größen des Betriebs werden lediglich die vereinnahmten Miet- und Pachtzinsen i.S.d. § 13a Abs. 3 S. 1 EStG und die nach Abs. 6 der Vorschrift gesondert zu ermittelnden Gewinne wie etwa aus der Veräußerung von Grund und Boden sowie Gebäuden berücksichtigt. Der Grundbetrag orientiert sich nach Absatz 4 an dem Hektarwert der selbstbewirtschafteten Fläche. Hinzuaddiert werden nach Absatz 3 noch die Zuschläge für Sondernutzungen i.S.d. Absatzes 5. Zusammengefasst setzt sich der Durchschnittssatzgewinn damit aus individuellen, typisierten und pauschalierten Komponenten zusammen[912] und kommt daher der objektiven Ermittlungsmethode sehr nahe. Da bei der Gewinnermittlung nach § 13a typischerweise ein erheblich unter dem tatsächlichen Gewinn liegender Gewinn erfasst wird, bestehen im Hinblick auf das Gebot einer gleichmäßigen Besteuerung nach der wirtschaftlichen Leistungsfähigkeit verfassungsrechtliche Zweifel.[913]

Ähnliches gilt für die Tonnagebesteuerung des § 5a EStG für Handelsschiffe im internationalen Verkehr, bei der sich der Gewinn gemäß Absatz 1 ausschließlich nach der im Betrieb eines Schiffes geführten Tonnage richtet, und zwar unabhängig von deren tatsächlicher Nutzung. Der Gewinnermittlung nach Durch-

---

911 *Poveda Blanco*, Impuestos, I, 1993, 125, 140.

912 *Jarzyk-Dehne*, Pauschalierungen, 87.

913 *Seeger*, in: Schmidt, EStG, § 13a Rn. 1; *Kube*, in: Kirchhof, EStG, § 13a Rn. 1 m.w.N.

schnittssätzen sowie nach Tonnage ist allerdings gemein, dass diese anders als die objektive Gewinnermittlungsmethode nur für einen eng umrissenen Kreis von Steuerpflichtigen gelten.

Für die Verprobung i.S.d. §§ 158-161 AO und die Steuerschätzung nach § 162 AO werden vom BMF Richtsatztabellen herausgegeben, die einen sog. äußeren Betriebsvergleich ermöglichen sollen.[914] Diese Richtsätze basieren auf den Verhältnissen eines Normalbetriebs von mittlerer Größe, der seinen Gewinn durch Bestandsvergleich ermittelt. Diesem Normalbetrieb werden Kennziffern entnommen, die Rückschlüsse auf die Besteuerungsgrundlagen zulassen, wie z.B. der Rohgewinnaufschlag auf den Wareneinsatz, der Rohgewinn, der Halbreingewinn und der Reingewinnsatz.[915] Die Richtsatztabellen sehen einen unteren und einen oberen Rahmensatz sowie einen Mittelsatz vor, um auf Besonderheiten des betroffenen Betriebs reagieren zu können. Im Übrigen ähneln die Untergruppen für die einzelnen Branchen sehr den Tabellen der objektiven Ermittlungsmethode. Anders als die objektive Ermittlungsmethode ist der äußere Betriebsvergleich bekanntlich keine Gewinnermittlungsart, sondern nur eine Möglichkeit zur Überprüfung der vom Steuerpflichtigen durchgeführten Gewinnermittlung.[916] Es ist zudem stets zu prüfen, ob die Richtsätze auf den konkreten Betrieb wegen seiner Größe, seiner Lage etc. angewandt werden können; ein Abweichen der Buchführung des Steuerpflichtigen von den Richtsätzen allein rechtfertigt keine Steuerschätzung.[917]

e) Ausblick

Es fragt sich also, welche Zukunft die in der spanischen Literatur mit der altbekannten Steuer auf Türen und Fenster[918] verglichene objektive Ermittlungsmethode hat. Man muss dem spanischen Gesetzgeber zugute halten, dass er mit der Ersetzung der *estimación objetiva por coeficientes* durch die *estimación directa simplificada* bereits seinen Willen zur Abkehr von den objektiven Ermittlungsmethoden gezeigt hat. So hat schon die Reformkommission von 1997 darauf gedrängt, diesen Weg hin zur direkten Ermittlungsmethode und zu einem Mindeststandard von Buchführungspflichten weiter zu gehen[919] und dabei im Endef-

---

914 Vgl. etwa für das Kalenderjahr 2001 BMF BStBl. I 2002, 566-583.

915 *Seer*, in: Tipke/Kruse, AO, § 162 Rn. 56.

916 Aus spanischer Sicht hat daher die objektive Ermittlungsmethode im deutschen Gewinnermittlungsrecht eine Ersatzfunktion, vgl. *Poveda Blanco*, Impuestos, I, 1993, 125, 146 f.

917 *Seer*, in: Tipke/Kruse, AO, § 162 Rn. 56 f.; Ziffern 1 und 2 der Vorbemerkungen zu den Richtsatztabellen für 2001, BMF BStBl. I 2002, 567.

918 „*Impuesto sobre puertas y ventanas*" bei *Poveda Blanco*, Impuestos, I, 1993, 125, 149.

919 *Informe de la Comisión Interministerial para el estudio y propuesta de medidas sobre fiscalidad de las PYMES de septiembre de 1997*, 153.

fekt auch die *estimación objetiva por signos, índices y módulos* aufzugeben bzw. nur in gerechtfertigten Ausnahmefällen anzuwenden.[920] Man kann nur hoffen, dass die dahingehenden Absichtserklärungen in die Tat umgesetzt werden, ohne dass noch einmal 20 Jahre verstreichen müssen.[921]

---

920 *Informe de la Comisión Interministerial para el estudio y propuesta de medidas sobre fiscalidad de las PYMES de septiembre de 1997*, 151, 155.

921 Bereits in der Präambel der *Orden de 26 de diciembre de 1978 (BOE 27 diciembre 1978, núm. 309, 29109)* zur *estimación objetiva singular* wurde die Vorherrschaft der direkten Ermittlungsmethode als Ziel ausgegeben.

V. Methoden der Steuerschätzung

In beiden Vergleichsländern kann die Finanzverwaltung in bestimmten Fällen den Gewinn und damit die Steuer schätzen. Eine Gemeinsamkeit haben die Schätzmethoden in der Unsicherheit darüber, wie sie in das jeweilige Gewinnermittlungssystem einzuordnen sind.

1. Schätzung nach § 162 AO

Die Steuerschätzung nach § 162 AO wird in der Regel im Zusammenhang mit den Gewinnermittlungsarten erläutert, weshalb man sie auf den ersten Blick als eine fünfte Gewinnermittlungsmethode verstehen könnte. Dafür könnte sprechen, dass ein buchführungspflichtiger Landwirt, der aber keine Bücher führt, unter dem Begriff des „Schätzungslandwirts"[922] bekannt ist, da die Finanzverwaltung regelmäßig auf die zwangsweise Durchführung seiner Buchführungspflichten verzichtet und seinen Gewinn auf der Grundlage des § 4 Abs. 1 EStG schätzt. Dabei handelt es sich jedoch um eine Randerscheinung im System der Gewinnermittlung, grundsätzlich ist die Steuerschätzung akzessorisch zu der jeweils eigentlich anwendbaren Gewinnermittlungsmethode für den Fall der fehlenden oder ungenügenden Gewinnermittlung durch den Steuerpflichtigen.[923] Im Gegensatz zu diesen Gewinnermittlungsmethoden wird die Bemessungsgrundlage bei der Steuerschätzung nicht durch den Steuerpflichtigen, sondern durch die Finanzverwaltung ermittelt,[924] weswegen die Steuerschätzung keine eigenständige Gewinnermittlungsmethode ist.

Die Schätzung setzt gemäß § 162 Abs. 1, 2 AO voraus, dass die Finanzbehörde die Besteuerungsgrundlagen nicht ermitteln oder berechnen kann, insbesondere wenn der Steuerpflichtige seine Mitwirkungspflichten nicht erfüllt. Legt der Steuerpflichtige eine formell ordnungsgemäße Buchführung vor, so ist die Vermutung ihrer Richtigkeit i.S.d. § 158 AO erst dann widerlegt und deswegen eine Steuerschätzung erst dann möglich, wenn die Buchführung mit an Sicherheit grenzender Wahrscheinlichkeit ganz oder teilweise sachlich unrichtig ist. Die diesbezügliche Würdigung des Sachverhalts erfolgt anhand von Verprobungsmethoden wie dem inneren Betriebsvergleich – es erfolgt ein Vergleich mit den Daten desselben Betriebs aus den Vorjahren – oder den Vermögenszuwachs- und Geldverkehrsrechnungen – es wird ermittelt, wie es zu unerklärlichen Vermögenszuwächsen etwa im Privatvermögen des Steuerpflichtigen oder zu einem nicht aufzuklärenden Überschuss an verausgabten Geldern kam. Zum Ergebnis

922 BFH, Urt. v. 8.08.1991 – IV R 56/90, BStBl. II 1993, 272, 274.
923 *Heinicke*, in: Schmidt, EStG, § 4 Rn. 3 ff.
924 *Kanzler*, FR 1998, 233, 234, 237 f..

eines äußeren Betriebsvergleichs[925] müssen weitere Umstände hinzutreten, die für eine Unrichtigkeit der Buchführung sprechen.[926]

Liegen die Voraussetzungen der Steuerschätzung vor, so kann die Finanzverwaltung je nach Umfang der fehlenden Daten eine Voll-, Teil-, oder Ergänzungsschätzung der Bemessungsgrundlage vornehmen. Dies erfolgt anhand der bereits im Zusammenhang mit der Verprobung genannten Methoden, aus denen das Finanzamt eine auswählen und konsequent durchführen muss.[927]

2. *Estimación indirecta*

Die in Art. 50.2 LGT vorgesehene indirekte Ermittlungsmethode gilt über Art. 16.3 LIRPF für die Einkommensteuer und über Art. 10.2 TRLIS für die Körperschaftsteuer.

Ihre Voraussetzungen enthält Art. 53 LGT: Die indirekte Ermittlungsmethode ist nach Art. 53.1 LGT anwendbar, wenn die zur Ermittlung der Bemessungsgrundlage erforderlichen Daten nicht der Finanzverwaltung vorliegen. Als mögliche Gründe werden eine fehlende oder lückenhafte Steuererklärung, mangelnde Kooperation des Steuerpflichtigen, die Nichterfüllung der buchhalterischen Pflichten oder der Verlust oder die Zerstörung – auch durch höhere Gewalt – der Bücher angeführt. Die indirekte Methode der Ermittlung der Bemessungsgrundlage ist nach dem LGT somit nur dann anwendbar, wenn eine Anwendung der direkten oder der objektiven Ermittlungsmethode aus den genannten Gründen nicht möglich ist.

Die spanische Finanzverwaltung und Rechtsprechung haben diese Voraussetzungen präzisiert und teilweise hohe Hürden für die Anwendbarkeit der indirekten Ermittlungsmethode errichtet. Beispielsweise wurde ihre Anwendbarkeit in einem Fall abgelehnt, obwohl sich die Rechnungslegung des Steuerpflichtigen nicht an die Voraussetzungen des CCom hielt, wohl aber eine gewisse Ordnung und Zielsetzung aufwies.[928]

---

925 Siehe zum äußeren Betriebsvergleich auch oben ab S. 237.

926 *Seer*, in: Tipke/Kruse, AO, § 162 Rn. 38 f.

927 *Seer*, in: Tipke/Kruse, AO, § 162 Rn. 52, 54 ff.

928 Vgl. eine entsprechende Verwaltungsentscheidung des TEAC aus dem Jahre 2006 (*Resolución 00/6862/2003 del TEAC de 29 de junio de 2006*, zu finden auf http://serviciosweb.meh.es/apps/doctrinateac/detalle.asp) und die diesbezügliche Rechtsprechung des *Tribunal Superior de Justicia de la Rioja, Sala de lo Contencioso-Administrativo, núm. 458/1995, de 15 de diciembre de 1995, JT 1995\1567*; *Clavijo Hernández*, RTT 52/2001, 21, 30 f.

Ist die indirekte Ermittlungsmethode anwendbar, so stehen der Finanzverwaltung gemäß Art. 53.2 LGT die folgenden Mittel zur Ermittlung der Bemessungsgrundlage zur Verfügung: Die Finanzverwaltung kann die vorhandenen Daten sowie Indizien für die Existenz etwa von Erträgen und Aufwendungen berücksichtigen. Zudem kann sie auf der Grundlage ähnlich gelagerter Fälle Schätzungen anstellen.

Aus diesen Instrumenten der indirekten Ermittlungsmethode ist erkennbar, dass es sich nicht um eine eigenständige Ermittlungsmethode handelt, die in Art. 50.2 LGT mit der direkten und der objektiven Ermittlungsmethode gleichgestellt werden sollte. Dafür fehlt ihr im Gegensatz zu diesen Ermittlungsmethoden eine Regelung darüber, wie sich die Bemessungsgrundlage zusammensetzt bzw. wie sich der steuerliche Gewinn berechnet. Vielmehr ist sie ein durch die Finanzverwaltung auf alle Steuern anwendbares subsidiäres System,[929] welches teilweise auch als ein Wechsel der Beweislast (*subrogado de la prueba*) bezeichnet wird.[930]

Wegen dieses subsidiären Anwendungsbereichs und auch wegen des ebenfalls indirekten Charakters der objektiven Ermittlungsmethode ist die Bezeichnung „indirekt" als Unterscheidungsmerkmal für die *estimación indirecta* ungenau. Treffender wäre beispielsweise „subsidiäres Ermittlungsverfahren" (*procedimiento de estimación subsidiaria*).[931] Gestützt wird diese Ansicht durch den im Jahre 2003 eingeführten Art. 50.4 LGT, nach dem die indirekte Ermittlungsmethode gegenüber der direkten und der objektiven Ermittlungsmethode subsidiär ist.

Das Verhältnis der indirekten Ermittlungsmethode zur oben[932] im Rahmen des Maßgeblichkeitsprinzips beschriebenen Kompetenz der Finanzverwaltung nach Art. 143 TRLIS ist in der spanischen Literatur noch nicht geklärt: Teilweise geht man davon aus, die indirekte Ermittlungsmethode sei erst anwendbar, wenn die Finanzverwaltung auch nach Inanspruchnahme des Art. 143 TRLIS nicht genug Daten für die direkte Ermittlungsmethode zur Verfügung habe.[933] Nach anderer Ansicht ist das Verhältnis nicht alternativ, sondern komplementär: Im Wege der indirekten Ermittlungsmethode könne die Finanzverwaltung Tatsachen schätzen, um die direkte Ermittlungsmethode durchführen zu können. Für diesen zweiten Schritt sei die Ermittlung des buchhalterischen Ergebnisses durch die Finanzverwaltung auf Grundlage des Art. 143 TRLIS notwendig; Art. 143 TRLIS und

---

929 *Pérez*, REDF 104/1990, 723, 727.

930 *Clavijo Hernández*, RTT 52/2001, 21, 30 m.w.N.

931 *Nieto Montero*, in: Yebra Martul-Ortega/García Novoa/López Díaz, IRPF, 423 m.w.N.

932 Siehe zu dieser Kompetenz oben ab S. 86.

933 *Malvárez Pascual/Martín Zamora*, IS, 70 f.

die indirekte Ermittlungsmethode ergänzten sich also.[934] Für diese zweite Ansicht spricht, dass die indirekte Ermittlungsmethode die Möglichkeit bietet, zur Ermittlung der Bemessungsgrundlage notwendige, aber wegen nicht vorhandener oder lückenhafter Buchführung des Steuerpflichtigen nicht vorliegende Daten zu schätzen. Im Unterschied dazu setzt Art. 143 TRLIS das Vorliegen ebendieser Daten voraus, er berechtigt die Finanzverwaltung lediglich zur korrigierenden Anwendung der an diese Daten anknüpfenden Normen des Handelsrechts.

Ist die indirekte Ermittlungsmethode anwendbar, so greifen die formellen Erfordernisse der Art. 53.3, 158 LGT: Die Finanzverwaltung hat dann zu begründen, warum und auf welche Weise sie zu dieser Methode gegriffen hat, wie es um die Buchführung des Steuerpflichtigen steht und welche Berechnungen und Schätzungen im Rahmen der indirekten Ermittlungsmethode vorgenommen wurden.

Steuerschätzung wie indirekte Ermittlungsmethode sind also subsidiäre Ermittlungsverfahren, die nur dann greifen, wenn eine Gewinnermittlung durch die primär vorgesehenen Methoden nicht möglich ist. Während in Deutschland dem äußeren Betriebsvergleich selbst im Rahmen der Steuerschätzung eine nur geringe Aussagekraft beigemessen wird, ist er in Spanien im Rahmen der *estimación objetiva* nicht erst auf Ebene der Steuerschätzung, sondern bereits als normale Gewinnermittlungsart anwendbar.

934 *Báez Moreno*, Crónica Tributaria 102/2002, 9, 18.

C. Schlussbetrachtung

I. Die verfassungsrechtlichen Besteuerungsprinzipien

Bei allen Gemeinsamkeiten unterscheiden sich die verfassungsrechtlichen Besteuerungsprinzipien der Vergleichsländer darin, dass die spanischen Prinzipien für die Besteuerung explizit in der Verfassung geregelt sind, während sie in Deutschland aus den allgemeinen Verfassungsgrundsätzen heraus entwickelt werden. Die Annahme, dass den Besteuerungsprinzipien in Spanien wegen ihrer ausdrücklichen Erwähnung in der Verfassung im Vergleich zu Deutschland eine besonders große Bedeutung zukommt, wird jedoch nicht bestätigt. Ganz im Gegenteil spielt etwa das Leistungsfähigkeitsprinzip in Spanien trotz seiner Verankerung in der Verfassung bisher nur eine untergeordnete Rolle und kann nicht Gegenstand einer Verfassungsbeschwerde sein. Auch der spanische Gesetzgeber hat das Leistungsfähigkeitsprinzip lange Zeit anderen Prinzipien untergeordnet und beispielsweise die objektive Ermittlungsmethode mit ihrer Ermittlung der Sollleistungsfähigkeit aus Gründen der Vereinfachung und Effektivität der Steuererhebung beibehalten. Es dürfte ausgeschlossen sein, dass diese Methode der Überprüfung des deutschen Bundesverfassungsgerichts standhalten würde.

Allerdings lässt die Orientierung des spanischen Verfassungsgerichts am Bundesverfassungsgericht erwarten, dass sich die Auslegung und Einhaltung der verfassungsrechtlichen Besteuerungsprinzipien weiter angleichen wird.

II. Der Steuertatbestand – Die relevanten Einkunftsarten

Die Einkommensteuertatbestände der Vergleichsländer weisen die folgenden grundlegenden Unterschiede auf:

Hinsichtlich des Vergleichskriteriums der rechtsform- und einkunftsartenneutralen Besteuerung ist die spanische Systematik vorbildlich, die Einkünfte aus Landwirtschaft, selbstständiger Tätigkeit und Gewerbebetrieb zu einer Einkunftsart der wirtschaftlichen Tätigkeiten zusammenzufassen. Zudem kennt das spanische Steuerrecht den deutschen Dualismus der Einkunftsarten nicht und kann deshalb als Beispiel dafür dienen, auf welche Weise private Veräußerungsgeschäfte generell erfasst werden können. Problematisch sind allerdings die komplizierte Umsetzung der Einkunftsart der Veräußerungsgewinne und -verluste sowie – seit der Einkommensteuerreform von 2006 – die Sonderbehandlung der sog. Spareinkünfte, welche zu zwei verschiedenen Bemessungsgrundlagen und zu unterschiedlichen Steuersätzen führen.

Auffälligste Differenz zwischen den beiden Steuertatbeständen der Körperschaftsteuer ist die unterschiedliche Behandlung von Personengesellschaften, die in Spanien regelmäßig eigene Körperschaftsteuersubjekte sind. Die komplizierte und konfliktträchtige deutsche Mitunternehmerschaft spielt in der spanischen Systematik nur eine untergeordnete Rolle bei bestimmten Personenzusammenschlüssen (*atribución de rentas*), wo sie in vereinfachter Form anzutreffen ist.

Die spanische Körperschaftsteuer unterscheidet nicht zwischen verschiedenen Einkunftsarten, die zu Einkünften aus Gewerbebetrieb umqualifiziert werden, sondern geht von vornherein von einem allumfassenden Einkunftsbegriff (*renta*) aus.

III. Die Ermittlung der Bemessungsgrundlage

Hinsichtlich der Bemessungsgrundlage ist zunächst die gegenläufige Tendenz des Maßgeblichkeitsprinzips in den beiden Vergleichsländern bemerkenswert. Während das Maßgeblichkeitsprinzip in Deutschland schon seit Jahrzehnten besteht und immer stärker in die Kritik geraten ist, stammt das spanische Äquivalent aus dem Jahre 1995. Verschiedene Gründe führen dazu, dass es dort nicht so umstritten ist wie in Deutschland:

Zunächst existiert in Spanien keine umgekehrte Maßgeblichkeit. Die Nachteile eines vom Steuerrecht beeinflussten Handelsbilanzrechts werden also vermieden. Auch die aus Deutschland bekannte Diskussion über das Ende des Maßgeblichkeitsprinzips wegen der Einführung der informationsgeprägten internationalen Bilanzierungsnormen findet nicht statt: Das spanische Rechnungslegungsrecht ist traditionell offen gegenüber europäischen oder internationalen Bilanzierungsregeln[935] und insbesondere gegenüber der Rechnungslegung angelsächsischer Prägung, was nicht zuletzt anhand der zentralen Bedeutung des *imagen fiel*, der Unabhängigkeit des Realisationsprinzips bzw. *principio de devengo* vom Vorsichtsprinzip und der Periodisierung anhand des Korrelationsprinzips deutlich wird. Das Vorsichtsprinzip ist zwar auch in Spanien als ein grundlegendes Prinzip der Rechnungslegung ausgestaltet, obwohl es dem *imagen fiel* untergeordnet ist, dennoch ist unübersehbar, dass die spanische Rechnungslegung zwischen den beiden Extremen der angelsächsischen und der kontinentaleuropäischen Rechnungslegung anzusiedeln ist. Dies führt dazu, dass die Auswirkungen der Internationalisierung der Rechnungslegung auf das nationale Steuerrecht in Spanien mit weniger Sorge betrachtet wird als hierzulande.

Im Übrigen dürfte das deutsche Bilanzrecht durch die Internationalisierung und Europäisierung der Rechnungslegung jedenfalls insoweit eine bessere Kompatibilität mit den Steuerbilanzzwecken erreichen, als der Grundsatz des „*True and Fair View*“ besser als die traditionelle Vorsichtskonzeption des deutschen Bilanzrechts geeignet ist, die Ausschüttungsinteressen des Anteilseigners zu be-

935 So auch *Sasse*, Rückstellungen, 117.

friedigen und damit den ausschüttbaren Gewinn richtig zu bestimmen;[936] der volle Gewinn kann so konfliktfreier ermittelt werden als nach einer stark am Vorsichtsprinzip orientierten Gewinnermittlung.[937]

Problematisch für die steuerliche Gewinnermittlung ist eine Internationalisierung der Rechnungslegung allerdings insoweit, als sie dem Steuerpflichtigen größere Bilanzierungsspielräume einräumt. Dies ist etwa der Fall bei der nach den internationalen Normen weitgehend zulässigen Aktivierung immaterieller Vermögensgegenstände auch im Anlagevermögen, die nicht entgeltlich erworben wurden. Auch in diesem Zusammenhang zeigt sich, dass das spanische Rechnungslegungs- und Steuerrecht eine solche Aktivierung bereits weitgehend zulässt, woran wieder der Unterschied zum vom Vorsichtsprinzip geprägten deutschen Pendant erkennbar wird. Allerdings spielten die internationalen Rechnungsnormen in Spanien wie in Deutschland für die steuerliche Gewinnermittlung noch keine Rolle, ein zukünftiger Wandel ist in diesem Bereich jedoch nicht auszuschließen.

Dem deutschen Betriebsvermögensvergleich entspricht in Spanien die direkte Ermittlungsmethode, welche allerdings die Gewinn- und Verlustrechnung in den Vordergrund rückt und als Mehr- oder Weniger-Rechnung ausgeprägt ist. Wie in Deutschland wird der handelsrechtlich ermittelte Gewinn durch steuerliche Korrekturen modifiziert. Ein Eingriff der Rechtsprechung mit der Folge, dass handelsrechtliche Aktivierungswahlrechte steuerrechtlich zu Aktivierungsgeboten und handelsrechtliche Passivierungswahlrechte steuerrechtlich zu Passivierungsverboten werden, ist in Spanien bisher nicht erfolgt. Allerdings kennt das spanische Handelsrecht weniger Wahlrechte als das deutsche, insbesondere existieren in Spanien nur Pflichtrückstellungen. Gerade die Rückstellungen werden im spanischen Steuerrecht kompromisslos eingeschränkt durch Art. 13.1 TRLIS, woran der steuerrechtliche Hang zur Objektivierung der Gewinnermittlung erkennbar wird. In diesem Zusammenhang sind auch die zahlreichen Kompetenzen der spanischen Finanzverwaltung erwähnenswert, insbesondere diejenige zur Ermittlung des buchhalterischen Ergebnisses zum Zwecke der steuerlichen Gewinnermittlung.

In Spanien verweist für die Gewinnermittlung nicht das Körperschaftsteuergesetz auf das Einkommensteuergesetz und weiter auf das Handelsrecht, sondern

---

936 *Lang*, in: Tipke/Lang, Steuerrecht, § 9 Rn. 310; *Weber-Grellet*, in: Schmidt, EStG, § 5 Rn. 3; generell einen Verweis des Steuerrechts auf die IAS als möglich erachtend *Herzig/Bär*, DB 2003, 1, 4 f.

937 Vgl. etwa *Wagner*, BB 2002, 1885, 1886, 1888, der allerdings den steuerrechtlichen Sinn einer periodengerechten Gewinnermittlung bezweifelt; zur dieser Thematik und dem Fair Value auch *Báez Moreno/Kaiser*, StuW 2/2007, 172 ff.

umgekehrt das Einkommensteuergesetz auf das Körperschaftsteuergesetz, welches das buchhalterische Ergebnis für maßgeblich erklärt.

Die Systematik der übrigen Gewinnermittlungsmethoden ist in beiden Vergleichsländern wenig übersichtlich. Der Begriff des Totalgewinns als Vergleichs- und Ausgleichskriterium für verschiedene Gewinnermittlungsmethoden ist in Spanien unbekannt. Ausgeprägt ist dagegen der Hang zur Vereinfachung, neben der objektiven Ermittlungsmethode zeugt davon auch die *estimación directa simplificada*. Eine mit § 4 Abs. 3 EStG vergleichbare Kassenrechnung existiert lediglich als Randerscheinung im spanischen Einkommensteuergesetz, nach dem TRLIS kann das Kassenprinzip sogar nur für einzelne Posten angewandt werden.

Der deutschen Steuerschätzung entspricht schließlich die indirekte Ermittlungsmethode, allerdings ähnelt nach deutschem Verständnis auch die objektive Gewinnermittlungsmethode einer Steuerschätzung.

IV. Fazit

Es ist deutlich geworden, dass bei allen Gemeinsamkeiten der beiden Steuerrechtsordnungen auch noch erhebliche Unterschiede bestehen. Letztlich ist es der europäischen Harmonisierung des Handelsrechts zu verdanken, dass auch in Spanien das Maßgeblichkeitsprinzip eingeführt wurde und so die steuerliche Gewinnermittlung in den Vergleichsländern auf einer weitgehend übereinstimmenden Grundlage basiert. Dieser Effekt könnte noch verstärkt werden, wenn jeweils die internationalen Rechnungslegungsnormen auch für den Einzelabschluss zugelassen würden. Dies würde dem deutschen Steuerrecht nach dem Gesagten eine größere Umstellung abverlangen als dem spanischen.

Doch auch im Falle eines Stockens der weiteren europäischen Integration ist zukünftig eine stetige Annäherung der Steuersysteme durch gegenseitige Inspiration zu erwarten: Zu ähnlich sind sich die verfassungsrechtlichen Grundlagen, zu interessiert ist der Blick der Steuerrechtler auf das jeweils andere Recht, als dass dieser Prozess umgekehrt werden könnte.

Literaturverzeichnis

Agencia Tributaria, Ministerio de Economía y Hacienda, Secretaría de Estado de Hacienda	Memoria 1993, Madrid 1994 [AEAT, Memoria 1993]
dies.	Principios Contables: Existencias, 6. Aufl., Madrid 1995 [AECA, Existencias]
dies.	Principios Contables: Fondo de reversión, 3. Aufl., Madrid 1995 [AECA, Fondo de reversión]
dies.	Principios Contables: Gastos, 3. Aufl., Madrid 1999 [AECA, Gastos]
dies.	Principios Contables: Ingresos, 4. Aufl., Madrid 1999 [AECA, Ingresos]
dies.	Principios Contables: Inmovilizado inmaterial y gastos amortizables, 8. Aufl., Madrid 1998 [AECA, Inmovilizado inmaterial]
dies.	Principios Contables: Inmovilizado material, 9. Aufl., Madrid 1995 [AECA, Inmovilizado material]
dies.	Principios Contables: Provisiones, contingencias y acontecimientos posteriores al cierre de los estados financieros, 4. Aufl., Madrid 1995 [AECA, Provisiones]
Agulló, Antonia	Estructura de la imposición sobre la renta y el patrimonio y el principio de capacidad contributiva, Civitas, Revista española de derecho financiero, núm. 37, enero/marzo 1983, 23-60

Alarcón García, Gloria	Der Abzug von Berufsausgaben im spanischen Einkommensteuerrecht, Ein Vergleich mit dem deutschen Einkommensteuerrecht, StuW 1997, 333-340
Alonso González, Luis Manuel	La estimación directa simplificada de los rendimientos empresariales y profesionales en el IRPF, Revista del Instituto de Estudios Económicos 1998, núm. 2/3, 471-500
Arrieta Martínez de Pisón, Juan/ *Cayon Galiardo*, Antonio (Hrsg.)	Presente y futuro de la imposición directa en España, Valladolid 1997 [Arrieta Martínez de Pisón/Cayon Galiardo, Imposición directa]
Baetge, Jörg/ *Kirsch*, Hans-Jürgen/ *Thiele*, Stefan (Hrsg.)	Bilanzrecht, Handelsrecht mit Steuerrecht und den Regelungen des IASB, Kommentar, Loseblatt, Band 1: Aktuelles, Einführung, §§ 238-289 HGB, Bonn, Stand April 2007 [Baetge/Kirsch/Thiele, Bilanzrecht]
Báez Moreno, Andrés	Normas Contables e Impuesto sobre Sociedades, zugl. Diss., Univ. Carlos III de Madrid 2004, Cizur Menor (Navarra) 2005 [*Báez Moreno*, Base imponible]
ders.	Potestad de determinación del resultado contable (artículo 148 de la LIS) y estimación indirecta de bases imponibles, Crónica Tributaria, núm. 102/2002, 9-18
ders./ *Kaiser*, Thomas	Fair Value und die Körperschaftsteuer aus spanischer Sicht – Anmerkungen zur steuerlichen Geeignetheit der IFRS –, StuW 2/2007, 172-186
Banacloche Perez, Julio	La estimación objetiva (Editorial), Impuestos, I, 1992, 1-28

Becker, Helmut — Steuerprogression und Steuergerechtigkeit, in: *Kirchhof*, Paul/*Offerhaus*, Klaus/*Schöberle*, Horst (Hrsg.), Steuerrecht, Verfassungsrecht, Finanzpolitik, Festschrift für Franz Klein, Köln 1994, 379-392
[*Becker*, in: FS Klein]

Beisse, Heinrich — Grundsatzfragen der Auslegung des neuen Bilanzrechts, BB 1990, 2007-2012

Birk, Dieter (Hrsg.) — Handbuch des Europäischen Steuer- und Abgabenrechts, Berlin 1995
[Birk, Europäisches Steuer- und Abgabenrecht]

ders. — Steuerrecht, 10. Aufl., Heidelberg 2007
[*Birk*, Steuerrecht]

Boeker, Christian — Gewinnermittlung und Gewinnbesteuerung in Deutschland und in Spanien, zugl. Diss., Univ., Göttingen 1992
[*Boeker*, Gewinnermittlung]

Broto Rubio, Jesús/*Cóndor López*, Vicente — El principio de prudencia „versus" principio de correlación de ingresos y gastos, Revista española de financiación y contabilidad, núm. 47, 1985, 357-393

Caro Cebrián, Aníbal/*García García*, Gregorio — Fiscalidad de las sociedades patrimoniales y de sus socios, Partida Doble, núm. 144, mayo de 2003, 18-23

Carretero Pérez, Adolfo — El plan general de contabilidad y el derecho contable, Revista de derecho financiero y de hacienda pública, núm. 218, 1992, 267-300

Castrillo Lara, Luis Ángel — Contingencias contables que pueden originar el nacimiento de pasivos: Un estudio empírico sobre su tratamiento en las empresas españolas, zugl. Univ., Diss., Valladolid 1992, Madrid 1996
[*Castrillo Lara*, Contingencias contables]

Cazorla Prieto, Luis María/ *Peña Alonso*, José Luis — El impuesto sobre la renta de las personas físicas (Ley 40/1998 y su Reglamento), Pamplona 1999
[*Cazorla Prieto/Peña Alonso*, IRPF]

dies. — La reforma del impuesto sobre la renta de las personas físicas, Ley 46/2002, de 18 de diciembre y Real Decreto 27/2003, de 10 de enero, Cizur Menor (Navarra) 2003
[*Cazorla Prieto/Peña Alonso*, Reforma 2002]

Cea García, José Luis — El principio del devengo en el plan general de contabilidad de 1990. Una lectura progresista en favor de la imagen fiel, Madrid 1993
[*Cea García*, Principio del devengo]

Checa González, Clemente/ *Clavijo Hernández*, Francisco/ *de la Peña Velasco*, Gaspar/ *Falcón y Tella*, Ramón/ *Simón Acosta*, Eugenio — Comentarios a la Ley del Impuesto sobre Sociedades, Régimen General, Madrid 2000
[*Checa González/Clavijo Hernández/de la Peña Velasco/Falcón y Tella/Simón Acosta*, IS]

Clavijo Hernández, Francisco — Los regímenes de determinación de la base imponible (una reflexión a la luz de los trabajos de Sáinz de Bujanda y Palao Taboada), Revista Técnica Tributaria, núm. 52, 2001, 21-32

Clavijo Hernández, Francisco/ *Ferreiro Lapatza*, José Juan/ *Martín Queralt*, Juan/ *Tejerizo López*, José Manuel/ *Pérez Royo*, Fernando — Curso de derecho tributario, Parte especial, Sistema tributario: Los tributos en particular, 19. Auflage, Madrid 2003 [Clavijo Hernández/Ferreiro Lapatza pp., Derecho Tributario]

Combarros Villanueva, Victoria Eugenia — La empresa y su valoración en el impuesto sobre el patrimonio, Madrid 1987 [*Combarros Villanueva*, Valoración]

Cordón Ezquerro, Teodoro — Novedades en el IRPF aprobadas durante 2005 y anteproyecto de ley de reforma, Estudios Financieros, núm. 276, 2006, 3-36

Czakert, Ernst — Der Stand der Arbeiten an einer gemeinsamen konsolidierten Körperschaftsteuer-Bemessungsgrundlage in der Europäischen Union, IStR 2006, 561-566

Dicken, André Jacques — Spanisches Bilanzrecht: Einzel-, Konzern- und Steuerbilanzen, Bielefeld 2000 [*Dicken*, Spanisches Bilanzrecht]

Drüen, Klaus-Dieter — Über den Totalgewinn, Maßstab der Gewinnerzielungsabsicht und Störfaktor für die Gewinnermittlung, FR 1999, 1097-1108

Dziadkowski, Dieter — Die Überschussrechnung – eine Alternative zur Steuerbilanz?, BB 2000, 399-401

Ebling, Klaus (Hrsg.) — Blümich, EStG, KStG, GewStG, Loseblatt-Kommentar,
Band 1: §§ 1-8 EStG, München, Stand Januar 2008,
Band 2: §§ 9-24c EStG, Stand September 2007
[Blümich, EStG]

Ehmcke, Torsten	Leistungsfähigkeitsprinzip und Steuersystem in Spanien – Besprechung der Schrift von Pedro M. Herrera Molina, Capacidad Económica y Sistema Fiscal. Análisis del ordenamiento español a la luz del Derecho alemán, Madrid 1998 –, StuW 1999, 89-95
Ehrhardt-Rauch, Andrea	Die Einnahmen-Überschuss-Rechnung als einheitliche Gewinnermittlungsart?, DStZ 2001, 423-428
Ellrott, Helmut/ *Förschle*, Gerhart/ *Hoyos*, Martin/ *Winkeljohann*, Norbert (Hrsg.)	Beck'scher Bilanz-Kommentar, Handels- und Steuerbilanz – §§ 238 bis 339, 342 bis 342e HGB mit EGHGB und IAS/IFRS-Abweichungen –, 6. Aufl., München 2006 [Beck'scher Bilanz-Kommentar]
Erle, Bernd/ *Sauter*, Thomas (Hrsg.)	Heidelberger Kommentar zum Körperschaftsteuergesetz, Die Besteuerung der Kapitalgesellschaft und ihrer Anteilseigner, 2. Aufl., Heidelberg 2006 [Erle/Sauter, KStG]
Esteban Marina, Ángel	Contabilidad y Base imponible en el nuevo Impuesto sobre Sociedades, Madrid 1997 [*Esteban Marina*, Contabilidad y base imponible]
Falcón y Tella, Ramón	Criterios fiscales y contables en la nueva Ley del Impuesto sobre Sociedades: Algunas observaciones, Revista Técnica Tributaria, núm. 33, 1996, 29-46
ders.	El valor normativo de las Resoluciones del ICAC, Quincena Fiscal, núm. 22, 1997, 5-9
Fernández Junquera, Manuela (Hrsg.)	Impuesto sobre Sociedades: Aspectos Fundamentales, Valladolid, 1997 [Fernández Junquera, IS]

Ferreiro Lapatza, Juan José — Sobre la Ley 43/1995, de 27 diciembre, del Impuesto sobre Sociedades, Quincena Fiscal, núm. 5, 1996, 11-16

Fuisting, Bernhard — Die preußischen direkten Steuern, Bd. 4, Grundzüge der Steuerlehre, Berlin 1902 [*Fuisting*, Die preußischen direkten Steuern]

Gaceta Fiscal — Tema del mes: Provisiones para riesgos y gastos en la Ley 43/1995, Gaceta Fiscal, núm. 144, 1996, 143-159

Gago Rodríguez, Alberto — El fraude fiscal en España: Aportaciones del proyecto de ley del nuevo I.R.P.F., Revista de derecho financiero y de hacienda pública, núm. 214, julio-agosto 1991, 751-779

Galán Sánchez, Rosa María — Las ganancias y pérdidas patrimoniales en la Ley 40/1998, de 9 de diciembre, del impuesto sobre la renta de las personas físicas, zugl. Univ. Córdoba, Dissertation 1996, Madrid 2000 [*Galán Sánchez*, Gan. y Pérd. Patr.]

Galapero Flores, Rosa — Regímenes de determinación de la base imponible en el impuesto sobre la renta de las personas físicas: Determinación directa y estimación objetiva. Modificaciones llevadas a cabo por el Real Decreto 37/1998, de 17 de enero, Revista de Derecho Financiero y de Hacienda Pública, 1998, v. 48, núm. 249, 535-556

Gallego Peragón, José Manuel — Los principios materiales de justicia tributaria, Granada 2003 [*Gallego Peragón*, Principios materiales]

Garay y Chamizo, Catalina/ *Rothe*, Martin — Rechtswörterbuch Spanisch-Deutsch, Deutsch-Spanisch, 2. Aufl., München 2003 [*Garay/Rothe*, Rechtswörterbuch]

García-Fresneda Gea, Francisco — La estimación objetiva por módulos en la Ley 18/1991, de 6 de junio, del IRPF, Impuestos, I, 1995, 1452-1479

García Frías, Angeles/ *Zinser*, Thomas — Investitionen in Spanien, IStR 1999, 55-64

dies. — Das neue spanische Einkommensteuergesetz, IStR 1999, 550-558

García Moreno, V. Alberto — La base imponible del Impuesto sobre Sociedades, Madrid 1999 [*García Moreno*, Base imponible]

Génova Galván, Alberto — Los regímenes de determinación de la base imponible, Revista de derecho financiero y de Hacienda Pública, núm. 181, 1986, 13-55

Gil Pérez, Antonio/ *Terrasa Monasterio*, Miquel/ *Sánchez López*, Andrés (Hrsg. aus der Kanzlei Cuatrecasas) — Comentarios al impuesto sobre la renta de las personas físicas y al impuesto sobre la renta de no residentes, Cuatrecasas Abogados, Elcano (Navarra) 2000 [Cuatrecasas, IRPF]

Gómez Mourelo, Caridad — Novedades fiscales para el año 2003 (y III), Partida Doble, núm. 141, marzo de 2003, 66-80

Gonzalo Angulo, José Antonio — Contabilidad en España 1992, Madrid 1992 [*Gonzalo Angulo*, Contabilidad]

Gordillo, Miguel/ *Jiménez*, Ernesto/ *Núñez*, Iñaki/ *Rey*, Fernando — El impuesto sobre la renta, Comentarios a la Ley 40/1998 y a su Reglamento, Madrid 1999 [*Gordillo/Jiménez/Núñez/Rey*, IRPF]

Gosch, Dietmar — Steuerlicher Zugriff auf Gesellschafter von Personen- und Kapitalgesellschaften, DStZ 1996, 417-425

Groh, Manfred — Zur Struktur der betrieblichen Überschussrechnung, FR 1986, 393-397

ders. — Bilanzrecht vor dem EuGH, DStR 1996, 1206-1211

Hennrichs, Joachim — Der steuerrechtliche sog. Maßgeblichkeitsgrundsatz gemäß § 5 EStG – Stand und Perspektiven –, StuW 1999, 138-153

ders. — Maßgeblichkeitsgrundsatz oder eigenständige Prinzipien für die Steuerbilanz?, in: Ebling, Iris (Hrsg.), Besteuerung von Einkommen, Deutsche Steuerjuristische Gesellschaft, Band 24, 2001, 301-328

ders. — Bilanzgestützte Kapitalerhaltung, HGB-Jahresabschluss und Maßgeblichkeitsprinzip – Dinosaurier der Rechtsgeschichte?, StuW 2005, 256-264

Herrera Molina, Pedro Manuel — Capacidad económica y sistema fiscal, Análisis del ordenamiento español a la luz del Derecho alemán, Madrid 1998 [*Herrera Molina*, Capacidad económica]

ders. — El principio de capacidad económica en Alemania y su relevancia para el derecho español, Noticias de la Unión Europea, 150/1997, 37-41

Herrmann, Carl/ *Heuer*, Gerhard (Begründer)/ *Raupach*, Arndt (Hrsg.) — Einkommensteuer- und Körperschaftsteuergesetz, Kommentar, Loseblatt, Köln, Stand Oktober 2007, Band 1 und Band 3 [Herrmann/Heuer/Raupach, EStG und KStG]

Herzig, Norbert — Die rückstellungsbegrenzende Wirkung des Realisationsprinzips, in: Raupach, Arndt (Hrsg.), Ertragsbesteuerung – Zurechnung, Ermittlung, Gestaltung, Festschrift für Ludwig Schmidt zum 65. Geburtstag, München 1993 [*Herzig*, in: FS Schmidt]

ders. — Internationalisierung der Rechnungslegung und steuerliche Gewinnermittlung, WPg 2000, 104-119

ders. — IAS/IFRS und steuerliche Gewinnermittlung, WPg 2005, 211-235

ders./ *Bär*, Michaela — Die Zukunft der steuerlichen Gewinnermittlung im Licht des europäischen Bilanzrechts, DB 2003, 1-8

ders./ Hausen, Guido — Steuerliche Gewinnermittlung durch modifizierte Einnahmenüberschussrechnung – Konzeption nach Aufgabe des Maßgeblichkeitsprinzips, DB 2004, 1-10

ders./ *Rieck*, Ulrich — Europäisierung der handels- und steuerrechtlichen Gewinnermittlung im Gefolge der Tomberger-Entscheidung, IStR 1998, 309-320

ders./ *Wagner*, Thomas — Die Besteuerung von Auslandsengagements spanischer Holdinggesellschaften: Erweitertes Holdingprivileg, Hinzurechnungsbesteuerung und Gestaltungsmöglichkeiten, IStR 2003, 222-228

Jakob, Wolfgang — Einkommensteuer, 3. Aufl., München 2003 [*Jakob*, Einkommensteuer]

Jarzyk-Dehne, Friederike — Pauschalierungen im Steuerrecht, zugl. Diss., Univ. Göttingen 2001/2002, Berlin 2003 [*Jarzyk-Dehne*, Pauschalierungen]

Juan Lozano, Ana María	La estimación objetiva por signos, índices y módulos en el IRPF, Madrid 1996 [*Juan Lozano*, Estimación objetiva]
Kanzler, Hans-Joachim	Die steuerliche Gewinnermittlung zwischen Einheit und Vielfalt, FR 1998, 233-247
Kellersmann, Dietrich/ *Treisch*, Corinna	Europäische Unternehmensbesteuerung, Wiesbaden 2002 [*Kellersmann/Treisch*, Europäische Unternehmensbesteuerung]
Kirchhof, Paul	EStG Kompaktkommentar, 7. Aufl., Heidelberg 2007 [Kirchhof, EStG]
ders./ *Söhn*, Hartmut/ *Mellinghoff*, Rudolf (Hrsg.)	Einkommensteuergesetz, Kommentar, Loseblatt, Heidelberg, Stand November 2007 - Bd. 4, § 4 - Bd. 5, §§ 4 a – 5 (bis Teil C) [Kirchhof/Söhn/Mellinghoff, EStG]
Knobbe-Keuk, Brigitte	Bilanz- und Unternehmenssteuerrecht, 9. Aufl., Köln 1993 [*Knobbe-Keuk*, Bilanz- und Unternehmenssteuerrecht]
Korn, Klaus/ *Carlé*, Dieter/ *Stahl*, Rudolf/ *Strahl*, Martin (Hrsg.)	Einkommensteuergesetz, Kommentar, Loseblatt, Berlin, Stand November 2007 [Korn, EStG]
Krawitz, Norbert	Die bilanzielle Behandlung der langfristigen Auftragsfertigung und Reformüberlegungen unter Berücksichtigung internationaler Entwicklungen, DStR 1997, 886-894

Küting, Karlheinz/ *Kessler*, Harald	Zur geplanten Reform des bilanzsteuerlichen Rückstellungsrechts nach dem Entwurf eines Steuerentlastungsgesetzes 1999/2000/2002, DStR 1998, 1936-1946
ders./ *Weber*, Claus-Peter (Hrsg.)	Internationale Bilanzierung, Berlin 1994 [Küting/Weber, Internationale Bilanzierung]
Lang, Joachim	Die Bemessungsgrundlage der Einkommensteuer, Rechtssystematische Grundlagen steuerlicher Leistungsfähigkeit im deutschen Einkommensteuerrecht, Köln 1988, zugl.: Köln, Univ., Habil.-Schr., 1981 [*Lang*, Bemessungsgrundlage]
ders.	Reform der Unternehmensbesteuerung auf dem Weg zum europäischen Binnenmarkt und zur deutschen Einheit, StuW 1990, 107-129
ders.	Besteuerung der Unternehmen in Staaten der Europäischen Union, Resümee, DStJG 1994, 295-317
Lange, Joachim (Begründer)	Personengesellschaften im Steuerrecht, 6. Aufl., Herne 2005 [Lange, Personengesellschaften]
Laorden, Javier/ *Arqués*, Jorge (Hrsg. aus der Kanzlei Cuatrecasas)	Comentarios al impuesto sobre sociedades, Cuatrecasas Abogados, Madrid 1998 - Tomo I: Régimen general del impuesto - Tomo II: Regímenes especiales [Laorden/Arqués, IS]
Laule, Gerhard	Die Harmonisierung des europäischen Steuerrechts, IStR 2001, 297-328
Lauth, Bernd	Endgültiger Abschied von der Einheitsbilanz?, DStR 2000, 1365-1372

Lefebvre, Francis (Hrsg.) — Impuesto sobre Sociedades 2002-2003, Madrid 2001
[Lefebvre, IS]

Littmann, Eberhard (Begründer)/
Bitz, Horst/
Pust, Hartmut (Hrsg.) — Das Einkommensteuerrecht, Kommentar (Loseblatt), Bd. 1, §§ 1-5a, 15. Aufl., Stuttgart, Stand November 2007
[Littmann/Bitz/Pust, EStG]

López Berenguer, José — El nuevo IRPF y el nuevo impuesto sobre los „no residentes“, Madrid 1999
[*López Berenguer*, IRPF]

Lüdemann, Peter/
Echevarria, Alvaro/
Hruschka, Franz — Steuerfolgen gewerblicher Investitionen in Spanien, Heidelberg 1999
[*Lüdemann/Echevarria/Hruschka*, Investitionen in Spanien]

Lüdemann, Peter/
Zugmaier, Oliver — Zur Verlängerung der Spekulationsfrist bei Grundstücksveräußerungen aus dem Privatvermögen, DStR 1996, 1636-1640

Malvárez Pascual, Luis Alberto/
Martín Zamora, María Pilar — El impuesto sobre sociedades. Régimen general, Madrid 1998
[*Malvárez Pascual/Martín Zamora*, IS]

dies. — El método de determinación de la base imponible en el IS: La posible inconstitucionalidad del artículo 10.3 LIS y los problemas derivados de la remisión al resultado contable, Estudios Financieros, Revista de Contabilidad y Tributación, Comentarios, Casos prácticos, núm. 182, 1998, 29-82

dies. — El poder normativo del ICAC y su incidencia en el ámbito fiscal, Estudios Financieros, Revista de Contabilidad y Tributación, Comentarios, Casos prácticos, núm. 181, 1998, 171-208

Marín-Barnuevo Fabo, Diego/ *Ehmcke*, Torsten — Die Besteuerung privater Veräußerungsgeschäfte im spanischen Recht, StuW 1999, 295-302

Martín Queralt, Juan/ *Lozano Serrano*, Carmelo/ *Casado Ollero*, Gabriel/ *Tejerizo López*, José Manuel — Curso de derecho financiero y tributario, 13. Aufl., Madrid 2002 [*Martín Queralt/Lozano Serrano/Casado Ollero/Tejerizo López*, Der. fin. y trib.]

Martínez Conesa, Isabel — Marco conceptual de la contabilidad financiera en España: Comparabilidad internacional, Madrid 1996 [*Martínez Conesa*, Contabilidad Financiera]

Mathiak, Walter — Unmaßgeblichkeit von kodifiziertem Handelsrechnungslegungsrecht für die einkommensteuerrechtliche Gewinnermittlung?, in: Budde, Dieter/Moxter, Adolf/Offerhaus, Klaus (Hrsg.), Festschrift zum 70. Geburtstag von Heinrich Beisse, Düsseldorf 1997, 323-334 [*Mathiak*, in: FS Beisse]

Mennel, Annemarie/ *Förster*, Jutta (Hrsg.) — Steuern in Europa, Amerika und Asien, Loseblatt, Berlin, Stand September 2007 [Mennel/Förster, Steuern in Europa, Amerika und Asien]

Ministerio de Economía y Hacienda/ Secretaría de Estado de Hacienda/ Dirección General de Tributos — Recaudación y estadísticas de la reforma tributaria (1989-99), Madrid 2000 [*Ministerio de Economía y Hacienda*, Estadísticas]

Moxter, Adolf — Bilanzrechtsprechung, 5. Aufl., Tübingen 1999 [*Moxter*, Bilanzrechtsprechung]

Muñoz del Castillo, José Luis (Hrsg.) — El nuevo impuesto sobre la renta de las personas físicas, Valladolid 1999
[Muñoz del Castillo, IRPF]

Navarro Faure, Amparo — La adecuación del método de estimación objetiva de la base imponible por signos, índices y módulos a los principios de Justicia Tributaria, Palau 14, Revista valenciana de hacienda pública, núm. 21, septiembre/diciembre 1993, 69-100

ders. — La armonización contable en el seno de la Unión Europea. Consecuencias tributarias de las Normas Internacionales de Contabilidad, Impuestos, I, 2003, 221-246

Orón Moratal, Germán (Hrsg.) — Los nuevos impuestos sobre la renta de las personas físicas y sobre la renta de no residentes, Comentarios, Madrid 1999
[Orón Moratal, IRPF]

Ortiz Calle, Enrique — El régimen jurídico tributario de las amortizaciones en el impuesto sobre sociedades, Madrid 2001
[Ortiz Calle, Amortizaciones]

Palao Taboada, Carlos — La estimación objetiva singular, Civitas, Revista española de derecho financiero, núm. 104, abril/junio 1974, 373-386

ders. — Apogeo y crisis del principio de capacidad contributiva, in: Estudios jurídicos en homenaje al Profesor Federico de Castro, Bd. 2, Madrid 1975, 375-426
[*Palao Taboada*, in: FS Federico de Castro]

ders. — La imposición sobre las ganancias de capital y la justicia tributaria, Hacienda Pública Española, núm. 9, 1976, 35-42

ders.	Métodos y procedimientos de determinación de las bases imponibles, Hacienda Pública Española, núm. 79, 1982, 13-20
ders.	Leistungsfähigkeitsprinzip und Gleichheitssatz im Steuerrecht in der Rechtsprechung des spanischen Verfassungsgerichts, in: Lang, Joachim (Hrsg.), Die Steuerrechtsordnung in der Diskussion, Festschrift für Klaus Tipke zum 70. Geburtstag, Köln 1995, 583-598 [*Palao Taboada*, in: FS Tipke]
Pascual Pedreño, Eladio	Impuesto sobre sociedades y contabilidad, 2. edición, Valladolid 1998 [*Pascual Pedreño*, IS]
Peña Alonso, José Luis	Estimación objetiva por coeficientes: Ámbito de aplicación y cálculo de rendimientos, Crónica Tributaria, núm. 64, 1992, 89-106
Pérez, José Antón	Los métodos de determinación de las bases imponibles, Civitas, Revista española de derecho financiero, núm. 104, ocubre-diciembre 1999, 723-734
Pérez Royo, Ignacio	Manual del impuesto sobre la renta de las personas físicas, 3. Aufl., Madrid 2000 [*Pérez Royo*, IRPF]
Pezzer, Heinz-Jürgen	Bilanzierungsprinzipien als sachgerechte Maßstäbe der Besteuerung, DStJG 1991, 3-27
Pickert, Gisela	Gewinnermittlung durch Einnahmen-Überschussrechnung oder durch Betriebsvermögensvergleich – Die Wahl der Gewinnermittlungsmethode unter dem Aspekt der Steuerplanung –, DB 1994, 1581-1587
Poveda Blanco, Francisco	El retorno de las estimaciones objetivas de los rendimientos empresariales. Análisis crítico, Impuestos, I, 1993, 125-149

Querol García, María Teresa — Régimen fiscal de las sociedades patrimoniales, Partida Doble, núm. 162, 2005, 58-81

Ramallo Massanet, Juan — Hecho imponible y cuantificación de la prestación tributaria, Civitas, Revista Española de Derecho Financiero, núm. 20, 1978, 605-650

Ramb, Jörg/ *Schneider*, Josef — Die Einnahme- Überschussrechnung von A-Z, Gewinnermittlung nach § 4 Abs. 3 EStG, 3. Auflage, Stuttgart 2005 [*Ramb/Schneider*, Einnahme- Überschussrechnung]

Rodríguez Bereijo, Alvaro — Los principios de la imposición en la jurisprudencia constitucional española, Civitas, Revista española de derecho financiero, núm. 100, octubre-diciembre 1998, 593-626

Rosés López, Guillermo — Amortizaciones en el impuesto sobre sociedades, Partida Doble, núm. 142, marzo 2003, 76-80

Rubio Guerrero, Juan José (Hrsg.) — Manual del impuesto sobre sociedades, Madrid 2003 [Rubio Guerrero, IS]

Sainz de Bujanda, Fernando — Hacienda y Derecho, Estudios de derecho financiero, Volumen VI, Madrid 1973 [*Sainz de Bujanda*, Hacienda y Derecho]

Sanz Gadea, Eduardo — Ley 62/2003. Impuesto sobre Sociedades (I). La reforma contable y el impuesto sobre sociedades, Estudios Financieros, Revista de Contabilidad y Tributación, Comentarios, Casos prácticos, núm. 251, 2004, 81-158

ders. — La imputación temporal de ingresos y gastos (I), Estudios Financieros, Revista de Contabilidad y Tributación, Comentarios, Casos prácticos, núm. 197-198, 1999, 59-88 *ders.* La imputación temporal de ingresos y gastos (III), Estudios Financieros, Revista de Contabilidad y Tributación, Comentarios, Casos prácticos, núm. 200, 1999, 47-108

ders. El resultado contable en el marco del derecho contable, Estudios Financieros, Revista de Contabilidad y Tributación, Comentarios, Casos prácticos, núm. 189, 1998, 137-210

Sasse, Diana — Rückstellungen im deutschen und spanischen Recht und die Internationalisierung der Rechnungslegung, zugl. Konstanz, Univ., Dissertation, Konstanz 2001
[*Sasse*, Rückstellungen]

Schön, Wolfgang — Die Steuerbilanz zwischen Handelsrecht und Grundgesetz, StuW 1995, 366-377

Schmidt, Ludwig (Hrsg.) — Einkommensteuergesetz, Kommentar, 23. Aufl., München 2004 sowie 26. Aufl., München 2007
[Schmidt, EStG bzw. Schmidt, EStG, 23. Aufl.]

Schnieder, Ernst-August — Die Körperschaftsteuer – ein Rechtsvergleich zwischen Spanien und Deutschland, zugl. Osnabrück, Univ., Dissertation, Frankfurt am Main 1996
[*Schnieder*, Span. KSt.]

ders. Die spanische Körperschaftsteuerreform 1995 unter Berücksichtigung der neuen Holding-Regelung, IStR 1997, 68-73

Schulze-Osterloh, Joachim — Die Steuerbilanz als Tatbestandsmerkmal im Einkommen- und Körperschaftsteuergesetz, DStJG 1991, 123-138 *ders.* Herstellungskosten in der Handels- und Steuerbilanz, StuW 1989, 242-249

Sittel, Thomas Christoph — Der Grundsatz der umgekehrten Maßgeblichkeit, zugl. Dresden, Techn. Univ., Dissertation, Frankfurt am Main 2003
[*Sittel*, Umgekehrte Maßgeblichkeit]

Spindler, Wolfgang — Verfassungsrechtliche Grenzen einer Rückwirkung von Steuergesetzen, DStR 1998, 953-958

Steichen, Alain — Die Markteinkommenstheorie: Ei des Kolumbus oder rechtswissenschaftlicher Rückschritt?, in: Lang, Joachim (Hrsg.), Die Steuerrechtsordnung in der Diskussion, Festschrift für Klaus Tipke zum 70. Geburtstag, 1995, 365-390
[*Steichen*, in: FS Tipke]

Streck, Michael (Hrsg.) — Körperschaftsteuergesetz mit Nebengesetzen, Kommentar, 6. Aufl., München 2003
[Streck, KStG]

Strobl, Elisabeth — Matching Principle und deutsches Bilanzrecht, in: Bilanzrecht und Kapitalmarkt, Festschrift zum 65. Geburtstag von Adolf Moxter, Düsseldorf 1994, 409-432
[*Strobl*, in: FS Moxter]

Thiel, Jochen/ *Lüdtke-Handjery*, Alexander — Bilanzrecht – Handelsbilanz, Steuerbilanz, 5. Aufl., Heidelberg 2005
[*Thiel/Lüdtke-Handjery*, Bilanzrecht]

Tipke, Klaus
Die Steuerrechtsordnung, 2. Aufl.,
Band I: Wissenschaftsorganisatorische, systematische und grundrechtlich-rechtsstaatliche Grundlagen, Köln 2000
Band II: Steuerrechtfertigungstheorie, Anwendung auf alle Steuerarten, sachgerechtes Steuersystem, Köln 2003
[*Tipke*, Steuerrechtsordnung I bzw. II]

ders./*Kruse*, Wilhelm (Hrsg.)
Abgabenordnung, Finanzgerichtsordnung, Kommentar, Loseblatt, Köln, Bd. 2: §§ 155-368, Stand November 2007
[Tipke/Kruse, AO]

ders./*Lang*, Joachim
Steuerrecht, 18. Aufl., Köln 2005
[*Tipke/Lang*, Steuerrecht]

Túa Pereda, Jorge
Algunas precisiones adicionales en torno al principio de imagen fiel, Técnica Contable, 1985, 441-484

Uría, Rodrigo/ *Menéndez*, Aurelio/ *Olivencia*, Manuel (Hrsg.)
Comentario al régimen legal de las sociedades mercantiles, Tomo VIII, Las cuentas anuales de la sociedad anónima, Volumen 1.°, Disposiciones Generales, Balance, Cuenta de pérdidas y ganancias, Memoria e informe de gestión, Madrid 2000
[Uría/Menéndez/Olivencia, Sociedades Mercantiles VIII/1]

Velázquez Cueto, Francisco A.
Los métodos de determinación de la base imponible. La estimación indirecta, Crónica Tributaria, núm. 74, 1995, 95-109

Vicent Chuliá, Francisco
Aspectos jurídico-mercantiles de la base imponible en el Impuesto sobre Sociedades, Revista General de Derecho, núm. 628-629, 1997, 453-507

Wagner, Franz — Welche Kriterien sollten die Neuordnung der steuerlichen Gewinnermittlung bestimmen?, BB 2002, 1885-1892

Weber-Grellet, Heinrich — Handelsrechtliche Bewertungswahlrechte in der Steuerbilanz, DB 1994, 2405-2410

ders. — Maßgeblichkeitsgrundsatz in Gefahr?, DB 1997, 385-391

ders. — Bestand und Reform des Bilanzsteuerrechts, DStR 1998, 1343-1349

ders. — Der Maßgeblichkeitsgrundsatz im Lichte aktueller Entwicklungen, BB 1999, 2659-2666

ders. — Die Gewinnermittlungsvorschriften des Steuerentlastungsgesetzes 1999/2000/2002 – Ein Fortschritt?, DB 2000, 165-169

ders. — Realisationsprinzip und Belastungsprinzip – Zum zeitlichen Ausweis von Ertrag und Aufwand, DB 2002, 2180-2184

Wehrheim, Michaela/ *Marquardt*, Anja — Die Vorschläge der Europäischen Kommission zur Unternehmensbesteuerung im Binnenmarkt – Ein Überblick, IStR 2003, 14-19

Weller, Hans P./ *Fischer*, Horst/ *Peissner*, Friedemann — Neuorientierung in der Darstellung des Rechnungswesens, DB 1994, 1297-1304

Wernsmann, Rainer — Die Steuer als Eigentumsbeeinträchtigung?, NJW 2006, 1169-1174

Winnefeld, Robert — Bilanz-Handbuch – Handels- und Steuerbilanz, Rechtsformspezifisches Bilanzrecht, Bilanzielle Sonderfragen, Sonderbilanzen, IFRS/IAS/ US-GAAP, 4. Aufl., München 2006
[*Winnefeld*, Bilanz-Handbuch]

Wittmann, Rolf	Besteuerung des Markteinkommens – Grundlinien einer freiheitsschonenden Besteuerung, StuW 1993, 35-46
Yebra Martul-Ortega, Perfecto/ *García Novoa*, César/ *López Díaz*, Antonio (Hrsg.)	Estudios del Impuesto sobre la Renta de las Personas Físicas, Valladolid 2000 [Yebra Martul-Ortega/García Novoa/López Díaz, IRPF]
dies. (Hrsg.)	Estudios sobre el Impuesto de Sociedades, Granada 1998 [Yebra Martul-Ortega/García Novoa/López Díaz, IS]
Zamora Ramírez, Constancio	Principios contables y su perspectiva fiscal, Partida Doble, núm. 110, 2000, 4-9
Zornoza Pérez, Juan José	El tratamiento de las „rentas fiscales“ en el régimen de estimación objetiva singular, Crónica Tributaria, núm. 51, 1984, 149-166

Abkürzungsverzeichnis

a.A.	-	anderer Ansicht
ABl.	-	Amtsblatt
Abs.	-	Absatz
a.E.	-	am Ende
AEAT	-	*Agencia Estatal de Administración Tributaria* (Spanische Finanzverwaltung)
AECA	-	*Asociación Española de Contabilidad y Administración de empresas* (Spanische Vereinigung für Buchführung und Unternehmensleitung)
AfA	-	Absetzung für Abnutzung
AfaA	-	Absetzung für außergewöhnliche technische oder wirtschaftliche Abnutzung
a.F.	-	alte Fassung
AG	-	Aktiengesellschaft
AktG	-	Aktiengesetz
AO	-	Abgabenordnung
Art.	-	Artikel/*Artículo*
AStG	-	Außensteuergesetz
BB	-	Betriebs-Berater
BewG	-	Bewertungsgesetz
BFH	-	Bundesfinanzhof
BGB	-	Bürgerliches Gesetzbuch
BOE	-	*Boletín Oficial del Estado* (Staatliches Gesetzblatt)
BStBl.	-	Bundessteuerblatt
BVerfG	-	Bundesverfassungsgericht
BVerfGE	-	Amtliche Sammlung von Entscheidungen des Bundesverfassungsgerichts
bzw.	-	beziehungsweise
ca.	-	circa
CC	-	*Código Civil* (Bürgerliches Gesetzbuch)
CCom	-	*Código de Comercio* (Handelsgesetzbuch)
DB	-	Der Betrieb
ders.	-	derselbe
dies.	-	dieselbe/dieselben
Diss.	-	Dissertation
DStJG	-	Deutsche Steuerjuristische Gesellschaft
DStZ	-	Deutsche Steuer-Zeitung
EF	-	*Estudios Financieros* (spanische Zeitschrift)
EG	-	Europäische Gemeinschaften

EGV	-	Vertrag zur Gründung der Europäischen Gemeinschaften
EStDV	-	Einkommensteuer-Durchführungsverordnung
EStG	-	Einkommensteuergesetz
EStR	-	Einkommensteuer-Richtlinien
EU	-	Europäische Union
EuGH	-	Europäischer Gerichtshof
FJ	-	*Fundamento Jurídico* (Entscheidungsgrund eines Urteils)
FR	-	Finanz-Rundschau
FS	-	Festschrift
GBl.	-	Gesetzblatt
ggf.	-	gegebenenfalls
GmbH	-	Gesellschaft mit beschränkter Haftung
GmbHG	-	GmbH-Gesetz
GoB	-	Grundsätze ordnungsgemäßer Buchführung
GrS	-	Großer Senat
GS	-	Gesetzessammlung
GVBl.	-	Gesetzes- und Verordnungsblatt
HGB	-	Handelsgesetzbuch
h.M.	-	herrschende Meinung
HPE	-	*Hacienda Pública Española* (spanische Zeitschrift)
Hrsg.	-	Herausgeber
HS	-	Halbsatz
IAE	-	*Impuesto sobre Actividades Económicas* (spanische Gewerbesteuer)
IAS	-	*International Accounting Standards*
ICAC	-	*Instituto de Contabilidad y Auditoría de Cuentas* (Institut für Buchführung und Wirtschaftsprüfung)
IFRS	-	*International Financial Reporting Standards*
IRPF	-	*Impuesto sobre la Renta de las Personas Físicas* (spanische Einkommensteuer)
IS	-	*Impuesto sobre Sociedades* (spanische Körperschaftsteuer)
IStR	-	Internationales Steuerrecht
i.V.m.	-	in Verbindung mit
IVA	-	*Impuesto sobre el Valor Aña*dido (spanische Umsatzsteuer)
KGaA	-	Kommanditgesellschaft auf Aktien
KSt.	-	Körperschaftsteuer
KStG	-	Körperschaftsteuergesetz

LIRPF	-	*Ley del Impuesto sobre la Renta de las Personas Físicas* (spanisches EStG)
LIS	-	*Ley del Impuesto sobre Sociedades* (spanisches KStG)
LISD	-	*Ley sobre el Impuesto sobre Sucesiones y Donaciones* (spanisches Erbschaft- und Schenkungsteuergesetz)
m.E.	-	meines Erachtens
m.V.a.	-	mit Verweis auf
m.w.N.	-	mit weiteren Nachweisen
Nr.	-	Nummer
núm.	-	*número*
PGC	-	*Plan General de Contabilidad* (Kontenrahmen)
pp.	-	*perge perge* (griechisch für „und so weiter")
RDFHP	-	*Revista de Derecho Financiero y de Hacienda Pública* (spanische Zeitschrift)
REDF	-	*Revista Española de Derecho Financiero (Civitas*, spanische Zeitschrift)
RGBl.	-	Reichsgesetzblatt
RGD	-	*Revista General de Derecho* (spanische Zeitschrift)
RIRPF	-	*Reglamento del Impuesto sobre la Renta de las Personas Físicas* (Durchführungsverordnung zum LIRPF)
RIS	-	*Reglamento del Impuesto sobre Sociedades* (Durchführungsverordnung zum LIS)
RJ	-	*Repertorio de Jurisprudencia Aranzadi* (Rechtsprechungssammlung von Aranzadi)
RTT	-	*Revista Técnica Tributaria* (spanische Zeitschrift)
Rspr.	-	Rechtsprechung
SA	-	*Sociedad Anónima* (spanische Aktiengesellschaft)
SC	-	*Sociedad Comanditaria* (spanische Kommanditgesellschaft)
SCA	-	*Sociedad Comanditaria por Acciones* (spanische Kommanditgesellschaft auf Aktien)
Span.	-	Spanisch
SRL	-	*Sociedad de Responsabilidad Limitada* (spanische Gesellschaft mit beschränkter Haftung)
SRC	-	*Sociedad Regular Colectiva* (spanische offene Handelsgesellschaft)
STC (Plural: SSTC)	-	*Sentencia del Tribunal Constitucional* (Urteil des spanischen Verfassungsgerichts)

st. Rspr.	-	ständige Rechtsprechung
STS (Plural: SSTS)	-	*Sentencia del Tribunal Supremo* (Urteil des obersten spanischen Gerichtshofs)
StuW	-	Steuern und Wirtschaft
TC	-	*Tribunal Constitucional* (spanisches Verfassungsgericht)
TJCE	-	*Tribunal de Justicia de las Comunidades Europeas* (Europäischer Gerichtshof)
TR	-	*Texto Refundido* (diesen Zusatz bekommen in Spanien Gesetze, die durch ein Ordnungsgesetz neu strukturiert wurden, z.B. TRLIS)
TS	-	*Tribunal Supremo* (oberster spanischer Gerichtshof)
Univ.	-	Universität
v.	-	vom
vgl.	-	vergleiche
WPg	-	Die Wirtschaftsprüfung
WRV	-	Weimarer Reichsverfassung
z.B.	-	zum Beispiel

Schriften der Deutsch-Spanischen Juristenvereinigung

Band 1 Santiago Gonzáles-Varas: Die Verwaltung in Privatrechtsform in Spanien und Deutschland. 2002.

Band 2 Eva Romanski: Sozialstaatlichkeit und soziale Grundrechte im Grundgesetz der Bundesrepublik Deutschland und in der spanischen Verfassung. 2000.

Band 3 Alexander von Kuhlberg: Änderung und Revision der spanischen Verfassung vom 29. Dezember 1978. 2000.

Band 4 Kai Christian Fischer: Verbraucherschutz im spanischen Vertragsrecht im Lichte der europäischen Rechtsangleichung. Eine Studie mit rechtsvergleichenden Bezügen zum deutschen Recht. 2000.

Band 5 Miguel Félix Rodríguez y Rowinski: Die Haftung für Hilfspersonen im spanischen Recht. 2001.

Band 6 Ole Brühl: Immissionsschutzrechtliche Vorhabengenehmigung in Deutschland und Spanien. Eine rechtsvergleichende Untersuchung unter besonderer Berücksichtigung der Rechtslage in den Autonomen Gemeinschaften Spaniens. 2001.

Band 7 Florian Pagenkemper: Die Mängelhaftung des Bauunternehmers in Spanien nach der *Ley de Ordenación de la Edificación* und dem *Código civil*. Eine Untersuchung der vertraglichen und gesetzlichen Haftung mit rechtsvergleichenden Bemerkungen zum deutschen Recht. 2002.

Band 8 Daniel Friedrich Berg: Die Rückabwicklung gescheiterter Verträge im spanischen und deutschen Recht. Eine rechtsvergleichende Untersuchung unter besonderer Berücksichtigung des Einheitsrechts. 2002.

Band 9 Maria Isabel Haas: Der Durchgriff im deutschen und spanischen Gesellschaftsrecht. Eine rechtsvergleichende Analyse. 2003.

Band 10 Sonja Kohtes: Das Recht der vorformulierten Vertragsbedingungen in Spanien. Die Umsetzung der Richtlinie 93/13/EWG über missbräuchliche Klauseln in Verbraucherverträgen. 2004.

Band 11 Markus Artz: Kollisionsrecht und ausländisches Recht in spanischen und deutschen Zivilverfahren. Eine rechtsvergleichende Untersuchung. 2004.

Band 12 Johannes F.K. Rheinheimer: Arbeitsrechtliche Fragen nationaler und internationaler Telearbeit in der Europäischen Union an den Beispielen Deutschland und Spanien. 2004.

Band 13 Julia B. Spaethe: Spaniens Abstammungsrecht in Geschichte und Gegenwart. Unter besonderer Berücksichtigung der Nichtehelichkeit. 2004.

Band 14 Thomas Reineke: Das Recht der Arbeitnehmerüberlassung in Spanien und Deutschland und sein Verhältnis zu der geplanten europäischen Regelung. 2004.

Band 15 Christian Gohm: Maßnahmen zur Beschleunigung und Konzentration im neuen spanischen und deutschen Zivilprozess.Eine rechtsvergleichende Analyse im Lichte der Europäisierung des Zivilprozessrechts. 2004.

Band 16 Till Pense: Das spanische Schwurgericht. Die Jury im Spannungsfeld von Rechtsstaat und Demokratie. 2006.

Band 17 Jan Hückel: Persönlichkeitsschutz und Geldersatz im deutschen und spanischen Zivilrecht. 2006.

Band 18 Ilja I. Selenkewitsch: Spanisches Tarifrecht. Mit spezieller Betrachtung der arbeitszeitrechtlichen Regelungen. 2006.

Band 19 Sven Klaiber: Mitwirkungsbefugnisse des Bürgers auf Seiten der Strafverfolgungsorgane in Deutschland und in Spanien im Rechtsvergleich. 2006.

Band 20 Raimundo Baglietto Bergmann: Der einstweilige Rechtsschutz nach der neuen spanischen Zivilprozeßordnung und der deutschen Zivilprozeßordnung. Eine rechtsvergleichende Untersuchung der Art. 721–747 LEC und der §§ 916–945 ZPO für den Bereich des Zivilprozeßrechts. 2007.

Band 21 Holger Dierkes: Sicherungspflichten des Bauträgers in Spanien und Deutschland. Insbesondere aus Art. 19 Ley de Ordenación de la Edificación und aus §§ 3 und 7 Makler- und Bauträgerverordnung. 2007.

Band 22 Nele Rades: Die *Sociedad Limitada Nueva Empresa*. Eine Diskussion des spanischen Gesetzes Nr. 7/2003 im Kontext des spanischen und deutschen GmbH-Rechts. 2008

Band 23 Peter Stadler: Das interregionale Recht in Spanien. Darstellung unter besonderer Berücksichtigung des Ehegüter- und Erbrechts. 2008.

Band 24 Christian Ochs: Die Haftung des GmbH-Geschäftsführers im deutschen und spanischen Recht. 2008.

Band 25 Janire Mimentza: Der Auskunftsanspruch im deutschen und spanischen Markenrecht. Vor dem Hintergrund der europäischen Richtlinie 2004/48/EG zur Durchsetzung der Rechte des geistigen Eigentums. 2008.

Band 26 Thomas Kaiser: Steuerliche Gewinnermittlung in Spanien und Deutschland. 2008.

www.peterlang.de

Peter Lang · Internationaler Verlag der Wissenschaften

Holger Pietsch

Fair Value und steuerliche Gewinnermittlung

Beurteilung der Übertragbarkeit der Grundsätze der Fair Value-Richtlinie und des IAS 39 auf die Steuerbilanz

Frankfurt am Main, Berlin, Bern, Bruxelles, New York, Oxford, Wien, 2007.
341 S., 5 Abb., 4 Tab., 1 Graf.
Europäische Hochschulschriften: Reihe 5, Volks- und Betriebswirtschaft. Bd. 3256
ISBN 978-3-631-56364-9 · br. € 56.50*

Ausgangspunkt dieses Buches sind Fragestellungen zur Bilanzierung (derivativer) Finanzinstrumente, die der Internationalisierung der Rechnungslegung entstammen, welche zunehmend auf das deutsche Handelsrecht einwirkt. Von dieser Entwicklung bleibt jedoch aufgrund des Maßgeblichkeitsprinzipes auch das deutsche Steuerrecht nicht verschont. Inwieweit hierbei eine Umsetzung der auf den Vorgaben des IAS 39 basierenden Fair Value-Richtlinie in die Steuerbilanz möglich ist, wird unter steuersystematischen und verfassungsrechtlichen Aspekten untersucht. Die Fair Value-Richtlinie bzw. IAS 39 sieht dabei die Möglichkeit der Bewertung nahezu sämtlicher Finanzinstrumente zum beizulegenden Zeitwert vor, was steuerlich voraussichtlich in einer vollumfänglichen Fair Value-Besteuerung münden könnte.

Aus dem Inhalt: Ziele der Europäischen Union mit dem Erlass der Fair Value-Richtlinie · Ermächtigungsgrundlagen der EU und Abgrenzung zu den entsprechenden Ermächtigungsgrundlagen der Mitgliedstaaten · Vorschriften der Fair Value-Richtlinie sowie des IAS 39 (insb. zum Hedge Accounting) · Gegenüberstellung mit den Bilanzierungsvorschriften des HGB und EStG · Kritik des Umsetzungsvorschlags für die Fair Value-Richtlinie des DSR in deutsches Handelsrecht · Zwecksetzungen des (internationalen) Handels- und Steuerrechts · Analyse der Umsetzung der Fair Value-Richtlinie in einen nach den Vorschriften des HGB erstellten Einzelabschluss · u.v.m.

Frankfurt am Main · Berlin · Bern · Bruxelles · New York · Oxford · Wien
Auslieferung: Verlag Peter Lang AG
Moosstr. 1, CH-2542 Pieterlen
Telefax 0041 (0) 32 / 376 17 27

*inklusive der in Deutschland gültigen Mehrwertsteuer
Preisänderungen vorbehalten

Homepage http://www.peterlang.de

Kolibri 360 GmbH
Ferdinand-Jühlke-Straße 7
99095 Erfurt, Deutschland
produktsicherheit@kolibri360.de

Druck:
CPI Druckdienstleistungen GmbH
im Auftrag der
Kolibri 360 GmbH
Ferdinand-Jühlke-Str. 7
99095 Erfurt